中文社会科学引文索引(CSSCI)来源集刊

民俗典籍文字研究

第 二 十 五 辑

北京师范大学民俗典籍文字研究中心　编

图书在版编目(CIP)数据

民俗典籍文字研究.第25辑/北京师范大学民俗典籍文字研究中心编.—北京:商务印书馆,2020
ISBN 978-7-100-18756-5

Ⅰ.①民… Ⅱ.①北… Ⅲ.①民俗学—研究—中国②汉语—语言学—研究 Ⅳ.①K892②H1

中国版本图书馆CIP数据核字(2020)第125340号

MÍNSÚ DIǍNJÍ WÉNZÌ YÁNJIŪ
民俗典籍文字研究
第二十五辑
北京师范大学民俗典籍文字研究中心 编

商务印书馆出版
(北京王府井大街36号 邮政编码100710)
商务印书馆发行
北京艺辉伊航图文有限公司印刷
ISBN 978-7-100-18756-5

2020年6月第1版 开本787×1092 1/16
2020年6月北京第1次印刷 印张19½
定价:78.00元

《民俗典籍文字研究》学术指导委员会

目　　录

● 章黄之学与《说文解字》：纪念章太炎先生诞辰150周年学术研讨会文章

● 学术思想研究

● 特稿

● 民俗学

● 汉语史研究

● 文字学

● 音韵学

● 训诂与词汇语义学

● 民族文字研究

● 学术信息

(《民俗典籍文字研究》实行双向匿名审稿制度)

编 者 的 话

2019 年是章太炎先生(1869—1936)诞辰 150 周年纪念。8 月 29 日，由北京师范大学民俗典籍文字研究中心、章太炎黄侃学术研究中心主办的“纪念章太炎先生诞辰 150 周年学术研讨会”，在北京师范大学京师学堂隆重召开。与会专家、学者围绕“章黄之学与《说文解字》”这一主题，展开深入研讨。本刊发表部分研讨文章，纪念章太炎先生，弘扬章黄之学。

2019 年 12 月

俞曲园、章太炎、孙世扬三代人对中医的关注与贡献

钱超尘

提要： 俞樾、章太炎、孙世扬三代师生，都以小学为根柢，而关注中医学并做出重要贡献。俞樾著有《内经辨言》，是清儒《内经》训诂四大巨著之一。章太炎关于《伤寒论》版本的研究，奠定了后世版本研究的基础。章太炎撰写的版本考证论文有《伤寒论单论本提辞》《论伤寒论原本及注家优略》《金匮余杭经校录》《覆刻何本金匮玉函经提辞》。孙世扬著有《〈伤寒论〉字诂》《〈金匮要略〉字诂》，是《伤寒论》《金匮要略》文字训诂的重要之作。

关键词： 俞樾　章太炎　孙世扬　训诂学　中医学

俞曲园、章太炎、孙世扬三代人对中医事业均有热情关注并做出重要贡献。

一　俞曲园

俞曲园(1821—1907)，名樾，字荫甫，号曲园，浙江德清人。1850年(道光三十年庚戌)进士，改庶吉士。1852年(咸丰二年壬子)授编修，1855年(咸丰五年乙卯)简放河南学政。1857年(咸丰七年丁巳)以御史曹登庸弹劾试题割裂罢职，是年樾三十有八。自此无意仕进，专心讲学著述。俞樾是清末儒学大师，对中医有许多论述，留下许多可供后人思考借鉴的文章。最引人关注的是他的三篇文章：《废医论》，为时人惊骇；《内经辨言》，为《内经》著名训诂之作；总结养生经验，作《枕上三字诀》。

直至今天，仍然有人认为俞曲园是反对中医、消灭中医的始作俑者。这是不正确的认识。

《废医论》作于1879年(光绪五年己卯)，收在《俞楼杂纂》第四十五。写作背景是：在这一年多的时间内，曲园先生连遭母亲、妻子与长子之丧。他曾请当地著名中医诊治，这些医生只诊寸口之脉，不诊人迎、趺阳之脉。《黄帝内经》说，诊有过之脉，需要三部脉全面诊候，才能得到真实病情。医生丢掉古贤脉法，必然误诊误治，患者难愈。曲园先生认为，母、妻、长子之丧，盖出于此。于是愤而写成《废医论》。此文一出，遭到许

多中医以及热爱中医人士的反对，俞曲园很有压力。章太炎先生最了解曲园先生，他先后写了两篇文章说明俞先生写作《废医论》的原因。

1910年太炎先生躲避清廷追捕，亡命日本，在《学林》杂志写有《医术评议》，指出《废医论》的核心思想是“起医，非废医”。所谓“起医”，就是发展推进中医：

先师俞君，侨处苏州，苏州医好以瓜果入药，未有能起病者。累遭母、妻、长子之丧，发愤作《废医论》。不怪吴医之失，而迁怒于扁鹊、子仪，亦已过矣。……先师虽言废医，其讥近世医师专持寸口以求病因，不知三部九候，足以救时俗之违经，复岐雷之旧贯。斯起医，非废医也。

太炎先生写作《医术评议》时年三十有九。太炎先生三十二岁发表《谢本师》，与俞先生断绝师生关系。《谢本师》原文如下：

余十六七岁，始治经术，稍长，事德清俞先生，言稽古之学，未尝问文辞诗赋。先生为人岂弟，不好声色，而余喜独行赴渊之士。出入八年，相得也。

顷之，以事游台湾。台湾则既隶日本，归，复谒先生。先生遽曰：“闻而游台湾。尔好隐，不事科举。好隐，则为梁鸿、韩康可也。今入异域，背父母陵墓，不孝；颂言索虏之祸，毒敷诸夏；与人书，指斥乘舆，不忠！不忠不孝，非人类也。小子鸣鼓而攻之可也。”盖先生与人交，辞气陵(凌)厉，未有如此甚者！

先生既治经，又素博览，戎狄豺狼之说，岂其未喻，而以唇舌卫悍之？将以尝事索虏，食其禀禄耶？

昔戴君与全绍衣并污伪命，先生亦授职为伪编修，非有土子民之吏，不为谋主，与全、戴同。何恩于虏，而恳恳蔽遮其恶？如先生之棣通故训，不改全、戴所操，以诲承学，虽杨雄、孔颖达，何以加焉？

《谢本师》词气之凌厉，不减乃师，而《医术评议》，不掺杂个人意气，无有个人恩怨，语言安雅，实事求是，非关注中医事业、求其真相、胸襟博大者，断断不能为也。

1924年8月太炎先生在《仲氏世医记》一文里，对《废医论》的写作起因又加解释：

先师德清俞君，恨俗医不知古，下药辄增人病，发愤作《废医论》，有疾委身以待天命。后病笃，得先生方，始肯服，服之，病良已，乃知道未绝也。

这里说的“得先生方”，指得到浙江杭县名老中医仲昴庭先生处方。仲昴庭曾为慈禧看病，效果显著，受到夸奖，其事见《北行日记》。“乃知道未绝”意指仲昴庭尚沿用先秦两汉名医诊脉处方之法，是古法未绝也。这段文字，显示俞曲园晚年已经改变了《废医论》的偏激观点。

俞曲园对中医的重大贡献，体现在他的《内经辨言》里。

《内经辨言》是《内经》训诂之作，收在他的《读书余录》里，校勘训释《内经》四十八条，是研究《内经》必读之作。1924年裘庆元《三三医书》收入该书，更名为《内经辨言》。《内经辨言》与清顾观光（1799—1862）的《内经素问校勘记》《内经灵枢校勘记》、胡澍（1825—1872）的《素问校义》、孙诒让（1848—1908）的《札迻》是清儒最著名的《内经》训诂巨著[1]。

俞曲园《枕上三字经》是他自己总结出来的治疗失眠的保健措施，他说："余尝有三字诀，虽不足言养生，然当长宵不寐，行此三字，自入黑甜。是则延年却病，固未易言，以为安神闺房之一助乎可矣，因名之曰《枕上三字诀》。"《枕上三字经》已受到现代保健家重视[2]。

二　章太炎

太炎先生（1869—1936）是近代著名民主主义革命家、思想家、经学家、小学家、中医学家。著作之富，等若山海，才大义高，臻俊抵极，学问渊博，堪称学海。太炎先生对《黄帝内经》《神农本草经》《难经》《伤寒论》《金匮要略》《脉经》《甲乙经》《千金要方》《千金翼方》《外台秘要》十分熟悉，均有评说，称这十部著作是中医的十大经典。在《致钱玄同论医书》中说："自唐以前旧籍，不过十部。《灵枢》《素问》，诚是元龟，所重乃在经脉出入，疾病传变……《八十一难》，虽是古书，而妖妄之言甚众，亦当取其一二。近道者唯《伤寒论》《金匮要略》，语皆精审，绝少傅会五行之语，审证处方，非是莫赖。方有不足，则取之《千金》《外台》诸书。"

太炎先生最为精熟的是《伤寒论》。他对《伤寒论》予以至高无上的评价。《中国医药问题序》说："余于方书，独信《伤寒论》"；《伤寒论辑义按序》指出："观其（按：指《伤寒论》）纲领病状，包五种伤寒，正治、权变、救逆之术，靡有不备，违之分秒，则失以千里。故曰寻余所集，思过半矣。宜奉其文，以为金科玉律，举而措之，无不应者。"

太炎先生在《伤寒论》上所取得的成就是多方面的，略举几例言之：

1. 出生医学世家，投拜名医为师

祖父章鉴（1802—1863），字聿昭，自署晓湖。当地名医。见《光绪余杭县志稿》。父名浚，字轮香。当地名医。兄章篯（1853—1928），师从仲昂庭，医术最称高明。太炎称其兄曰："吾家三世皆知医，至君尤精。有宴人子求治疾者，必应之，所全活甚众。"在这样的家庭气氛熏陶下，太炎从小热爱中医，拜仲昂庭为师。太炎《仲氏世医记》说："仲昂

---

〔1〕 见钱超尘《影印清儒〈黄帝内经〉训诂校勘四大家》，科学技术出版社，2019年。

〔2〕 同上。

庭先生在时，于余为尊行，常得侍。余治经甚勤。”

2. 精研《伤寒论》版本

太炎先生关于《伤寒论》版本的研究，奠定了后世版本研究的基础。太炎先生撰写了《伤寒论单论本提辞》《论伤寒论原本及注家优略》《金匮余杭经校录》《覆刻何本金匮玉函经提辞》等版本考证论文。

3. 考证张仲景生平、撰写王叔和小传

张仲景生平史料见《医故眉批七则》。王叔和是西晋太医令，与张仲景弟子同时，说明王叔和与仲景同时而较晚。张仲景《伤寒杂病论》经王叔和整理而流传后世，考信《伤寒论》，必从王叔和始。太炎先生撰写《王叔和考》，文献意义重大。

4. 指正现行本《伤寒论》章节讹误及释义错误

如《伤寒论》“本云”，后世多解释为“本来说”，太炎先生说，这是校勘语，“本”指《伤寒论》原本。

5. 太炎指示后生学习《伤寒论》的方法

以下这些教诲，具有重大指导意义：

> (1)要之读《伤寒论》之法，贵乎明其大体，若陈修园之随句敷衍，强为解释，甚至误认伤寒自太阳病起，至厥阴病止，只是一种病之传变。如是死于句下，何能运用仲景之法以治变化无穷之病乎？(1935年《苏州国医学校讲演词》)
>
> (2)大义既憭，次当谙诵《论》文，反复不厌，久之旁皇周浃，渐次于胸，每遇一病，不烦穷思，而用之自合。治效苟著，虽樵采于山泽，卖药于市间，其道自尊，然则渔父可以傲上圣，漉盐之氓可以抗大儒矣，岂在中西辩论之间也？(《伤寒论辑义序》)

6. 批评医师不明文字训诂

太炎《致钱玄同书论医书》指出：“医师多不明训诂文字，柯(琴)徐(忠可)之说，亦往往有可笑者。”《伤寒论辑义按序》：“《伤寒论》诸本有注者，以成氏为最先，然于文义或多疏略，而东土训诂独详。”“东土”指日本，日本对《伤寒论》文字训诂有专著，如伊藤子德著有《伤寒论文字考》《伤寒论文字续考》等。

7. 太炎先生会开方治病，疗效很好

大多数人认为太炎先生是中医文献学家，只懂医书，不懂临床，只会理论，不会看病。这种认识是片面的。这里摘引太炎先生自述为自己为亲朋看病的真实故事：

(1)为自己治病。“民国九年春，余以中酒病胆，传为黄疸，自治得愈。逾二月，又病宿食。……服小柴胡汤四五剂”，无效，找到仲昴庭长子仲右长询问原因，仲右长是名医，太炎先生说：“余颇为人治疾，诸病在经府表里者，服此不过二三日而愈。今为己治，

乃如啗朽木又不省也。"仲右长在太炎先生处方上，将芍药换成黄芩，服二剂而病愈。(《仲氏世医记》)

(2)为汤国梨母亲治疗痹疾。《致汤国梨夫人信》说："知太夫人……病势尚励(厉)，悬念之至！吾意风气周痹，本非一日可痊。古治风者，方中皆用川乌，盖穿筋透骨，非此不可。……吾闲时在京，有友人母遇痺疾，痛楚难以终日，医皆不效，因令用温白丸试之，半月痛果止。若病情果励(厉)，此方可用(家有《外台秘要》一书，可检得此方，亟和丸服之，服不可多，须依书中所载)。"下面是太炎先生开的乌头丸药方(此处省略)。太炎又说："此方亦用之数效。"《致汤国梨夫人信》是太炎先生被袁世凯关押在北京时所写，手头无医书，凭记忆开处方，可见他对医方之熟悉。

(3)治愈肺痿、里水二重症。《对于曚叟君驳议之商榷》："有肺痿西医称不治者，仆以钟乳补肺汤为丸疗之；有里水西医放水三次仍不愈者，仆以越婢汤加术汤疗之，皆痊愈。"

(4)为邹容治病。见《章太炎年谱长编》下册201—202页。使用的方剂是《伤寒论》黄连阿胶汤方。

(5)为疑难大病辨证处方。《论少阴热证寒证》一文说："民国十五年夏秋间，多患霍乱，至白露，霍乱已息。海宁有二村，患厥利下脓血者十余人，医师不识，但认为天行疫病，自得病至死，率不过二日，或少与附子，亦有愈者，然亦不知其何病也。余谓少阴厥利，应与四逆汤；便脓血，应与桃花汤。今厥利而所利复多脓血，应取《肘后》二方：轻者赤石脂汤。赤石脂、干姜各二两，附子(炮)一两。此即桃花汤去粳米加炮附子也(脐下痛者，又加当归一两、芍药二两)。重者白通汤，生大附子一枚，干姜(炮)、甘草(炙)各半两，葱白十四茎，此即白通汤加甘草也。"

这些生动真实的事例，证明太炎先生会辨证，会开方，会治病。他所使用的方剂，以《伤寒》方为主，间采古方时方。但他毕竟不是临床家，开方看病，只是偶尔为之。在太炎先生生活的时代，和他所从事的事业，他不能把时间精力放在临床治病上。他是一位临床文献兼通而以研究中医文献为主的中医学家[3]。

三　孙世扬

孙世扬(1892—1947)，字鹰若，浙江海宁人，黄侃弟子，性喜中医，拜中医学家恽铁

〔3〕 本文所引资料，出自《章太炎全集》第八集《医论集》，上海人民出版社，1994年。《医论集》收文134篇，是章太炎先生嫡孙章念驰先生费尽移山心力从全国各地报纸杂志上收集来的论文，按发表的时间先后排序，凡四十万言。章念驰先生为中华民族文化、为中医药文化留下一笔极为可贵的历史文献。

樵(1875—1935)为师，继而又向太炎先生学习中医，孙世扬与太炎先生一起研究《伤寒论》。太炎先生对这位青年很看重，很喜欢，在《与恽铁樵书》中说：“顷与弟子孙世扬详较《霍乱篇》文义。”称其为“弟子”。1936 年《制言》杂志第二十七期载《蓟汉大师语录》为孙世扬记录。太炎先生逝世后，孙世扬写有如下挽联：

雅志在春秋　九域腥膻公绝笔

大名垂宇宙　十年覆帱我何心

孙世扬写有《〈伤寒论〉字诂》《〈金匮要略〉字诂》，是《伤寒论》《金匮要略》文字训诂的重要之作，刊登于《制言》。此文不仅对研究中医文献有重要意义，就是对从事训诂学研究的人亦有诸多启发。此文罕见，附于后。

《伤寒论》字诂

1.《辨脉篇》：灑淅恶寒

“灑”通作“洒”。双声言之，则《素问·调经论》云：“洒淅起于毫毛。”重言之，则《金匮要略》云：“洒洒然毛耸。”本论云：“淅淅恶风。”单言之，则《风论》云：“腠理开则洒然寒。”皆是。

2.又，脉瞥瞥如羹上肥

“瞥”当作“潎”。《文选·秋兴赋》注云：“潎潎，游貌。”叠韵言之曰“潎洌”，《琴赋》注云：“水波浪貌。”

3.又，厥厥动摇

《说文》：“厥，发石也。”《脉经》云：“掌上相击，坚如弹石。”

4.又，四肢漐习；本论：漐漐汗出、濈然汗出

《说文》：“濈，和也。”微汗濈然，故为病解。“漐习”叠韵言之，“漐漐”重言之，一也。《说文》作“湁湒”，“鬻也”；云：“湒，雨下也。”《广雅》作“霵霵”，“雨也”。汗出如雨如鬻，故为病证。成注“漐习”为“震动，若搐搦手足时时引缩”，此泥于肝绝而为之说，不知厥阴之绝，未有不见少阴四逆亡阳证者。

5.噫、餲、哕、呕、吐、唾

《说文》：“唾，口液也。”“吐，写也。”此皆以出口言。故本论“吐脓血”与“唾脓血”互称，亦犹“清脓血”与“便脓血”互称耳。“呕”以胸喉言，故呕吐并举。又云“干呕吐涎沫”。“噫，饱出息也”，故云“干噫食臭”。“哕，气牾也”，故云“胃中虚冷……攻其热必哕。”后世方书谓之呃逆。餲即噎，“饭窒也”。噎可致呃逆，大笑亦可致呃逆。此皆不为病证。其因于寒或因于食积或因于燥者，哕而不休，乃为病证。叔和以脉辨餲与哕，盖未谛。俗医以呃逆为噫气，而用旋覆代赭汤治之，大误。

6.《辨脉篇》:口烂食龂

食,读若《春秋经》"日有食之"。本字作"蚀"。

7.又,客气内入,嚏而出之

按,《素问·阴阳类论》云:"先至为主,后至为客",故本论以外感所传变者为邪气。如云"腠理开,邪气因入",又云"胃中有邪气"是也。以误发汗吐下而血气反应者为客气。如云"胃中空虚,客气动膈"是也。此云"客气内入,嚏而出之"者,正当本论所称邪气。《金匮要略》云:"客气邪风,中人多死",则与此同意。

8.又,声嗢咽塞

《说文》:"嗢,咽也。"段注云:"咽,当作噎。……'歓,咽中不利也。'与嗢音义同。"

9.又,脐筑湫痛,命将难全

按,《霍乱篇》云:"脐上筑者,肾气动也。"此即《太阳篇》"脐下悸,欲作奔豚"之类。《说文》:"筑,捣也。"《诗·小雅·弁》:"惄焉如捣。"《传》云:"捣,心疾也。"颜师古云:"捣,筑也。心疾曰捣,脐痛曰筑。"其为状同尔。"湫痛者",《左传》云:"壅闭湫底。"血气壅闭湫底则痛,凡痛皆然。

10.舌上胎

胎,当作"菭"。《说文》:"菭,水衣也。"字亦作"苔"。

11.《平脉篇》韵

乘、躬;中、通、容、洪、同;常、长、亡、昂、纲、明;源、关、铨、弦、分;旋、环、焉;千、坚、烦、缘、端、然、奸、看;神、人。

12.又,翕奄沈名曰滑

《说文》:"翕,起也。""沈,没也。"《方言》:"奄,遽也。"此言脉遽起遽没,往来流利,是之谓滑。

13.又,肌肉紧薄鲜硬

《广雅》:"薄,附也。"

14.又,肌肉甲错

"甲错"即《易·象》"甲坼"也。《金匮要略》则云:"肌若鱼鳞。"

15.《伤寒例》:翕习之荣

《论语》:"翕如也",皇疏:"习也。"《文选·鸙鹔赋》注:"翕习,盛貌。"

16.《太阳篇》:啬啬恶寒、淅淅恶风、翕翕发热

《大戴记·少间》注云:"啬,收也。"《白虎通》云:"瑟者,啬也。"今谚称"冷瑟瑟"。"淅淅"犹洒洒也。"翕",《方言》云:"炽也","炙也"。字亦作"熻",双声言之,则《甘泉赋》作"翕赫",《琴赋》作"翕艴"。

17.《太阳篇》:项背强几几

成注:"几几音殊殊,伸颈之貌。"余杭章公云:"当读若《诗·狼跋》'赤舄几几'。"按《说文》引《诗》作"赤舄掔掔"。段注云:"掔之言紧也。"

18.又,面色缘缘正赤

按,"缘缘"叠韵言之,则《庄子·渔父》作"延缘",双声言之,则《广韵》作"夤缘"。"正"读若《论语》"正唯弟子不能学",字亦作"政"。此言面色夤缘,边际都赤。章公云:"《巾车》'夏篆',故书'篆'为'缘',郑司农云:'夏,赤也。缘,缘色',盖汉时有'缘色'之语。"

19.懊憹

《广韵》作"懊恼"。"恼"从"甾","憹"从农,"农"与"甾"同从"囟",盖"囟"亦可读若"甾",故农以为声,而"憹"又读乃老切。

20.《太阳篇》:大便已,头卓然而痛

《论语》"如有所立卓尔然","卓"有"立"义,故今谚称"几卓"。"大便已,头卓然而痛者",起则头痛,卧则不必痛也。章公云:"卓,高也。"谓痛在颠顶。

21.柴胡加芒硝汤,半夏二十铢

杭县冯仲彬云:"小柴胡汤用半夏半升,而此汤以小柴胡三分之一加芒硝二两,其中半夏用二十铢,可证半夏半升为六十铢,一升为五两。"《千金方》云:"半夏一升,洗毕秤五两为正。"

22.《太阳篇》:心下温温欲吐;《少阴篇》:心中温温欲吐,复不能吐

《千金翼》引《少阴篇》文作"愠愠"。"温温""愠愠"皆《易·系》"细缊"也。《说文》引《易》作"壹壶",释之曰"不得泄"也。欲欲不吐是为"壹壶"。章公云:"温与嗢、歖二字音并通。笑曰嗢壶,在口为壶,在喉为嗢。歖者,咽中息不利也。"

23.客热

此与客气词例同。伤寒发热,由于胜复者,但谓之热,先至为主也。其在误治之后者,谓之客热,后至为客也。

24.《阳明篇》:奄然发狂

"奄然"读若《说文》引《公羊传》"觙然公子阳生"。《吴都赋》作"奄欻",《长笛赋》作"奄忽",皆双声言之。

25.又,面合色赤

按,下文曰:"不仁而垢。"林亿校正云:"又作枯。一作向经。"盖古本"垢"省作"后",后人不解,以意改之,此条亦本作"面后"而形近误作"面合"。如"謑诟",《墨子·节葬》作"奚吾",此以"謑"省作"奚","诟"省作"后",乃以形近误作"吾",可为旁证。

26. 又，实则讝语，虚则郑声，郑声者，重语也

讝，《素问》作“譫”，即“詹”之后出字。《论语》两言“郑声”，邢疏、皇疏并引《乐记》为说。然《乐记》于郑、宋、卫、齐四国之音皆讥，而孔子单称郑声，宜其有别。当据此以重语解之。

27. 又，“转失气”，成注“转气下失”

章公云：“失气由于肠痛，见《风俗通》。又宋人有《失气赋》，并可证作转矢气者误。”

28. 又，胃中必有燥屎五六枚；有燥屎在胃中

“屎”《说文》作“菌”，《左传》《史记》借“矢”为之。恽先生曰：“燥屎当结于肠间，而本论云在胃中者，以伤寒系在足经故也。其为病由胃及肠，故但言胃，不言肠也。”

29.《少阴篇》：下利清谷；下利清水

“清”亦作“圊”，本作“瀞”。

30.《厥阴篇》：今反能食者，恐为除中

按，《尔雅·释草》：“筒簢，篨中。”郭注：“言其中空。”“篨”“除”声同，竹中空曰“篨中”，腹中空曰“除中”。

31. 又，食以索饼

按，束皙《饼赋》谓之“汤饼”，范汪《祀制》谓之“水饮饼”（并见《初学记》引）。合之扯面、切面是也。

《金匮要略》字诂

1.《脏腑篇》：导引吐纳针灸膏摩

按，“导引”即《扁鹊传》之“挢引”“案杌（音玩）”。《索隐》以为“按摩”是也。“膏摩”即《扁鹊传》之“毒熨”，如今炀药之比。《医宗金鉴》以“膏摩”为按摩，误也。本书有“摩散”，《千金方》有“摩膏”，皆属膏摩。

2. 又，腠者，是三焦通会元真之处，为血气所注；理者，是皮肤脏腑之文理也

元者，气之始。“元真”即《素问》所谓“真气”。真气者，经气也。武进恽先生云：“肌肉各有薄膜裹之，其凑合也，薄膜相切，必有罅隙，荣气于是乎流行。以罅隙言，谓之溪谷；以荣行言，谓之经气。皮肤脏腑之相傅著，亦各有罅隙，亦为荣气之道路。通言之曰三焦，局言之曰募原。关节之相入，亦有罅隙，亦为荣气之道路，则谓之四肢八溪。”文理犹分理也。

3. 又，厥阳独行

厥,《说文》作“瘚”,“屰气也”。《伤寒论》云:“阴阳气不相顺接,便为厥。”是故六经有“厥阴”,此又云“厥阳”,其实一也。

4. 又,槃饪之邪

“槃”为“穀”字传写之误。《五脏篇》“槃气”,《千金》引作“穀气”。《腹满篇》《黄疸篇》及《伤寒论》皆云“穀气”。

5. 又,风中于前,寒中于暮

按,“前”当作“俞”,“暮”当作“募”,皆传写之误。“募”谓募原之间,“俞”谓五脏背俞也。中俞者,所谓伤卫也。中募者,所谓伤荣也。

6.《痉湿篇》:刚痉;柔痉(原注:一作痓)

成注《伤寒论》:“‘痓’当作‘痉’,传写之误。”恽先生云:“刚痉、柔痉以神经张弛为辨。”

7. 又,其脉如蛇(原注:一云:“其脉浛浛”)

《脉经》作“其脉浛浛如蛇”。按,“浛”读若涵泳之“涵”。《五脏篇》云“曲如蛇行。”

8. 又,丹田有热,胸上有寒

按,此湿温证淋巴吸收不健则渴不能饮,是之谓胸上有寒,血脉不足于水,则口燥烦,是之谓丹田有热。丹田者,动脉静脉交会之枢也。丹波元简云:“‘寒’、‘热’字当互易”,大误。

9.《百合篇》:声喝(原注:一作“嗄”)

《论衡·气寿》云:“嘶喝湿下”。嘶,《说文》作“㽄”,“散声”。又作“誓”,“悲声”。嗄,所嫁切,即嘶之声转,今江浙读如沙。

10.《疟病篇》:牡疟

《外台秘要》引作“牝疟”。

11.《中风篇》:汗出入水中,如水伤心

按,《水气篇》云:“汗出入水中浴,水从汗孔入。”可知此“如”字乃“浴”字之误。

12. 又,四属断绝

林亿注《平脉法》云:“四属者,谓皮肉脂髓。”此承上文荣、卫、三焦而言,若解作四肢,则于病理不合。

13.《肺痿篇》:口中辟辟燥

辟辟,口中燥相著也。《庄子·田子方》:“口辟焉而不能言。”

14.《胸痹篇》:胁下逆抢心

《伤寒论》云:“气上撞心。”“抢”与“撞”音义并近。

15.《腹满篇》:白津出

《千金》《外台》并作“自汗出”。按,《淮南·修务训》亦云“白汗”。“白汗”即《素问》之“魄汗”。“魄”读若“旁魄”。

16.《五脏篇》:身运而重

“运”读若“眩晕”之“晕”。如“月晕”亦作“月运”是。

17.又,浮之大坚,按之如覆杯,絜絜状如摇

按,此当从林亿校《脉经》作“浮之大缓,按之中如覆杯,絷絷状如炙肉”。“絜”本作“絜”(《千金》引作“絜”),与“絷”形近而误。“摇”与“炙肉”亦形近而误。“如覆杯”谓动脉之形。“絷絷状如炙肉”,谓脉来之势。

18.《痰饮篇》:沥沥有声

《巢氏病源》引作“漉漉”。按,漉、沥声义并通。

19.又,支饮

“支”犹“拒”也。支满、支结、支痛皆同义。

20.又,目泣自出

吴县汪旭初先生云:“泣古泪字。”

21.《水气篇》:水不沾流

“沾”读若“沾洽”。《素问·经脉别论》云:“水精四布,五经并行。”是沾流之义。

22.又,气击不去

按,下文“当攻击冲气令止”,可知此处“击”字不误。“气击”者,谓气为下药所击也。徐本改作“繫”,魏本改作“气急”,并非是。

23.又,气分;血分

“分”读若名分之分。《尹文子》曰:“名宜属彼,分宜属我。”

24.又,四肢聂聂动者

《说文》:“枫,厚叶弱枝,善摇。一名桑桑。”“聂聂”即“桑桑”之省。

25.《黄疸篇》:靖言了

《脉经》《千金》并作“靖言了了”。《外台》“靖”作“静”。按,“靖言”即《公羊传》之“(竫)言”也,此明其无热不谵语。金鉴改作“臆言”,大误。

26.《妇人篇》:“妇人之病因虚”节韵

年、坚、涎(“涎”字当在“唾”字下)、分、疝、连、元、鳞、身、匀、寒、烦、癫、嗔、神、寒、端、弦、安、源、然。

27.又,形体损分

《素问·五常政大论》:“分溃痈肿。”注:“分,裂也。”此论肺痈,故云。

28.又,在下未多

“未”当作“沫”,莫割切,谓白物也。凡经水不利,必下白物。

29.《杂疗篇》:紫石寒食散方,原注见《千金翼》

按,《千金翼》引此方有人参一两。沈存中云:"乳石之忌参术,触者多死。"至于五石散,则皆用参术,此古人处方之妙。然今见服钟乳而犯苍术、白术者,必头眩。

(钱超尘:北京中医药大学国学院,100029,北京)

太炎先生"构造文字之耑在一"的启示

李添富

提要： 太炎先生《转注假借说》后文"构造文字之耑在一字者指事象形形声会意尽之矣"一句，学者句读不一，说解随之不同。本师陈先生以为当作"构造文字之耑在一，字者，指事、象形、形声、会意尽之矣"。后学试从太炎先生的《转注假借说》以及《说文》字义标示方式，考知太炎先生的这一句话，不只说明每个字都有其独特的构造方式，不能因各人的意识不同而做不同的说解；同时更说明了就每一个字结构的分类而言，六书只能居其一，不能同时兼其二。

关键词： 转注假借说　意义标示　形声多兼会意　会意形声两兼

一　前言

1992 年，随伯元师到北师大参加海峡两岸文字统合学术研讨会，第一次见到裘锡圭先生。在餐厅，裘先生很亲切地握着我的手表示欢迎，我更是得意地陶醉在面见大师的惊喜之中，忽然听到陈老师对裘先生说："虽然第一次见面，但我想知道您认为太炎先生'构造文字之耑在一字者指事象形形声会意尽之矣'这段话应该怎么断句。"心想："老师怎么了？初见面而且是裘先生请吃饭，干嘛这么急着要踢馆？"没想到裘先生先是一句："久仰。"然后接着说："当然是'构造文字之耑在一，字者，指事、象形、形声、会意尽之矣。'"做梦都没想到陈老师居然接着问："那你书上为什么写的是：'构造文字之耑在一字者，指事、象形、形声、会意尽之矣。'"裘先生有点尴尬地说："对不起，常听到有人这么念，不知不觉地就这么写了。"要不是全聚德的师傅及时把烤鸭送了上来，还不知道两位大师将会怎么对话下去呢。

可能是太过于习惯陈老师的断句方式，或者应该说是学术敏感度不足，从来都没想过太炎先生这段话，竟然还有这种让裘先生不自觉标注的第二种断句方式，更没想到这种断句方式居然让陈老师急切得差一点就要失态了。后来两位先生有没有继续讨论这个话题，不得而知，但是探寻这段话的意涵，却成了我的作业〔1〕。

〔1〕 四十年来，伯元师几乎没有正式地出过什么作业给我，只是当有值得探究的议题，或者老师觉得我对某个议题不够熟悉的时候，他都会说："这个问题不错，怎样？是你写还是我写？"当然都是我写啰。

二 “构造文字之耑在一”与文字的六书结构问题

探讨这句话的精义，不能不讲六书；讲六书，不能不讲转注；讲转注，不能不谈各种转注说的产生与分类。历来对于转注说的“建类一首”，诸家说解颇不一致，对于“同意相受”的说解，则相去不远。《说文》里屡见“同意”一词，“同意”的意旨又是什么？应该也是个必须厘清的课题。今考黄以周的《考老转注说》云：

> 《说文》云“凡某之属皆从某”，是建类一首也；《后叙》云“其建首也，立一为耑”是其义也。有云“某与某同意”乃同意相受也。而同意有二例：一为同文之同意，一为异文之同意。考老并从人毛，此为同文之同意。他如《说文》云“巫与工同意”“壬与巫同意”，皆从工形；“高与仓、舍同意”，皆从口形；“美与善同意”“善与義、美同意”，皆从羊；“臺与室、屋同意”，皆从至；“亜与畱同意”，皆从丣；“尋与彀同意”，皆从工口。是其例也。

黄氏以为《说文》转注说“同意相受”的“同意”，指的就是说解中的“某与某同意”。针对此类专从“说文”当中找到一些“关键”字句，而后进行阐发的说法，太炎先生在《转注假借说》的后文，有甚为精到的批评：

> 既作是说逾三年。有以形体之说进者曰：同意者不谓同义，造字之意同耳。《说文》称“㣇头与禽离头同”“兔头与㲋头同”“龟头与它头同”“黾头与它头同”，此所谓“建类一首”也；“巫与工同意”“壬与巫同意”“裘与衰同意”“高与仓、舍同意”“臺（台）与室、屋同意”“美与善同意”“善与義、美同意”“亜与畱同意”“尋与彀同意”，此所谓“同意相受”也。应之曰：构造文字之耑在一，字者，指事、象形、形声、会意尽之矣。如向诸文，不能越兹四例。说解者必曰同、或曰同意，以其取向难明，故举其比物以相晓喻。说解之例有同状相明者，此类是也；有异状相明者，“入一为干”“入二为羊”“不上去而至下来”是也。今以同状相明为转注，异状相明复云何？且以“头同者”说为一首，《说文》亦云：“鸟、鹿足相似”“虎足象人足”“㲋足与鹿足同”“㲋足与鹿同”“鱼尾与燕尾相似”，复可云建类一足、建类一尾邪？苟举是为标识，终无解于考老，考从老省，说解不可言考头与老头同，亦不可言从人、毛与老同意，然则向者诸文，不得以例考老审矣。定海黄君又征《素问》：“肺输精皮毛，六八面焦发颁白”，故老从毛匕。肺气衰则气欲舒出上碍于一，故曰考字从丂。是则考老转注本在肺衰，益隐曲难知矣。

黄以周的转注说，基本上可以归诸“互训派”。一般而言，互训派的主要理论，建构在两个字意义的近同，认为只要两个字可以互相训释就具备“同意相受”的条件了，接着所要做的，就是帮“建类一首”找到一个关系就可以了。不过，在这里，黄以周的说法，出现了一个问题，因为他所举出来“同意”的例证，都不是释义上的相同，而是如太炎先生所说的，只是“取向难明，故举其比物以相晓喻”的“同状相明者”而已，换句话说，这些例证强调的都只是文字构造意识上的相同，因此，与转注说意义近同的“同意相受”并无关联。

转注说的互训派源自戴震的《答江慎修论小学书》，戴氏云：

《说文》老“从人毛匕，言须发变白也”；考“从老省，丂声”。解其字体，一会意，一谐声甚明，而引之于“叙”，以实其所论转注，不宜自相矛盾，是故别有说也。使许氏说不可用，亦必得其说，然后驳正之。何二千年间，纷纷立说者众，而猥以左回右转之谬悠，目为许氏可乎哉？震谓：考、老二字属谐声、会意者，字之体；引之言转注者，字之用。转注之云，古人以其语言立为名类，通以今人语言，犹曰互训云尔。转相为注，互相为训，古今语也。《说文》于“考”字训之曰“老也”，于“老”字训之曰“考也”。是以叙中论转注举之。《尔雅·释诂》有多至四十字共一义，其六书转注之法欤？别俗异言、古雅殊语，转注而可知，故曰“建类一首，同意相受”。

段玉裁《说文解字注》的补充，则让戴震的转注互训说更为明晰。段氏曰：

建类一首，谓分立其义之类而一其首，如《尔雅·释诂》第一条说“始”是也。同意相受，谓无虑诸字，意恉略同，义可互受，相灌注而归于一首，如“初、哉、首、基、肇、祖、元、胎、俶、落、权舆”，其于义或近或远，皆可互相训释，而同谓之“始”是也。独言考、老者，其显明亲切者也。老部曰：老者，考也；考者，老也。以老注考，以考注老，是之谓转注。盖老之形从人毛匕，属会意：考之形，从老丂声，属形声。而其义训则为转注。

戴、段的接力说明，不只为转注就是互训做了最详尽的阐释，也为六书体用说下了最明确的注解。不过，戴、段之说，虽然在“同意相受”部分，做了精准的判定，但在“建类一首”上，似乎还是未能完全厘清。对于主张“建类一首”的“首”为《说文》五百四十部首的说法，虽然我们可以用六书理论先于《说文》、籀篆归部参差以及部首可以增减等论述予以破除，但这“首”字的精义究竟如何？还是不得而知。

曾国藩《与朱太学书》虽然承继了转注即互训的理念，但对“建类一首”，却别有见地。他说：

老者，会意字也，考者，转注字也。部首之可指数者，如犛部、㬱部、畫部、眉部、冓部……皆转注之部也。凡形声之字，大抵以左体为母，以右体得声者为子，而母字从无省画者；凡转注之字，大抵以会意之字为母，亦以得声者为子，而母字从无不省画者。省画则母字之形不全，何以知子之所自来，惟好学深思，精心研究，则形虽不全而意可相受。如“老”字虽省去“匕”字，而可知“考”“耋”等字之意从“老”而来；“履”字虽省去“舟”文，而可知“屨”“屐”等字之意从“履”而来……其曰“建类一首”者，母字之形模尚具也；其曰“同意相受”者，母字之画省而意存也。

曾国藩从“考”字的“从老省丂声”出发，认为转注的“建类一首”还是跟部首有关，只不过不是《说文》全部的部首，而是在文字构造过程中，形体有所简省的部首而已。如：

老→考　　犛→氂　　眉→省

畫→晝　　爨→釁　　冓→再

诚如曾国藩所言，不是“好学深思，精心研究”的人，是很难有这么深入的考察与创获的。只可惜曾国藩的发明，除了还是停留在部首的迷失之外，更误把省体形声当转注看，因此看起来好像已经为戴震的理论做出一些补充和说明，事实上是没有太大助益的。

直到太炎先生的《转注假借说》，总算仍然站在互训的基础上，依据语言文字的发展途径与方向，彻底解决了“建类一首”无法落实说解的问题。太炎先生曰：

休宁戴君以为“考，老也”，“老，考也”，更互相注，得转注名。段氏承之，以一切故训皆称转注。由段氏所说推之，转注不系于造字，不应在六书。……余以为转注假借悉为造字之则。泛称同训者，后人亦得名转注，非六书之转注也。……盖字者，孳乳而浸多。字之未造，语言先之矣。以文字代语言，各循其声。方语有殊，名义一也。其音或双声相转，叠韵相迆，则为更制一字。此所谓转注也。……何谓“建类一首”？类谓声类……古者类律同声，以声韵为类，犹言律矣。首者，今所谓语基。……考老同在幽部，其义相互容受，其音小变。按形体，成枝别，审语言，同本株，虽制殊文，其实公族也。非直考老，言寿者亦同。循是以推，有双声者，有同音者，其条例不异。适举考老叠韵之字，以示一端，得包彼二者矣。夫形者七十二家，改易殊体；音者自上古以迄李斯无变。后代虽有迁讹，其大阈固不移。是故明转注者，经以同训，纬以声音，而不纬以部居形体。同部之字，声近义同。许君则联举其文，所以示转注之微旨也。如芓，麻母也，䔍，芓也，古音同在之部……若斯类者，同韵而纽或异，则一语离析为二也。即纽韵皆同者，于古则为一字，然自秦汉以降，字体乖分，音读或小与古异。《凡将》《训纂》相承别为二文，故虽同义同音，不竟说为同字。此皆转注之可见者也。……类谓声类，不谓五百四十部也。首谓声首，不谓凡某之属皆从某也。戴、段诸君说转注为互训，大义炳然，顾不明转注一科，为文字孳乳之要例，乃泛谓初、哉、首、基、肇、祖、元、胎、俶、落、权舆训始，并为转注。夫声韵纽位不同，则非建类也；语言根柢各异，则非一首也。

太炎先生从语言文字的发展与现象分析，明确指出所谓“建类”，指的是两个可以转相注释的字，必须具备双声相转或叠韵相迆的音韵关系；所谓“一首”指的是这种音韵关系必须建立在相同的语言基础上。然则所谓转注，指的是在文字尚未发明，人类纯然以语音作为沟通工具的时代，由于受到时空以及人为等因素的影响，语音产生了的变化，虽然各地的文明进展程度不一，语音变化的程度也不同，但由于语音的变化受到自身演变规律的限制，不会漫无准则地变易，因此变化之后的音读，虽然不尽相同，却仍保存着或者双声、或者叠韵的现象。等到语言由音读转变成为形体形式的时代，造字者各自将自己的音读写成文字，这才发现，相同的一个概念，竟然因为地域或人文关系而有不同的音读，不同的形体。为了沟通这种由于语言不同所创造出来的不同形体，于是有了转注的发明。

不可讳言的，总有一些不能真正懂得太炎先生从语言文字的发展与现象探讨转注假借理论的人，不停地对太炎先生“系于造字”“转注假借悉为造字之则”“更制一字”“制殊文”等提出质疑，认为太炎先生既说转注假借属于文字运用的技巧，又说转注可以制造文字，相互矛盾。对于这些质疑，我们只能依据章黄“能破而后能立”的为学态度，破除其说，再借太炎先生《转注假借说》里“前后异说，皆琐细无足录”的做法，暂时将它们搁在一旁了。

再一次检视太炎先生用来破除黄以周等错误说解的那一段话，我们可以明确得知，太炎先生所以说“构造文字之耑在一，字者，指事、象形、形声、会意尽之矣”，应该是太炎先生明确体认到《说文》中的每一个字都有其专属而独特的建构方法，“画成其物，随体诘诎”的是象形字；“视而可识，察而见意”的是指事字；“以事为名，取譬相成”的是形声字；“比类合谊，以见指㧑”的是会意字。认为我们在分析某个字的构造理论或判定某个字的六书分类时，只要依照这个理论就可以了。至于在说解中，偶尔会出现诸如“某与某同”或“某与某同意”一类的术语，只是因为那些字的形构不易说释或者它们的构字理据不够清楚，说解者为帮助读者所加的附注罢了。

由于转注、假借是补救文字制造过多或不足的手段，因此没有哪个字可以叫作“转注字”或“假借字”，也因此，我们当然没有办法构拟出一套“转注字”或“假借字”的造字方法来。然而有部分学者认为转注、假借既然属于六书之一，当然应该与前面的四书相同，都是文字制造的方法。可是在他们认定转注、假借为造字方法之后，却又发现在《说文》中，并不能像前四书那样找到对应的例证，于是只好回头从各字的说解中，找到一些看似颇有关联的部分加以阐发。但不管怎么说解，终非转注、假借的原意。也因此，太炎先生才会无奈地说“前后异说，皆琐细无足录”。

因此我们可以知道，黄以周“《说文》云‘凡某之属皆从某’，是建类一首；《后叙》云‘其建首也，立一为耑’，是其义也”的说法，是一种与转注完全无关的错误牵合，他的说法与太炎先生“构造文字之耑在一”的理论更是无关。

三 “构造文字之耑在一”与六书居一或兼二的问题

提起“六书”,“四体二用”“四正二变”“六书皆体”等说法,不一而足。从太炎先生的《转注假借说》,我们可以很明确地体认到,太炎先生对戴震体用说做了一些补强的工作,使得体用说的理论更为完备,也消弭了学者的疑虑。因此,我们不再多谈六书体用的赞同与否问题,我们要谈的是就一个字的构造理念而言,究竟六书只能居其一,还是六书可以同时兼其二的问题。

一般而言,独体的象形、指事,几乎不会出现兼用二书的情形,形声和会意则因段玉裁注解《说文解字》时的特别阐发,提出“称其会意,略其形声;或称其形声,略其会意”的形声会意两兼之说,引起众人的关注。其中尤以“亦声字”的六书归属问题,更是众说纷纭。由于《说文》并未对所收录字进行六书分类,因此除《叙》中举以为例诸字之外,其他字的六书归类,大抵都是学者依照《说文》对该字构形说明用语归纳整理而来。一旦说解文字未尽明确,该字之六书归类便有参差不一的可能。窃以为《说文》一书不论说形、说音,皆与其义有关,因此,认为推求一字之六书结构归类,应从意义的标示谈起。

(一)形声字的意义标示问题

许慎《说文解字》所列 9353 字中,形声字的分量最为可观,依据朱骏声《说文通训定声·六书爻列》的分析,形声字共 7697 字,约占 82.94%;依据刘雅芬较为严谨的统计,也有 7147 字,占 76.41%[2]。

《说文》云:“形声者,以事为名,取譬相成。江、河是也。”段注曰:

> 事兼指事之事、象形之物言,物亦事也;名即古曰名今曰字之名;譬者,谕也;谕者,告也。以事为名,谓半义也;取譬相成,谓半声也。江、河之字,以水为名,譬其声如工、可,因取工、可成其名。

又云:

> 其别于指事、象形者,指事、象形独体,形声合体;其别于会意者,会意合体主义,形声合体主声。刘歆、班固谓之象声,形声即象声也。其字半主义半主声;半主义者,取其义而形之,半主声者,取其声而形之;不言义者,不待言也。得其声之近似故曰象声,曰形声。郑众作谐声,谐,言合也,非其义。

学者在论及段氏的形声主张时,大抵都举“以事为名,谓半义也;取譬相成,谓半声

〔2〕 参见刘雅芬《说文形声字构造理论研究》,成功大学中文研究所硕士学位论文,1998 年。

也”作为代表。以江、河二字为例：由于江、河都是水，因此在构造文字时便画出一道流动的纹路“巛”来代表，这个部分所表示的，正是整个文字的意义所在，因此可以说是文字的“义符”；但由于文字本来就是以形体表达义象，因此一般不叫作“义符”而称为“形符”。又由于这两条水所流经土地的质地不同，一是坚硬的石头地，因此发出坚硬清脆的“kaŋ kaŋ”声，另一则是松软的泥沙地，因此发出的是松软低沉的“xuɑ xuɑ”声；为了更进一步的说明两条水的不同，于是便在流动的水纹旁边，增益譬况它们流动声音的“kaŋ”声和“xuɑ”声，作为区别。由于增益的部分无关义象，纯粹只是声音的描摹而已，因此称为“声符”。

然而，如果我们改从许慎《说文》六书的名义、条件与限制，以及文字的发展源流等各方面重新考量，兼及语言文字间的互动关系，似乎可以发现这种单纯“形符加声符”的构造理念，并不能满足全部形声字的音义关系。

首先，就文字制造的起源而言，段氏在为王念孙的《广雅疏证》作序时尝言：

> 圣人之制字，有义而后有音，有音而后有形；学者之考字，因形而得其音，因音而得其义。

又在《说文》“坤，地也。易之卦也。从土申，土位在申也”下注云：

> 文字之始作也，有义而后有音，有音而后有形；音必先乎形。名之曰乾坤者，伏牺也，字之者，仓颉也。

在“词，意内而言外也。从司言”下注云：

> 有是意于内，因有是言于外，谓之词。……意者，文字之义也；言者，文字之声也；词者，文字形声之合也。凡许之说字义，皆意内也；凡许之说形、说声，皆言外也。有义而后有声，有声而后有形，造字之本也。形在而声在焉，形声在而义在焉，六艺之学也。

段氏这“有义而后有音，有音而后有形”的观点，揭橥了声义同源的理论。也由于这种“声由义发，声在义在”的主张，段氏更进一步地在《说文》“禛，以真受福也。从示真声”下提出形声、会意两兼的理论。他说：

> 声与义同源，故谐声之偏旁多与字义相近，此会意、形声两兼之字致多也，《说文》或称其会意，略其形声；或称其形声，略其会意；虽则渻文，实欲互见。不知此，则声与义隔。

会意、形声两兼的说法，牵涉到分析文字时六书只能居其一，或者可以同时兼其二的复杂问题。段氏在《说文》“吏，治人者也。从一从史，史亦声”下注云：“凡言亦声者，会意兼形声也。凡字有用六书之一者，有兼六书之二者。”从段氏的说解看来，似乎段氏认为一个字可以同时兼具两种不同的六书结构，也就是说像“吏”这样的字，就六书分类而言，可以同时是会意，也是形声。窃以为段氏这种六书可以兼其二的说法，看似有理，事实上却是一种对文字结构的误解。

我们都知道，许慎《说文》对于“会意”的定义是“比类合谊，以见指㧑”；至于“形声”的定义则是“以事为名，取譬相成”；虽然二者都是会合两个以上的形体构成一个新字，但是构造理念大不相同。由于会意字的构成条件是“比类合谊”，因此，构成会意字的每一个部件，都得具备表义功能，学者必须将所有部件所表达的意涵“会合”在一起之后，再去“体会”整个文字所要表达的意旨。比如说信从人言，“人讲的话”是构成“信”字的基本要件，“人讲的话”必须信守，重然诺更是人在讲话时所必须存有的理念；而从“人讲的话”到“必须信守”“重然诺”的过程，便是“会合”加“体会”的结果。至于形声字，主张形符（义符）加声符者，认为表义部分在形符（义符），声符只是用以标示音读的部件而已，与意义之表达无关。主张声符加形符者，大抵基于声义同源理论而以为声符部分不只标示音读，更载明字义，至于形符部分，虽可借以了解所表达义象的类别，但也仅只于类别的标示而已。是以“形声多兼会意”的“会”字，只能是“体会”，不能是“会合”。在这样的表义功能条件限制下，一个字既要是形声，同时也要是会意，恐怕是很难说解清楚的[3]。

黄承吉在《字诂义府合按后序》中，也同意声义同源理论，他说：

> 盖声起于义，义根于声，其源出于天地间之至简极纷，其究发为口舌之万殊一本，要之，非声音不足以为训诂。

在《字义起于右旁之声说》中，黄氏更进一步地提出形声字声符表义的观点，他说：

> 凡字皆起于声，任举一字，闻其声即已通知其义。是以古书凡同声之字，但举其右旁之纲之声，不必拘于左旁之目之迹，而皆可通用……盖凡字之同声者，皆为同义，声在是则义在是，是以义起于声。

又云：

> 凡字之以某为声者，皆原起于右旁声义以制字，是为诸字所起之纲，其在左之偏旁部分（或偏旁在右在上之类皆同）则即由纲之声义，而分为某事某物之目，纲同而目异，目异而纲实同，如右旁为某声之义，而其事物若属水，则其左加以水旁而为目，若属木火土金，则加以木火土金之旁而为目，若属天时人事，则加以天时人事之旁而为目，若属草木禽鱼，则加以草木禽鱼之旁而为目，其大较也。盖古人之制偏旁，原以为一声义中分属之目，而非为此字声义从出之纲，纲为母而目为子，凡制字所以然之原义，莫有不起于纲者。

刘师培先生《小学发微补》更云：

---

〔3〕 参见刘雅芬《说文形声字构造理论研究》，成功大学中文研究所硕士学位论文，1998年。

> 案《易经》有言："书不尽言，言不尽意。"意即字义，言即字音，书即字形。惟有字义，乃有字音，惟有字音，乃有字形。许君作《说文解字》，以左旁之形为主，乃就物之质体区别也；然上古人民未具分辨事物之能，故观察事物，以义象区别，不以质体区分。然字音原于字义，既为此声，即为此义；凡彼字右旁之声同于此字右旁之声，其义象亦必相同。且右旁为声之字半属静词、动词，而名词特鲜，以是知上古造字只有静词、动词，此非臆测之言也。后人解字以一事一物为纲，古人造字，以一义一象为纲，而区别义象之字皆属静词、动词，凡此字义象同于彼字义象者，在古代亦只为一字，后圣继作，乃益以左旁之形以示区别，而名词以成，此古人抽象之能也。

并举静词的"仑"字有分析条理之义，而名词的论、伦、纶、轮、沦等字亦皆含文理成章之义；静词的"尧"字有崇高延长之义，而名词的趬、顤、峣、硗、骁、獟、翘等字之义象，都由"尧"字引申而来为例，认为：

> 造字之初，先有右旁之声，后有左旁之形；声起于义，故右旁之声既同，则义象必同。古人区别字类，悉凭义象之同异而区，区别义象之字既系静词、动词，则古人未尝区一物为一字明矣。及事物浩繁，乃以右旁之声为纲而增益左旁之形，此以质体区别事物之始也。独体为文，合体为字，形声相益，斯为合体，斯为名词。若独体之字，虽分属象形、指事二门，然日训为实，月训为缺，先有实字之义，以日形圆实，因以实字训之；先有缺字之义，因月形半缺，因以缺字训之。推之先有上下之文，而后有天地之字，以天体在上，因以上字训天；因地体在下，因以下字训地。则动词、静词先于名词，彰彰明矣。故许君说解一字，必先说其义，次说其形，诚以造字之源，义先而形后。凡同声之字，古人皆可通用也，且同义之字，不必右旁之声皆同也，即任举同声之字，亦可用为同义。

刘先生的论述，不只更进一步地阐明声义同源的理念，同时对形声字先有得声偏旁，而后为区别质体，于是增益形符偏旁的造字次第，做了更为详尽的说解。

诚如段氏所言："有义而后有音，有音而后有形"，文字所以产生以及文字所以存在的意义，应是出自表义的前提。如果我们从字义辨识的角度来看形声字的结构，刘师培先生"先有表示抽象概念的动词、静词声符偏旁，而后为明辨质体再行增益具体实象形符偏旁"的说法，就有其独到而重要的意义了。

如果形声字的构造与分析原则，真如上述几位前辈学者所言，段氏形声字的构造理论，便有重新检讨的余地了。因为段氏所提出的是：先有一个表达义象的形符被制造运用着，后来为了区别与它具有相同性质却又并非完全一致的事物，于是在这形符之外增益一个可以区别它们的声音符号；虽然，这声音符号也具有辨识意义的功能，但却只是个辅助的部分而已。而从声义同源说所发展出来的形声结构理论，却是主张形声字原本只有用来表示整体音义的声符部分，由于事物日益浩繁，产生了许多义象相同而类别不同的事物或概念，为了区别这些原本不必辨识或原来并不存在的近似概念，只好在原来的字形之外，增益一个表示概念类别的形体符号；就义象的表达而言，原有的声音符号仍然肩负着表义的主要功能，后来增益的形符，只不过是个表示类别的辅助部件罢了。

为了要解决究竟形声字是形符先造，而后增益声符，还是先有声符，后来增益形符的纷争，除了对《说文》全数的形声字做一番义象孳生与辨识的探讨之外，别无他法。在对《说文》所载7147个形声字进行义象分析的同时，我们发现其中还有一些必须厘清的问题。比如：我们都知道，段氏早就揭示过《说文》“凡某之属皆从某”的理念，因此，很自然地，每一个形声字的义象，或多或少都与它的形符偏旁有所关联。反倒是有一部分形声字，我们并不能够说明它们的得声偏旁与义象之间的关联。

就这一点而言，我们除了可以说是语意变迁之外，也可以用声符假借[4]或后起形声字[5]等理论来说解。甚至在经过比对之后，我们还可以发现：声符所表达的义象与整个形声字义象的切近程度，远超过形符偏旁与形声字的义象关系。而且，在文字运用的过程中，如果我们把形声字的形符省略了，并不影响整体意义的辨识；可是，如果我们省去的是形声字的声符，在意义的辨识上，便产生了极大的困难。宋代王观国的《字母说》尝云：

> 盧者，字母也。加金则为鑪，加火则为爐，加瓦则为甗，加目则为矑，加黑则为黸。凡省文者，省其所加之偏旁，但用字母则众义赅矣。亦如田者字母也，或为畋猎之畋，或为佃田之佃，若省文，惟以田字该之，他皆类此。

“但用字母则众义该矣”的主要原因，便是形声字声符示义的缘故。如果我们将王观国所举的这几个例证，改成省略声符而保留形符的情形，在意义的辨识上，必将产生无法说解的困窘。例如：

佃田—田田　/　佃田—人田

畋猎—田猎　/　畋猎—攵猎

火爐—火盧　/　火爐—火火

当鑪—当盧　/　当鑪—当金

右列省去声符偏旁的一组，不论是形诸文字，或是用声音来传述，都将无法传达原来所要表达的概念。因此，不禁使人要对形声字为“形符增益声符”的构造方法产生怀疑。

---

〔4〕参见鲁实先《假借遡源》，文史哲出版社，1973年。黄侃述，黄焯编《文字声韵训诂笔记》，木铎出版社，1983年。

〔5〕参见蔡信发《说文答问》，学生书局，2006年。

刘师培先生“殷周吉金所著诸字，恒省偏旁，《说文》所载古文亦然”的分析结果，更是证实了形声字先有声符的推论并非无稽[6]。

当然，在某些情况下，先有形符偏旁，再增益声符偏旁的形声构造方式，也是可能的。譬如戴静山先生在论形声字的起源时，曾说：

> 譬如江河，画一条水，加一个工的音标，就代表了扬子江；加一个可的音标，就代表了黄河。这种方法的起源，恐只施用于同类异形的物上。如同为木，而松柏不同；同为鸟，而鸠鸽不同。共象的木、鸟，可以用象形的方法，别象的松柏、鸠鸽，就不易再用象形的方法。于是在共象上加音标，以表示别象。字的构成，是一个形，加一个音，故谓之形声。[7]

诚如戴先生所言，这种方法只适用于同类异形的物上，除非我们也和戴先生等前辈学者一样，将表达抽象概念的形声字独立为转注，并将转注视为文字构造方式的一种。然而这样的说法，除了让那些声符不表义以及以声命名的禽类名称形声字，取得文字构造的理据之外，终因有其限制，无法全面说解所有形声字的义象表达功能与现象。因此，有关形声字的构造理念，恐怕还是要回归到先以声符示义，后来为了配合物类孳繁而增益形符偏旁的次第上来。至于所增益的形符偏旁固然也有标示类别的作用，就语言运用与意义辨识而言，都只不过是一个次要的附加部分而已。

（二）会意字的意义标示问题

《说文》云：“会意者，比类合谊，以见指撝。武、信是也。”段玉裁注：

> 会者，合也，合二体之意也。一体不足以见其义，故必合二体之意以成字。

又云：

> 谊者，人所宜也。今人用义，古书用谊；谊者本字，义者假借字。指撝与指麾同，谓所指向也。比合人言之谊，可以见必是信字；比合戈止之意，可以见必是武字；是会意也。会意者，合谊之谓也。凡会意字曰从人言，曰从止戈，人言、止戈二字皆联属成文，不得曰从人从言、从戈从止。而全书内往往为浅人增一从字，大徐本尤甚，绝非许意。然亦本有两从字者，当非分别观之。[8]

《说文》会意字之分类，或从构件形体之异同，分为“同形会意”与“异文会意”两类；同形如“林”“品”“舛”等，异文如“公”“僉”“暴”等。亦可从构件之先后主从或平行对等关系，

---

〔6〕 参见刘师培《左盦集·卷四》，中国书店，2008年。

〔7〕 参见戴君仁先生《梅园论学集·吉氏六书》，开明书店，1970年。

〔8〕 段氏既言止戈联属成文，却谓“比合戈止之意，可以见必是武字”，“从戈从止”颠倒构件次第，未尽精当。

分为“顺递为意”与“并峙为意”两类；顺递如“武”“信”“春”“暴”，并峙如“里”“幸”“㑒”“履”等。不论采取哪种分类方式，整个会意字的义象，都是会合各构件之义象而成，而且这种会合，不只是单纯的会合而已，是一种对于各部件自身及其所代表意涵间有所体会之后的会合。同时各部件的意涵在会合成为一个新的意涵时，每个构件意涵的安排，都有一定的次第。段氏又云：

有似形声而实会意者，如拘、鉤、笱皆在句部，不在手、金、竹部；莽、暮、葬不入犬、日、死部；茻、纠不入茻、糸部之类是也。

其实，这些字看似形声却不归属形声的理由很简单，从《说文》的说解即可得知，如：“拘，止也”“笱，曲竹补鱼器也”“鉤，曲鉤也”三字的每一构件都有表意功能，与“江，江水”“河，河水”“松，松木”“槐，槐木也”等形声字只以某一部件示义的表意方式明显不同。“莽，南昌谓犬善逐兔茻中为莽”“暮，日且冥也”“葬，从死在茻中，一其中所以荐之”“茻，茻之相丩者”“纠，绳三合也”等字亦同。

另外，或有学者认为会意的“会”字，只有会合义而不必作体会解。如王筠的《说文释例》云：

合谊即会意之正解，《说文》用谊，今人用义。会意者，合二字、三字之义以成一字之义，不作会悟解也。

不过，王筠这句话我们也可以作不同的解读。由于段玉裁在说明《说文》的声训条例时，尝有“形声多兼会意”之说，因此导致学者“形声会意两兼”与“形声多兼会意”的认知混同。段氏的“形声会意两兼”是说某个字可以同时归属于形声或会意。“形声多兼会意”的主要意旨则是在声义同源的理论基础上，形声字的得声偏旁不但示音而且表意，因此只要掌握形声字的形构与得声偏旁，便能“会知”其意，至于该字的形构，仍然只是形声，不会因为可以会知其意而变成会意。《释例》的这一句话，正好可以用来说明这个情形。而不管怎么解读，都不影响会意字必须会合每一部件的构意，始能呈现完整字义的事实。

（三）亦声字的意义标示问题

一般而言，形声字与会意字的辨识，尽管学者在基本认知上或许存有些许的差异，在六书分类的认定上，却无太大疑义。不过对于《说文》中以“从某从某，某亦声”或“从某某，某亦声”标示的“亦声字”，不只在究竟应当归诸“会意”或“形声”上意见较为参差，同时归属于会意与形声的说法，也被提了出来。

依据王彦荠的研究[9]，《说文》267 个亦声字中，有 260 个字的部件不容减损，剩余

[9] 参见王彦荠《清代说文四大家亦声字研究》，辅仁大学中研所硕士学位论文，2018 年。

的7个字：敿、劑、愷3个字属省略部件仍可见义者；主、𣎆、函、也4个字有某一部件不成文，而应归属于加声象形[10]。窃以为王生不容曾损260字，大抵可信；其余7字，容有调整余地。譬如：

1.敿　三下攴部(三篇下三十七)

大徐：烦也。从攴。从𤔔，𤔔亦声。

小徐：烦也。从攴。𤔔声。

段注：烦也。从攴。𤔔声。

桂注：烦也。从攴从𤔔。𤔔亦声。

王注：烦也。从攴。𤔔声。

朱注：烦也。从攴。从𤔔。𤔔亦声。

大徐、朱氏、桂氏属亦声字，而小徐、段氏、王氏则皆作形声解。其字与所从亦声之𤔔字，古音同属来母元部。《说文》：

攴：小击也。从又卜声。凡攴之属皆从攴。

𤔔：治也。幺子相乱。𠬪治之也。读若乱同。一曰理也。

《说文》释“敿”为“烦也”，《段注》更云：“烦，热头痛也，引伸为烦乱。”是知“敿”字当取杂乱、紊乱意；而《说文》：“𤔔，治也。”“攴，小击也。”可以得知“敿”字当是“攴之使其由治而乱”。故当从攴从𤔔会意。以其音读与𤔔同，故曰𤔔亦声。然则此当从大徐等为是。“攴”“𤔔”俱不可省。

2.劑　四下刀部(四篇下四十七)

大徐：齐也。从刀。从齊。齊亦声。

小徐：齐也。从刀。齊声。

段注：齐也。从刀。齊声。

桂注：𠫤也。从刀从𠫤。𠫤亦声。

王注：𠫤也。从刀𠫤声。

朱注：齐也。从刀。从齊。会意。齊亦声。

此亦大徐、朱氏、桂氏作属亦声字，小徐、段氏、王氏作形声之例。其字与所从亦声之齊字，古音同属从母脂部。《说文》：

刀：兵也。象形。凡刀之属皆从刀。

齊：禾麦吐穗上平也。象形。凡齊之属皆从齊。

---

〔10〕 王彦荠的亦声字认定，采取较为宽松的标准，六家之中只要有任何一家主张是亦声字，即从而认定为亦声字。

《说文》释“剂”为“齐也”，又云：“齐，禾麦吐穗上平也。”《系传》亦曰：“生而齐者莫若禾麦。”是知“剂”字但取齐平意，故“刀”字无义。唯《句读》则云：“《释言》：‘剂，翦齐也。’”《段注》亦云：“从刀者，齐之如用刀也。不必用刀而从刀，故不与前为伍。”则又表示与刀具或切割相关，“刀”字具有表义功能。然则“剂”字当从刀齊声，属形声字，“齊”“刀”俱不可省。

3. 慍　五上豈部（五篇上三十七）

大徐：康也。从心豈。豈亦声。

小徐：康也。从心豈。豈亦声。

段注：康也。从心豈。豈亦声。

桂注：康也。从心豈。豈亦声。

王注：康也。从心豈。豈亦声。

朱注：乐也。从心。豈声。

除朱氏作形声外，各本皆属亦声字。其字与所从亦声之“豈”字，古音同属溪母微部。《说文》：

心：人心。土臧也。在身之中。象形。博士说目为火臧。凡心之属皆从心。

豈：还师振旅乐也。一曰欲登也。从豆。㪻省声。凡岂之属皆从岂。

《说文》释“恺”为“康也”，《句读》云：“《释诂》：‘恺：康，乐也。’”《段注》：“《蓼萧》传曰：‘岂，乐也。岂同恺。’”是知“岂”“恺”同义，单用“岂”已经可见和乐之意，所以从心者，人心之所感触者也。故“心”“豈”俱不可省。朱氏以为形声者，与大多数之形声字构字理据相同，其义为乐，其类属心，说可通。其他五家以为乐由心生，故从心岂顺递为意，亦无不可，但以“恺”字之义，侧重在“乐”，故加注“豈”亦声。此正愚所谓释义违反顺递为意先后主从关系之例也。

4. 主　五上丶部（五篇上五十二）

大徐：镫中火主也。从呈象形。从丶。丶亦声。

小徐：镫中火主也。从呈象形。从丶。丶亦声。

段注：镫中火主也。呈，象形。从丶。丶亦声。

桂注：镫中火主也。从呈象形。从丶。丶亦声。

王注：镫中火主也。从呈象形。从丶。丶亦声。

朱注：镫中火主也。从呈象形。从丶。丶亦声。

“主”字各本皆属亦声字。其字与所从亦声之“丶”字，古音同属端母侯部。《说文》：

丶：有所绝止。丶而识之也。凡丶之属皆从丶。

《说文》释主为“镫中火主也”，即灯台之火芯，由“呈”“丶”两个部件构成。“丶”，《徐笺》：

“凡事物有所表识，则丶而识之。”“主”，《段注》：“为象镫形。”以为当属象镫形之不成文符号。《释例》：“主下云：‘从呈象形。’案：从呈二字必后增，非字，不可从也。此字全体象形，不可分别说之。其下为镫檠，上取者镫盌，丶则镫炷是也。”蔡信发先生《六书释例》云：“该字（丶）象火炷的样子，是‘主’的初文。《说文》释‘主’义为‘镫中火主也’，其形作呈，外像灯架，内像火炷，和‘丶’之形义相合。”然则镫字应为象形加形而非会意，历来所以当作亦声字说解，应如王筠所云，因后增“从呈”二字而致误者也。

5. 䑞（舜）　五下䑞部（五篇下三十八）

大徐：艸也。楚谓之葍。秦谓之藑。蔓地连华。象形。从舛。舛亦声。

小徐：艸也。楚谓之葍。秦谓之藑。蔓地连华。象形。从舛。亦声。

段注：䑞艸也。楚谓之葍。秦谓之藑。蔓地生而连华。象形。从舛。舛亦声。

桂注：艸也。楚谓之葍。秦谓之藑。蔓地连华。象形。从舛。舛亦声。

王注：艸也。楚谓之葍。秦谓之藑。蔓地生而连华。象形。从舛。舛亦声。

朱注：舜艸也。楚谓之葍。秦谓之藑。蔓地连华。象形。舛声。

除朱氏外，各本皆属亦声字。其字与所从亦声之“舛”字，古音同属透母元部。《说文》：

舛：对卧也。从夊。𡕒相背。凡舛之属皆从舛。

《说文》以“䑞”为“䑞艸”，《系传》云：“藑茅也。《诗》曰：‘颜如蕣华。’”《说文》不录“𠥓”字，《段注》：“象叶蔓华连之形也。”至于“舛”字，《说文》云：“舛，对卧也。”《句读》则以为：“为其蔓延，以舛譬况之。”王师初庆《六书释例》引《殷墟文字类编》云：“其注舛声者，谓其蔓在地而花对生故也。”皆以“从舛”喻其对卧之形。窃以为如此说解，固无不可，唯据此说解则“䑞”字之形构当属会意而非增体。瑞安林景伊先生以为“䑞”字以“𠥓”表示蔓地连华之形，其意已足，所以加注“舛”声，只为标识其音读而已，故“䑞”字应当归属加声象形而非会意。朱骏声谓之“象形。舛声”，与“齿”字说解相同，较能符合《说文》说释文字之体例。

6. 函　七上㔾部（七篇上三十）

大徐：舌也。象形。舌体𢎘𢎘。从𢎘。𢎘亦声。

小徐：舌也。象形。舌体𢎘𢎘。𢎘亦声。

段注：舌也。舌体㔾㔾。从㔾。象形。㔾亦声。

桂注：舌也。象形。舌体𢎘𢎘。从𢎘。𢎘亦声。

王注：舌也。象形。舌体𢎘𢎘。从𢎘。𢎘亦声。

朱注：舌也。象形。舌体𢎘𢎘。从𢎘会意。𢎘亦声。

“函”字各本皆属亦声字。其字与所从亦声之“𢎘”字，古音同属匣母添部。《说文》：

𢎘：嘾也。草木之𠷎未发圅然。象形。凡𢎘之属皆从𢎘。

《说文》释“函”为“舌”，即舌头，由“囨”“马”两个部件构成。《说文》无“囨”字，《段注》云：“象舌轮廓及文理也。”今考《说文》：“马，嘾也。草木之Ⅱ未发函然。”《系传》云：“嘾者，含也。草木华未吐若人之含物也。”谓舌为人口所含也。然则可知“函”字盖以“马”为义，又加“囨”以象舌形，故当归诸增体象形。至于“马”声，当属声义同源而本有者，所以加注亦声，当与齿加止声、𦥑加廾声同意；不同者，齿、𦥑象形加声，函字则象形加形，复又加注本字之音读而已。

7. 也　十二下乁部(十二篇下三十二)

大徐：女阴也。象形。

小徐：女阴也。象形。乁声。

段注：女䏰也。从乁。象形。乁亦声。

桂注：女阴也。象形。

王注：女阴也。象形。

朱注：女阴也。象形。从乁。会意。乁亦声。

“也”字段氏、朱氏属亦声字，大徐、段注、王氏、桂氏作象形解[11]。与所从亦声“乁”字，同属定母，韵部为歌支旁转，音读关系尚称密近。《说文》：

乁：流也。从反厂。读若移。凡乁之属皆从乁。

《说文》释“也”为“女䏰”，故大徐、王氏、桂氏以为独体象形，小徐、段氏又加“乁声”，依例应属兼声象形，故仍可归诸独体象形。朱氏则以为会意又兼“乁声”。今考《说文》：“乁，流也。”象水流之形，有移动意，《玉篇·乁部》：“乁，移也，徙也。”《系传》：“语之余，凡言，则气出口而尽，此象气出口而下敛而尽也。”流动与敛尽义不相类，有违合意原则，因此定为会意，恐未尽当。至于小徐、段氏又加“乁声”，义与“女阴”亦不相类，因此亦当与齿、𦥑同属象形加声之类。

然则王生以为部件可以省略之“敱”“剤”“愷”三字以及“主”“𦥑”“函”“也”加声象形四字，经检视后，可以重新定其归类为：

敱　从攴。从豈。豈亦声。并峙为意，兼识音读。部件不可省略。

剤　从刀。从齊。齊亦声。并峙为意，兼识音读。部件不可省略。

愷　从心豈。豈亦声。顺递为意，兼识音读。部件不可省略。

主　𠁽。象形。从丶。丶亦声。象形加形，兼识音读。部件不可省略。

𦥑　匧。象形。从廾。廾亦声。象形加声，兼识音读。部件不可省略。

---

〔11〕《段注》：“按小徐有乁声二字，无从乁二字。依例则当云从乁，故又补三字。”依段注则“也”字当属形声，今从小徐原文，定为兼声象形。

函　囯。象形。从马。马亦声。象形加形，兼识音读。部件不可省略。

也　也。象形。从乁。乁亦声。象形加声，兼识音读。部件不可省略。

“主”“舜”“函”“也”四字，为变体象形，其结构为一独体象形之文，搭配一不成文部件。“主”，即烛火烛台，“丶”表识，象火芯之形，“𡈼”象烛台之形，不成文。“舜，艸也”，“匧”象树叶、藤蔓、花实相连之形，“舛”虽成文，亦可用以譬喻其蔓延之貌如人对卧，就舜草之花实相连之形而言，“匧”形已足，故“舛”形用以标示音读可矣，不成文。“函”，指舌头，用“㔾”指草木花苞未开象舌卷曲之形为释；“囯”，但象舌面纹理之形，不成文。“也”，象女阴之形，加“乁”声。“乁”虽成文，“流”意却与“女阴”无关，是知当属示音部件，故“也”字应属加声象形。然则“主”等四字不属会意，应当扣除；“㪉”“劑”“愷”三字，则属会意。因此，“说文”中，属会意而又加注亦声者，共计应为263字，若从宽计算，凡典籍加注亦声者皆属之，则《说文》亦声字，为数依然为267字。

（四）从意义辨识谈亦声字的归类

顾名思义，所谓“并峙为意”指的是构成会意字的两个部件，在表意功能上，处于同等的地位，比如“里”字“从田从土”或“从土从田”并无差别，“名”字“从夕从口”或“从口从夕”取义全同。但《说文》中却有并峙为意而又偏重其中一义现象，除造成并峙却不同等之外，也违反《说文》“会意以所重为主”的构字理念。比如：

剥　四下刀部（四篇下四十六）

大徐：裂也。从刀。从录。录，刻割也。录亦声。

小徐：裂也。从刀。录声。一曰录，刻割也。

段注：裂也。从刀录。录，刻也。录亦声。一曰剥割也。

桂注：裂也。从刀从录。录，刻割也。录亦声。

王注：裂也。从刀录声。一曰录，刻、割也。

朱注：裂也。从刀。从录。会意。录，刻割也。录亦声。

“剥”字各本之形构说解，颇不一致，大徐、桂氏、朱氏作“从刀从录，录亦声”，段氏作“从刀录，录亦声”。二者虽并峙、顺递不同，同属会意又加注亦声则无疑义；小徐、王氏作“从刀录声”，则非会意而为形声矣。唯不论形构说解如何，六本均以“裂也”为释。《说文·刀部》：“刀，兵也。象形。凡刀之属皆从刀。”可知“刀”字泛指“刀械”而言。《录部》：“录，刻木录录也。象形。凡录之属皆从录。”《段注》：“破裂之意。”故各本以“刻、割”或“刻割”为义。“剥”字既以“裂”为义，是其主要意涵在“录”而不在“刀”，因此若从大徐等“从刀从录”并峙为意，未能凸显“切割”义；若从段、朱等“从刀录”顺递为意，则又有违先后主从关系；故两者皆为凸显“割裂”义而出“录亦声”以救之。至于小徐与王注，径从“裂”义而以形声释之，当属形声字声符表义之具体展现。又如：

禮 一上示部（一篇上四）

大徐：履也。所以事神致福也。从示。从豊。豊亦声。

小徐：履也。所以事神致福也。从示。从豊。豊亦声。

段注：□也。所以事神致福也。从示。从豊。豊亦声。

桂注：履也。所以事神致福也。从示。从豊。豊亦声。

王注：履也。所以事神致福也。从示从豊。豊亦声。

朱注：履也。所以事神致福也。从示。从豊。会意。豊亦声。

《说文·示部》：“示，天垂象。见吉凶。所以示人也。从二。三垂。日月星也。观乎天文。以察时变。示。神事也。凡示之属皆从示。”《豆部》：“豊，行禮之器也。”《段注》云：“礼有五经，莫重于祭，故礼从示。”《六书正讹》亦云：“重于祭，故加示以别之。”是知“礼”字若从“事神致服”言之，则所重在“示”；若由“人所当践履”而言，则以从“豊”为是。许氏说解先言“履”，再言“事神致福”，可知偏重“履”义。“禮”字虽在“示”部却以“豊”为义，有违“会意以所重为主”的会意归部原则[12]，故虽由“示”“豊”并峙为意，而加注“豊亦声”，以为救正。又如：

琥 一上玉部（一篇上二十三）

大徐：发兵瑞玉。为虎文。从玉。从虎。虎亦声。春秋传曰。赐子家双琥。

小徐：发兵瑞玉。为虎文。从玉。虎声。春秋传曰。赐子家子双琥是。

段注：发兵瑞玉。为虎文。从王。虎声。春秋传曰。赐子家子双琥是。

桂注：发兵瑞玉。为虎文。从玉从虎。虎亦声。春秋传曰。赐子家双琥。

王注：发兵瑞玉。为虎文。从玉。虎声。春秋传曰。赐子家子双琥。是。

朱注：发兵瑞玉。为虎文。从玉。从虎。会意。虎亦声。左传。赐子家子双琥。

《说文·玉部》：“玉，石之美。有五德者，润泽以温，仁之方也；䚡理自外，可以知中，义之方也；其声舒扬，专以远闻，智之方也；不挠而折，勇之方也；锐廉而不忮，絜之方也。象三玉之连。丨，其贯也。凡玉之属皆从玉。”《虎部》：“虎，山兽之君。从虍从儿。虎足象人足也。凡虎之属皆从虎。”“琥”以玉为之故从“玉”；用以发兵，取其威猛故从“虎”。《说文》释为“发兵瑞玉”，重在“发兵”，可知“琥”字虽在“玉”部却以“虎”为义，有违“会意以所重为主”的会意归部原则，故虽由“玉”“虎”并峙为意，而加注“虎亦声”，以为救正。

至于“顺递为意”，指的应该是构成会意字的两个部件，在表意功能上，具有先后或主从关系，比如“武”字“从止戈”不能改成“从戈止”，因为那将会使“止息战祸”变成“弃

---

〔12〕“会意以所重为主”的主要展现，在于以主要意涵为部首的归并原则。

械投降”。“信”字“从人言”不能改成“从言人”，因为那将会使“人讲话—必须信守”变成“说人家—搬弄是非”。换言之，顺递为义会意字的主要意涵在前一构件，后一构件虽然也表意，所表达的却是次要或补充说明的意涵。然而在《说文》中却随处可见顺递为意而以后一部件的意涵为主要意涵的情形。除造成顺递却愍没先后主从关系外，也违反《说文》“凡某之属皆从某”的部首理念。如：

從　八上从部（八篇上四十三）

大徐：随行也。从辵从。从亦声。

小徐：随行也。从辵。从从。从亦声。

段注：随行也。从从辵。从亦声。

桂注：随行也。从辵从从。从亦声。

王注：随行也。从辵从。从亦声。

朱注：随行也。从辵。从从。会意。从亦声。

《说文·从部》云：“從，随行也。”《系传》：“古但为相随行之。”《说文·辵部》：“辵，乍行乍止也。从彳止。凡辵之属皆从辵。”《从部》：“从，相听也。从二人。凡从之属皆从从。”“從”字既为相随行之，随行者之步履势将因所追随者之步履而乍行乍止，随行者更需随时听从所追随者之指令行事，因此“從”字会合“辵”“从”以见意。若依顺递为意的说解体例，“從”字之意旨当在“随行者亦步亦趋跟随于某人之后，随时听候其差遣”，“乍行乍止”是随行者的行为表现，“听從”指令行事才是行为的目的。因此，形构说明“从辵从”，另出“从亦声”以救之。段玉裁改作“从从辵”并注云：“旧作辵从，今正。”正是顺递为意的积极体现。又“從”字《说文》从部字，就“会意以所重为主”理念而言，益知“從”字本义当以“从”为重，说解作“从辵从”者，殊不合理。据此，亦可得知段氏文字训诂功夫之深厚。又如：

琀　一上玉部（一篇上三十七）

大徐：送死口中玉也。从玉。从含。含亦声。

小徐：送夗口中玉也。从玉含。含亦声。

段注：送死口中玉也。从王含。含亦声。

桂注：送夗口中玉也。从玉从含。含亦声。

王注：送死口中玉也。从玉从含。含亦声。

朱注：送死口中玉也。从王。从含。含亦声。

《说文·玉部》：“玉，石之美。有五德者，润泽以温，仁之方也；䚡理自外，可以知中，义之方也；其声舒扬，专以远闻，智之方也；不挠而折，勇之方也；锐廉而不忮，絜之方也。象三玉之连。丨，其贯也。凡玉之属皆从玉。”《口部》：“含，嗛也。从口。今声。”“琀”为葬礼中置于死者口中的玉器，从玉，表示以玉为之；从含，表示衔于口中。"琀"字之说解，或作顺递，或属并峙。就顺递为意的构字理念而言，"琀"字的意义应当重在"玉器"；就并峙为意而言，二义并重。《说文》释"琀"为"送死口中玉也"，所重应当在"送死口中"而不在玉，因此不论主张顺递或并峙，都加"含亦声"以救之。顺递救其释义不以玉为主，并峙则可据以考知看似二者并重其实却有所偏颇。又如：

茡　一下艸部（一篇下四十一）

大徐：耕多艸。从艸耒。耒亦声。

小徐：耕名。从艸耒。耒亦声。

段注：耕多艸。从艸耒。耒亦声。

桂注：耕多艸。从艸耒。耒亦声。

王注：耕多艸。从艸耒。耒亦声。

朱注：耕多艸也。从艸。耒声。

除《通训定声》作形声外，各本皆属亦声字。"茡"字小徐释为"耕名"，其余五家皆云"耕多艸"。《说文·耒部》："耒，耕曲木也。从木推丰。古者垂作耒枱，以振民也。凡耒之属皆从耒。""耒"为耕作曲木，而"茡"为耕多艸或耕名，就意义关联而言，似未尽当。王念孙《广雅疏证·释草》云："茡，草多之貌。《说文》云：'茡，耕多草也。'草多谓之茡，故耕多草亦谓之茡也。"马叙伦《说文解字六书疏证》亦云："承培元曰：'茡，耕名。即《孟子·梁惠王》"深耕易耨"之耨，用耨以薅田曰"茡"。耨，器名；茡，事名。如使不得耕耨，亦当作茡。'伦按：'耕多艸于辞不明。下文"茀"下曰："道多艸不可行。"疑与此并有夺误。锴本作"耕名"，承以《孟子》为证，然《玉篇》亦训"耕多艸"，《广韵》同，则锴本"耕名"疑后人以"耕多艸"不可通，意多字为名字之误，因改为名而去艸字，或本训"艸多也"，校者加"耕名"，传写如今文。'"[13]然则可知"茡"为以"耒"除草，所重在"耒"。其字所重在耒却在《艸部》"从艸耒"顺递为意，有违顺递先后主从关系，故加"耒亦声"以救之。

然则可知，亦声字的六书归属，应以会意为是，不当归诸形声，所谓"会意兼形声"或"形声兼会意"应该是不能详考《说文》意义标示原则与体例所造成的误解。

从《说文》的意义标示体例而言，某字属形声，某字属会意，彰彰然而不乱。而且该字既属形声，则必非会意；既属会意，则必非形声，没有两可或两兼的可能。在这样的前提下，段玉裁形声会意两兼、形声兼会意、会意兼形声的说法，应该都是不能成立的。换而言之，《说文》9353个字，每一个字都只能有一个六书归属，不能同时兼有两个；而且，任何字的归属，都只能是指事、象形、形声或会意。因为任何一个字的制造方法，都只能

---

〔13〕 马叙伦《说文解字六书疏证》卷二，第110页，上海书店，1985年。

是这四者之一，说解中或许会有在某些字的构造说明上加注“象形”“象某形”“某声”“某亦声”“同意”“某与某同意”的情形，都只是太炎先生所谓“以其取象难明，举其比物以相晓喻”一类帮助读者了解该字形构的附注而已。也因此，窃以为太炎先生的“构造文字之耑在一，字者，指事、象形、形声、会意尽之矣”，不只说明了每个字都有其独特的构造方式，不会与他字相混淆；更说明了就每一个字结构的分类而言，六书只能居其一，不能同时兼其二。

四 结语

1990年，台湾师范大学受教育主管部门的委托，举办了一场盛大的跨领域科际整合学术研讨会，那时，伯元师应聘在香港浸会学院讲学，系里的师长特别给了我一个参加会议的机会，要我将会议的相关讯息转呈给老师。

某场会议中，主席问我要不要帮陈老师发言，我一时忘形，用太炎先生的转注理论对校外某位先生的转注说提出九个问题[14]，霎时，太炎先生的转注说成为众人关注的话题。不过到了第二天，从韩国来的学弟金钟赞以他基于章黄理论发展出来的博士论文《许慎〈说文〉会意字形声字归类之原则研究》为中心提出报告，却被“修理”得体无完肤。当他谈到武、信属会意的时候，担任主席的老师直接要他停止发言，理由是“信是我名字中的一个字，我很清楚地知道这个字自始至终就是个形声”。学弟知道我每天跟老师通电话，要我跟老师报告这件事。老师听完之后，只淡淡地说了一句：“看来我应该要写篇文章了。”没多久，《〈说文〉借形为事解》《太炎先生转注假借说一文之体会》等讨论六书问题的著作，便陆续出炉。

或许1992年对裘先生的提问，只不过是伯元师在这时间内特别关注《说文》六书的反映而已，但对我而言，效法先生养成入微的观察与思辨能力，却是件必须永远铭记于心的大事。

透过对太炎先生《转注假借说》以及《说文》有关字义标示的考察，窃以为太炎先生“构造文字之耑在一，字者，指事、象形、形声、会意尽之矣”的句读应当如此；太炎先生的这一段话，除了让我们明确得知每个字都有其独特的构造方式，不能因为个人不同的意识而做不同的说解之外，更说明了就每一个字的结构分类而言，六书只能居其一，不能同时兼其二。

---

〔14〕 其实我准备了十二个问题，只是讲到第九个问题的时候，被季旭昇学长给制止了。

参考文献

(1)章太炎《章氏丛书》,台北:世界书局,1958 年。

(2)林尹《文字学概说》,台北:正中书局,1971 年。

(3)陈新雄《古音研究》,台北:五南图书,2000 年。

(4)陈新雄《文字声韵论丛》,台北:东大书局,1994 年。

(5)陈新雄《训诂学》,台北:学生书局,1994 年。

(6)陈新雄、曾荣汾《文字学》,台北:五南图书,2010 年。

(7)陈新雄《从形声立场看六书体用与造字之本说》,形声专题研讨会(辅仁大学),2004 年。

(8)王初庆《中国文字结构——六书释例》,台北:洪叶文化,2003 年。

(9)蔡信发《段注说文会意有轻重商兑》,15 届中国文字学会议(辅仁大学),2004 年。

(10)许锬辉《从四体六法说看形声》,形声专题研讨会(辅仁大学),2004 年。

(11)李添富《添富论学集》,台北:洪叶文化,2016 年。

(12)李添富《段玉裁形声说商兑》,陈伯元先生荣退学术研讨会,台北:洪叶文化,2000 年。

(13)李添富《从意义辨识谈〈说文〉亦声字》,第五届文献语言学国际学术论坛(内蒙古师范大学),2019 年。

(14)许育龙《说文亦声字研究》,淡江大学硕士学位论文,2004 年。

(15)王彦荠《清代说文四大家亦声字研究》,辅仁大学中研所硕士学位论文,2018 年。

(李添富:辅仁大学,24205,台湾新北)

构件构意泛化与《说文》训释*

齐元涛　符　渝

提要： 汉字构件在构字时一般都体现一定的构意，随着历史的发展，一个构件所承担的构意存在泛化现象。构件构意泛化指构件由本用构意发展到表示与本用构意相似相关的其他构意的过程。许慎已认识到同一构件表达不同构意的现象，并在《说文解字》中以各种方式表达对泛化构意的认识，包括：在部首字的训释中阐释泛化构意，通过旁见说解提示泛化构意，在同一部首下按构件所承担的不同构意类聚字头，等等。构意泛化现象在汉字发展过程中有一定的普遍性，《说文》训释对泛化构意的初步整理和呈现，对准确理解汉字形义关系具有重要价值。历史上的汉字学者普遍对构意泛化现象认识不足，表现出对泛化构意的不理解和对构件构意的误读。

关键词： 汉字　构件　构意泛化　《说文解字》

一　构件构意泛化现象

汉字具有形义统一的特点，即汉字构件的形体与其所承载的构意具有一致性。但正如汉语的词与记录词的汉字并非一一对应关系一样，汉字的构意与承载构意的构件也不是一一对应关系，词多而字少，构意多而构件少，因此，一个构件承载和表达多种构意的现象就很普遍。

但在汉字学的研究中，存在对构件与构意关系的许多混乱认识。有人持狭隘的形义统一观，把构件与构意视为一一对应关系；有人看到了一个构件可承担多个构意，但对这种现象表示不能理解，或者不能对构件所承载的本用构意之外的其他构意做出准确阐释。如有人认为："义符本身既然是以'画成其物'为基础的一种象形的符号，那么，当这些符号失去了象形的意味的时候，它就失去了明确地表示类属或意义的作用。同时，义符的选择和使用也没有一定的标准，它不但没有系统性，而且也缺乏逻辑性。

* 本研究得到教育部重点研究基地重大项目"跨文化视野下的海外汉字学研究"（编号：19JJD740003）、教育部人文社会科学研究规划基金项目"乾嘉《左传》训诂考据笔记整理与研究"（编号：18YJA740013）资助。

'狻'、'狐'、'猴'、'猪'不是一类东西，和'犬'也不是一类，但义符都是'犬'。'猿'、'猨'、'蝯'是一个东西，但用了'犬'、'虫'两种义符。'貓'和'猫'是一个字，但是有两种义符，'豸'和'犬'。'蜼'是长尾猿，'蛟'是龙的一种，'蛧蜽'是'山川之精物'，'虹'是一种自然现象，'蝙蝠'是飞鼠，'蚡'是田鼠，'蠗'是'禺属'，'蠪'是'禽兽虫蝗之怪'，'蚩'是'似鸡鼠尾'的鸟类，'蟵'是形似松鼠的动物，但义符也都是'虫'。又如'砲'用石造，'鰕'是鱼类，'蜎'是'虫'类，谁听了都会觉得奇怪。"[1]那么，义符有没有系统性？义符的选择和使用有没有一定的标准？是否缺乏逻辑性？该怎样理解义符使用中的"奇怪"现象？

我们认为义符是有系统的，义符的选择和使用有一定的标准，符合人们的认知心理，一个构件承担多种构意，或者一个词义选用不同构件的现象，或者某些表面看起来形义不密合的现象，都具有可解释的理据，合乎逻辑，也就并不奇怪。

构件在参与构字时一般都体现一定的构造意图。例如，构件"鱼"在参构"鳟""鲤""鲢""鳗"等字时，体现的构意是"鱼类"；构件"犬"在参构"狡""獒""突""默"等字时，体现的构意是"狗类"。这些与字的本义相同的构意，我们称为构件的本用构意。

随着历史的发展，构件所承担的构意也会发展，即存在构意泛化现象。构件构意泛化指构件由本用构意发展到表示与本用构意相似相关的其他构意的过程。例如，构件"鱼"的构意，由表示鱼类泛化指水中动物，《说文》："魧，大贝也""鲒，蚌也"，这里的构件"鱼"承担的都是泛化构意。再如，构件"犬"的构意，由表示"狗"泛化指四肢哺乳动物，《说文》："玃，母猴也""猶，玃属""狙，玃属""狼，似犬，锐头白颊，高前广后""狐，妖兽也，鬼所乘之。有三德：其色中和，小前大后，死则丘首""獭，如小狗也，水居食鱼"，这些字中的构件"犬"承担的都是泛化构意。

由上可知，构件所承担的构意，不只是与本义相同的本用构意，在很多时候，构件承担的是泛化构意。本用构意与泛化构意之间的关系是有序的，它们之间存在相似性和相关性的联系。构件及其构意对词义具有映射关系，造字时对构件的选择是由人们对词义的理解决定的。

二 《说文》对构件构意泛化的呈现

《说文解字》是第一部全面展现汉字形义统一的字书，当许慎用据义析形的办法说解字形时，已经注意到构件的构意泛化现象，并进行了初步的构意归纳与构意呈现。

---

[1] 梁东汉《汉字的结构及其流变》，第130—131页，上海教育出版社，1964年。

《说文》对构意泛化的呈现方式，有如下几种。

（一）通过部首字的训释呈现构意泛化

同一个构件在不同的字中可能体现不同的构意，许慎在对该部首字的解释中，有时会对发生了泛化的构意做出阐释。如：

《说文》："虫，一名蝮，博三寸，首大如擘指，象其卧形。物之微细，或行、或毛、或蠃、或介、或鳞，以虫为象。凡虫之属皆从虫。（许伟切）"虫，本义是蝮蛇，甲骨文作，是象形字。"虫"做构件时，构意泛化指小的爬行游走类动物。如"虾""蟹""蚌""蛤""蝼""蚁""蟑""蛾""蝗""蝠""蚊""蝇"等词的词义都与"蛇"无关，但人们没有专门给这些词造个性化的象形字，而是用"虫"当作这些字的类别符号，这些字中的构件"虫"承担的是泛化构意。面对构件"虫"的构意已泛化指爬行游走类动物而不能按本义"蛇"来理解这一事实，许慎在解释完"虫"的本义之后，特意对泛化之后的"虫"的构意做出解释："物之微细，或行、或毛、或蠃、或介、或鳞，以虫为象。"只有交代了泛化构意，最后一句"凡虫之属皆从虫"，才能含括全部从"虫"之字。

《说文》："贝，海介虫也，居陆名猋，在水名蜬，象形。古者货贝而宝龟，周而有泉，至秦废贝行钱。凡贝之属皆从贝。"贝，本义是蛤螺等有壳软体动物的总称，后来用为货币。"贝"做构件时，提供的构意大部分与"货币""财物"有关，如《说文》："财，人所宝也""货，财也""贵，物不贱也"。为了能覆盖所有从"贝"之字的构意，许慎在解释了"贝"的本义之后，又对"贝"所提供的泛化构意做了阐释："古者货贝而宝龟，周而有泉，至秦废贝行钱"，只有交代了泛化构意，才能使大量与"货币""财物"有关的字的构意有了着落，也才能使"凡贝之属皆从贝"不会落空。

（二）通过旁见说解呈现构意泛化

《说文》对构件的构意解释，一般见于该构件充当部首字的时候，偶尔也见于旁的字之下，人们把见于旁的字之下的说解称为"旁见说解"。有些旁见说解就是为构件的泛化构意而设。例如：

《说文·皿部》："皿，饭食之用器也。象形。"皿是盘碗之类的饭食盛器的总称，这是对部首字"皿"的解释。在《皿部》"醯"字之下，许慎又对"皿"的构意做了旁见说解。《说文·皿部》："醯，酸也。作醯以鬻、以酒。从鬻、酒并省，从皿。皿，器也。"段玉裁《说文解字注》对此处的"皿，器也"作的注释是："器者，《周礼》所谓瓮也。""醯"即醋，做醋不能用饭食器具，必须得用瓮、缸之类，"醯"所从之"皿"的构意已由饭食盛器泛化而指一般的盛器。许慎认识到"醯"中"皿"的构意与部首字"皿"的含义是不同的，所以用旁见说解的方式对发生了泛化的构意做出解释。

《说文・凵部》:“凵,凵卢,饭器,以柳为之。象形。”凵是用柳条编的盛饭的筐。“鬯”字从“凵”,《说文・凵部》:“鬯,以秬酿郁草,芬芳攸服,以降神也。从凵。凵,器也。中象米。匕,所以扱之。”“鬯”是古代祭祀用的香酒,用郁金草合黑黍酿成。“鬯”字中的“凵”为酿器,不是饭筐,许慎用旁见说解来指明“鬯”中“凵”的构意已由饭器泛化指一般的盛器。

(三)通过同构意类聚呈现构意泛化

《说文》同一部首之下的字一般采取“据义系联”的方式排列,即意义相近的字被排列在一起,同一个部首之下的字就可以根据意义关系的远近划分成不同的字组。汉字具有形义统一的特点,因此属于同一字组的部首,所提供的构意往往就是相同的,而不同的字组就可以反映部首字提供的不同构意,这也是对构意泛化的一种呈现方式。如:《说文・玉部》收100多字,按词义的相关性进行类聚,大致如下:(1)玉名:璙瓘璥琠璠玙瑾玒琜琼珦瑚琡璐瓒瑛;(2)玉之美恶:璑琄璿球琳;(3)玉器:璧瑗环璜琮琥珑琬璋琰玠玚瓛珽瑁;(4)玉饰:璬珩玦珥瑱琫珌璏瑵瑑珇璪瑬璹瑁;(5)玉色:玼瑟瑮莹璊瑕;(6)治玉:琢琱理;(7)爱玉:珍玩;(8)玉声:玲玱玎琤琐瑝;(9)石之次玉者:瑀玤玪琚璓玖;(10)石之似玉者:珢琅瑮琎璒璁珣瑄瓘琟瑦瑂璒玜玗瑎;(11)石之美者:碧琨珉瑶;(12)珠类:珠玓瓅玭珕珧玫瑰璣琅玕珊瑚;(13)金属与玉同色者:鎏。上列字中构件“玉”的构意,可分为两类:(1)—(8)组中构件“玉”的构意是“玉”;(9)—(13)组中构件“玉”的构意是“像玉的东西”。这两类构意,《说文》做了有意识的区分和类聚。

再如《说文・网部》所收之字,按构件“网”的构意,基本分成两个类聚:(1)捕鱼鸟兽之网:罩(捕鱼器也)、罪(捕鱼竹网)、罗(以丝罟鸟也)、罝(兔网也)等;(2)法网,即像鸟兽之网的东西:署(部署,有所网属)、罢(遣有罪也)、置(赦也)、詈(骂也,从网从言,网罪人)等。

三 对《说文》构件构意的释读

构件构意泛化现象普遍存在,《说文》已对构意泛化进行了初步整理,但在后来的汉字研究中,许多学者仍因不了解构意泛化而出现对构意的误读。根据许慎对构意泛化的认识,我们可以对《说文》的构意做出符合《说文》系统的阐释。在此,我们以构件“口”为例,说明其构意泛化过程,以及构意泛化对《说文》构意的阐释价值。

(一)构件“口”的构意泛化

构件“口”取象于人之口的外形,其本用构意即“人之口”。《说文》:“口,人所以言食也。象形。”“吻,口边也。”“咀,含味也。”这些字中的构件“口”承担的是本用构意。

“口”的泛化构意之一是“动物之口”。因人之口与其他动物之口在外形及功能上都具有相似性,人们为与其他动物之口有关的词造字时,就以“口”作为其他动物之口的类别符号,“口”的构意就通过隐喻思维而发生泛化。《说文》:“咮,鸟口也。”《说文》:“喙,口也。”对这个训释,朱骏声《说文通训定声》又做了进一步阐释:“虫兽之口曰喙。”“咮”“喙”中的“口”承担的是泛化构意“动物之口”。

“口”的泛化构意之二是“物体内外相通的地方”。“口”本是人呼吸进食言说的通道,因功能上的相似性,构件“口”的构意泛化表示“物体内外相通的地方”。如《说文》:“㕣,山间陷泥地。从口,从水败貌。”段玉裁对这个构件“口”的注释是“谓山间”。再如《说文》:“谷,泉出通川为谷。从水半见出于口。”这个“口”是山口,即大山通向外界的地方。“㕣”“谷”中构件“口”的构意都是“物体内外相通的地方”。

(二)构件“口”的构意误读

在历史上,对“口”的构意也出现过因对构意泛化认识不清而导致的误读。我们以“向”字之“口”的构意释读为例。

《说文》:“向,北出牖也。从宀,从口。《诗》曰:‘塞向墐户。’”“向”是朝北的窗户,甲骨文作向,画了一个窗户,并以房屋的轮廓做衬托。小篆的“向”作向,许慎说它“从口”指的是什么呢?文字学家给出了多种解释:

(1)“口”是窗户之形。钮树玉《说文解字校录》:“从口,当是象形。”朱骏声《说文通训定声》:“口象牖形。”

(2)“口”是窗户之形▢的讹变。王筠《说文释例》:“口或▢之讹,直是通孔而已,当云象形。”罗振玉《殷墟文字》:“▢象北出牖,或从𠙵,乃由▢而讹。”段玉裁《说文解字注》也认为“口”是窗户之形▢的讹变,并且他比王筠和罗振玉走得更远,他直接把“口”改成了▢,把“向”的小篆字形改为向,把《说文》的训释改为“从宀从▢”。

(3)“口”是人之口。徐锴《说文系传》:“窗所以通人气,故从口。”

我们认为,以上三种对“口”的阐释可能都不符合许慎的原意。从构意来看,小篆“向”中的“口”提示的应是“物体内外相通的地方”;从形体来看,小篆“向”中的“口”和人之“口”应为同一个构件。这是我们根据《说文》小篆自身的形义系统做出的解释,理由如下:

首先，这个构意的实现过程可以通过构件“口”的泛化构意得到直接证明。上述“台”“谷”构件“口”的构意可作为与“向”之“口”构意互证的同例。

其次，这个构意的实现过程可以通过单音词“口”的词义引申过程得到验证。在先秦时期，单音词“口”已经从本义“人之口”通过隐喻思维发展出引申义“物体内外相通的地方”，如《墨子·备穴》：“必令明习橐事者，勿令离灶口。”词义引申与构意泛化都是汉语者语义观念的体现，二者具有互证关系。

再次，从字形来看，小篆时期“向”中的“口”已经同化为“人之口”。从汉字发展的历史资料来看，“口”这个形体的确是从象窗口之形的□演变来的，演变的起点是□和“口”形近，而“口”的诸多优势则决定了它最终可以把□取代：“口”是成字构件，便于指称、书写、记忆；“口”的构字量大，系统化程度高；“口”同样可以满足构意表达的需要；因此到小篆时期人们已将“向”定形为从“口”。

根据上述三方面的理由，我们认为“向”的形体从“口”，构意是“物体内外相通的地方”，形义切合，无须他求。基于这样的认识，我们再返回去检视上述三种对构件“口”的构意阐释，发现它们的共同问题是缺乏构意泛化意识。第(1)种，把“口”解释为象窗户之形，虽直接明了，但却无法回避或解答小篆的“向”之“口”已变得与“人之口”同形这一事实。从小篆的共时系统出发，寻求构件“口”的系统阐释，寻求“向之口”与“人之口”的共时形体关联与构意关联，可能更合乎许书本意。第(2)种，把“口”看作“□”的形变，这合乎“向”的历史演变事实，但这一解释只说明了“口”的来源，不能解释它变成“口”之后的构意该作何理解，也不能回答它为什么要变成“口”；至于段玉裁径直把“口”改成□，改动小篆形体以就己意，也是因为没有完全站在《说文》共时系统的立场上去理解构形关联与构意关联。第(3)种，把“口”解释为“人之口”，显然尊重了字形从“口”这一事实，但却使构意与词义的关联太过迂曲而不合常理。

从构意泛化与构意系统的立场来看，《说文》的构意系统还有待整理，《说文》的构意训释仍有待阐释。

参考文献

(1)卜师霞《论形声字形符系统的产生及其功能》，《北华大学学报》2002 年第 1 期。
(2)古敬恒《试论形符对形声字表义范畴的确定》，《绥化师专学报》1997 年第 2 期。
(3)李国英《小篆形声字研究》，北京：北京师范大学出版社，1996 年。
(4)林银生《〈说文〉旁见说解论析》，《北京师范大学学报》1993 年第 4 期。
(5)齐元涛、符渝《构件构意泛化与词义引申的关系》，《暨南学报》2016 年第 10 期。
(6)王宁《训诂学原理》，北京：中国国际广播出版社，1996 年。
(7)王宁《汉字构形学导论》，北京：商务印书馆，2015 年。
(8)王玉新《汉字部首认知研究》，济南：山东大学出版社，2009 年。

(9)张辉、卢卫中《认知转喻》,上海:上海外语教育出版社,2010 年。
(10)赵倩《汉语人体名词词义演变规律及认知动因》,北京:中国社会科学出版社,2013 年。

(齐元涛:北京师范大学民俗典籍文字研究中心,100875,北京;
符渝:对外经济贸易大学中文学院,100029,北京)

2020 年商务印书馆语言学出版基金评审工作启动

2020 年商务印书馆语言学出版基金评审工作已经启动,详见商务印书馆网站 http://www.cp.com.cn/Content/2020/05-15/1746189821.html。参评人需下载填报"商务印书馆语言学出版基金参评人信息表",并根据"商务印书馆语言学出版基金参评材料细目"提供相应材料,于 11 月 30 日前截稿。

商务印书馆 2002 年设立语言学出版基金,用于资助对汉语、汉字或中国境内其他语言文字的现状或历史进行调查研究有贡献的中国学者。基金主要资助"中国语言学文库"的出版。文库共分四辑,其中第三辑——中青年语言学者专辑是目前出版的重点。

商务印书馆语言学出版基金每年评选一次,至今已评选了 18 届。历届入选作品已出版书目见下。

刘丹青 《语序类型学与介词理论》
郭 锐 《现代汉语词类研究》(修订本)
万 波 《赣语声母的历史层次研究》
曹志耘 《南部吴语语音研究》
杨荣祥 《近代汉语副词研究》
张民权 《宋代古音学与吴棫〈诗补音〉研究》
万献初 《〈经典释文〉音切类目研究》
刘子瑜 《〈朱子语类〉述补结构研究》
李 明 《汉语助动词的历史演变研究》
李晋霞 《现代汉语动词直接做定语研究》
张国宪 《现代汉语形容词功能与认知研究》
张小艳 《敦煌书仪语言研究》
高永安 《明清皖南方音研究》
陈前瑞 《汉语体貌研究的类型学视野》
张伯江 《从施受关系到句式语义》
柯 航 《现代汉语单双音节搭配研究》
石 锓 《汉语形容词重叠形式的历史发展》
史金生 《现代汉语副词连用顺序和同现研究》
周 韧 《现代汉语韵律与语法的互动关系研究》
姜 南 《基于梵汉对勘的〈法华经〉语法研究》
王 健 《苏皖区域方言语法比较研究》
孙德金 《现代书面汉语中的文言语法成分研究》
史文磊 《汉语运动事件词化类型的历时考察》
郑 伟 《吴方言比较韵母研究》
方 梅 《浮现语法:基于汉语口语和书面语的研究》
完 权 《"的"的性质与功能》(增订本)
施春宏 《形式和意义互动的句式系统研究——互动构式语法探索》
徐宇航 《潮州方言一百多年来的音韵演变》
张 定 《汉语多功能语言形式的语义图视角》
刘君敬 《唐以后俗语词用字研究》

《春秋左传注》征引《春秋左传读》考略*

王　诚

提要： 章太炎所撰《春秋左传读》是杨伯峻编著《春秋左传注》所参考和引用的一部比较重要的著作。《春秋左传注》征引《春秋左传读》的条目较多，包括正式征引和其他形式的参考，或引用观点，或引用材料，或全部引用，或有所取舍。引用条目中既有杨伯峻认为可取的、比较确凿的结论，也有他所否定的或仅备一说的观点。文章考察了《左传注》对《左传读》的征引情况，并从训诂的角度分析了杨伯峻对太炎观点的评判和取舍，同时对部分征引内容做了进一步的探讨。

关键词： 章太炎　《春秋左传读》　杨伯峻　《春秋左传注》　征引

一　引言

《春秋左传读》(下简称《左传读》或《读》)为章太炎先生早年于杭州诂经精舍求学时期所撰，写作时间为清光绪十七年至二十二年(1891—1896)，“初名《杂记》”，“后更曰《读》”，“取发疑正读为义”，未最后定稿。章氏自谓“志在纂疏，斯为属草”，其师俞樾阅后说：“虽新奇，未免穿凿，后必悔之。”太炎中年时对《左传读》做了较为客观的自我评价，称“要当精心汰淅，始可以质君子”〔1〕。20 世纪 80 年代，姜义华将其校点、重新编次，收录于《章太炎全集》第二册(1982 年由上海人民出版社出版，2014 年出新版)。

杨伯峻《春秋左传注》(下简称《左传注》或《注》)1981 年由中华书局出版，1990 年修订重印。杨氏淹贯群籍，取舍精审，注释充分吸收了前人及今人的研究成果及近代发掘资料，融会贯通，时出己见。《左传读》列于《左传注》引用书目，《左传注》注文中多处有“说详章炳麟《春秋左传读》”之语，或者征引《左传读》并提出自己的意见，还有的虽未明

---

* 本文系贵州省 2018 年度哲学社会科学规划国学单列课题“章太炎《春秋左传读》研究”(编号：18GZGX24)的阶段性成果，同时得到教育部人文社科基金青年项目“语义角色视角下的先秦至东汉单音动词词义演变研究”(编号：18YJC740093)和教育部人文社科重点基地重大项目“汉语历史词汇语义专题研究”(编号：19JJD740006)的资助。

〔1〕 章太炎《再与人论国学书》，《章太炎全集·太炎文录初编》，第 372 页，上海人民出版社，2014 年。

引或提到《左传读》，但很可能是受《左传读》的启发，对《左传读》有所参考。我们拟考察《左传注》对《左传读》的征引情况（包括正式征引和其他形式的引用或参考），并从训诂的角度对有关内容进行分析和讨论。

二 《春秋左传注》对《春秋左传读》的征引概况

《左传注》征引《左传读》有不同的形式，包括正式的征引和其他形式的参考，有的引用观点，有的引用材料，我们把具体的征引情况大致分为以下几类，各举若干例子，以说明征引的概况。

（一）全用章说

《春秋左传注·凡例》（p2）说："前人解说，论证可信而文字不繁者，则引用原文。不然，则加改写。若于原文有所删削，便注明'详'某人某书。"《左传注》直接引用章太炎《左传读》的说法，不加自己或他人的观点，表示章说可从。如《文公四年》："君子是以知出姜之不允于鲁也。"《注》（p533）："章炳麟《读》曰：'允当借为遂，终也。此谓出姜不终于鲁，还复归齐耳。允又与骏通，不骏于鲁，亦谓子孙不长茂于鲁也。'"章说异于前人。杜预注云："允，信也。始来不见尊贵，故终不为国人所敬信也。"《读》（p309）驳云："下文之'弃信而坏其主'及'敬主之谓也'，皆指此逆。时言此'不允于鲁'，则卜其后日。若以允为敬信，则此时已不敬信矣，何待言'是以知'乎？"杨伯峻不取杜注，而从章说。

又如《哀公二十七年》："设乘车两马，系五邑焉。"《注》（p1733）："章炳麟《左传读》卷一云：若为国邑，则不得言系；且下文'今君命女以是邑也'，命当以官言，不当以邑言。邑当为裛之省文。《说文》：'裛，书囊也。'此乃策书之囊。竹简繁重，故一策书分为五囊也。时尚未见策文，故但举著见者为言耳。"章说别于常训。服虔注云："系五邑，加之五邑也。"后多从服注读"邑"为国邑之邑，但太炎认为"系"和"国邑"不能搭配，因而提出新说，读"邑"为裛，"系五邑"就是系五个书囊。杨伯峻认为可从，故全用章说，未引他注。

更多的情况是简述章说，而不直接引用，后系以"说详章炳麟《春秋左传读》"。如《桓公二年》："特相会，往来称地，让事也。自参以上，则往称地，来称会，成事也。"《注》（p91）："成有当、任之义，此与让事之让相对成文。"关于"成"字之义，即采用章太炎的观点，但这里只概言结论，省略了因声求义的考证过程，《读》（p113—114）："'成'之言'贞'也，……'成'之言'丁'也，……'成'之言'正'也，……'成'之言'听'也，……'成'之言'鼎'也，……皆当任之意，言肯为会主，正与让反也。"

(二)参用章说

章太炎《左传读》往往提出与杜注或通行的理解不同的观点,如果其说可通,《左传注》就将其列为一说,以供读者参考。如《桓公十四年》:"以大宫之椽归,为卢门之椽。"《释文》:"椽,榱也。"故一般把"椽"理解为屋椽、椽子之椽,即"木条用以支持房顶而托灰与瓦者",但章太炎"谓椽假为传,即《尔雅·释宫》'植谓之传'之传",杨伯峻(p140)认为"其说亦可通",还引《墨子·非儒篇》"争门关抉植"来补充说明什么是"植":"盖古人于闭门之后,中植一木,加锁其上者。"又如《僖公二十四年》:"如是,则兄弟虽有小忿,不废懿亲。"《注》(p424):"杜注云:'懿,美也。'章炳麟《左传读》则以为懿亲即因亲。"再如《僖公三十三年》:"礼成而加之以敏。"《注》(p497)引杜注:"敏,审当于事。"并引章炳麟《读》曰:"《释训》:'踖踖,敏也。'《诗·小雅》'执爨踖踖',传:'踖踖,爨灶有容也。'是敏即有容。礼成而加之以有容者,言非特成礼,其容仪又善也。"杨伯峻指出"两说皆可通"。

再举两例,《桓公六年》:"嘉栗旨酒。"杨伯峻(p111)先引俞樾《茶香室经说》的观点,即"栗借为洌,清也,洁也",把"嘉栗旨"三字都视为形容词,其后又引章太炎的观点:"嘉栗旨酒与上文絜粢丰盛文法同。嘉栗,嘉量也。言酒而及饮器之嘉,则酒之如量可知。"并指出章说"亦可通"。又,《襄公十四年》:"寡君不以即刑,而悼弃之。"《注》(p1014):"林尧叟《句解》谓悼为伤悼。俞樾《平议》谓悼借为卓;卓,远也。远弃群臣,意即指流亡。章炳麟《读》谓悼,逃也。上逃其下曰逃。皆可通。"

《左传注》有时在罗列诸家之说后还加以比较,做出评判。如《文公十八年》:"其器,则奸兆也。"《注》(p635—636)引杜预注:"兆,域也。"又引俞樾《平议》云:"兆当读为佻,《国语·周语》曰'奸仁为兆',此奸佻之义也。"又引章太炎《读》云:"上句盗贼平列,则奸兆亦平列。奸即上文'盗器为奸'之奸。兆读《周语》'郤至佻天之功以为己力'之佻,偷也。"杨《注》(p635—636)在列举上述三说之后,指出"俞、章之说较胜"。

(三)有所取舍

《左传注》对于章说常有辨析,取其合理的部分,舍其不合理部分。例如《文公七年》:"此谚所谓'庇焉,而纵寻斧焉'者也。"杜注:"纵,放也。""寻"无训。章太炎《读》(p316):"此寻与'将寻斧柯'训'用'者不同。盖既言纵,则不必又言用矣。寻宜读为'覃'。《诗·小雅·大田》:'以我覃耜。'传曰:'覃,利也。'是覃斧者,利斧也。古音覃读如寻。《释名·释兵》云:'镡,寻也,带所贯寻也。'《淮南·天文训》:'火上荨,水下流。'注:'荨,读葛覃之覃。'"杨伯峻(p557—558)未取此说,而是指出"寻斧"在后代虽有章太炎所说的用法,但这是后人对《左传》"寻斧"的误解:"《隋书·高祖纪赞》'纵其寻斧,翦伐本枝’，似以寻为形容词，盖误解此文，借寻为覃，利也。”他同意章所否定的观点，即“寻”为动词，当训用，所举例证正是《金人铭》“将寻斧柯”。不过，对于“纵”的解释，《注》不采杜注，而取章说，引《读》云：“《诗·郑风·大叔于田》‘抑纵送忌’，传曰：‘发矢曰纵。’由此引申，则凡发动兵器，皆得曰纵。”由此，杨伯峻指出，“‘纵’‘用’两词因义近而连用”。

（四）征引而不信从

《左传注》中也有不少地方在征引了《左传读》的观点之后做出否定性的评价，或言“曲说不可信”，或认为“牵强”“恐不确”“不足据”，或视为“附会之谈”。例如《僖公二十八年》：“有渝此盟，以相及也。”杜注：“以恶相及。”杨伯峻《注》（p469—470）引王引之《经义述闻》：“及当为反，字之误也。相反谓相违。”又引章太炎《读》：“王说虽是，终嫌改字。《荀子·儒效篇》‘周公屏成王而及武王’，杨倞注：‘及，继也。’《公羊》庄二年传‘一生一及’，注：‘兄死弟继曰及。’然则相及者，谓兄弟相及也。言有渝此盟，而以叔武及卫君者，则见纠殛也。”然后指出：“章说失之牵强，王说改字无据。”认为应从杜注，“及本有及于祸害之义”〔2〕。又如《僖公三十年》：“且君尝为晋君赐矣。”《注》（p480）：“为晋君赐，有赐于晋君也，……章炳麟《读》谓‘《方言》云“赐施，欺谩之语也”。盖长言为赐施，短言为赐’云云，则解此句为被晋君所欺，恐误。”

（五）利用相关材料

上述几种情况都是明确标明对章说的征引，对太炎的观点有所去取和评判，除此之外，比照《左传注》和《左传读》，可以发现还有一类情况是，《注》未引章说，而是利用了《读》中的相关材料，我们把这种情况也视为《注》对《读》的征引。这里把《注》未明引《读》而与《读》征引相同材料的条目大致列表如下：

《左传读》条目	《左传注》引证同《左传读》
隐十一年“将以求大宰”	《史记·鲁世家》《十二诸侯年表》《韩非子·说林下》
桓二年“义士犹或非之”	《汉书·王吉贡禹传》
桓三年《经》“胥命于蒲”	《荀子·大略》《公羊传》
庄二十二年“卜其昼未卜其夜”	《晏子春秋·内篇杂上》《管子·小匡》〔3〕《吕览·达郁》
僖十二年“管氏之世祀也宜哉”	《史记·管仲列传》《后汉书·阴识传》

〔2〕 按，此例或可连读为“有渝此盟以相及也”，“以”读作“而”，则此句盖指卫侯弟叔武而言，章说未必不可通。

〔3〕《春秋左传注》误作《管子·中匡》。

续表

僖二十四年“秦伯送卫于晋三千人，实纪纲之仆”	《韩非子・十过》
僖二十四年“省视官具于汜而后听其私政”	《新书・礼篇》
僖三十年“逢孙杨孙”	《列子・周穆王》、《广韵》“孙”字注
宣十二年“夭且不整”	《庄子・逍遥游》
宣十四年“投袂而起”	《吕览・行论篇》《淮南子・主术训》
宣十五年“使解扬如宋”	《史记・郑世家》《说苑・奉使篇》
宣十六年《经》“宣谢”	《国语・楚语》《贾子・礼篇》
宣十六年“国无幸民”	《管子・七法》《正》《明法解》
成二年“宋文公卒始厚葬”	《吕氏春秋・安死》
成二年“臣治烦去惑者也”	《易林・归妹之大有》《旅之小过》
成九年“兵交使在其间”	《后汉书・来歙传》
成十三年“虔刘我边垂”	《尚书・吕刑》
成十五年“盗憎主人，民爱其上。子好直言，必及于难”	《国语・周语》《说苑・敬慎篇》《孔子家语・观周》
襄四年“周辛甲”	刘向《别录》
襄七年“为臣而君，过而不悛，亡之本也”	《韩非子・难四》
襄二十一年“囚伯华”	《吕览・开春论》
襄二十九年“象箾南籥”	《诗・周颂・序》
昭七年“晋为盟主，其或者未之祀也乎”	《国语・晋语》
昭八年“民听滥也”	《说苑・辨物》《论衡・纪妖篇》
昭二十六年“君令臣共”“君令而不违”“子孝而箴”	《新书・礼篇》
定八年“鲁于是始尚羔”	《仪礼・士相见礼》《白虎通・瑞贽》
哀十七年“齐侯稽首，公拜”	《荀子・大略》《贾子・容经》

三　略析《春秋左传注》对《春秋左传读》的取舍

由上可见，杨伯峻《左传注》征引《左传读》，对太炎的不少观点是持肯定态度的，同时，也对一部分章说做了否定的评判。由于杨《注》体裁、篇幅所限，很少展开具体评述，其实这些条目中有一些还值得深入探讨。下面主要从训诂的角度略加分析。

（一）征引评判合理

杨伯峻《左传注》中注明“详”“见”者，一般就是肯定章说，认为其论证可信；注明“参”者，据凡例则是于原说并不全用。不过，这些都可认为杨《注》较为肯定的评判。至于否定的评判，则杨《注》往往会有所说明。

1. 解说可信的条目

清人在训诂上的成就主要在于突破字形的束缚、因声求义，王引之《经义述闻・自序》云："大人曰：诂训之指，存乎声音。字之声同声近者，经传往往假借。学者以声求义，破其假借之字而读以本字，则涣然冰释；如其假借之字而强为之解则诘𫌀为病矣。"太炎作为乾嘉学派的殿军，充分继承了清人的研究方法和传统，对《左传》文句有精凿的考释，其中不少为《左传注》所征引和吸收。

(1)采用结论

例如《成公十三年》："无禄，文公即世，穆为不吊，蔑死我君，寡我襄公，迭我殽地，奸绝我好，伐我保城，殄灭我费滑，散离我兄弟，挠乱我同盟，倾覆我国家。"《注》(p862)："奸绝，遏绝、断绝。说见章炳麟《读》。"《读》(p425)："案：《诗·小雅》：'秩秩斯干。'传：'干，涧也。'是干声、间声可通，是奸借为间也。《晋语》：'且夫间父之爱。'注云：'间，离也。'言离绝我好也。或曰：奸绝读为遏绝，犹鹖鴠之为鹖鴠。又《公羊》庄十二年解诂：'故讦闵公以此言。'《释文》：'讦，一本作揭。'是干声、曷声通也。《书·吕刑》曰：'遏绝苗民。'"章太炎依据声符的相通，把"奸"读为"间"或"遏"。其实，干声、间声、曷声有声近义通的关系。杨伯峻直接采用了章说的结论。

又如《襄公八年》："敝邑之众，夫妇男女，不遑启处，以相救也。翦焉倾覆，无所控告。"《注》(p959)："翦焉，状语，倾覆沈陷貌。参见章炳麟《左传读》。"《读》(p452)："《释言》：'翦，齐也。'《说文》：'前[4]，齐断也。'是前声、齐声通也。此翦读为隮。《书·微子》：'今尔无指，告予颠隮焉[5]。'注：'隮，犹队也。'昭十三年《传》：'知挤于沟壑矣。'杜预注：'挤，队也。'《庄子·人间世》：'因其修而挤之。'司马注：'挤，陷也。'是隮与挤皆倾覆意，故以翦焉状倾覆也。"杜预注："翦，尽也。"而太炎则根据前声和齐声相通，读"翦"为"隮""挤"，意谓坠落、陷落。杨伯峻未言"翦"为假借，但同意章《读》"以翦焉状倾覆"的结论。

(2)征引材料

例如《庄公八年》："初，襄公立，无常。"《读》(p170)："《齐世家》曰：'初，襄公之醉杀鲁桓公，通其夫人，杀诛数不当，淫于妇人，数欺大臣。'史公以此释'无常'，亦古谊之传者。通鲁夫人，淫妇人，其素性也；杀鲁桓，则因醉而生怒，是其情性决易；故曰'无常'也。杀诛不当，由其心忽怒忽喜；数欺大臣，由其令忽行忽止；皆无常之说也。"杨伯峻《注》(p176)参考章说，引《齐世家》语，释"无常"为"谓言行无准则，使人莫知所措"，并指出"杜预注为政令无常，恐不确"。

又如《成公六年》："郑伯其死乎！自弃也已。视流而行速，不安其位，宜不能久。"《读》(p412—413)："此郑伯如晋拜成，则当从朝廷之视，固宜端沃。而以流为讥者，但流而不端，则非视经矣。杜预注：'视流，不端谛。'得之。行速者，《容经》曰：'行以微磬之容，臂不

[4] "前"即今"剪"字。

[5] 今本《尚书》无"焉"字。

摇掉，肩不下上，身似不则（即侧），从容而任。’从容者，不速也，犹云‘良尝间从容步游下邳圯上’也。臂之摇掉，肩之下上，皆行速所致也。”《注》（p826）：“《贾子·容经》云：‘朝廷之见，端若平衡。’流则如流水，既不端正，亦不平衡，若东张西望。说本章炳麟《读》。”[6]

（3）补充材料

例如《昭公十年》：“义，利之本也。蕴利生孽。姑使无蕴乎！”《读》（p590）：“今本‘怨’作‘蕴’。杜预注：‘蕴，畜也。’《晏子春秋·杂下》作‘怨’，今从之。……作蕴，谊亦同，但非初本。《荀子·哀公》云：‘富有天下而无怨财。’荀子传《左传》，故用其谊，明古文《左传》当作‘怨’。”《注》（p1317）：“《说文》：‘蕴，积也。’《大戴礼·四代篇》称孔丘语作‘委利生孽’，委亦积也。《晏子春秋·杂篇下》作‘怨利生孽’，怨借为宛，《方言》：‘宛，蓄也。’说参章炳麟《左传读》。”章太炎已举《晏子春秋》中的异文，杨伯峻又补充了一条《大戴礼记》中的材料。

又如《隐公十年》：“君子谓郑庄公‘于是乎可谓正矣，以王命讨不庭，不贪其土，以劳王爵，正之体也’。”《读》（p99）：“杜预注：‘下之事上，皆成礼于庭中。’麟案：不庭之常训为不直，故《韩奕》：‘榦不庭方。’传：‘庭，直也。’笺云：‘当为不直，违失法度之方，作桢干而正之。’但据上年《传》言‘宋公不王’，则此不庭自谓不朝王，与常言不庭者异。此说须有左证。考《管子·明法解》云：‘故群臣皆务其党，重臣而忘其主，趋重臣之门而不庭，故明法曰：十至于私人之门，不一至于庭。’是臣不朝君，曰不庭也。《庄子·山木》云：‘庄周反入，三月不庭。’司马注：‘不出坐庭中三月。’是亦不至庭曰不庭之证。”《注》（p68—69）：“庭，动词，朝于朝廷也。《诗·大雅·常武》‘徐方来庭’，犹言徐国来朝。不庭即不朝。九年《传》云‘宋公不王’，故此云以讨不庭。此不庭为名词，义谓不庭之国，即《诗·大雅·韩奕》之‘不庭方’，毛公鼎之‘不廷方’。……惠栋、洪亮吉等依旧说谓不庭为不直，非。”此条杨《注》并未标明征引章《读》，但同引《管子·明法解》，与章《读》相比，杨《注》还进一步指出“‘庭’字亦作‘宁’”，而且补充说明，《成公十二年》“而讨不庭”杜注：“讨背叛不来在王庭者。”合于传意。

2. 训释不确的条目

《左传读》是太炎早岁之作，他自言：“往者少年气盛，立说好异前人，由今观之，多穿凿失本意，大氐十得其五耳。”[7]《左传读》中确有一些求诸过深、穿凿附会的训释，这一点学者已经指出[8]。《左传注》对这些不甚确凿或者颇为牵强的观点做了否定性的评

[6] 按，“端若平衡”当作“端汙平衡”。

[7] 章太炎《章太炎全集·太炎文录初编》，第 372 页。

[8] 参看单周尧《论章炳麟〈春秋左传读〉时或求诸过深》，《左传学论集》，文史哲出版社，2000年；郭鹏飞《读〈春秋左传读〉记》，《中华文史论丛》2014 年第 3 期。

判，有时还提出否定的理由。这里从缺乏足够的证据支撑、牵合《左传》与其他典籍两个方面举例简单说明。

(1)证据不足

例如《哀公十一年》："林不狃之伍曰：'走乎？'不狃曰：'谁不如？'曰：'然则止乎？'不狃曰：'恶贤？'"《读》(p725)："伍问以走，而不狃言'谁不如'，与下伍问以止获而不狃言'恶贤'同意。寻《诗·民劳》笺云：'能，犹伽也。'则能、如声通。又，《诗》'垂带而厉'笺、《孟子》'九一而助'注皆云：'而，如也。'《易·屯》：'宜建侯而不宁。'郑读而曰能。《吕览》'柔而坚，虚而实'、《淮南》'行柔而刚，用弱而强'注皆云：'而，能也。'然则如通而，而通能，则如亦通能。谁不能者，言：'走谁不能，岂我所为乎？'"《注》(p1660)："然'如'通'能'，甚缺例证。疑如，当也。不狃言，我若走，谁不当走？"太炎论证"如"通"能"有辗转为训之嫌，"如通而"与"而通能"皆有例证，但"如通能"则例证甚缺，故杨伯峻不取章说。

(2)牵合致误

例如《僖公五年》："初，晋侯使士蒍为二公子筑蒲与屈，不慎，置薪焉。"《读》(p222—223)："《晋世家》作：'初，献公使士蒍为二公子筑蒲、屈，城弗就[9]。'此史公以'就'训'慎'也。案：《贾子·道术》：'僶勉就善谓之慎。'是慎古谊训就也。《释诂》：'就，成也。'《诗·周南·樛木》：'福履成之。'《传》《说文》皆云：'成，就也。'此就之训也。《释诂》：'慎，诚也。'《礼记·中庸》：'诚者自成也。'又云：'诚者，非自成己而已也，所以成物也。'是慎训诚，即训成。故《大雅·桑柔》：'考慎其相。'笺直云：'慎，成也。'故史公以就训慎，言筑城不成也。"杨《注》(p303)则释"不慎"为"不谨慎"，指出："《晋世家》作'弗就'，自是太史公以意改之，章炳麟《左传读》因谓慎有成就义，殊牵强。"《新书》"僶勉就善"并非"慎"的词义训释，《中庸》"诚者自成也"是声训，《桑柔》郑笺本作"慎，诚也"，可见章说所举例证存在问题。

又如《成公二年》："齐侯曰：'余姑翦灭此而朝食，不介马而驰之！'"《读》(p403)："《齐世家》作'顷公曰：驰之，破晋军会食！'……史公以会食释朝食，则朝不读朝夕之朝，而读朝宗之朝。"杨伯峻《注》(p791)谓"'朝'为'朝暮'之'朝'"，指出："章炳麟《读》据《齐世家》作'会食'，因读为'朝会'之'朝'，恐与《传》意不合。"

再如《襄公十二年》："齐侯许昏。王使阴里结之。"杜预注："阴里，周大夫。"《读》(p464)："《管子·轻重丁》：'请以令城阴里，使其墙三重而门九袭。'尹知章注：'阴里，齐地也。'即筑城，当有大夫，即谓其官为阴里，犹汉之三辅，其尹亦称京兆，称左冯翊，称右扶风也。然则阴里当是齐大夫也。"《注》(p997)："杜注……固不误，盖王之使必周大夫也。据《管子·轻重丁篇》，齐地有阴里，自另是一事；而章炳麟《读》因谓'阴里当是齐大夫'，不可信。"

---

〔9〕 断句原作"……筑蒲、屈城，弗就"，此据中华书局 2014 年版《史记》改。

(二)征引尚可申说

《左传注》征引《左传读》,一般情况下较为简洁,或者直接取其结论,或者间接采其材料,极少就章说本身加以探究。其实太炎的一些观点本身有所承继,说有所本,特别是对清人的方法和成果多有借鉴,这里试作进一步的解释和申说。

例如《成公八年》:"晋侯使申公巫臣如吴,假道于莒。与渠丘公立于池上,曰:'城已恶。'莒子曰:'辟陋在夷,其孰以我为虞?'"杜注:"虞,度也。"《尔雅·释言》:"虞,度也。"郝懿行《义疏》:"度者,《释诂》云:'谋也。'……虞者,《诗》'有虞殷自天''无贰无虞',传笺并云:'虞,度也。'《晋语》注:'虞,备也。'《太玄·玄莹》注:'虞,忧也。''忧'与'备'其义亦皆为度矣。"[10]据此,训"度"之"虞"可以解释为猜度、料想,也可以解释为准备、防范,还可以解释为忧虑、忧患。"莒"是小国,申公巫臣对莒渠丘公说城墙破旧不牢固,提醒他警惕他国的觊觎,渠丘公说莒国偏远狭小,又在蛮夷之地,谁会打我们的主意呢?"其孰以我为虞"的"虞"显然不是猜度、防备或担忧,而是觊觎、希望得到的意思。因此,章太炎(p420)认为杜预注"未塙",并引《方言》:"虞,望也。"指出:"当从此为训。以我为望者,以我之国邑可取,而望得之也。望犹觊觎云尔。"

其实,此说亦有所本,盖受王氏父子的启发,《经义述闻》卷十七:"十一年传:'且日虞四邑之至也。'杜注曰:'虞,度也。'家大人曰:《方言》曰:'虞,望也。'(《广雅》同。)言日望四邑之至也。昭六年传:'始吾有虞于子,今则已矣。'杜注曰:'虞,度也。言准度子产以为己法。'案虞亦望也,言昔也吾有望于子,今则无望矣。"[11]训望之"虞"本为候望,王念孙云:"故古守薮之官谓之虞候。昭二十年《左传》:'薮之薪蒸,虞候守之。'正义云:'立官使之候望,故以虞候为名。'是也。"[12]引申指企望、期待,太炎认为"虞"可以由此进一步引申为觊觎。杨伯峻《注》(p840)云:"意谓无人觊觎此偏僻夷蛮之地。"

又如《哀公十六年》:"不为利谄、不为威惕、不泄人言以求媚者,去之。"孔颖达疏:"白公告之,知必许其爵位,而宜僚辞,是不为利而谄也。承之以剑,欲刺杀之,而宜僚不动。是不为威而惧也。"似以"谄"为谄媚、谄佞。《读》(p739):"谄与阎同。《方言》:'阎,劝也。'不为利劝,言不为利而劝勉从乱也。阎之训劝,实亦借为谄。谄引申为劝者,《方言》云:'怂恿,劝也。'《汲黯传》'怂恿'作'从谀',谀、谄同意,皆引申为劝,是其理也。此《传》谄字,从劝义为利。(凡阎、怂恿等,本义皆为劝人,引申亦为劝之而劝。)"[13]《注》

---

〔10〕 郝懿行《尔雅义疏》,第313页,中华书局,2017年。

〔11〕 王引之《经义述闻》,第401页,江苏古籍出版社,2000年。

〔12〕 王念孙《广雅疏证》,第34页,江苏古籍出版社,2000年。

〔13〕 按,"劝之而劝"疑当作"劝之而动"。

(p1702):"谄,劝也。说详章炳麟《读》。"

章说较合传意,不过,"谄"为何训劝,还可以进一步申说。《说文·言部》:"谀,讇也。"段注:"谀者所以为讇,故浑言之。"又:"讇,谀也。谄,讇或从臽。"段注:"讇者未有不谀。"《荀子·修身》:"以不善先人者谓之谄,以不善和人者谓之谀。"杨倞注:"谄之言陷也,谓以佞言陷之。"王念孙云:"杨说谄字之义未确。谄之言导也,导人以不善也,故曰'以不善先人者谓之谄'。而《庄子·渔父篇》亦曰:'希意道言谓之谄。'(道与导同。)《不苟篇》'非谄谀也',《贾子·先醒篇》'君好谄谀而恶至言',《韩诗外传》并作'道谀'。是谄谀即导谀也。导与谄,声之转。谄谀之为导谀,臽及之为导及,禫服之为导服,皆声转而字异也。"[14]可知,"谄"本来是指"导人以不善","导人"相当于劝人,故可引申为劝,即(自己)勤勉、努力[15]。

(三)征引有待商榷

经过杨伯峻的审辨和汰淅,《左传注》征引《左传读》的内容及其评判,包括肯定和否定,多数公允合理,可以信从,但也有个别杨《注》的评判和取舍似未审谛,需要进一步考辨和商榷。

例如《文公十八年》:"行父还观莒仆。"《注》(p635):"杜注云:'还,犹周旋也。'则还观为遍观、细审之意。《庄子·秋水篇》云:'还虷蟹与科斗,莫吾能若也。'《释文》云:'还音旋,顾视也。'章炳麟《读》亦云:'还犹观也。'若解还、观为同义连用,似较胜。"杜预以"还"为状语,太炎则视之为动词。杨伯峻认为章说更可取。《读》(p333—334):"还,犹观也,借为瞏字。《说文》:'瞏,目惊视也。'《素问·诊要经终论》:'目瞏绝系。'注:'谓直视如惊貌。'此瞏谓仓卒视之,犹惊视也。《说文》:'观,谛视也。'言仓卒视之,复宷谛视之,其为人总'莫可则也'。"但是,"还(瞏)"有观义缺少文献用例,杨《注》所引《庄子·秋水》句,马叙伦认为:"按当依《御览》引'还'下补'视'字。成玄英疏曰:'顾瞻虾蟹之类,俯视科斗之徒。'是成本亦有'视'字。"[16]《说文》虽训"瞏"为目惊视,但所引《诗·小雅·杕杜》"独行瞏瞏",毛传:"瞏瞏,无所依也。"与"视"无关。《素问·诊要经终论》"目瞏绝系",据王冰注则"瞏"似为状貌之词,而且若"瞏"为动词,应当不及物。因此,"还观"为同义连用的说法还有待考证。

又如《成公十三年》:"昔逮我献公及穆公相好,戮力同心,申之以盟誓,重之以昏

---

〔14〕 王念孙《读书杂志》,第636页,江苏古籍出版社,2000年。

〔15〕 如《尚书·多方》:"不克终日劝于帝之迪。"《庄子·徐无鬼》:"庶人有旦暮之业则劝。"

〔16〕 陈鼓应《庄子今注今译》,第507页,商务印书馆,2007年。

姻。"《注》(p861)："逮本训及，章炳麟《读》谓此'逮'训'及'不可通，'逮'当读为'隸'，古也。'昔逮'即'古昔'。此说可通。"《读》(p424—425)："(逮)字从隶，声当借为隸。《书·吕刑》：'群后之逮在下。'《墨子·尚贤》引逮作隸，是二字通之证。《释诂》云：'隸、古，故也。'又云：'隸、故，今也。'隸之训今，与故同为相反之谊，其与古同训，故则本谊。(此谓训故、训今，则故为本谊，非谓造隸字之本谊也。)隸为故，则即为古矣。昔古，犹古昔。(《曲礼》曰：'必则古昔。')言昔古我献公及穆公也。""逮"的本义训及，就时间而言就是赶上，如《礼记·檀弓上》："朝奠日出，夕奠逮日。""逮日"就是赶上天亮的时候。"逮"在时间上可以有两个方向。一是往后到达，如《左传·哀公六年》："戒之，遂行。逮夜，至于齐，国人知之。""逮夜"就是到夜里。一是往前追溯，如《史记·李斯列传》："臣为丞相治民，三十余年矣。逮秦地之狭隘。先王之时秦地不过千里，兵数十万。"北大汉简《赵正书》云："臣为秦相卅余岁矣，逮沓秦之狭而王之约。"故知"逮"即"逮"，都是及的意思。这里是说自己赶上秦国领地尚狭小的时候[17]。其实，"昔逮我献公及穆公相好……"可以和以下句子相类比，《国语·晋语六》："昔吾逮事庄主，华则荣矣，实之不知，请务实乎。"《孔子家语·礼运》："昔大道之行，与三代之英，吾未之逮也，而有记焉。"《孔丛子·执节》："叔也昔者逮事有道先生，问此义焉，而告叔曰：……"由此可知，"逮"皆谓及。

四　余论

从上面的论述中可以看到，章太炎的《左传读》是杨伯峻作《左传注》所参考和引用的比较重要的一部书，《左传注》征引《左传读》的条目是比较多的，其中既有杨伯峻认为可取的、比较确凿的结论，也有他所否定的或者只能备一说的观点。由此可见，《左传读》这部书虽然是章太炎早年之作，有好立异说、求诸过深的特点，但对于《左传》的研究依然具有重要的参考价值。

通过《左传读》与《左传注》的比照，我们还看到《注》和《读》在一些字词的训释上相一致。如《桓公十八年》："使公子彭生乘公。"《读》(p157)："《齐太公世家》作'使力士彭生抱上鲁君车'。麟案：《释名·释姿容》：'乘，升也，登亦如之也。'《夏官·隶仆》：'洗乘石。'司农注：'王所登上车之石也。'是上车谓之乘，古藉人力以上车亦谓之乘，故史公以'抱上'训'乘'。"《注》(p152)："乘，去声，助其登车。"

---

〔17〕《汉语大词典》将这里的"逮"释为昔、以前，恐不确。其另一书证为，韩愈《柳子厚墓志铭》："子厚少精敏，无不通达。逮其父时，虽少年，已自成人，能取进士第，崭然见头角。"此例"逮"也是及的意思，意谓当他父亲还在世时。

又如《襄公十八年》:“夙沙卫连大车以塞隧而殿。”《读》(p475):“《周礼·地官·乡师》:‘与其輂辇。’《春官·巾车》:‘辇车组輓。’故书辇皆作连。《庄子·让王》:‘民相连而从之。’司马云:‘连读曰辇。’此连亦同。大车须辇,犹言辇重如役也。”《注》(p1038):“连借为辇,此作动词,谓拉车也。”

再如《襄公二十一年》:“念兹在兹,释兹在兹,名言兹在兹,允出兹在兹,惟帝念功。”《读》(p485—486):“此念与上‘念兹在兹’稍异。《论语》‘不念旧恶’皇疏:‘念,犹识录也。’《聘礼记》‘将授念趋’注:‘谓审行步也。’是念有审谊。《月令》‘审卦吉凶’注:‘审省录之。’此念所以又有录谊也。凡录亦有审谊,与念趋之念谊近。”《注》(p1057):“仅帝能录此成功。”亦引《论语》皇侃疏为证。

以上这些例子中杨伯峻《注》未明引《左传读》,但二者的观点相合,不能说不存在杨《注》受章《读》启发的可能。

最后需要说明的是,《左传注》征引《左传读》的观点也有个别地方可能对章说的原意有所误解。例如《昭公二十年》:“终夕与燎。”《读》(p631—632):“杜子春《周礼·夏官·掌固》注引如此。《释文》亦无于字,故云:‘一本作终夕与于燎。’麟按:子春引此,以‘终夕’证《经》‘夜三鼜’之‘夜’字,非以‘燎’证‘夜’也。故杜预注谓‘设火燎以备守’者,失之。盖‘与燎’文不可通也。今谓燎借为僚,……(寮、燎古通。)……昭七年《传》:‘隶臣僚。’服子慎注:‘僚,劳也,共劳事也。’此言终夕与劳,事承上‘亲执铎’言也。”《注》(p1412):“章炳麟读燎为僚,谓与于卫侯之巡夜者。”章太炎本意大概是把“僚”读为“劳”,“与劳”就是“共劳事”,而杨伯峻则从一本作“终夕与于燎”,似将“僚”理解为名词,即“巡夜者”。不过,这种理解似乎较章说更合乎语法。

附录:《春秋左传注》征引《春秋左传读》的条目及其取舍

《春秋左传读》	《春秋左传注》	《春秋左传读》	《春秋左传注》
芟夷蕰崇之隐公六年五月	说本	挟卒隐公九年	纯是臆测之辞
以成宋乱桓公二年	说详	成事也桓公二年冬	说详
随张必弃小国桓公六年春	说详	嘉栗旨酒桓公六年春	说详
大良少良桓公六年六月	说详	善自为谋桓公六年六月	不确
祭公逆王后于纪桓公八年	说详	椽桓公十四年冬	其说亦可通
缓也庄公三年五月	说虽辩,恐非《左氏》义	噬齐庄公六年冬	不可信
我奚御哉庄公八年十二月	失之穿凿	襄公立无常庄公八年冬	说详
鲍叔牙庄公八年冬	说详	小白出奔莒庄公八年冬	说详
仆姑庄公十一年冬	穿凿附会	命我先人典司宗祏庄公十四年六月	说详
夕室庄公十九年六月	《左传读》谓	而葬于绖皇庄公十九年六月	《左传读》谓

续表

鞶鉴庄公二十一年五月	说详	曹羁出奔陈赤归于曹庄公二十四年	详
赐齐侯命庄公十七年冬	章说近臆测	烝于齐姜庄公二十八年春	臆说不足据
郿庄公三十年	参	鬬射师庄公三十年四月	参
城穀庄公三十二年	《左传读》谓	归公乘马闵公二年十二月	章说是也
鱼轩闵公二年十二月	《左传读》谓	狂夫阻之闵公二年十二月	章说非 说详
使屈完如师僖公四年夏	不合传意	筮短龟长僖公四年秋	《左传读》有解说
不慎僖公五年春	殊牵强	微子启如是僖公六年秋	说参
将求多于女僖公七年春	与《传》文未必合	襄王恶大叔带之难僖公七年冬	说详
贪天子之命僖公九年夏	说详	秦穆姬属贾君焉僖公十五年秋	尤为曲说
千乘三去僖公十五年秋	说见 未尝不可通	岂敢以至僖公十五年九月	说详
军三旬而不降　盍姑内省德乎僖公十九年秋	说详	因垒而降僖公十九年秋	恐皆不确
使师缙示之俘馘僖公二十二年十一月	章炳麟《读》云	不废懿亲僖公二十四年三月	《左传读》则以为
请隧僖公二十五年三月	说详	其不能以入僖公二十七年秋	亦不必
以相及也僖公二十八年六月	章说失之牵强	介葛卢僖公二十九年	恐未必然
尝为晋君赐矣僖公三十年九月	恐误	以献其功僖公三十年冬	章炳麟《读》曰
加之以敏僖公三十三年春	章炳麟《读》曰	妇人暂而免诸国僖公三十三年四月	章炳麟《读》曰
不允于鲁文公四年夏	章炳麟《读》曰	偪姞文公六年八月	可存参
华御事文公七年四月	章炳麟《读》云	纵寻斧焉文公七年四月	章炳麟《读》云
帅甸文公十六年十一月	其说似迂曲	鹿死不择音文公十七年六月	说参
归舍爵而行文公十八年五月	恐亦曲说	马矢文公十八年十月	不但无据，且与文义不合
还观莒仆文公十八年十月	似较胜	奸兆文公十八年十月	说较胜
媯马宣公二年二月	说参	夫宣公二年二月	此又一读也
以兰有国香宣公三年冬	盖失之泥	人服媚之宣公三年冬	难以信从
权不足宣公四年夏	不可信	“雨不”至“怀也”宣公八年冬	说参
肉袒牵羊以逆宣公十二年春	章炳麟《读》谓	数及日中宣公十二年六月	于古无征
子不少须成公二年春	不确	翦灭此而朝食不介马而驰之成公二年六月	恐与传义不合
子岂识之成公二年六月	曲说不可信	臣辱戎士成公二年六月	甚牵强
视流而行速成公六年春	说本	清尹成公七年八月	据章炳麟《读》
以我为虞成公八年秋	说本	日云莫矣成公十二年秋	章炳麟《读》引
昔逮我成公十三年四月	此说可通	蔑死我君成公十三年四月	说参

续表

奸绝我好成公十三年四月	说见	承宁诸侯成公十三年四月	说详
志而晦成公十四年九月	不确	姬姓日也异姓月也成公十六年六月	说详
“齐侯”至“之宫”成公十八年一月	不可信	成霸安强成公十八年十一月	说见
蓢焉倾覆襄公八年冬	参见	日知其有天道襄公九年春	不可从
昭大神襄公九年十一月	说见	投之以机襄公十年四月	详
王使阴里结之襄公十二年冬	不可信	增淫发泄襄公十四年四月	说见
而悼弃之襄公十四年四月	可通	杨豚尹襄公十八年十二月	附会之谈
令德襄公十九年二月	参	暴蔑襄公二十年秋	说详
葬鲜自西昭公五年一月	章炳麟《读》引	谁其重此昭公五年一月	说参
女夫昭公六年夏	参	虎门昭公十年夏	据
以灵姑銔率昭公十年夏	据	怨利生孽昭公十年夏	说参
而请老于莒昭公十年夏	恐不确	用币必百两百两必千人昭公十年九月	详
然壅也昭公十一年二月	曲说，不可信	必为鲁郊昭公十一年九月	章炳麟《左传读》驳之
公子比自晋归于楚弑其君虔于乾溪昭公十三年	说详	使周走昭公十三年五月	章炳麟《读》谓
使五人齐而长入拜昭公十三年五月	说见	其可渎乎昭公十三年八月	仍以杜注孔疏为较长
子韩晳昭公十四年春	章炳麟《左传读》以周说为是	竖柎昭公十六年九月	章炳麟《左传读》云
学在四夷昭公十七年秋	章炳麟《左传读》云	患失昭公十八年秋	不可信
夏曹公孙会自鄸出奔宋昭公二十年	章炳麟《左传读》谓	终夕与燎昭公二十年六月	章炳麟读
琴张昭公二十年八月	不足据	不盖不义昭公二十年八月	说本
输掠昭公二十年十月	说详	齐侯田于沛昭公二十年二月	然以文论，沛仍是地名
守道不如守官昭公二十年二月	说详	蒯聩将杀余定公十四年夏	章炳麟《读》云
司铎火哀公三年五月	章炳麟《读》云	命周人出御书哀公三年五月	难信
济濡哀公三年五月	章炳麟《读》云	南孺子之子哀公三年秋	章炳麟《读》云
谁不如哀公十一年春	其例甚缺	人寻约吴发短哀公十一年五月	章炳麟《左传读》云
豢吴哀公十一年五月	章炳麟《读》谓为误字	属镂哀公十一年五月	章炳麟《左传读》引
讴阳哀公十三年六月	章炳麟《左传读》云	不为利谄哀公十六年六月	说详
而又掩面哀公十六年七月	章说不可信	鲁人之皋哀公十一年八月	章炳麟《读》以为
嘳言哀公二十四年四月	说参	奉公自空桐入哀公二十六年十月	章炳麟《左传读》云
系五邑哀公二十七年四月	章炳麟《左传读》云		

参考文献

(1)段玉裁《说文解字注》,上海:上海古籍出版社,1981 年。
(2)王宁《训诂学原理》,北京:中国国际广播出版社,1996 年。
(3)杨伯峻《春秋左传注》,北京:中华书局,1990 年。
(3)章太炎《春秋左传读》,《章太炎全集》第二辑,上海:上海人民出版社,2014 年。

(王诚:浙江大学古籍研究所、汉语史研究中心,310058,浙江杭州)

《说文解字授课笔记》与太炎先生书信中的学术交往

张蒙蒙

提要：《章太炎说文解字授课笔记》(以下简称《笔记》)是章太炎先生 1908 年 4 月至 1909 年 3 月在日本讲授《说文解字》的课堂实录，由朱希祖、钱玄同、周树人等记录[1]。它集中展示了太炎先生对《说文》研究的成果，以及对自身已有学术知识的综合运用。同时，讲授《说文》前后，也是太炎先生与师友、学生以书信为媒介进行学术交往的一个频繁期。将太炎先生同期书信的学术讨论内容与《笔记》中所见材料合观，相互映照，有助于我们更好地理解《笔记》中所展现的讲授方法、内容侧重、学术观点以及材料来源。同时，这对我们今天如何传承、研究《说文》这部经典，亦不无启发。

关键词：《章太炎说文解字授课笔记》　书信交往　学术源流

引　言

1906 年 6 月底，太炎先生因“苏报”案刚出狱，便东渡日本，主持《民报》。在东京留学生的欢迎会上，他发表演说，提出要“用国粹激励种性，增进爱国的热肠”。也正是缘于东京留学生之邀，太炎先生开始在办报之余讲学，并陆续发起“国学讲习会”和“国学振起社”。1908 年，因鲁迅、许寿裳等人也想听讲，太炎先生答应每周日在《民报》社另开一班，听讲者仅朱希祖、钱玄同、周氏兄弟、许寿裳等 8 人。此时《民报》社被封，太炎先生得以专注讲学，直到武昌起义后，“始辍讲业”而回国[2]。由此可以看出，此次讲学的复杂性：一方面，太炎先生以革命家兼国学家的身份来宣扬国粹，用以激发青年的爱国热情；另一方面，留学生们出于对太炎先生的仰慕以及自身知识的不同需求而来

---

〔1〕 讲授时间据董婧宸《章太炎〈说文解字〉授课笔记史料新考》，《北京师范大学学报(社会科学版)》2017 年第 1 期，第 109 页。

〔2〕 参郑师渠《国粹、国学、国魂——晚清国粹派文化思想研究》，第 23—24 页，文津出版社，1992 年。

听讲[3]。因此，实际上授课与专门性的研究性著述不同，带有普及性的特点，所讲授的内容既可以是自己的学术心得，也可以是既有的他人学术成果。而且讲授的内容，亦与授课者当时境遇、交往及所思考的一些问题密切关联。因此，本文尝试以太炎先生讲授《说文》前后与师友交往的书信为线索，来阐发一些《笔记》中所展现出的有特色的内容特点及学术倾向。

一　对《说文》研究成果的承继及评价

讲授《说文》，就会涉及一个依本的问题。清代《说文》学研究著述甚夥，是博采众长，还是以一为主？从多方面看，太炎先生讲的是《段注》。《朱希祖日记》1908 年 4 月 4 日："至清风亭，请章先生讲《段注说文》。"许寿裳说："太炎师据段玉裁的《说文注》，引证渊博，新谊甚富。"周作人也回忆说太炎先生讲《说文》以《段注》为底本。清代《说文》研究中，段玉裁的确"应坐第一把交椅"。但段、桂、朱、王亦各有特点，如现在的文字学史中就对王筠的《说文》研究评价甚高。太炎先生却有所不同，他对于段氏以外桂、王诸家评价不高。如他给钱玄同的信中提到："王箓友有段之短，无段之长，段所长在以声言训诂，展转相求，王不能知也。"甚至说："故尝论小学有桂、朱诸家，或华或凿，亦尚无害大义。王氏以鄙儒学究，尸小学元士之高名，坏名守者，必自此始。"[4]又："箓友之破碎媿輒，未谷之拘滞拙钝，皆无益于小学。然未谷固亡益，亦亡害；箓友盖《说文》之蓈莠也。"[5]

何以太炎先生会对王筠的《说文》学贬责如此之甚，这还是与他研究《说文》的学术追求与目标有关系。他在《自述学术次第》中说道："余治小学，不欲为王菉友辈，滞于形体，将流为《字学举隅》之陋。顾江段戴王孔音韵之学，好之甚深，终以戴孔为主。"[6]正如王宁先生在总结太炎先生治《说文》成就时指出，他突破了早期传统小学注重形体的"字本位"特点，"认识到音韵训诂本为一体，也就是说，词语的意义首先是与声音结合，然后才与形体结合，音义系统是第一性的，形义系统是第二性的。因此，他从重视形体

---

〔3〕 如周氏兄弟是在编纂翻译《域外小说集》时"欲从先师了解故训，以期用字妥帖"，许寿裳也说"鲁迅上课，极少发言"。他们非为专门研究而听讲，日后应用亦不多，因而鲁迅日后追忆才会说"一个字都记不得了"；而相反，听课时较为活跃的是钱玄同，日后专研语言文字之学，与太炎先生书信请教探讨亦多；朱希祖听课次数最多，笔记也最为赡详，后专研史学。（以上参王宁《笔记・前言》）

〔4〕 章太炎致钱玄同书第二十七通（1910 年），引自《章太炎全集・书信集》（上），第 190 页，上海人民出版社，2017 年。

〔5〕 章太炎致钱玄同书第二十九通（1911 年），同上书，第 203 页。

〔6〕 苏州章氏国学讲习会编《制言》第二十五期，第 2649 页，广陵书社影印，2009 年。

的表层研究深化到以声音为线索的深层研究”[7]。研究旨趣的不同,正使他对专于形体的王筠评价不高;而另一方面,他也认为,正是在音义的探求上,段氏超越了桂、王诸人,他说:“不明音韵,不知一字数义所由生,此段氏所以为桀。”[8]

对于王筠如此评价的另一个原因,是他以私意改定《说文》,尤其是用钟鼎文字。如他说王氏:“以其帖括腐朽之见,剟定许书,颠倒在意。”[9]“其余增字减句,亦由段君发端,至箓友而愈甚。”[10]又:“今之妄佭古籀者,虽承阮伯元、庄葆琛末流,亦以箓友为之冯翼。不然,言钟鼎者自钟鼎,言《说文》者自《说文》,犹不至妄相弹射。腐肉召蝇,必自箓友始矣。”[11]这样的评价,除了上述研究《说文》旨趣不同外,还有两个原因:一是对《说文》本身的尊崇,他说:“仆自作《文始》后,觉许君说解一字一语多为精意所存,比类观之,益见深眇。”[12]二是基于当时的学术背景,即古文字学处于发端期,尚未完全成熟,自身问题不少,因此章太炎持怀疑态度,他说:“若钟鼎则真伪难知,无宜傅会。”[13]但是他也似乎见到古文字自有其成立、发展的趋势,只是与《说文》之学道途异趋,他说:“自今以后,小学恐分裂为二家,一主《说文》,一主款识,如水火不相容矣。”[14]“水火不容”于今似有夸张,但能看出太炎先生认为,以《说文》自身为根基建立起的学术系统(尤以《文始》为标志),与钟鼎文字“以形为主”的思路方法并不相同。因此,才对于以钟鼎文字破坏《说文》构形、故训系统的做法深加痛斥,并有隐约的危机感。

当然,以《段注》为主,就要涉及段注更改《说文》的问题,这在《笔记》和太炎的书信中亦多所涉及,如:“然非如段君精审,必不可轻改《说文》。段于故训最为明通,亦颇有未谛者。”[15]太炎先生讲授《说文》时,对段注改定错谬处,亦多所驳斥。其中多有因不明声义、词源系统而误改许书者[16]。兹以《笔记》驳段氏增补“所以”为例,如:

筑　朱一　捣也。段氏加“所以”二字,未是。“筑煮”者,捣煮也,引申为所以捣也。(244 页)

且　朱二　荐也。古人名词、动词皆可互用,段加“所以”二字,可不必。(588 页)

---

[7] 王宁《章太炎说文解字授课笔记·前言》,第 6 页,中华书局,2008 年。

[8] 章太炎《国故论衡》,第 421 页,世界书局影印,1982 年。

[9] 章太炎致钱玄同书第二十七通(1910 年),引自《章太炎全集·书信集》(上),第 190 页。

[10] 章太炎致钱玄同书第二十八通(1910 年),同上书,第 197 页。

[11] 章太炎致钱玄同书第二十九通(1911 年),同上书,第 203 页。

[12] 章太炎致钱玄同书第二十八通(1910 年),同上书,第 197 页。

[13] 章太炎致钱玄同书第二十七通(1910 年),同上书,第 191 页。

[14] 章太炎致钱玄同书第二十九通(1911 年),同上书,第 203 页。

[15] 章太炎致钱玄同书第二十八通(1910 年),同上书,第 197 页。

[16] 可参笔者硕士学位论文及钟哲宇《〈章太炎说文解字授课笔记〉订正〈段注〉析论》(载《第二十八届中国文字学国际学术研讨会论文集》)。

> 斪　朱二　斫也，段又加“所以”二字，可不必。（589 页）

据笔者统计，段注增补“所以”共有 44 例，段注的理由多是“各本删之”或“浅人删之”，但其版本依据并不充足，他的更改多是基于其对“体用关系”的认识，即“删‘所以’，则体用混矣”[17]。《笔记》一方面改用新的术语体系，即“动词、名词”等来描述二者关系，另一方面也对《段注》的一些增改加以反驳。而参看后来与钱玄同的书信交往，即可看到对这个问题的进一步申说：

> 又古语宛转相关，名与动静多可展转迻用。今以为动静词者，安知古非名词；今以为名词者，亦安知古非动静词邪？皮、革诸文，造字时本为动词，后以为名词。匸、曲诸文，造字时本名词，后以为静词。自段君已多疑滞，故勺训“挹取”，必增“所以”二字以实之，又增“枓也”二字以定之；臼训“舂”，必增“臼”字以足之，已不知今之名词，在古只为动词也。然古为名词，今为动静词者，段氏犹鲜所改窜。[18]

“安知”和“古今”等一系列词语的运用，一方面维护许书既有训释的审慎态度，另一方面也说明了不能出于时人理解方便而出现以今律古的做法。与钱氏书信中他还做进一步申述：“大古朴质，名物之语诚校它语为多，若谓竟无动词与及形容词，恐艸昧之语，亦不简略至此。”[19]亦指出段注所误之因。

二　《笔记》中的钟鼎文字与太炎先生的书信交往

前面提到，章太炎对以钟鼎阑入《说文》的王箓友辈屡加斥责，并言钟鼎自钟鼎，《说文》自《说文》。但有意味的是，太炎先生讲授《说文》之时，亦间或涉钟鼎文字。据笔者统计，共有 20 处左右[20]。其来源中有前面章氏信中提到的阮元（芸台）等人，其中有一条：

> 单　钱一　单，钟鼎有作丫者，象系连之形。盖古止作丫，为象形字。小篆方整之，作单，义与形相失耳。（阮云台《钟鼎款识》谓丫象三辰之形，引《左传》“三辰旂旗”，谓《诗》“其军三单”，单即是旗。此说非也。）由训袭之本义，引申乃为单位之单。（8 页）

---

〔17〕 详参拙文《段玉裁〈说文解字注〉增补“所以”考论》，《励耘学刊（语言卷）》第十八辑，第 176 页，2014 年。

〔18〕 章太炎致钱玄同书第二十七通（1910 年），引自《章太炎全集·书信集》（上），第 188 页。

〔19〕 章太炎致钱玄同书第三十一通（1911 年），同上书，第 207 页。

〔20〕 详参拙文《〈章太炎说文解字授课笔记〉引钟鼎文字考论》，《辅大中研所学刊》第三十二期，第 94 页，2015 年。

阮元《积古斋钟鼎彝器款识·好父辛彝》:“单字作[illegible],象三辰之形。《左·桓二年·传》:‘三辰旂旗,昭其明也。’”[21]章氏此处虽驳阮说,却采取了钟鼎中的字形,并别立解说。《文始》中亦同《笔记》之说,《文始一·阳声寒部丙·单》:“单,大也。从吅𠀤,吅亦声。阙。案彝器作[illegible][illegible]。彝器诚难尽信,然《绎山碑》战字左旁作[illegible],明非从吅……字像蝉联相续。”[22]“诚难尽信”,看来在《说文》小篆不得解时亦必有可信者。在与钟正楙书中亦论及此条《说文》阙处:

《说文》义训多本毛《传》,独毛《传》有至精之训,《说文》未能承用者,如“单”训相袭,与彝器“[illegible]”“[illegible]”者合,象其系联。凡禅作嬗、天下蝉嫣等语,皆训续、训袭,并是“单”之借字。古篆本作[illegible][illegible],小篆从之,形体稍异则作单。《说文》乃训为大,则是‘[illegible]’之音借,非本义也。……叔重解字,缜密严栗,往往一语可直千金。……然犹有一二未谛者,当求周、秦、先汉故老所述以相理董,非戴侗、周伯琦辈穿凿者所能与也。[23]

如今来看,“大”“系联”等义亦未必是“单”字本义,但以“系联”为其本义的确可以系联出一系列的同源词。此条考《说文》本训准之于毛《传》,以义为核心,说形实际上只不过作为佐证而已。《笔记》所涉钟鼎文字戴侗、阮元等说占据大半,而书信往往亦提及这些人,虽多排诋之言,亦见对他们的著作实际上都有所关注[24]。但这无妨在讲授《说文》时对其成说略涉一二,并似也无关宏旨,毕竟授课非同著述,不过是达到略广见闻的目的罢了。何况许书真有“一二未谛”,稍采钟鼎,但亦无妨。《笔记》中另外两条引用钟鼎文字之说,其实是源于太炎先生与其师友孙诒让的交往,《笔记》“宜”(311 页)、“皋”(423、424 页)条的内容与孙诒让 1908 年来信有关系,孙诒让说:

顷从金文、龟甲文丹徒刘氏抚册[25]获十余名,皆塙实可信者,附以金文奇字,为《名原》七篇,俟写定,当寄质大雅。如爵弁字《说文》作纔,《周官》作緅,近于金文得其正字,乃作[illegible],而薛书齐侯镈钟又有[illegible]字读为寿,始知青色韦当作[illegible],青色丝当作[illegible],古各有正字,纔、緅皆尚非本字也;又韩侯伯晨鼎有[illegible]胄,今定为皋比正字,[illegible]为弢甲虎皮《乐记》“建櫜”,[illegible]胄即甲胄也;又《说文》“叠”字说解引杨子云说,颇嫌皮傅,今从金文得[illegible]、[illegible]两文,乃悟古文本作叠。其从[illegible]者,甲文金文恒见,乃古文组

〔21〕 阮元《积古斋钟鼎彝器款识》(《丛书集成初编》影印文选楼本),第 57 页,商务印书馆,1937 年。

〔22〕 章太炎《文始》,第 70 页,世界书局影印,1982 年。

〔23〕 章太炎致钟正楙书第一通(1908 年),引自《章太炎全集·书信集》(上),第 300—301 页。

〔24〕 如章太炎致黄侃书第二十通(1932 年)、第二十四通(1933 年)都言及阮元《款识》及若干其他钟鼎著作。

〔25〕 信中小字部分为原文夹注,下皆同。

字且间两肉，疑取粲俎之谊，杨、许从宜皆误。又黄帝妃名粲祖，窃意当作[illegible]，后世史籍误分二字。[26]

章太炎 1908 年 6 月 1 日写信给孙诒让做了回应：

> 承以古文三条见示，精凿傀琦，足补汉师之阙。皋本作虢，二千年未睹本字，欻自先生发之！麟始知《说文》臭字，训大白泽，非浅人妄改，乃古文借臭为虢，叔重误仞为本字耳。皋、泽二字，古多混殽。《说文》言臭，古文以为泽字。《本草》《广雅》，泽兰兼得虎兰之名，疑本亦作皋，借皋为虢也。……《名原》七篇，何时出版？渴望赐阅，若昏夜之待明星！[27]

孙诒让大概知道章太炎对钟鼎文字的态度，故先言“确实可信”，而从回信可见太炎先生对孙诒让“皋”字的说法，也是采信的。他不仅加以申说，还在授课时采纳这些说法。如是，汉师如杨、许若有阙，也未必不可由钟鼎文字补苴。不仅如此，他还将孙氏来书中关于“宜”字的不同意见写信给黄侃讨论：

> 顷与诸生籀《说文》《尔雅》，得数事。孙仲容疑《说文》“叠”字，杨、许所说不谛，以金文有[illegible]、[illegible]字，谓“叠”古文作[illegible]，从粲俎会意。且、[illegible]，皆俎字也。[illegible]从且，间两肉半见，会意。仆因念[illegible]本宜字，古文宀作冂，与冂相似，宜本作[illegible]，从古文且，中肉半见，形误为宜。张参据熹平石经作宜形。盖《苍颉》《凡将》正体，异于《说文》。[illegible]、㝖二古文，并当作[illegible]，其训当从《释言》“宜，肴也”为正，引申训安。[28]

此处可见章太炎并不赞同孙诒让的说法，这也间接表明孙氏以《说文》未谛的立论根据不能成立。无疑，章太炎认为金文[illegible]本“宜”字的说法大体是允当的。这点实际上也与现在的古文字学家看法相同[29]。以上《笔记》中的二字，章氏皆有所申说，且其中一些说法后人也有所承继[30]。孙诒让来信的两条也被编入他的《名原》之中，章太炎在

---

〔26〕 转引自章太炎《瑞安孙先生哀辞》，载《民报》第二十二期，第 3548—3549 页，中华书局影印，2006 年。

〔27〕 章太炎致孙诒让书第二通（1908 年），引自《章太炎全集・书信集》（上），第 265 页。

〔28〕 章太炎致黄侃书第三通（1908 年），引自《章太炎全集・书信集》（上），第 274 页。按：此内容与《笔记》“宜”字下内容基本相同。

〔29〕 如裘锡圭说：“商周古文字里有一个跟秦汉篆文‘宜’字基本同形的字，罗振玉考释甲骨文时，根据字形表示的意义把它释作‘俎’，从之者极多。很多学者并认为‘宜’‘俎’古本一字，后来才分化为二。七十年代发现了扶风庄白一号西周青铜器窖藏，所出三年瘐壶铭中有‘羔俎’‘彘俎’之文，‘俎’字写法接近小篆的‘俎’字而与‘宜’字回别，证明‘宜’‘俎’自古即为二字。罗氏释作‘俎’的那个字只能释为‘宜’。”（《推动古文字学发展的当务之急》，载《裘锡圭学术文集》（第三卷），第 510 页，复旦大学出版社，2012 年）

〔30〕 如陆宗达、王宁、宋永培等著《训诂学的知识与应用》（第 193 页，中华书局，2018 年）中《皋比与虎皮》一文，认为“皋”之本字即为“虢”。

回信中也表现出浓厚兴趣向他索求，也许是想借以进一步了解孙氏古文字研究的整体情况。可惜孙诒让在写信给章太炎后不久便去世，章氏之书亦无回应；而十多年后在给黄侃的信中，章太炎又明确表达了他对《名原》的看法，他说："仲容为《名原》，盖老年好奇之作，要之亦为时论所误。如潘祖荫、吴大澂辈，直是古文之蠹。以此揭橥，无宁如薛尚功之言法帖也。"[31]这样看来，《笔记》与书信交往所反映的个别问题，仍然未改变章太炎对钟鼎文字研究的总体态度，但从另个侧面看来，这种排斥与吸取实际上也是比较复杂的。

三　太炎书信中的研读《说文》之法与《笔记》

讲授研究《说文》乃至小学，应从哪些方面入手，实际上《笔记》中大量材料所展现出的侧重与布局，已对我们有所启示。太炎先生在给钱玄同的信中，提出了一定的方法，这实际上与他自己讲授《说文》的方法与理念，也有高度的契合。他说：

凡治小学，仆拟分为五，方于教授有益，足下近作仓颉师，试更详之。

一、本形本义。就《说文》直解其义及其造字之法。

二、音韵。甲：今韵，今纽。乙：古韵，古纽。此学稍繁，然今已有条理。

三、正、借相求法。以《说文》本形本义，求《尔雅》《方言》、群经、古籍之训诂，是为以正求借；以《尔雅》《方言》、群经、古籍之训诂，求《说文》本形本义，是为以借求正。

四、转注、假借法。上说正借相求，借非六书之假借也，此真假借即引申，凡一字数义者属之。转注则限以义同声近者。此校正借相求为约易，然非先知正借相求，则无由推明此旨。

五、文字孳乳法。转注惟有同义，假借惟有引申之义，一字变为数字，而音义同者，当求何字在先，何字在后。一义变为数义，而字体亦异者，当知本是一字，后乃乖分，此所谓文字孳乳法也。[32]

以上数则几乎也概括了太炎先生讲授《说文》的所有方法，试对照《笔记》分别言之。第一条本字本义自不必说，太炎先生认为"但讲二徐之书足矣"，且讲解《说文》时，常与第三条"正借相求"关联起来，我们以《笔记》为例：

写　朱一　置物也。书写字当为疏之借。

---

[31] 章太炎致黄侃书第七通（1919年），引自《章太炎全集・书信集》（上），第280页。

[32] 章太炎致钱玄同书第二十四通（1910年），同上书，第182页。

宵 钱一 夜也。《庄子》之“宵人”＝小人之借，不必如郭象注所谓“宵夜乃出之人，如贼是也”。

宿 钱二 止也。《史记》宿将，宿学(前辈先生)字系假自夙字。

寓 钱一 寄也。木禺龙(禺者，寓之借)，寓＝偶，木偶之龙也。

寱 朱一 地室。《汉书》有“寱土将军”。

穸 钱二 穿孔之意也。

窬 钱一 穿木户也，假为窦。[33]

《笔记》中“正借相求”例甚多，于此可见一斑。笔者对《笔记》前十篇2735个字头下的内容做过统计，共涉及假借关系613条，其中约70％前人已言及，而30％左右为太炎先生新说。而且《笔记》中材料，与专“明本字”的《小学答问》相同者甚多，甚至占到后者的60％左右。由上，均可见太炎先生对“正借”相求之法运用之普遍。

第二条音韵方面，太炎先生又说：“二级书颇繁，然大要今韵者以《广韵》为主，求今纽者，以《四声切韵表》为主；求古韵者，自《音学五书》始，至《音韵表》《诗声类》为极；求古纽者，惟取钱晓徵说为主。辅以仆之古双声说等。”[34]太炎先生授《说文》以段注为底本，大量承用段氏《音均(韵)表》中的部类名称及古音体系；除此而外，笔者曾对古音术语在《笔记》中的体现做了一番统计，与上述写给钱玄同的信中所言相吻合：如运用发明自孔广森《诗声类》的“对转”术语，共有97例，运用发明自钱大昕(晓徵)的古无轻唇、舌上术语共计61例。运用与他自提出的《古双声说》中术语的共6例[35]。而在论及古今音转时，如鱼部转麻、歌部转麻、东部转江等，亦多涉《广韵》韵目。我们甚至可以说，太炎先生是运用全新的声韵体系、术语去解释《说文》中训诂音变现象的第一人。

第四条，太炎以词义引申造成的一字数义现象为假借，以“义同声近”的同源现象为转注。以词义引申条贯数义、沟通文献、区别借义、发明本义，自《段注》所长。太炎先生讲授《说文》时，初步统计，使用“引申”术语的条目在400例左右，亦是其常用之法；而“转注”方面，前面提到过《笔记》常以同源系统驳《段注》改《说文》之谬，且常用“凡从某声皆有某义”“凡有某意之字多从某声”(共58例)等同源系联方法来探求被解释词的意义特点。要之，转注假借说均以探求词义为核心，即太炎所说：“求语言于文字之先，寻训诂于形体之上。”[36]

---

[33] 以上例子引自《笔记》，第311—312页。

[34] 章太炎致钱玄同书第二十四通(1910年)，引自《章太炎全集·书信集》(上)，第182页。

[35] 详参拙文《从〈说文解字授课笔记〉看章太炎对古音学理论的应用》，《民俗典籍文字研究》第十七辑，第260页，2016年。

[36] 章太炎致钱玄同书第二十四通(1910年)，引自《章太炎全集·书信集》(上)，第183页。

第五条的“文字孳乳法”即以转注假借说为理论基础，探求词义分化下字形分化的过程，太炎先生说：“仆所以有《文始》之作也。”[37]讲授《说文》自然不同于体大思精的《文始》，但二者在局部的文字孳乳分化关系的揭示上，亦有密切的关系[38]。

除上述太炎先生所言方法之外，《笔记》还有一个重要特点，就是古今沟通。这也是当时太炎先生所关注的问题，他在与黄侃的信中就探讨了关于方言的音、形、义变化的条例问题，欲以从《说文》《尔雅》中求得现代汉语通语及方言中一些词语的来源[39]。太炎先生因以有《新方言》之作，《笔记》与《新方言》相通者有240条之多，占到后者约三分之一。但《笔记》中显示古今沟通的例子实不止此，因为最终入《新方言》者应是经过简择，而授课时前人既有、熟知易晓的例子则未进入。除此之外，在前面所言“正、借相求法”中，多以今语为例（尤其是双音复合词的环境中），以《说文》本字沟通当时用字[40]。这样的方式显然利于听课者对于当时词语语义的理解，或亦有助于周氏兄弟所说的“了解故训，以期用字妥帖”的目的。

结　语

综合上述，我们可以看到，太炎先生的著述、授课以及以书信为载体的交往都是相互关联的，显示出其学术一体的不同侧面。合而观之，是一个融通的整体。分而观之，这些不同的侧面又有不同的特点：学术著述发挥新见，体大思精，“一字千金”；授课简明灵活，兼有成说己见，特色鲜明；而进行学术交往时，则直陈己见，讨论自由，侧重授人以条理方法。这些不同的侧面又都可合观之，相互发明引申，共同组成太炎先生的学术整体。以讲授《说文》而形成的《笔记》，材料丰富，无疑可以作为观察其他两个方面的中介。同时，以学术交往和学术著述为背景，相较以其他另立出视角与方法，也可以更好地解读《笔记》，还原太炎先生的讲授方法和学术思想。

（张蒙蒙：中央民族大学文学院，100081，北京）

---

〔37〕 章太炎致钱玄同书第二十四通（1910年），引自《章太炎全集・书信集》（上），第183页。

〔38〕 详参拙文《〈章太炎说文解字授课笔记〉与〈文始〉关系初探》，《第四届章黄学术思想国际研讨会论文集》，第655页，2015年。

〔39〕 章太炎致黄侃书第一、二通（1907年），《章太炎全集・书信集》（上），第272—274页。

〔40〕 此例甚多，如：仈：“林立＝仈立。”（348页）；眔：“今作暨，训及。”（348页）；衺：“邪正、邪曲字当作邪。”（353页）；居：“居住当作凥。”（355页）颁：“颁布当作䜌。”（366页）䫌：“巨魁当作䫌。”（367页）愿：“大头也，情愿之愿，因愿、宁双声，故通借。”（367页）等。

《黄侃手批说文解字》古文字批注研究*

牛慧芳

提要： 本文通过穷尽式调查《黄侃手批说文解字》中批注的古文字形体的情况，总结黄季刚先生利用古文字研究《说文解字》的实践成果。其批注的字体主要包括石经文字和金文两种：所批注的石经文字包括石经古文和篆文，基本反映了当时学界所掌握的石经文字的面貌，所批注的金文字则侧重于象形表意性的文字。黄季刚先生在《手批说文解字》的字头下批注古文字形体，用来印证或补正《说文》，说明他将笔意、笔势的相关文字学理论与古文字研究实践结合在一起，并已将古文字运用到了《说文解字》的研究上。

关键词： 《黄侃手批说文解字》 古文字 批注

《黄侃手批说文解字》是黄季刚先生《说文》学的重要研究实践成果。其中，黄季刚先生在天头、地脚批注的大量石经古篆文、金文等古文字形体，已受到学界前贤们的关注。陆宗达先生说："在季刚先生批注过的《说文》上，几乎每页都有用金文甲骨对照《说文》之处。这使他的《说文》之学创出了新路，有了前人所不能有的成就。"[1]王宁先生说："现在所看到的黄侃《手批说文解字》，以金甲证《说文》之处颇多，以金甲证《说文》之误者亦不在少。这说明，章黄所创笔意与笔势之说，已在实际操作中被应用。"[2]孔仲温说："个人曾翻检潘师石禅所整理编印的《黄季刚先生遗书》中，潘师所过录黄先生的《批注说文》，从中即发现黄先生批注《说文》时，经常引用《三体石经》的古文，及其他金文的材料。……像这种情形，都显示黄先生已经把古文字运用

* 本文在写作中得到中央民族大学文学院韩琳老师的指导，并在"中国文字学会第十届学术年会"分组讨论中宣读；匿名审稿专家和《民俗典籍文字研究》编辑部提出宝贵修改意见，谨致谢忱！编者注：本文未参加章太炎先生诞辰150周年纪念学术研讨会，以其属于章黄学术研究，故置此栏目下。

〔1〕 陆宗达《陆宗达语言学论文集》，第624页，北京师范大学出版社，1996年。

〔2〕 王宁《论章太炎、黄季刚的〈说文〉学》，《汉字文化》1994年第3期，第38页。

在《说文》的研究上。”[3]韩贵强整理、分析了《手批说文解字》中的143个金甲文字形，考察其利用古文字材料印证、校正《说文》的情况[4]。兹穷尽式调查《黄侃手批说文解字》中批注的古文字形体情况，以总结黄季刚先生利用古文字研究《说文》的实践成果。

一 《黄侃手批说文解字》中批注的古文字形体概况

经统计，《手批说文解字》的469个字头下批注有古文字形体，所批注摹写的字形大多未标出形体来源。经对照文字学相关著作以及工具书，具体情况如表1所示：

表1 字头下批注的字形种类情况

所批注字形的种类	字头数量	合计
三体石经文字	301	469
金文	119	
金文、石经文字等两种以上	39	
石鼓文	2(字头“渊”“氐”)	
存疑	8	

其中，在39个字头下同时批注有金文、石经文字等两种以上字形，具体情况如表2所示：

表2 字头下的批注兼有两种以上形体的情况

兼有两种以上形体种类	字头数量	合计
兼有石经文字、金文	37	39
兼有金文、石鼓文	1(字头“平”)	
兼有石经文字、刻石文字	1(字头“娄”)	

由以上可知，《手批说文解字》中，在301个字头下批注有石经文字，在37个字头下兼批注有石经文字和金文，在1个字头下兼批注有石经文字和刻石文字，因此批注有三体石经文字的字头共计339个；在119个字头下批注有金文1种形体，在1个字头下兼批注有金文和石鼓文，加上兼有石经文字和金文的37个字头，因此批注有金文的字头共计157个。

由于批注的古文字均为摹写的形体，所找的对应形体既可看作石经古文，又可看作金文或甲骨文；或暂未找到与之完全相合的形体，因此《手批说文解字》中有8个字头下批注的形体尚未能明确为何种形体，如表3所示：

---

[3] 孔仲温《从〈黄季刚先生手写日记〉论黄先生治古文字学》，载郑远汉主编《黄侃学术研究》，第66页，武汉大学出版社，1997年。

[4] 韩贵强《黄侃手批〈说文解字〉引古文字材料研究》，河北大学硕士学位论文，2013年。

表 3 批注的古文字不确定为何种形体的情况

序号	字头	批注	页码	备注
1	三	三、三	41	参见三、三(《集录》30A.3)[5],又常见于甲骨文,如三(前六·二·三,《甲骨文编》14.4);金文,如三(颂簋,《新金文编》38.4)。
2	王	王、王	41	参见王、王(《集录》4B.2),字形亦见于甲骨文,如王(前一·二〇·七,《甲骨文编》15.8);亦常见于金文,如王(颂鼎,《新金文编》40.6)。
3	每	[illegible]	58	未找到对应字形,似[illegible](甲一五五五,《甲骨文合集》19.4)、[illegible](京都七三六,《甲骨文合集》19.7)。
4	八	八、八	92	参见八(《隶续·魏三体石经左传遗字》1B.9,《隶续》第310页)、八(《隶续·魏三体石经左传遗字》2A.10,《隶续》第310页)。又见于甲骨文,如八(甲三一一三,《甲骨文字典》第67页)、八(前二.三二.四,《甲骨文字典》第67页);又金文八(旂鼎,《金文编》46.3)、八(函皇父簋,《金文编》46.4)。《文源》卷三:“按,古作八(旂尊彝乙)、八(都公敦)。”(第65页)又八(函皇父簋,《说文古籀补》第二,4.5)。
5	又	又、又	196	参见又(《集录》15A.5)、又(《集录》24A.1);又常见于金文,如又(函皇父簋,《新金文编》323.5)。
6	兹	兹、兹	258	参见兹(《集录》21B.1)、兹(《集录》21B.1),又见于金文,如88,“与兹为一字,彔伯簋,丝字重见”(《金文编》273.1)。《文源》卷六:“按,‘玄’古作8,则‘兹’古作88即‘丝’之或体,不训‘黑’。”(第106页)
7	晶	晶、晶	430	参见《说文解字注笺》:“晶即星之象形文,曑、晨字从之,古文作晶、晶二形。”(《说文解字诂林》七上,第2985页)又见甲骨文晶(后二·九·一,《甲骨文编》292.9)、晶(甲六七五,《甲骨文编》292.9)。
8	二	二、二	857	参见二、(《集录》36B.2);又见甲骨文二(铁七三·四,《甲骨文编》515.6);金文二(大盂鼎,《新金文编》1861.4)。

以上所批字形,多为与甲骨文、金文、石经古文、石经篆文字形高度一致的形体。需指出的是,除字头“每”下批注摹写的字形与甲骨文有些相似但不完全相同外,尚未见到一例可完全确定为甲骨文的形体;疑似甲骨文形体的多属于与石经古文、金文等形体一致的情况。可见,黄季刚先生在《手批说文解字》中批注的形体以三体石经文字与金文为主体,兹将其批注概况分述如下。

---

〔5〕《魏三字石经集录》简称《集录》。备注中所引页码,字母 A 表示正面,字母 B 表示背面,页码和字母后面的数字表示所在列,如《集录》4A.6 表示《魏三字石经集录》第 4 页的正面第 6 行,全文同。

(一)批注三体石经文字的概况

《黄侃日记》中有黄季刚先生让潘重规抄录章太炎先生的《新出三体石经考》,并且亲自校读以后寄回章太炎先生的记述。《寄勤闲室日记》辛未六月六日(1931 年 7 月 20 日):"师出所著《三体石经考》……,令阅。"[6]六月十一日(1931 年 7 月 25 日):"袭善逯录《新出三体石经考》毕。"[7]六月十二日壬午(1931 年 7 月 26 日):"校《石经考》。"[8]六月二十五日乙未(1931 年 8 月 8 日):"石禅录《石经考》成。……上先生书(甚匆匆),并寄《石经考》。"[9]这说明黄季刚先生已经关注了石经文字,并奉师命亲自校读过章太炎先生新著的《新出三体石经考》。

兹以黄季刚先生批注的石经文字与孙海波的《魏三字石经集录》(1937)所收字形对照,并参照宋代洪适的《隶续》、郭忠恕的《汗简》、夏竦的《古文四声韵》、清代孙星衍的《魏三体石经遗字考》、章太炎的《新出三体石经考》,得出《手批说文解字》中有 339 个字头下批注有三体石经文字。其中有 301 个字头下批注有石经古文和石经篆文 2 种字体;有 38 个字头下批注有 1 种石经字体,具体情况如表 4。

表 4 批注石经文字概况

所批注形体种类	字头数量	合计字头数量
兼石经古文和石经篆文	301	339
仅石经古文	24	
仅石经篆文	14	

据统计,章太炎先生的《新出三体石经考》共收录石经古文为 166 个,章太炎先生收录而黄季刚先生未收录的古文有 10 个[10]。孙海波《魏三字石经集录》(1937)汰其重复,共收古文 379 字[11];赵立伟统计目前所见各种石经材料,不计重复共得古文单字 542 个[12]。比照后出的《魏三字石经集录》所存三体石经古文,黄季刚先生在 325 个字头下批注的古文(含兼有石经古文和篆文的 301 个字头和仅有石经古文的 24 个字头)

---

[6] 黄侃著,黄延祖重辑《黄侃日记》,第 724 页,中华书局,2016 年。

[7] 同上书,第 726 页。

[8] 同上。

[9] 同上书,第 729 页。

[10] 按照章太炎在《新出三体石经考》所列分项排序,这 10 个古文分别是(1)十三及、(2)四十四猷、(3)四十七工、(4)五十五教、(5)七十四共、(6)七十五谌、(7)八十五豊、(8)八十九平、(9)一百十一宰、(10)一百二十五及。

[11] 参见曾宪通《三体石经古文与〈说文〉古文合证》注释 7,《古文字研究》第七辑,第 287 页,中华书局,1982 年。

[12] 参见赵立伟《魏三体石经古文辑证》,第 49 页,社会科学文献出版社,2007 年。

基本反映了当时学界所掌握的石经文字的整体面貌。

(二)批注金文等文字的概况

经查阅清代吴大澂的《说文古籀补》、民国时期林义光的《文源》、容庚的《金文编》及董莲池的《新金文编》等文字学著作及工具书，得出黄季刚先生在《手批说文解字》中有157个字头批注有金文形体(含38个兼录有石经古篆文或石鼓的字头)，其字头下的金文形体分布情况如下表。

表5　字头下所批金文形体分布情况

总计字头	字头	金文形体分布	合计
157	69	1	69
	39	2	78
	29	3	87
	9	4	36
	7	5	35
	1	6	6
	2	7	14
	1	8	8

由上表可知，黄季刚先生共在157个字头下分别批注1至8个不等的金文形体，其中，批注有1至3个金文形体的情况占多数。经与相关文字学著作对照发现，黄先生批注有金文形体的157个字头中，有148个字头下所批金文与民国时期林义光的《文源》所收的金文形体相合[13]。在这148个字头中，有88个字头下所批的金文形体兼与吴大澂《说文古籀补》所收金文部分相合，另外有“自”“刑”“奚”“陆”4个字头下所批金文仅与《说文古籀补》相合，共计有92个字头下所批金文与《说文古籀补》相合。因此，无论从数量上还是从字形契合度上，黄先生批注形体与《文源》所收金文字形相合的情况更多。兹就字头下批注1至8个金文形体的情况分别举例说明。

表6　字头下批注1至8个金文形体举例

序号	字头	字形	金文形体数量	页码	备注
1	丕	[illegible]	1	34	参见《文源》卷一：“‘不’字古或作[illegible](不隆矛)”。(第19页)
2	古	[illegible]、[illegible]	2	156	参见[illegible](遹甗，《金文编》133.2)、[illegible](盂鼎，《金文编》133.4)。又《文源》卷二：“古作[illegible](遹甗)、作[illegible](曾伯[illegible]匿)”。(第46页)

〔13〕其中，有144个字头下所批注金文形体与《文源》所收全部相合，有4个字头下所批金文形体与《文源》所收部分相合，分别是“单”“为”“母”“啚”。

续表

3	廷		3	136	参见(毛公鼎,《说文古籀补》第二,9.5)、(颂鼎,《说文古籀补》第二,9.5)。又(利鼎,《新金文编》215.3)、(颂簋,《新金文编》216.5)、(颂鼎,《新金文编》217.6)。又《文源》卷第一:“按,古作(利鼎)……,或作(颂敦)、作(颂壶)。”(第24—25页)
4	羊		4	239	参见(古羊字,父辛觶,《说文古籀补》第四,20.6)、(师寰敦,《说文古籀补》第四,20.6)。又《文源》卷一:“按,古作(曶鼎),象角,体旁四注,以象四足,下其尾形。亦作(羊字父庚器),象尻着地形。又变作(师寰敦)、作(羊子戈)。”(第4页)
5	吉		5	105	参见(陈侯鼎,《说文古籀补》第二,5.14),又(陈侯鼎,《金文编》69.6)。又《文源》卷二:“‘吉’字古或作(陈侯鼎)……古又作(叉彝)、作(叉彝)、作(旂尊彝乙)、作(奢彝乙)。”(第46页)
6	貞 (贞)		6	214	参见《文源》卷一:“按,古多以‘贞’为‘鼎’字,或作(邓伯氏氏鼎)、或作(叚敦)、或作(杞伯敏父鼎),省作(散氏器)、作(叔单鼎)、作(伯贞鼎)。”(第28页)
7	爲 (为)		7	193	参见(古为字,周窓鼎,《说文古籀补》第三,14.3)、(周窓敦,《说文古籀补》第三,14.4)、(陈子子匜孟妫之妫如此,《说文古籀补》第三,14.4)、(叔男父匜,《说文古籀补》第三,14.3)、(宗妇盘,《说文古籀补》第三,14.4);又(曶鼎,《金文编》174.6)、(周窓鼎,《金文编》175.1)、(召伯簋,《金文编》175.2)。又《文源》卷一:“按,古作(曶鼎),……或作(邾讨鼎),象形,不从‘爪’,或讹作(楚公钟)。”(第3页)
8	亯		8	342	参见(丰子敦,《说文古籀补》第五,29.13)。又《文源》卷一:“按,古作(杞伯敏父敦)、……或作(邾公华钟)、作(殳季良父壶)、作(杜伯盨),又变作(父辛器)、作(叔敦),亦作(克鬻彝)。”(第27页)

《黄侃日记》中有黄季刚先生求购清代吴大澂的《说文古籀补》的相关记载。黄先生

在 1929 年 10 月 10 日至 26 日先后向来青阁书庄、天一书局函询并且购买该书[14]。通过对照批注字形发现，黄先生在研究、批注《说文》时参阅了吴大澂的《说文古籀补》。

林义光的《文源》于 1920 年刊行，共收录 1551 个字头[15]，主要通过金文与《说文》小篆字形对照、分析，探求汉字构形意图，以探明字源，梳理字形演变轨迹。据胡厚宣《五十年甲骨学论著目》载，《文源》有中国大学石印本，目前所见为自印本，藏于清华大学、北京大学等。林义光生平不详，据学者推测，约生于 1890 年前后，1932 年 6 月后谢世[16]。他曾于 1928 年、1932 年与杨树达有 4 篇书信往来[17]。从他在 1928 年的 8 月 24 日、9 月 11 日的信中可以看出，他曾在外交部任职，在清华大学任教[18]。据《黄侃年谱》，黄季刚先生 1926 年秋任教于北京师范大学、中国大学[19]，同时期与杨树达也有书信往来。黄季刚先生到北京任教的时间后于《文源》的刊行时间，黄先生与林义光同期都与杨树达有书信往来交流学术问题。据此，黄先生应阅读过林义光的《文源》，湖北省图书馆存有的黄季刚先生《手圈〈文源〉》手稿[20]印证了我们的推测。

《手批说文解字》中，仅有 4 个字头下批注的字形标有出处，而其字形及出处也与《文源》相合，如下表所示：

表 7 批注下标有出处的字形

序号	字头	字形	页码	备注
1	渊	石鼓	701	参见（石鼓，《说文古籀补》第十一，62B.1）。又《文源》卷一："石鼓作。"（第 22 页）又（强运开《石鼓释文·乙鼓》4A）。
2	氏	石鼓	797	参见《文源》卷一："石鼓作。"（第 18 页）又（强运开《石鼓释文·乙鼓》8B）。
3	斗	汉平阳甗、永初鋗	897	《文源》卷一："按，象形稍不类。汉平阳甗作，永初铜作，皆象斗形。"（第 31 页）
4	升	、汉临淄鼎	898	《文源》卷一："按，古作（友敦），汉临菑鼎作，皆象形。"（第 31 页）

黄季刚先生批注有金文形体的字头共 157 个，148 个字头下的形体与《文源》一致，约占其批注的 94%。与之相合的《文源》金文字形主要分布情况如下：《文源》卷一109

[14] 参见黄侃著，黄延祖重辑《黄侃日记》，第 582—589 页。

[15] 参见叶玉英《〈文源〉的文字学理论研究》，福建师范大学硕士学位论文，2003 年。

[16] 参见葛恒新、安忠义《林义光生平及其作品考述》，《鲁东大学学报》2017 年第 5 期，第 20 页。

[17] 参见杨逢彬整理《积微居友朋书札》，第 23—25 页，湖南教育出版社，1986 年。

[18] 同上书，第 24 页。

[19] 参见司马朝军、王文晖合撰《黄侃年谱》，第 222 页，湖北人民出版社，2005 年。

[20] 参见黄建中《黄季刚先生著作分类录》，载中国海峡两岸黄侃学术研讨会筹备委员会编《中国海峡两岸黄侃学术研讨会论文集》，第 2 页，华中师范大学出版社，1993 年。

个、《文源》卷二 32 个；其余卷次，《文源》卷三 1 个、《文源》卷四 2 个、《文源》卷六 1 个，《文源》卷八 1 个、《文源》卷十一 2 个。可见，批注主要参阅了《文源》卷一的全体象形和卷二的连延象形。可以说，《手批说文解字》中批注的金文侧重于象形表意性的字，旨在说明笔意，并且对照《说文》探求汉字的笔势变化。

二 批注的古文字形与《说文》小篆的对照情况

(一)石经文字与《说文》小篆的对照情况

黄季刚先生说："《说文》之外，《周礼》故书、《仪礼》古文、《三体石经》古文多可补《说文》之阙。"[21]黄季刚先生认识到石经古文可以补正《说文》之阙。

曾宪通认为石经与《说文》是一系的古文，确是导源于商周而通行于战国的文字[22]。兹结合学界相关研究成果，举例说明《手批说文解字》中批注的石经文字与《说文》的异同。

1. 石经古文与《说文》小篆的对照情况

黄季刚先生批注的石经古文形体，有与《说文》篆文相似、相同者，也有与《说文》篆文不同者，兹举例说明。

(1)石经古文与《说文》相合者

①批注：下、下(《手批说文解字》P35)

按：下为石经古文，可参下(《集录》13A.6)，下为石经篆文，可参下(《集录·附录》5A左下)。孙海波《集录·古文》1.B："桉《说文》篆文作下，六国器鱼匕作下，古匋作下，古鉨作下下下下，并与此相近。"下，《说文》篆文作下，与石经古文、篆文相似。

②批注：前、前、前(《手批说文解字》P119)

按：前、前为石经古文，可参前(《集录》13B.6)、前(《隶续·魏三体石经左传遗字》2A.8，第 310 页)；前为石经篆文，可参前(《集录》13B.6)。章太炎《新出三体石经考》："《君奭》下段石'嗣前人'，前作前，与《说文》合。"[23]孙海波《集录·古文》2.B："桉此与《说文》篆文同。"前，《说文》篆文作前。其金文字形作前(夕仲钟)，为古文、篆文所本。《说

〔21〕 黄侃述，黄焯编《文字声韵训诂笔记》，第 77 页，上海古籍出版社，1983 年。

〔22〕 参见曾宪通《三体石经古文与〈说文〉古文合证》，《古文字研究》第七辑，第 280 页，中华书局，1982 年。

〔23〕 章太炎《新出三体石经考》，《章太炎全集》第一辑，第 623 页，上海人民出版社，2014 年。

文》有篆文作𠜊，与石经篆文同，释为“齐断也，从刀寿声”。或假为前进义，后世累加刀旁作“剪”。

(2)石经古文与《说文》异者

①批注：𠁧、中(《手批说文解字》P55)

按：𠁧、中分别为石经古文和篆文，可参[古文]（《集录》7A.1）、[篆文]（《集录》7A.1）。王国维《魏正始石经残石考》26A：“此字古文异体甚多，惟卜辞之[中]石鼓文及子禾子釜之[中]与此略同。《说文》古篆二体皆失之。”[24]章太炎《新出三体石经考》：“中宗，中作[中]，此篆隶乃作仲，而古文乃作中，上从壁中真本，下从师读也。”[25]中，《说文》篆文作[中]，古文作[中]，籀文作[中]。

②批注：[君]、[君](《手批说文解字》P103)

按：[君]、[君]分别为石经古文和篆文，可参[古文]（《集录》15A.1）、[篆文]（《集录》15A.1）。孙海波《集录·古文》2B：“桉金文白者君盘作[君]，叔单鼎作[君]，夜君鼎作[君]，鄘侯鼎作[君]，[字][字]君鉼作[君]，鉩文作[君][君][君]，并与此同。”君，《说文》篆文作[君]，古文作[君]。《说文》古文[君]字形体发生讹变，由[君]、[君]而来。

2.石经篆文与《说文》小篆的对照情况

据赵立伟研究，石经小篆十之八九与《说文》小篆形体结构相同，但还有一小部分在字形结构上与《说文》小篆存在明显差异[26]。兹就黄季刚先生批注的石经篆文，举例说明其与《说文》小篆不同的情况。

(1)批注：[筮]、[筮](《手批说文解字》P292)

按：[筮]、[筮]分别为石经古文和篆文，可参[古文]（《集录》18B.1）、[篆文]（《集录》18B.1）。章太炎《新出三体石经考》：“卜筮，卜作[卜]，与《说文》合，筮作[筮]，《说文》筮作[筮]，此省[口][口]。”[27]筮，《说文》篆文作“[筮]”：“《易》卦用蓍也。从竹从𢍰。𢍰，古文巫字。”《说文》篆文下从“𢍰”与石经篆文所从“巫”不同。巫，战国时期又可作[巫]（侯马）、[巫]（睡.日甲120）；筮，作[筮]（睡.日甲107），石经篆文[筮]盖来源于此。

(2)批注：[字]、[字](《手批说文解字》P437)

按：[字]、[字]分别为石经古文和篆文，可参[古文]（《集录》31A.6）、[篆文]（《集录》31A.6）。章太

〔24〕王国维《魏正始石经残石考》，贾贵荣辑《历代石经研究资料辑刊》(6)，第317页，北京图书馆出版社，2005年。

〔25〕章太炎《新出三体石经考》，《章太炎全集》第一辑，第597页，上海人民出版社，2014年。

〔26〕赵立伟《魏三体石经古文辑证》，第188—194页。

〔27〕章太炎《新出三体石经考》，《章太炎全集》第一辑，第625页。

炎《新出三体石经考》:“齐皆作[古文],古铜器皆如此作。”〔28〕孙海波《集录·古文》7B:“桉甲骨文作[古文]后上·十五·二,金文作[古文]齐镈,鉩文作[古文],并与此同。”齐,《说文》篆文作[篆文],甲骨文作[古文](前二·一五·三),金文作[古文](齐侯壶);战国金文形体或下从二横[古文](六年汉中守戈),与石经篆文同。

3.石经文字可补《说文》之阙者

(1)石经古文、篆文,《说文》均未收者

①批注:[古文]、[篆文](《手批说文解字》P135)

按:[古文]、[篆文]分别为石经古文和篆文,可参[古文](《集录》21A.1)、[篆文](《集录》21A.1)。王国维《魏正始石经残石考》31A:“此字见师虎敦,《方言》:‘狢,至也’是汉时尚有此字,而《说文》惟有‘假’字,实与此一字也。”〔29〕章太炎《新出三体石经考》:“格皆作[古文],三体悉同,《说文》作‘假’,汉废费凤碑,‘有耻且狢’,已作狢字,盖古文《论语》如此。”〔30〕《说文》未收“狢”,黄季刚先生批注在“假”下。

②批注:[古文]、[篆文](《手批说文解字》P622)

按:[古文]、[篆文]分别为石经古文和篆文,可参[古文](《集录》36A.5)、[篆文](《集录》36A.5)。王国维《魏正始石经残石考》35A:“《说文》无此字,其篆体作[篆文],似从弁之或体[篆文]省。”〔31〕孙海波《集录·古文》8A:“桉金文作[古文]中伯御人鼎、[古文]免簠,从人、从宀,象人箸冠形,与此同。《说文》脱‘免’字。”《说文》无“免”字,黄季刚先生批注在《说文》“兔”部末尾。

(2)石经的古文字形,《说文》未收者

①批注:[古文]、[篆文](《手批说文解字》P627)

按:[古文]、[篆文]分别为石经古文和篆文,可参[古文](《集录》5A.2)、[篆文](《集录》5A.2)。章太炎《新出三体石经考》:“大戾,戾作[古文],从犬、立声,《周官》故书以立为涖,《说文》作逮,知古音立可读逮,故戾之古文从立声,《说文》未录。”〔32〕孙海波《集录·古文》9B.1:“桉甲骨文作[古文](后下·四二·八),与此同。”《说文》“戾”篆文作[篆文],未收石经古文形体[古文]。

②批注:[古文]、[篆文](《手批说文解字》P160)

按:[古文]、[篆文]分别为石经古文和篆文,可参[古文](《集录》10B.5)、[篆文](《集录》14B.2)王国维《魏正始石经残石考》30A:“此字从千,案辟大夫信节,信作[古文],又古鉩信字作[古文][古文]并与此

〔28〕 章太炎《新出三体石经考》,《章太炎全集》第一辑,第577页。

〔29〕 王国维《魏正始石经残石考》,贾贵荣辑《历代石经研究资料辑刊》(6),第327页。

〔30〕 章太炎《新出三体石经考》,《章太炎全集》第一辑,第573页。

〔31〕 王国维《魏正始石经残石考》,贾贵荣辑《历代石经研究资料辑刊》(6),第335页。

〔32〕 章太炎《新出三体石经考》,《章太炎全集》第一辑,第584页。

同。”[33]《说文》“信”篆文作，古文作从言省，作，出土文字尚无征，未收石经古文形体。战国时期“信”有从千的形体，如（辟大夫虎符）、（郭店·忠信8）、（玺汇1690）等，与石经古文合。

（二）金文与《说文》小篆对照的情况

关于章太炎先生对金文的态度，他在1923年撰写的《新出三体石经考》中曾说：“释款识者，以其文本难知，可得自擅，望形相似，即曰某字，因其私臆，更诬《说文》。自宋杨南仲以至清之钱阮，已多疏略，及吴荣光、陈介淇、吴大澂，转益穿凿，缪戾滋甚。”[34]他虽认为宋代以后的释读不可信，但又认为在说解石经形体时，可以“时采款识，用相证明”。1932年他与吴承仕信说：“今于《说文》有录形义有不可知者，参之彝器石经，容可相说以解。”[35]可见，章太炎先生以《说文》为正，注重师承，虽对研究金文的态度有所保留，但是对《说文》形义说解不易知者，认为可参照金文，“容可相说以解”。

黄季刚先生则广泛搜求金文字学相关论著，积极吸收新的研究成果，将金文字形批注在相关篆头之下，以印证或校正《说文》形义说解，探求汉字演变规律，兹举例以说明。

1.以金文印证《说文》者

（1）批注：、（《手批说文解字》P284）

按：所批为金文，像兽角形。参见（鄂侯鼎，《金文编》292.4）、（叔角父簋，《金文编》292.4）；又《文源》卷一：“按，古作（驭方鼎）、（叔角父敦）”。（第14页）角，《说文》：“，兽角也。象形。角与刀鱼相似。”

（2）批注：、、（《手批说文解字》P313）

按：所批为金文，象豆形，参见（太师虘豆，《说文古籀补》第五，25.15）；又《文源》卷一：“古作（豆闭敦）、作（太师虘豆）、（周生豆）。”（第29页）豆，《说文》：“，古食肉器也。从口，象形。”

（3）批注：、、、（《手批说文解字》P654）

按：所批为金文，象壶之形。参见（殳季良父壶，《说文古籀补》第十，58.4）、（兮熬壶，《说文古籀补》第十，58.4）；又《文源》卷一：“按，古作（孟壶）、作（虢季子壶）、作（兮熬壶）。”（第30页）壶，《说文》：“，昆吾圜器也。象形。”

---

[33] 王国维《魏正始石经残石考》，贾贵荣辑《历代石经研究资料辑刊》(6)，第325页。

[34] 章太炎《新出三体石经考》，《章太炎全集》第一辑，第564页。

[35] 章太炎著，马勇编《章太炎书信集》，第363页，河北人民出版社，2003年。

2. 以金文补正《说文》者

(1)批注：、、、、、、（《手批说文解字》P193）

按：所批为金文，象手牵象形，表示古者役象以助劳义。参见（古为字，周窓鼎，《说文古籀补》第三，14.3）、（周窓敦，《说文古籀补》第三，14.4）、（陈子子匜孟妫之妫如此，《说文古籀补》第三，14.4）、（叔男父匜，《说文古籀补》第三，14.3）、（宗妇盘）（《说文古籀补》第三，14.4）；又（曶鼎，《金文编》174.6）、（周窓鼎，《金文编》175.1）、（召伯簋，《金文编》175.2）；又《文源》卷一："古作（曶鼎），……或作（邾讨鼎），象形不从爪，或讹作（楚公钟）。"（第3页）为，《说文》："，母猴也。其为禽好爪，爪母猴象也，下腹为母猴形。王育曰：爪，象形也。"

(2)批注：（《手批说文解字》P658）

按：所批为金文，象用绳索捆绑人颈，参见（丙甲角，《说文古籀补》第十，59.1）；又《文源》卷六："古作（南亚尊癸）。"（第121页）奚，《说文》："，大腹也。从大、𧰨省声。"

(3)批注：、、、、、、（《手批说文解字》P923）

按：所批为金文，象钉形。参见（沇兒钟，《说文古籀补》第十四，88.8）、（父丁告田觶，《说文古籀补》第十四，88.8）、（古丁字，父丁爵，《说文古籀补》第十四，88.8）；又《文源》卷一："按，古作（郘钟），象钉形。或变作（犬敦）、作（若癸受丁器）。"（第33页）丁，《说文》："，夏时万物皆丁实。象形。丁承丙，象人心。"

三　小结

（一）石经文字方面

1923年章太炎先生撰写的《新出三体石经考》连载于《华国月刊》。章太炎先生考证了127项165个石经古文形体，并以是否与《说文》及古铜器款识相合为参照标准，或证《说文》所收字体及金文，或说明笔势变易。章太炎先生对石经文字倍加推崇："正始石经，古文瑰异，元魏江式称三字石经。校之《说文》，篆隶大同，而古字少异，盖壁中河间《尚书》《春秋》古文，与张仓所献《左氏传》。古文浩博，虽《说文》不能兼录，而见之于是碑，然其同者十七、异者十三而已。既以三体相检，其字有定，不容立异，非若释铜器款识者人人可以用其私也。"[36]

[36] 章太炎《新出三体石经考》，《章太炎全集》第一辑，第561—562页。

黄季刚先生继承了章太炎先生的观点，认为石经古文可补正《说文》:“《说文》之外，《周礼》故书、《仪礼》古文、《三体石经》古文多可补《说文》之阙。”〔37〕从广度看，黄季刚先生共在325个字头下批注有石经文字，基本反映了当时学界所掌握石经文字的面貌。从深度看，黄季刚先生批注的石经文字形体，有与《说文》相似、相同者，也有与《说文》不同者，还有补充《说文》未收者。

(二)金文字方面

章太炎先生的《新出三体石经考》所考的165个石经古文形体中，有23个石经字形，提及铜器铭文与之相合。章太炎先生对金文的态度较为保守，是因为他认为文字之学需要师承:“今人喜据钟鼎驳《说文》。……然钟鼎刻文，究为何体，始终不能确知。……《集古录》成，宋人踵起者多，要皆以意测度，难逭妄断之讥。须知文字之学，口耳相受，不可间断。”〔38〕他认为释金文者因文本难知，多用己意:“释款识者，以其文本难知，可得自擅，望形相似，即曰某字，因其私臆，更诬《说文》。”〔39〕但章太炎先生对形义不易知的字形，同样参照了金文。

黄季刚先生已关注到由金文到篆文的字形变易，积极搜求相关金文字学的论著，借鉴和吸收所处时代新的研究成果，在《说文》的157个篆头下批注了金文字形体，且侧重于象形表意性的字。其批注的形体，有与《说文》篆文相似、相同者，以印证《说文》;有与《说文》篆文不同者，以补正《说文》。

综上，黄季刚先生在《手批说文解字》中批注古文字形体，其用意一则还原笔意，二则探求汉字的笔势变化，以探求文字变易之情，证明《说文》字体，补正《说文》缺失。黄季刚先生积极参照相关古文字的文献及论著，总结汉字形体演变发展的条例和规律，将石经文字、金文等古文字应用到了研究《说文》的实践中。

参考文献

(1)强运开《石鼓释文》，上海:商务印书馆，1935年。
(2)孙海波《魏三字石经集录》，北平:北平大业印刷局，1937年。
(3)中国社科院考古研究所编《甲骨文编》，北京:中华书局，1965年。
(4)容庚编著，马振林、马国权摹补《金文编》，北京:中华书局，1985年。
(5)洪适《隶续》，北京:中华书局，1986年。
(6)孙诒让《古籀拾遗·古籀余论》，北京:中华书局，1989年。

---

〔37〕 黄侃述，黄焯编《文字声韵训诂笔记》，第77页。
〔38〕 章太炎讲演，诸祖狄、王謇、王乘六等记录《章太炎国学讲演录》，第112页，中华书局，2013年。
〔39〕 章太炎《新出三体石经考》，《章太炎全集》第一辑，第564页。

(7)吴大澂、丁佛言、强运开、庄述祖等《说文古籀补·补补·三补·疏证》(海王邨古籍丛刊),北京:中国书店,1990年。
(8)李圃主编,古文字诂林编纂委员会编纂《古文字诂林》,上海:上海教育出版社,1999年。
(9)孙星衍撰《魏三体石经遗字考》,清嘉庆十一年(1806年)五松书屋刻本,贾贵荣辑《历代石经研究资料辑刊》(第6册),北京:北京图书馆出版社,2005年。
(10)黄侃批校《黄侃手批说文解字》,北京:中华书局,2006年。
(11)董莲池《新金文编》,北京:作家出版社,2011年。
(12)徐中舒《甲骨文字典》,成都:四川辞书出版社,2014年。
(13)章太炎著,蒋礼鸿、殷孟伦、殷焕先点校《新出三体石经考》,《章太炎全集》第一辑,上海:上海人民出版社,2014年。
(14)林义光原著,林志强标点《文源》(标点本),上海:上海古籍出版社,2017年。

(牛慧芳:河南科技学院文法学院,453003,河南新乡)

温故知新，有容乃大*

——《抱冰庐选集》读后

高永安

提要：《抱冰庐选集》所选论文大致能反映何九盈先生的学术成就和学术道路。何先生在60多年的学术生涯中探索出一套卓有成效的研究中国语言文字学的理论和方法，对我国历史上的优秀学术传统有深刻的认识，对汉语、汉字、汉文化的价值进行了深入挖掘。他在中国语言学史、汉语音韵学和古汉语词义研究的理论与实践上，都有独树一帜的见解。在汉字文化学、汉语和亲属语言关系、汉语意识等方面有开创性贡献。何先生学术研究的旨趣在于推进我国语言文字研究、振兴中华学术。

关键词： 散点多线　汉字文化学　华夷语系　汉语意识

《抱冰庐选集》是何九盈先生的学术自选集。我因忝列何门，幸得受命与同门参与了选集的选目，预先拜读书稿，故不揣冒昧，愿意把读书心得分享出来，就教于方家！要总结何先生的学术成就，对于我来讲还缺乏必要的学识积累和阅历储备。这里仅对选集中的论文和相关主要著作做一个大致的梳理，希望有助于进入《抱冰庐选集》。

看何先生的成果，有两个感受：一是口径宽，在汉语研究的领域内，几个主要的方向都涉及了。二是站位前，在他涉及的领域都有创见，可谓是语不惊人死不休。何先生学术活动的核心是"汉语"二字。音韵学方面，何先生在本科期间就在《中国语文》《北京大学学报》发表了讨论《切韵》和《中国音韵学研究》的论文，后来的著作有《古韵通晓》（合著）、《古汉语音韵学述要》《上古音》，论文集《音韵丛稿》。文字学方面，主编了《汉字文化大观》[1]，著有《汉字文化学》。词汇、语义方面，有《古汉语词汇讲话》（与蒋绍愚先生合著），论文集《古汉语丛稿》。汉语亲属语言研究方面，有《重建华夷语系的理论和证

* 本文写作中得何九盈先生、黄易青先生多所指正，王建喜、裴银汉、朱星一、吕炳昌几位老师提出宝贵意见，在此表示感谢！

〔1〕 初版名《中国汉字文化大观》，北京大学出版社1995年出版。后改为《汉字文化大观》，人民教育出版社2009年出版。

据》。学术史方面，有《中国古代语言学史》《中国现代语言学史》两部巨著。语言理论和应用方面，有《全球化时代的汉语意识》《中国现代化进程中的语文转向》（内含《普通话的发展历史》）[2]，论文集《语言丛稿》。此外，何先生主编《辞源》第三版的修订，参与编写《王力古汉语字典》和《古代汉语》教材。何先生的文章，都不做无病呻吟，追求有突破，在好几个方面有开创之功。例如，汉字文化学，是他第一个提出的；中国古代、现代语言学史，他都是开创者；他还提出了汉语历史研究的"散点多线"理论、汉语意识、华夷语系、"三重证据法"、谐声比较、古韵归字、复辅音的断代研究，等等。之所以能有这么多突破，应该跟何先生秉持立足学术、独立思考、痴迷专业的"燕园九子"精神有关。他能够在广阔的历史背景下看待学术问题，所以每一个成果，都放在历史和现实的坐标里，而不是脱离现实的象牙塔，因此有历史纵深感，又有重要的现实意义。

一　以振兴中华学术为己任

治中国古典学问，首先要对中国古典文化有基本的认识。何先生把20世纪的文化发展史总结为三大争论：新旧之争、东西之争、左右之争[3]。之所以有这么复杂的争论，是因为时代处于东西文化冲突的大环境下，中国文化面临着巨大挑战，但是何先生却比之以春秋时代，为石破天惊之大变革[4]。在这个时代，我们要做的是冷静反思、保持中道、肩负使命。所以，何先生常说，出生在他的时代是很幸运的，因为，跟古代学人比，他可以开阔眼界，得以接受东西方学术；跟近代学人比，又可以避免对东西方文化传统的固执和偏见，因而可以"得乎中道"。

（一）发掘传统学术

在传统学术海洋里遨游，就要探讨中国古人为语言学贡献了什么智慧。《先秦诸子的语言理论》，讨论中国传统语言学的正名问题，以及我们怎样才可以如实地发掘古人智慧，给今人的语言研究提供资源。当语言学从哲学和文学中分离出来的时候，它就成了独立的语言学，所以，当汉代出现了《方言》《释名》《说文》这些纯粹的研究语言著作的

---

〔2〕 以上二书（三部分），语文出版社2015年出版，是该社2007年出版的《汉语三论》改版。丁启阵先生在《文章合为时而著——评何九盈先生的〈汉语三论〉》中说："《汉语三论》，是一部相当好看的书，研究汉语语言学的学者和不研究汉语语言学的普通读者都可以看，应该看。"（见《汉声——汉语音韵学的继承与创新》，第551页，中国文史出版社，2011年。）

〔3〕 参见何九盈《汉字文化学》，第2页，商务印书馆，2016年。

〔4〕 何九盈《中国现代语言学史》，第6页，商务印书馆，2008年。

时候，中国的语言学就诞生了。而在此之前，先秦诸子就已经为语言学大厦提供了很多材料。例如尹文子知道把“好人”“好马”中的“好”分离出来，把剩下的“人”“马”也归为一类。孔子等先哲把语言研究成果运用于政治领域，提出自己的政治伦理观。在《中国语言学史的研究方法》中何先生提出了他治中国语言学史的经验：从史实出发，用第一手材料，加强宏观研究，克服闭门造车。要做到这些，需要摒除偏见和成见、不能人云亦云、能够从大处着眼、反对门户之见。

学术要有民族土壤，更要有世界眼光。何先生说：“中国学人有责任为世界学术作贡献。中国学术离不开世界，世界学术也离不开中国。”“学术精英，总是属于全人类的。”[5]我们说哪个国家文化繁荣，总是意味着这个国家的学术繁荣、文学艺术繁荣。学术、文学艺术越繁荣，就越能为世界文明做出贡献。在繁荣民族学术这一点上，何先生观点非常明确，就是要把它当作自己的事业。所以他总结自己的学术生涯，说：“永远要以振兴中华学术为己任；要敢于向时间老人（或曰历史老人）挑战；要全心全意热爱自己的冷板凳。”[6]何先生的情怀是立足于民族的，但是其胸怀和眼光却是世界的。他说：“中国新时期新一代的新学术，要在国际学术界的争鸣中长大，在国际舞台上求学友、求进步、求发展，此与排外、媚外无关也，与乱谈什么‘接轨’亦无关也。”[7]

（二）首创“汉语意识”

为什么说“接轨”是乱谈呢？因为，“在历史上曾经有人主张废除汉语、废除汉字，以为这样就可以跟西方接轨，事实证明：此路不通。如果连自己的‘语’和‘文’都没有了，成了‘无轨’之人，拿什么跟人家‘接’！”[8]何先生对汉语、汉字的命运怀有深深的忧患意识。这种忧患意识集中地体现在他对汉字文化学和汉语意识的论述上。

“汉语意识”是何先生首先提出的概念。何先生认为，汉语意识有四个方面的内容：母语意识、传播意识、民主意识、规范意识。母语意识关乎我们的民族认同，传播意识关乎汉语的外语身份和生命力、影响力，民主意识关乎汉语的创新和活力，规范意识关乎汉语的统一。为什么要提汉语意识呢？何先生在这个问题的前面加上了“全球化时代”几个字，我们之所以不重视甚至根本不知道什么汉语意识，是因为我们还没有意识到即将来到一个全球化时代，还没有感受到全球化对汉语、汉字的冲击。全球化势必造成语言、文化的竞争，汉语是不是甘愿臣服于其他语言？要不要争取以外语身份释放更大的

---

〔5〕 何九盈《语言丛稿》序，第 7 页，商务印书馆，2006 年。

〔6〕 同上。

〔7〕 同上书，第 6 页。

〔8〕 何九盈《中国现代化进程中的语文转向[外一种]》，第 7 页，语文出版社，2015 年。

影响？要不要保持其母语身份和母语地位？我们未来会拥有什么样的语言？思考这些问题，就是思考汉语意识。有的问题看起来似乎有点儿危言耸听，但实际上汉语面临的危机可能有过之而无不及。一些海外华人在为其子弟不会说汉语忧虑，一些国人却在盲目地轻视母语，国内曾一度以外语水平作为评判一切的标准，更有人提出中国应该以英语为"主导语言"。何先生认真研究了"主导语言"这个问题，认为如果以英语为主导语言，放在第一位，汉语放在第二位，那将会给中华民族文化带来灾难性后果，"就等于自己割断自己的历史命脉，自己抛弃自己的核心价值观，自己毁灭自己的团结纽带，从而沦为失去民族特色的、仰人鼻息的只会赚钱、只会追求物质利益的高等技术动物"[9]。世界上任何语言都是伟大的创造，都精美绝伦，也都有不足。汉语与任何语言相比都毫不逊色，汉语应当自信。而汉语自信的首要问题，是思考汉语的明天。

（三）建立汉字文化学

汉字是与汉语连接在一起的。汉语的自信，跟汉字的自信也是连接在一起的。只要我们的民族还有独立性，就离不开中华文化，也就离不开汉字文化。"汉语、汉字是中国文化的根，儒学曾是中国意识形态的核心，但不是中国文化的根。"[10]所以，汉语、汉字，不仅是汉语言学的主要研究对象，也应该是中国文化学的主要研究对象。汉字关涉到中国文化的方方面面，需要有专门的学问做深入研究。"汉字文化学"应运而生。

何先生认为，汉字文化学是汉字学的一个分支，其任务是研究汉字自身的文化意义，并通过汉字，探索其中蕴含的物质文化、精神文化、社会文化、语言文化。今天的社会给我们提供了开阔的视野，通过东西文化的碰撞和比较，我们可以更加理性地看待我们在过去的时间里对待汉字的态度。因为汉字跟中国的历史和命运联系如此紧密，以至于可以说中国的文化，就是汉字的文化。文字是文化之母，"对于民族文化而言，文字永远属于核心价值"[11]。汉字的明天，要交给下一代，让汉字和汉字文化一代一代传承下去，并且应该走向世界。但是今天，汉字刚刚经受了经年的创伤需要治愈，汉字文化的复兴之路还需要探索。这些创伤是怎么来的？从哪里来的？《汉字文化学简论》《汉字文化的昨天、今天和明天》《百余年来两种汉字文化观的较量》对汉字文化学从理论到实践做了深入探索，也或详或略地对以上问题给出了答案。《百余年来两种汉字文化观的较量》把我国学人百余年间对汉字的认识归结为四派：1. 以谭嗣同、康有为为代表的

---

〔9〕 何九盈《全球化时代的汉语意识》，第 207 页，语文出版社，2015 年。

〔10〕 何九盈《中国的文化，就是汉字的文化》，《民俗典籍文字研究》第八辑，第 4—5 页，2011 年。

〔11〕 同上书，第 6 页。

“大同派”主张世界大同，语言统一，将来必有一种新的语言文字。但是理想与现实毕竟有很远的距离，就当时来看，康、谭还不主张破坏汉语、汉字。2. 以吴敬恒、钱玄同为代表的“无政府主义派”，主张废除汉字甚至汉语，推广万国文字。他们不仅要废除汉语、汉字，按照他们的学理推论，他们可能废除一切语言文字，只保留万国文字，就是世界语。3. 拼音字母派，又分为国语罗马字派（国罗派）和拉丁文字派（北拉派）。他们总的来讲是主张设计由拉丁字母书写的文字来代替或辅助汉字。国罗派和北拉派有尖锐对立：以赵元任为代表的国罗派，主张设计罗马字系统，辅助汉字；以叶赖士为代表的北拉派，认为汉字是为资产阶级服务的，应该按照各地口音拉丁化，施行言文统一。他们后来走向了汉字改革。4. 围绕汉字简化出现的传统派。简化汉字作为文字改革的成果出台后，陈梦家等学者曾经呼吁简化字方案应该慎重，他的意见部分地得到采纳。但是若干年后却出现了恢复繁体字的声音，虽然主要是专业之外人士，其持论也没有多少学科基础和现实可行性，但是其社会影响却不容忽视。针对这种情况，何先生说：“在绝大多数情况下，繁简字的区别只限于形体层面，即笔画的多少，而不涉及音和义。”〔12〕算是对恢复繁体字声音的一个答复。

在过去的一百年里，汉字基本上是处于屈辱的地位，之所以没有被废除，仿佛仅仅是一个时间问题。再往前推，在整个中国历史上，汉字经历了一个神秘化、经典化、美学化、格律化、音乐化、学科化、妖魔化的崎岖道路。“当代人的使命就是去妖魔化，重新认识汉字，重新评估汉字文化的价值。”〔13〕汉字文化学的目标，在汉字的明天。

选集中收入了《大道之行也，语言领先》一文，该文有个副标题：挑战上帝，天下人要重新共建巴别塔。文章主要是为汉语汉字走向世界助威呐喊。既然上帝让各地语言各异，我们也不能打破藩篱，铲平围墙，但是“我们要有千里眼、万年心，还要有若干个百年大计，把象胥事业摆在重要国策的位置来对待”〔14〕。这是对汉语、汉字的明天的一种期待。汉字文化是看汉字的明天，汉语意识是看汉语的明天。在这篇短文中，两个“明天”走到了一起。

二　批判性思维是创新的源泉

何九盈先生的学术视野是世界性的，也是现代性的。他的很多研究，紧扣时代脉

---

〔12〕　何九盈《中国的文化，就是汉字的文化》，《民俗典籍文字研究》第八辑，第 23 页，2011 年。《百余年来两种汉字文化观的较量》节选自该文的第二部分，第 6—27 页。

〔13〕　何九盈《中国的文化，就是汉字的文化》，《民俗典籍文字研究》第八辑，第 2 页，2011 年。

〔14〕　何九盈《大道之行也，语言领先》，《语言战略研究》2018 年第 1 期，卷首语。

搏，但又经得起时间检验，历久弥新。其成功的秘诀是什么？何先生的答案是，批判性思维。他说："我从年轻时开始，就牢固地确立了以批判性思维为根基的认识论。"[15]他自述有三次重要的反思：对三点一线、九点一线的反思，促成了散点多线的汉语语音通史框架的发轫；对汉语亲属语言研究的反思，促成了亲属语言比较基本原则的提出；对汉藏语系的反思，促成了华夷语系的重建。他开创的汉字文化学，不也是对千百年来汉字被民族命运裹挟的反思吗？汉语意识，不也是对民族认同、文化认同忧患的反思吗？三重证据法、化石词考证，不也是对历史比较法困境的反思吗？

（一）散点多线理论

散点多线是指在汉语史研究中，在某一个时代，应该研究多个语言点；在汉语发展的不同时代，应该研究不同地域方言的发展历史。散点就是多点，为什么不说"多点"呢？因为散点包含了"散点透视、移步换景"的理念。具体地说，就是要"解决历史上横断面的分区和纵断面的分期问题，区的划分应该是动态的分层级的"，"分区和分期必须结合起来考虑"[16]。何先生把汉语史分为五期：

第一期	先秦两汉	东西分界：关东、关西
第二期	魏晋南北朝	南北分界：金陵、洛阳
第三期	隋唐五代	长安（秦、西北）、洛阳、吴
第四期	两宋辽金	南北中：南（吴、闽、杭州、赣）、北（幽州、西北）、中（汴洛、中原）
第五期	元明清	北京、南京、吴、闽、粤、蜀、赣

与今天的汉语方言分区比较起来，这个框架并不复杂，但是古代语言研究毕竟要依赖文献，这就给分区带来不便。也正因为如此，林语堂曾经提出在汉语史的研究中要把方言的历史考虑进去。其博士论文就是利用扬雄《方言》为汉语分区，利用异文、通假等材料找出不同方言之间的对应关系。但是可惜，他没有能够继续他的研究。而且，他提出的理念不被时人认可和接受。何先生在学生时代主编《汉语发展史》的时候，虽未明确提出"散点多线"理论，但这个理论在实际材料的处理中，已有充分体现。可惜《汉语发展史》未能出版，这个工作未能继续。但是，无视方言分歧，不符合汉语的实际；有方言视角的框架一定是正确的，正确的理论不能因为难于实施就放弃。实际上，何先生在理论上和实践上都没有停止对"散点多线"的探索。最近何先生先后出版了《普通话的

〔15〕 何九盈《重建华夷语系的理论和证据》，第 20 页，商务印书馆，2015 年。

〔16〕 何九盈《语言丛稿》，第 100 页。

发展历史》[17]和《重建华夷语系的理论和证据》，华夷语系的起源和发展模型，汉语一源三京，两个南北朝的历史格局，是散点多线理论付诸实施的范例。

“散点多线”理论的提出，有一定的群众基础，学术界对这个理论越来越熟悉，越来越多的学者接受这个理论，不少学者给予高度评价。

（二）亲属语言与华夷语系

学术史上，理论的历史总是跟相关的人物联系着的。何先生《汉语和亲属语言比较研究的基本原则》在梳理汉语和亲属语言关系研究的历史时发现，这个问题的研究涉及两桩公案：一是，马提索夫和白保罗利用其远程构拟的成果，对李方桂的汉藏语系发起挑战；二是，奥德里古尔、蒲立本提出汉语声调产生于韵尾说，对传统声调观提出了挑战。两个挑战涉及同一个方法论问题：语言比较研究要有层级问题。具体地说，远程构拟应该服从层级构拟，外部比较应该服从内部比较。白保罗凭借几本词典的比较，在没有分清楚借词和同源词的前提下，就确定了汉语和藏缅语的亲属关系，并把苗瑶语、侗台语从汉藏语系中分离出去。包拟古把藏语和“原始闽语”的形式加入原始汉语的构拟中，这些都是跟上述原则相违背的。

何先生认为汉语及其周边语言的关系，以及这些语言的类型，不适合照搬历史比较语言学的模式，汉语的历史研究应该有更适合自己的科学方法。《重建华夷语系的理论和证据》就是在这种思想的推动下，利用汉语里保存的“化石词”与其他民族语言比较，加上梳理中国古代口述历史资料，参考考古学的最新成果，用三重证据法，建立起基于民族历史文化的华夷语系。这是一个汉语史前时期存在的语系，它的存在时间大约是仰韶文化晚期到夏朝以前，地域是黄河、燕山一带。其内容包括了华夏语族、羌戎语族、苗蛮语族、百越语族，以及一个消失了的北狄语族。何先生认为，在历史上曾经有两个北狄族群，被中原误用了一个名称：一个是外北狄，不属于华夷语系，后来北迁；另一个是内北狄，属于华夷语系，后来有一部分融合在华夏语中，另一部分不知所终。华夷语系的建立，不仅解决了汉语和亲属语言的关系问题，同时，在梳理历史资料的过程中，解决了大量历史之谜。

（三）三重证据法

语言文字是文化的载体，因此必然能够在正史资料不足的时候还原历史，也能够在

---

〔17〕 先后收入 2007 年的《汉语三论》和 2015 年《中国现代化进程中的语文转向[外一种]》，语文出版社出版。

物质形态遗失的情况下发挥记载历史的作用。考证史前历史，没有现成的完整的文字记载，但幸好有古人不经意间留存在“字缝”里的蛛丝马迹。但是由于这些“字缝”里的东西不能常规读取，因此，如果不得要领，无异于天书。例如，前人已经发现苗和黎经常用来指同一个族群，狄人之狄也经常写作翟，这就是从文字中找历史。狄、翟，上古音都属于定母，狄在锡部，翟在药部。《切韵》以后至今都同音。由于这两个字可通，认定为同一个族群是容易接受的。“苗”“黎”这两个字声韵皆远，就需要下更多“字缝”里的功夫。现在我们认为，这大概可以用复辅音来解释。至于《国语》“寺人勃鞮”，就复杂多了。对于“勃鞮”这个人名，古来各家争讼纷纭。要解决这个问题，对学者的要求更高。何先生批阅典籍，注意到鞮是胡人靴子，狄鞮是翻译官，鞮鞻是夷人之舞，比照履鞮、铜鞮，知勃鞮亦为官名。勃，是东北地区一个族群的名称。那么，勃族与渤海之间有无关系？《史记》司马贞《索隐》引《齐都赋》：“海傍曰勃。”如果这个解释正确，那么勃族是否就是“海傍之族”？勃海，是否就是勃族之海？《初学记》中有渤鞮海，应即勃海。这一系列的考证的关键，是“勃鞮”。这个词是个化石词，不可以单看字面。化石词考证的办法，唯有批阅典籍，音、义、事，三者互证，才可以下结论[18]。

何先生的化石词考证，已经形成规模。最精彩的部分，在他对华胥氏、嫘祖、女魃、海神若、卤盐的考证。其中的程序和规律，细心的读者可以归纳和总结。据我所知，关于化石词的研究还有更多、更重要的成果尚未发表。

亲属语言的关系，光有语音对应是不够的。形态语言可以靠形态来佐证，汉语只能靠文史。好在我们的文史资料很丰富。但是，光靠历史、考古，都是不够的，化石词是前代语言的底层，是语言证据，也是史前语言关系的最直接的证据。

另一方面，口传历史也是我们考证语言关系的宝库。前人之所以不利用口传历史，是鉴于这些资料由于流传日久，经过了各种人出于各种目的改造，因而脱离原样，有的甚至看起来不合常理。不仅今人把这些资料放在严谨的田野调查面前，会觉得荒唐可笑，即便古人，也早就有人斥司马迁“何其谬哉”。但是，如果故事不足信，那么事件的存在应该有依据；如果事件不足信，那么参与事件的人和物的存在应该有依据。而这就为化石词研究找到了入手点。所以，如果口传历史不跟化石词、考古文化结合，就只是夸夸其谈了。这三者一旦结合，则会发挥不可替代的威力。

---

〔18〕 参见何九盈《重建华夷语系的理论和证据》，第149—153页。

三　音史遨游，稳固的根基

何九盈先生的成果涉及很多方面，但是音韵是他最早从事的研究领域。古汉语研究中，形音义的研究要互相联系，不能单打一，而音韵是形、义研究的基础。段玉裁说："音均明而六书明，六书明而古经传无不可通。"[19]在汉语音韵学领域的多年探索，是何先生的学术根基。

在本科期间，何先生主编《汉语发展史》，著文跟高本汉讨论《中国音韵学》。而最著名的，影响最大的，要数在魏建功先生指导下写的，作为《汉语发展史》的一章，也是其毕业论文[20]的《〈切韵〉音系的性质及其他》。文中比较了《切韵》及其参考的吕静、夏侯咏等韵书的异同，参考《切韵》成书的目标、分韵取舍的标准、又音的分布、对方言区域的称说、历史史实等，认为《切韵》是一部折中了古今南北的综合音系。该文发表于《中国语文》1961 年第 9 期。参与了当时进行的关于《切韵》性质的讨论，直到现在，还是研究这个问题的必读文献。

汉魏六朝正是四声形成的时候，段玉裁说："上声备于三百篇，去声备于魏晋。"魏晋时期产生了去声，于是汉语声调变成了平上去入的格局。到了齐梁年间，周颙、沈约才发明四声。但是在相当长一段时间内，人们没有专门的声调术语，而是把音乐术语应用于对语音的描述。何先生的《五音和四声》[21]梳理了这个时期的大量资料，从音乐和声调共享的术语中，开创性地把声律学说细化为四条规律：清浊律、声响律、双叠律、四声律。通俗地解释，这四条规律就是：清浊律指音有高低，说明当时人们认识到了语言里有声调、声母、韵母，不同的声韵调之间有差别。声响律指不同的声韵和声调之间，在行文之中要前后照应，音韵和谐。双叠律指字音之间的声、韵关系，在言语行为中要自觉趋避。四声律指四声发明之后，沈约把这四声的高低关系应用到诗文创作中，提出"声病"说。揭示这些规律，对于我们深刻地认识汉语声调的发展、人们对声调的认识过程、解读"永明体"和《文心雕龙》相关声律理论、认识格律诗从"碎用四声"到平仄律的历程，都有意义。

音韵部分有六篇是上古音研究论文。《古韵三十部归字总论》《上古主要元音的构

---

[19] 段玉裁《寄戴东原先生书》，第 805 页，《说文解字注》，上海书店影印经韵楼刻本，1992 年。

[20] 周祖谟先生是该毕业论文的评阅人，他写到：该文"不为前人成说所囿，能从纷繁的材料中看出问题，提出自己的看法，有分析，有批判，具有一定的创新性"。给出的成绩是优。参见何九盈《音韵丛稿》，第 219 页，商务印书馆，2002 年。

[21] 该文是《中国古代语言学史》2006 年北大版的增订内容。

拟》都选自专著《古韵通晓》。在方法上的共同之处是，都摆出前代各家的研究，摆事实，讲道理。从清儒到现代音韵学家都对上古音的韵部做过研究，很多学者建立了自己的韵部系统。但是各家系统有相当的出入。到底有哪些出入？这些出入形成的原因是什么？我们该如何判断前人的韵部出入？《古韵三十部归字总论》讨论了各家有分歧意见的声首（主谐字）175 个，散字 15 个。是对此前上古音分部的一次检验。文章参考了最新出土的简帛文字资料，使各家归字的得失一目了然。划分韵部，和给每个字归部是相互联系的。如何面对《诗经》押韵、汉字谐声等资料，是一个细致的工作，也需要理论指导。例如，㬅声，王力归质部，周祖谟归脂部，黄侃归没（物）部，董同龢归微部，朱骏声归履部。何先生分析，王、周跟黄、董的分歧在韵尾的舒促，王、黄与周、董的分歧在韵头的开合，因此他们都是以中古等韵为依据的。何先生提出两个证据支持黄侃的构拟。一是，开合问题，㬅在《韵镜》居开口，但是陈澧《切韵考》作合口；二是，《管子》以㬅韵“贵”，《释名》用“拂”作㬅的声训。这是用新材料立论。再如，医声，段玉裁、严可均、朱骏声、江有诰、黄侃、周祖谟归脂部，董同龢归支部，王力归质部。段玉裁、严可均、朱骏声、江有诰、黄侃、周祖谟的依据是《说文》小徐本从矢得声，矢归脂部。董同龢认为小徐本不可信，认为从医的“醫”归支部，所以医声应归支部。王力找到了《释名》声训为“翳”，《韩诗》异文为“殪”，认为医声应归质部。何先生认为小徐本“矢亦声”这一条，与《广韵》齐韵里谐声字的表现吻合，董、王举证的材料不足以推翻小徐本，因此支持归脂部。分部是很烦琐的工作，归字更是如此。把各家的工作放在一起，问题就呈现出来了，然后各个击破，就是具体问题具体对待。这两个例子，可以印证王力先生为该书作的序所言：“科学研究没有什么秘诀，只要求两件事：一要有时间，二要有科学头脑。有充足的时间然后能充分占有材料，有科学头脑然后能对所占有的材料进行科学的分析。陈、何两同志有了这两个优越条件，所以能做出这样优良的成绩来。”〔22〕

《上古主要元音的构拟》摆出各家构拟的上古音主要元音，比较异同，提出主要元音构拟的原则：一是要依据韵部，二是要照顾韵头和韵尾。文中除了讨论每一个部的具体拟音，还主要提出了前人使用元音数量的问题，是从语言类型学的角度看问题。经过比较，他采纳了王力先生 6 个元音的设计。这个系统维持了阴入阳三分的格局。这两篇文章，奠定了何先生上古音研究的基础。

何先生主张《诗经》时代的上古汉语里没有复辅音，但是更早时期是有复辅音声母的。前代学者一般在汉字谐声、合音词、民族语言同源词等中讨论复辅音声母，何先生《关于复辅音问题》举了 7 个方面的材料：联绵词、同源词、古籍异文、又音、读若、声训、

〔22〕 王力《〈古韵通晓〉序》，《古韵通晓》，第 5 页，中国社会科学出版社，1987 年。

假借字等。他还讨论了复辅音的结构问题，认为三合、四合的复辅音大致不可信，汉语复辅音应该以二合为主。《商代复辅音声母》提出，复辅音产生和消失的时间，是尚未解决的问题。但是商代一定是存在复辅音的，他通过分析甲骨文的同源分化、同音假借、同字异读、谐声交替、方言转语，以及后世的经传异文、经籍旧音等，构拟了商代复辅音声母32个，分为四种类型（略举）：

甲——s-型：sp、sm、sn、st、sr、sl、sk、sg、sŋ

乙——l-/-r-型：pl、kl、gl、pr、mr、tr、kr、gr

丙——三合型：klj、khlj、glj

丁——其他：ʔk、ʔr、mg、ng

这个复辅音声母系统或许不够完备，但是其研究在方法论上具有突出的意义，不同于前人：首先，这是第一次对复辅音进行断代研究。何先生认为复辅音在商代还存在，但是《诗经》时代已经消失了。所以他的材料严格限制在甲骨文里。其次，何先生在论证复辅音声母系统时，使用了本证、旁证，本证为主，互相支撑。这两点，是这篇文章的主要价值所在，所得结论，还在其次。古音研究从宋朝开始，经历了几百年，但是直到陈第《毛诗古音考》才懂得运用本证、旁证，直到明清之际的顾炎武才懂得对古音材料进行断代研究。但是，在之前的复辅音的研究中，材料的时代性和科学的论证方法，还没有得到应有的重视。

选集有关于《诗词通韵》《中原雅音》《中州音韵》三篇论文属于近代音研究。三篇有个共同点：都重视史实的考证。以前人们不知道《中原雅音》是一本韵书，今人从古籍中勾稽出来，发现有很多语音面貌跟《中原音韵》很接近，而且是《洪武正韵》的重要参考书。这部书的年代，是认识其语音系统性质的关键。何先生通过袁子让等人的记载，断定该书成书于宋元之际。前人认为，《中州音韵》《诗词通韵》是改并《中原音韵》而成的，王骥德《曲律》说《中州音韵》对《中原音韵》“字为厘别”，《诗词通韵》在此基础上“复增校以行于世，于是南音渐正”[23]。既然王文璧、璞隐子先后改并了北音韵书《中原音韵》为南音，那么王、璞二作者的籍贯就很重要。所以，何先生在研究二书之前，都对作者籍贯做了详细考证。在考证音系的时候，何先生没有受习惯看法的影响，而是能够从时代和地域的角度实事求是地看问题，从韵书本身入手，结合相关的资料，认为二书都反映了明清吴方言的语音特点。在确定音系性质之后，何先生没有贴标签，而是就事论事。如，认为《中州音韵》的古浊声母之所以出现清浊不一致，是由于它们正处于清化的过程中。又如，《诗词通韵》保留了三个闭口韵，但是结合璞隐子《反切定谱》，发现这里的闭

[23] 王骥德《曲律·论韵第九》，明天启乙丑方诸馆刻本。

口韵是从《中原音韵》继承来的，不是璞隐子的本意，故断定《诗词通韵》的闭口韵[-m]消失了。同样，该书东钟合口、撮口，与庚青合口、撮口各自独立，但是结合《反切定谱》，发现这两部分已经合并了。

四 词义辨惑

古人在训诂实践中，讲究因声求义，形音义互相求。何先生有很多词义研究的文章，不仅借助声音求词义，还借助语法求词义，使词义考证成为一个系统工程。何先生在讲词义的时候，多对前人有疑惑、有误解的词义有所发明；常从具体的材料入手，寻求普遍规律。解决的问题都是常年在课堂讲授实践中发现问题、解决问题，在教学中找题目，正是教学相长。选集第三部分集中了一批有关词义研究的论文。最早的一篇是发表在《中国语文》1965 年的《词义辨惑》，最近的一篇是发表在《民俗典籍文字研究》2013 年的《"家人"解诂辨疑》。时间跨度近 50 年。

乍，江淹《别赋》："或春苔兮始生，乍秋风兮暂起。"这里的"乍"，通常被注释为"暂""忽然"。但是何先生通过比较"乍"字在汉魏六朝时期的用法，发现有"乍……乍……""或……乍……"两种句式。其中，"乍"就是"或"，是指示代词。这个结论也可以应用在历来无法解释的《仓颉篇》"乍，两词也"上，所谓"两词"，就是指上述句式。

乘，《荀子》叙述武王伐纣的时候有"遂乘殷人而诛纣"。注释家都释"乘"为"凭借""借助"，进而认为是商纣王自己的军队倒戈，把纣王杀掉了。何先生认为"乘"是先秦时期的一个军事术语，表示三重意思：乘其不备、乘胜追击、凭陵掩杀。这样解释，长期以来所谓商人自己攻击自己的荒诞情景就不存在了。

无所去忧也，《庄子》有："是故凫胫虽短，续之则忧；鹤胫虽长，断之则悲。故性长非所断，性短非所续，无所去忧也。"郭象、高亨，以及一些现代注释家都按照"无所＋去忧"来理解，译为："没有什么可以忧虑的。"但是何先生认为应该理解为"无＋所去忧"，译为："没有什么办法去掉忧伤。"两种断法，意思完全相反。结合前一个分句："故性长非所断，性短非所续"，可知何先生的解释是对的。

鼓之，出自中学课文《曹刿论战》"公将鼓之"，一般人都耳熟能详，很容易忽略其中的"鼓""之"的确切含义。何先生比较了各家注释，发现对这个"之"的解释就有 5 种之多：代指己方、敌方、敌我均可、代指"发动进攻"、凑足音节。何先生认为这个问题只有一个答案，"之"代指己方军队。"鼓之"之所以会有争议，一是因为对"鼓"的意思没有理解，二是例子不够丰富。何先生查阅了《左传》《荀子》《军法》《尉缭子》《吴子》，认为"鼓"是古代作战的一个军制，即进攻的信号。他从《左传》《墨子》《韩非子》《战国策》中找到

12 个例句。如“三鼓之而卒不上”“鼓之而士不起”“越王亲自鼓其士而进之”，实证“鼓”非“进攻”，“之”非凑足音节、非指代敌军、非可敌可我。这个词的解释，是典型的从教学中来、到教学中去。发现难点之准、查阅材料之多，发掘现象之深，真有调动千军万马之感。正因为有如此实打实的论证，这个词的解释，就一锤定音，不可推翻了。

家人，古代典籍中“家”“家人”“家人子”等出现繁多，语境复杂，不容易梳理。何先生认为“家人”有三个来源：一、出自《诗经》“宜其家人”，“家人”指家中之人；二、出自《周易》“家人”卦，“家人”指妇人、妻子；三、出自古代主仆关系，隶属于主家的，就是“家人”。这第三类的来源，是战俘、罪人、良家子。在这个梳理过程中，读者的思路跟着作者走，可以认识到词义的发展是系统性的。在梳理词义系统的时候，除了可以解释具体的词义问题，还可以解决其他语料中窒碍难通的地方。《史记·儒林传》记载，窦太后向辕固生请教《老子》，结果得到不客气的答复：“此是家人言尔。”于是辕固生差点儿因此一句话命归黄泉。要确切锁定辕固生此话中“家人”的含义，必须详细考证当时背景，对窦太后的生平和当时朝廷状况都有了解。历史史实是，儒家代表人物辕固生正受到尊崇儒家的汉景帝的重视，却跟沉迷黄老的窦太后针锋相对。这样我们就会理解辕固生为何会因言获罪了。

堪当举重若轻的例子莫过于《庄子·外物》“饰小说以干县令”。所有“外行”看到这句话都会理解“县令”一词，因此不用费事。反而是“博学”的先贤们不甘于如此浅显，认定县令不会是个官职，而必另有“深意”。于是有人解作“高名令闻”，有人解作“赏格”。何先生结合前后文，认为此处作者意欲表达轻易的意思，所以这里的“县令”就是官职名。实际上，秦孝公十二年（前 372 年）已经设置县，有县令一职。当时庄子只有 3 岁（约前 369 年生）。当庄子写书的时候，县令这个词就是很通行了的。

何先生考证词义的主要特点：一是，注重词义的时代特征。同一时代的词义，用同一时代的语料来解决。例如，乍，如果不结合汉魏六朝文献，总是隔靴搔痒。二是，注重名物训诂。如他解释王勃“星分翼轸，地接衡庐”，认为“分”不是“分野”之“分”。三是，注重文化制度。例如“乘”为军事用语，“县令”为官职，“家人”有三种义项，等等。四是，结合语音和语法。例如考“鸿鹄”为“黄鹤”，结合音韵；分析“无＋所去忧”，结合语法。

词义部分后边，还附有两篇关于《说文》研究的论文，都跟古音关系紧密。《〈说文〉省声研究》考察了《说文》大徐本标注“省声”的 310 条材料，筛选出 158 条不可信的做了分析。例如漢，从難省声。歎，从嘆省声。段玉裁认为这些说法是错误的，漢、歎、嘆都应该从堇声。何先生认为段玉裁是对的。大徐本《说文》为什么会造成这种错误呢？段玉裁等已经有所发明，何先生做了全面审查，把这些失误归纳为几种类型：1. 不明秦汉古音而误改;2.因字形问题而误改;3.因版本、传写讹误而误改;4.许慎原本有误。段玉裁是清儒研究《说文》的首席,很多学者对其《说文解字注》做过多方面的研究,但是专注于音韵的尚缺。何先生著《〈说文〉段注音辨》,对《段注》全文的音韵问题,分卷进行讨论。表彰段玉裁《说文注》中形声相表里、合韵说、因声求义等成就,指出其古声、同音假借、入声分配、等韵知识等方面的欠缺。

这部分还收录了一篇《〈实用文言词典〉序》[24]。序中提出的词典编纂的几个特点,不仅是该词典的工作要求,对其他词典编纂也有普遍意义。其五个特点是:第一,分析字头的形体结构。汉字具有形音义三要素,字形是汉字最显著的特点,汉字的意义首先是跟字形相联系的,所以,分析字形是首要任务。该词典的字形依据是《说文》,参考前代著作和甲骨、金文、简帛文字等。第二,义项尽量细分。这样做,一则是为了方便读者古书阅读实际,二则是为了尽量多地呈现丰富的语料,三则跟词典的名字"实用"相呼应。第三,标出词性。这一点很有挑战性,因为古汉语的词类系统本来有争议,同时,一个词的词性跟它在句子中的功能、意义都有关联,很难把握。第四,标注中古韵、调。第五,在部分词条后设立"备考",所有编辑过程中的未尽事宜,凡有必要,皆入备考。现在各种字典、词典蜂出,但是何、李二先生的这部词典,完全原创,特点突出。

五　远绍乾嘉诸老

何九盈先生在《抱冰庐选集·自序》里列举了其学术渊源:乾嘉诸老、章黄学术、清华四导师、燕园九子。这里"燕园九子"的提法,是何先生的发明,指的是 20 世纪五六十年代,"王力、魏建功、岑麒祥、袁家骅、高名凯、周祖谟、杨伯峻、朱德熙、林焘诸先生,得以聚首燕园,可谓'汉之得人,于斯为盛'"。这些先生分布在语言研究的各个领域,并在各自领域都独领风骚。"中国现当代语言学的众多领域,有多少个'破天荒',多少个'破题儿第一遭',多少个新概念、新结论、新体系,多少门新课程、新教材,以及国家多少个重大语文建设项目,跟他们的名字联系在一起。"[25]何先生从这些先生们身上总结出了三大学风:靠自己的著作立足于学术之林;提倡独立思考,养成缜密的、一丝不苟的科学精神;痴迷于专业研究,以学术为生命。何先生正是有涵泳其间的磨砺,才有翱翔学术之林的优游。"九子"之外,何先生向历史纵深之处找学问,向门派对立之中找统一。乾

---

〔24〕 该词典是何九盈、李学敏两位先生合编的,广东教育出版社 1994 年出版。现在他们正在增编该词典,希望能尽快看到新版。这是旧版的序。

〔25〕 何九盈《读刘月华〈汉语语法与对外汉语教学〉感言》,载张仁健主编《此世今生未名情》,第 256 页,北岳文艺出版社,2019 年。

嘉不远，顾、江、戴、段，在何先生书桌前，都能促膝长谈。章太炎、黄侃，是传统派，赵元任、王力是现代派，在何先生那里却亲密无间。何先生秉承老校长蔡元培先生兼容并包的精神，古今中外，都能融会贯通、为我所用。

何先生求学北大，执教北大，从“燕园九子”，尤其是王力、魏建功、周祖谟三位先生。他们当时都正值事业的高峰期，何先生从他们那里获得了现代语言学的理论和方法。这为他“远绍乾嘉诸老”，并能批判地继承和发展打下了基础。何先生自述有五位景仰的古人，段玉裁排列第一[26]。何先生给研究生讲了十二年“《说文解字》研读”课程，对《说文段注》非常熟悉。何先生在乾嘉学派著作中汲取营养，发掘精华，给予很高评价。乾嘉诸老把语言文字之学当成了终身追求的学问，孜孜以求。段玉裁、江有诰的著作，都是完整的语言学著作，而不再是什么经学附庸。《古韵标准》《说文段注》《音学十书》《读书杂志》《经义述闻》《经传释词》，都是百代经典，经得起时间考验。他们的学问蔚然成系统，音韵、文字、训诂鼎足而立；懂得语言文字内部联系，讲求形音义三者互相求；把古音研究推向了有史以来的最高峰。

现代学术是一个整体，所以，如顾炎武之守己，段玉裁之卓越；或梁启超之淹博，王了一之宏阔；或章炳麟高明而中庸，陈寅恪独立而深刻，都是何先生流连其间、不辍采撷的源泉。如果类比历史人物，何先生酷近东汉郑康成：康成尊重学术、不主一家，破门户之见，采众家之长，熔今、古文学问于一炉，成一代之鸿儒。

何先生在《乾嘉时代的语言学》一文中提出，乾嘉时期产生了众多一流的语言学家，一批语言学名著，“是中国古代语言学最后的，也是最为竦桀的一个高峰”。乾嘉语言学的成功之处在于及时吸收了最新的研究成果，即清代古音学。正是因为掌握了古音，段玉裁《说文解字注》才可以出奇制胜，比别人高出一筹。乾嘉之学向来被称为考据之学，何先生认为“考据并不是乾嘉时代语言学得以繁荣的直接原因”，“考据”二字远不能概括乾嘉学术，乾嘉学派的成功秘诀之二是实事求是、好学深思的良好学风[27]。

何先生特别关注学术传统。《乾嘉传统与 20 世纪的学术风气》认为清代朴学传统主要在语言文字研究，乾嘉学术传统对 20 世纪前期章太炎、王国维、胡适为代表的学术界三大国学圈有很大影响。“泛政治化”是上个世纪的学术通病。“传统和现代化原本

---

[26] 何先生曾说：“我的个性与职业又决定了，我的学习对象也可以说我的朋友，多是从未谋面的古人。如蒙城那个穷得揭不开锅还能遨游蝴蝶梦乡的庄生，长安那个因口语而闯下大祸的刑余之人司马迁，黄州那个贬不死的乐观主义者东坡居士，衡阳那位‘活埋’于深山的老乡船山先生。还有，姑苏城外枫桥那位贫病交加风骨嶙峋的侨吴老人。”“侨吴老人就是乾嘉学术中坚段玉裁。”（何九盈《侨吴老人三章》，载《书山拾梦》，第 280—281 页，商务印书馆，2010 年。）

[27] 何九盈《语言丛稿》，第 276—301 页。

不存在对抗性的矛盾，二者是可以融合的。”“中国的传统文化应该走向世界，成为世界文化的一部分。”[28]

民族化和国际化的辩证发展，一直贯穿于现代学术史中。何先生在《中国现代语言学史散步》中，把现代语言学家分为三类：钱玄同为狂者，他以西学为进取目标；黄侃为狷者，他对西学“有所不为”；他们的老师章太炎则“极高明而道中庸，温故而知新”，中庸，就是中道，“不中不西，亦中亦西”。何先生显然是把“中道”作为最佳选择，站在太炎先生的一边。他列举了十位中国现代语言学家：马建忠、王国维、赵元任、杨树达、罗常培、王力、吕叔湘、丁声树、陆志韦、魏建功，认为他们之所以能够在中国语言学史上青史留名，皆因他们都能择乎中庸、温故而知新[29]。

何先生一向强调，历史人物一定要放在历史环境下看待，因为人们很难超越历史。“五四”时期之所以会出现民族自信的危机，出现文化西来说、文化虚无论，要废除汉字甚至废除汉语，跟着日本人“脱亚入欧”，在今天看来耸人听闻，但是在那个时代，却有其土壤。同样道理，传统派一味地惧怕、对抗“西风美雨”，抱残守缺，也跟那个时代和环境密切相关。而一部分后代学人，由于各种原因，在成长的过程中，很难浸润到民族文化的核心地带，因而也很难认识到民族文化的真正价值，很难体会民族精神之所在，择乎中道，如进窄门！相比来看，何先生所处的时代，正好距离“五四”未远，亲身经历“史无前例”和改革开放，可以对传统有冷静的反思和深刻的认识，因而能够站得更高，超越时代，瞩望高远。所以，读过何先生的选集后，感慨何先生所言“生于幸运的时代”之说不虚。

选集中的文章有的已经发表几十年，但是今天看来仍不能超越。之所以有如此大的生命力，跟何先生博采众长、善于反思有很大关系。何先生的经验告诉我们，包容是学术进步的桥梁，反思是超越时代的法宝。

何先生几十年的学术生活，都在利用一切时间上课、阅读和写作。争分夺秒，闭门谢客，不参加任何会议。他说，人的一生，时间有限，要抓紧，浪费了一分钟，要追回来都来不及。何先生不争名利，所有心思意念，唯有教学与科研。教学和研究在何先生那里是不分家的。他一直担负着繁重的教学任务，但没有一天停止研究。

海量的阅读，是何先生的生活常态。表现在他的文章中，就是旁征博引。以《语言丛稿》为例，第一篇文章后有注释 151 条，第三篇有注释 86 条，第四篇有 42 条，第五篇 63 条，第六篇 57 条。《重建华夷语系的理论和证据》一书除了序中有 8 页、正文中 15 页，页下无注，其余各页均有页下书证。书后参考文献居然多达 17 页，共 388 种。这些

---

〔28〕 何九盈《语言丛稿》，第 323 页。

〔29〕 参见何九盈《中国现代语言学史》（修订本），第 792 页，商务印书馆，2008 年。

文献不局限于语言文字学领域，很多属于哲学、社会科学。何先生不用电脑，这些资料都是靠他自己阅读所得。所有书证，没有一条来自电脑，都是手工作业。何先生认为，材料不仅是立论的需要，也是对读者的尊重，更是对自己的交代。正因为如此，他曾经为找到一条“铁证”而“兴奋了好几天”[30]。

何先生在《后记》里说：“实践出知识，知识出学问，学问出文章。”他告诉我说，知识是人人可以学而后得的，学问却是思维创造，是在前人的基础上，有自己的发明。学问转化为文章，是学问形态的转化，但是这个过程却有很高要求：要有准确的表达，要有独立的体系。具体地说，写文章要对研究对象有足够的敏感，要有写作的冲动，要有高的目标和追求；要寻找最恰当的表达方式，每一个用词、用字、炼句，都要推敲，反复琢磨。每一篇文章写出来，都没有无用的话，干干净净，观点明确，读者愿意看，而且这些要养成良好的习惯。总之，写文章是苦差事，也是最美好、最有意义的精神享受。

（高永安：中国人民大学文学院，100872，北京）

〔30〕 何九盈《汉语三论》，第356—357页，语文出版社，2007年。

编 者 的 话

2019 年 7 月下旬，第九届汉语言文字学高级研讨班由北京大学中文系主办，北京语言大学承办。多位知名学者莅临并发表演讲。本栏发表的张博教授、孙玉文教授的两篇文章，均经作者在其讲稿基础上精心修改补充。张博教授从词源意义滞留于引申义的角度，解释影响词义搭配的一个本源性原因，将训诂学、词汇学和语法学贯通，上古汉语、中古汉语和现代汉语贯通，很有视角与方法上的启发意义。孙玉文教授提出，当前国内语言学研究必须高度重视学风建设、继承传统、重视语言系统性和深入研究材料四个原则。这四个问题归根到底都是学风问题。特向读者郑重推荐。

本源义滞留：同义词语义侧重与搭配倾向的重要致因

张　博

提要： 本源义滞留是指，在实词的词义发展过程中，其原初的语义特征会滞留在后起的引申义中，并制约着词语在引申义上的搭配限制。本文以同义词为观察范围，将本源义滞留概括为本义语义特征滞留、词源义滞留、复合词的造词理据滞留三种类型，证明本源义滞留是现代汉语同义词不同语义侧重与搭配倾向的重要致因。因此，将本源义滞留这一分析视角适当引入现代汉语同义词辨析，有助于精准聚焦同一义位的差异，合理解释同义词在组合关系上的语义选择限制，厘正以往同义词辨析的偏差。

关键词： 同义词　语义滞留　语义特征　搭配限制　构词理据

一　引言

Hopper(1991)提出语法化中的"语义滞留"(semantic persistence)原则，后来在Hopper和Traugott(2003/2008:119)中再次对其进行说明："后来的结构制约或其意义只能根据较早的意义来理解。换言之，当一个形式经历从词汇项到语法项的语法化时，它原来的一些词汇意义踪迹往往会黏附着它，它的词汇历史上的具体细节会反映在对它的语法分布的制约上。""语义滞留"揭示的是，在语言成分由实到虚的语法化过程中，实词原初的语义特征滞留在虚词的语法意义中，并制约着虚词的语法功能。同理，在实词的词义发展过程中，实词原初的语义特征也会滞留在后起的引申义中，并制约着词语在引申义上的搭配限制。为了区别于语法化中的"语义滞留"，我们将这种词汇现象称为"本源义滞留"。

王宁先生曾从本源义滞留的视角分析解释过"言"与"语"语法功能的区别："'言'的说话对象，是用介词'与'引进，置于状语位置上；而'语'的说话对象则是用近宾语来表述的"，例如"孔子下，欲与之言""子语鲁太师乐"。王先生指出："形成这种差异的原因，必须从词汇意义的特点上去找。""言"是主动说话，与"传、谚、撰、喧、侃；延、衍、沿、演；唁"等有"直、顺"义的词同源，这也就是汉儒以"直言"训"言"的依据；"语"是对话、回答问题，与“牾、敌、禦、午”等有“相交、相对”义的词同源，这也就是“语”的“论难”“答述”义的来源。王宁先生从词源的角度认识“言”“语”的词义特点，深刻地指出：“词的语法功能和它所能存在的结构模式，是受它的词汇意义控制的。”[1]这一研究视角令我们深受启发，也使我们进一步认识到，同义词是观察本源义滞留的极佳窗口，因为同一语言词汇系统中词语的同义关系大都是后天形成的，即两个(及以上)词语在意义引申的过程中殊途同归，在某一个义位上形成同义关系，成为同义词；同义词尽管有相同的概念意义，但在语义侧重和搭配倾向等方面仍有一些细微差异，这些细微差异往往就来自本源义滞留。笔者曾对缘于本源义滞留的同义词异同进行过初步探讨，主张“在同义词辨析中引入本义、词源义的比较分析”[2]。本文将在前期研究的基础上进一步讨论两个问题：一是制约同义词语义侧重与搭配倾向的本源义滞留有哪些类型？二是认识本源义滞留对于现代汉语同义词辨析有何意义？希望能为现代汉语同义词辨析提供一个有用的观察视角和可供参考的分析方法。

二　本源义滞留的主要类型

着眼于语义的属性，可将制约同义词语义侧重与搭配倾向的本源义滞留概括为本义语义特征滞留、词源义滞留和复合词的造词理据滞留三种类型。

(一)本义语义特征滞留

“本义是造字阶段存在的词义，因此，它是有文献记载以来所能考出的最早词义。这个意义对考察词义引申系列和探求同源词都有比之其他意义更重要的作用。”(王宁1984)传统训诂学很早就关注到本义对词义发展的影响，注意从本义出发，解释词义引申的方向和结果。例如，《说文》：“苛，小艸也。”《六书故》(卷二十四)：“苛，草细密也，引之为苛细、烦苛。”戴侗从“苛”的概念义(小草)中析出“细密”这一语义要素，认为“苛”正是基于小草“细密”的特点引申出“苛细、烦苛”义。现代语言学家借鉴义素分析法，将词义的“扩大”“缩小”“转移”分别界定为：“一个义位在历史发展过程中减少了限定性义素，这个义位由下位义变成上位义，这就是扩大”，如“唱”；缩小“是原来的义位增加了限定性义素，从语义场的上下位关系看，是由上位义变成了下位义”，如“吃(喫)”；“转移是

[1] 王宁《训诂学原理》，第233—237页，中国国际广播出版社，1996年。

[2] 详见张博(2004,2014)。不过这些前期研究尚未使用“本源义滞留”的概念及提法。

一个义位某一限定义素保留,其他义素,特别是中心义素变化而引起的词义变化”,如“汤”[3]。用义素分析法分析词义引申结果,关注的是引申义在本义的基础上减少、增加或改变了哪些义素;如果换一个角度来观察,不难看到,不论引申义如何减少、增加或改变本义(或原义)的语义内容,本义(或原义)的一部分语义要素通常还会在引申义中保留下来。例如[4]:

唱$_{本}$:[带头]+[唱] → 唱$_{引}$:[唱]

吃(喫)$_{本}$:[摄入]+[东西]→ 吃(喫)$_{引}$:[摄入]+[干的]+[东西]

汤$_{本}$:[热的]+[水] → 汤$_{引}$:[有味的]+[以水制成的]+[食物]

苛$_{本}$:[细密的]+[小草] → 苛$_{引}$:[烦琐细密的]+[性状]

引申义中保留着本义(或原义)的语义要素,这种现象与本文所讨论的制约同义词语义侧重和搭配限制的本源义滞留有本质上的不同。因为,决定词的引申义不同于本义的关键因素,不在于由本义保留下来的义素,而在于那些在本义基础上增加、减少或改变的义素,总之,是与本义构成义素相异的那个(或那些)义素。例如,“吃$_{本}$”在晚唐五代至清代前期的文献中是表达吃喝义的主导词,到清中叶以后,随着“喝”的出现及较快发展,“吃”只能表示吃食物,“喝”表示喝液体(贾燕子、吴福祥 2017)。决定“吃$_{引}$”意义及搭配限制不同于“吃$_{本}$”的关键是其义位中增加了一个义素“[干的]”。

同义词之所以意义相同,多是由不同的本义保留下来了相同的语义要素。例如:

裹,衣内也。从衣,里声。(《说文》)

内,入也。从冂,自外而入也。(《说文》)

据《说文》,“里(裹)”本指衣服的内层,“内”本指从外面进入到里面。其语义结构式中有共同的语义要素“里面”:

里(裹):[衣服]+[里面的]+[一层] 内:[自外面]+[进入]+[里面]

后来,这两个词本义中的其他义素脱落,仅保留下“里面”这个义素,成为同义词,可以在很多情况下替换使用而意义大体相同:

校园里:校园内、车里:车内、一年里:一年内、视线里:视线内

然而,不难发现,二者的替换关系并不是任意的,例如:

A. 夜里 泥里 手机里 心窝里 骨头里 热天里

(*夜内 *泥内 *手机内 *心窝内 *骨头内 *热天内)

---

[3] 详见蒋绍愚《古汉语词汇纲要》,第 74—78 页,北京大学出版社,1989 年。

[4] “唱”“吃(喫)”“汤”的语义结构式参考蒋绍愚《古汉语词汇纲要》(第 74—78 页),词目下标(“本”代表本义,“引”代表引申义)及义素下划线为笔者所加。

B. 界内　　界限内　　岛内　　限期内　　职权内　　权限内

（＊界里　　＊界限里　　＊？岛里　　＊限期里　　＊职权里　　＊权限里）

“里”“内”各自的搭配限制显然不是由本义保留下来的共同义素决定的。作为同义词，它们的概念义相同，在其语义结构式（里/内：[特定的]＋[空间/时间/范围]＋[里面]）中并没有相异义素，那么，究竟是什么决定了“里”“内”的搭配限制呢？我们认为，是本义语义特征滞留决定的。“里（裏）”本义是衣服的内层，衣服的内层是不显露在外的，看不见的，故“里”隐含[－可视]语义特征。“内”字从冂，甲骨文作[illegible]或[illegible]，说文：“冂，邑外谓之郊，郊外谓之野，野外谓之林，林外谓之冂。象远界也。”从《说文》释义和“内”的古字形可以看出，“内”表示的是从外面进入到一个有界的空间范围内，其本义中隐含[界域]语义特征。当“里”“内”引申指“里面”时，[－可视]语义特征滞留在“里”的意义中，使其侧重于指不具有可视性的内部，倾向于与“夜、泥、手机、心窝、骨头、热天”等词搭配，因为这些词所表事物的内部都无法直接观察到。[界域]语义特征滞留在“内”的引申义中，使“内”侧重于指有明确界限的事物或范围内部，倾向于与“界、界限、岛、限期、职权、权限”等词搭配，这些词或者本身就表界限，或者所表事物是有明确界域的。当“里”“内”与同一语言成分组配时，其本源义滞留可以看得更清楚，例如，“市里”（市里决定招商引资）指城市的领导机构，隐含[－可视]语义特征；“市内”（市内有 6 所高校）指城市区域范围里，隐含[界域]语义特征。

通过分析现代汉语同义词“里”“内”的语义侧重与搭配倾向，我们看到，制约同义词语义侧重与搭配倾向的并不是由本义保留下来的义素，而是本义蕴含的某种隐性语义特征。之所以称其为隐性语义特征，是因为它不是直接构成理性意义的最小意义单位，在理性意义的语义结构式中通常没有它的位置。本义蕴含的隐性语义特征大致相当于利奇所定义的“内涵意义”，它包含的是“所指事物的‘公认特性’”，“是人们在使用或听到一个词语时，这个词语使人所联想到的‘真实世界’中的经验”[5]。“里（裏）”本义为衣服的内层，衣服的内层是不显露在外的，是看不见的，因此，[－可视]是“里”的“公认特性”，是人们对这种事物的认知经验。“内”本义指“自外而入”，《说文》释义虽然隐含了“入”的处所，但其与“外”相对，一定是有界的空间，因此，[＋界域]是人们对“内”达至处所的认知经验。利奇认为，“与理性意义相比，内涵意义比较不稳定”，“经常随着文化、历史时期和个人经历的变化而发生很大的变化”[6]，但是，“里”“内”及后文多组同义词的语义侧重与搭配倾向使我们认识到，利奇的看法过于偏颇。实际上，本源义中某些反映人们

[5] 利奇著，李瑞华等译《语义学》，第 17—18 页，上海外语教育出版社，1987 年。

[6] 同上书，第 18 页。

对真实世界认知经验的语义特征并不易发生变化或脱落，而是具有较强的稳定性，会深深地潜隐在语言使用者的语感中，制约着人们在组词造句时对同义词语的选择。

（二）词源义滞留

本义的语义特征是通过分析本义获得的，但有些时候，分析本义却难以发现制约同义词语义侧重与搭配倾向的语义特征，原因是，滞留在同义义位中的可能是词源义。词源义又称“源义素”“核义素”或“造词理据”，“须通过同源词系连，从中概括抽取出来”[7]。例如[8]：

俊❶形相貌清秀好看。（《现汉》）

俏❶形俊俏；样子好看；动作灵活。（《现汉》）

在现代汉语中，“俊”“俏”都可表示相貌好看，是同义词。但“俊”侧重于形容男性好看，主要跟表示男性的名词搭配；“俏”侧重于形容女性好看，通常跟表示女性的名词搭配[9]：

（1）俊小生　俊小伙　俊汉子　俊男　俊男子　俊小子　俊公子

（2）俏媳妇　俏女人　俏丫头　俏红娘　俏姑娘　俏妹妹　俏妮子　俏娘们

（3）文家各系的儿女子弟，男的长得俊，女的长得俏。

（4）锻炼肌肉，展示男性的英武阳刚之气，保持那份年轻和俊气。

（5）三仙姑却和大家不同，虽然已经四十五岁，却偏爱当个老来俏。

考“俊”“俏”之本义，《说文》：“俊，材千人也。”《广韵·笑韵》：“俏，俏醋，好貌。”本义中看不出是什么语义特征致使“俊”“俏”分别具有[＋男性][－男性]这样的选择限制。系联与之同源的多个词语，概括抽取其词源义，“俊”“俏”的语义侧重与搭配倾向则可以得到合理的解释。

王宁先生曾系联多个从“小”得声的同源词，用两分法分析其意义内部结构，将其分为两组：“稍、秒、艄、霄、鞘、梢”都是名词，其共同的核义素是/尖端—渐小/；“消、销、削”都是动词，共同的核义素是/使之小/（详见王宁 1995）。从声义关系来看，“俏”与这两组词同源，其理性意义（长相好看）中滞留着词源义“小”，因而侧重指小巧之美，通常与表示女性的名词搭配。

“俊”当与下面从“夋”得声的词有同源关系：

---

〔7〕王宁《汉语词源的探求与阐释》，《中国社会科学》1995 年第 2 期。

〔8〕本文现代汉语同义词释义全部引自《现代汉语词典》（第 7 版），商务印书馆，2016 年。

〔9〕本文列举的现代汉语同义词用例全部取自北京语言大学 BCC 语料库。为节约篇幅，不详列出处。

陖，高也。从山，陵声。峻，陖或省。（《说文》）

陵，陗高也。（《说文》）

骏，马之良材者。（《说文》）

麲，狡兔。（《玉篇》）

畯，农夫也。（《说文》）朱骏声《通训定声》："田畯，农官也。畯之为言俊也，率众农者也。"

根据古从山、从阜之字多同义且通用的现象〔10〕，《说文》所收"陖（峻）""陵"当为一词之异体，指山高、陡峭高耸；"骏"指马中的良马，良马当有身材高大的特点（如"高头骏马"）；"麲"指狡兔，《说文》："狡，少犬也，从犬交声。匈奴地有狡犬，巨口而黑身。"段注："颜注《急就篇》曰：狡犬，匈奴中大犬也。"《广雅・释诂二》："狡，健也。"由此可知"麲"当指高大矫健的兔子；"畯"指农官，农官是地位高于普通农民的人；"俊，材千人也"意指才能超过千人，即才能高于千人。如此看来，这组同源词的词源义是"高"。当"俊"由才能出众引申指形象出众后，早期侧重于指高大挺拔之美，例如：

(6)公少鲠直劲厉，姿干高大，俊伟异常。（明徐纮《明名臣琬琰录》卷十九）

(7)石大夫听言甚骇，仔细看其模样，见他脑骨高孤，方面大耳，齿白唇红，神形俊拔。（明酉阳野史《续三国演义》第十六回）

早期"俊"的这些用例清楚地表明词源义"高"滞留在其形象出众义中。后来，可能是由于"俊"经常与"俏""美""丽""秀"等词并列，在组合中受其语义同化的作用〔11〕，逐渐侧重指五官相貌清秀好看（清贪梦道人《彭公案》第三百回："霍金章抬头一看，见马玉龙身高七尺以外，五官俊秀，怀抱宝剑。"），也可用于女性，如："原来是四个姑娘，三个俊的，一个丑的。"（清佚名《续小五义》第四十六回）但在形名/名形并列组合中，"俊"通常还是选择与表示男性的名词搭配，而"俏"及其他形容词则选择与表示女性的名词搭配，例如"俊男俏女、俊男美女、俊男靓女、俊男倩女、俊郎玉女、俊郎美女、俊仆美姬、美姬俊仆、艳婢俊仆；男俊女俏、男俊女靓、郎俊女俏、男的俊女的俏"等，"俊""俏"这样的选择限制仍然是词源义滞留的结果。

（三）复合词的造词理据滞留

理据（motivation）指事物或现象得名的理由或依据。从广义上说，同源孳生和词

---

〔10〕 例如：(1)《说文》："陉，山绝坎也。"《古今韵会举要・青韵》："陉，山中绝。通作岖。"(2)《说文》："隅，陬也。"朱骏声《说文通训定声・需部》："嵎，假借为隅。"(3)《广韵・笑韵》："陗，山峻，亦作峭。"

〔11〕 关于语义同化，可参看张博《组合同化：词义衍生的一种途径》，《中国语文》1999 年第 2 期。

义引申都是有理据的，例如，良马名之曰“骏”，是因其体格高大；“兵”的兵器义引申出士兵义，是因为士兵是用兵器作战的人。同源孳生和词义引申的理据属于语义理据（semantic motivation），是在隐喻和转喻等认知机制的作用下，基于与原词所表事物或现象的相似性或相关性来给新的事物或现象命名的依据。对于用复合法构造的新词来说，其理据属于造词理据或构词理据（word-formation motivation）。王宁先生指出，复合词的“造词理据应包括以下两个方面：一是参与造词的词素（由古汉语单音节词转化而来）各自意义的来源；二是它们结合并凝固的原因”（王宁 1995）。从这两个方面考察，构词语素的本源义和构词语素结合的理据都可能滞留在复合型同义词的意义中，制约着它们的语义侧重与搭配倾向。

1. 复合词构词语素的本源义滞留

汉语中很多复合型同义词都有一个相同语素，一个相异语素。这类同义词的语义侧重与搭配倾向往往是由相异语素本义的语义特征滞留决定的。例如：

【才华】名表现于外的才能（多指文艺方面）。（《现汉》）

【才气】名才华。（《现汉》）

《现汉》用“才华”释“才气”，可在下列语境中“才华”“才气”却很难互换。

(8)他马上回了信，很讨人喜欢地提到了她的演戏才华。

(9)怎么我认识的康妮都这么有音乐才华呢？

(10)他们因坚持了“从人民汲取营养，向人民贡献才华”而光彩夺目。

(11)多读书以养才气。

(12)先天的才气，后天的教养，加上非凡的苦难与磨砺，成就了千古一文姬。

(13)有的因提拔需要而读，用学历弥补自己才气的不足。

从中可见，“才华”确实侧重于指文艺方面的、表现于外的才能；而“才气”则侧重于指内在的、与心智和禀赋相关的才能。上溯二词相异语素“华”“气”的本义：

䒷，艸木華也。（《说文》）段注：“此与下文‘華’音义皆同。”

華（华），荣也。（《说文》）

气，云气也。（《说文》）

据《说文》及段注，“䒷”“华（華）”是音义皆同的异体字，本义是“花”。“花”具有[可视]语义特征，由“华（華）”（huā）分化出来的“华（華）”（huá）表光辉、华美等义，仍保留[可视]语义特征。故“华”与“才”构成的“才华”侧重指表现于外的才能，多与“出色”“锦绣”“施展”“卖弄”“显露”等词搭配；“出色的才华”“锦绣才华”都是可视的才华，“施展才华”“卖弄才华”“显露才华”则是使才华可视。“气”由云气引申指气体、人的呼吸气息，再到人的精神气质（《孟子·公孙丑下》：“我善养吾浩然之气。”），是内在的，不具有可视性，因此，“气”与“才”构成的“才气”侧重指内在的、与心智和禀赋相关的才能。从搭配上看，“才气”多与“高”“旺”“磅礴”“纵横”“逼人”等词搭配，这与“气”本义的语义特征有关。“气”本义为云气，云气是地表的水蒸气聚集在空中形成的，具有[上升][动态]的语义特征，这些语义特征滞留在“才气”的意义中，使其倾向于与“高”“旺”“磅礴”“纵横”“逼人”等词搭配，因为这些词的意义中也有[上升]或[动态]这类语义要素，符合“才气”的语义选择限制。

复合型同义词相异语素的词源义滞留同样会制约同义词的语义侧重与搭配倾向。例如：

【碰见】动事先没有约定而见到。(《现汉》)

【撞见】动碰见。(《现汉》)

“碰”指两物相触或相撞，与下列词语同源，其词源义为两者相合。

竝，併也。从二立。(《说文》)(林义光《文源》：“象二人並立形。”竝，后作“並”。)

并，相从也。(《说文》)(“并”小篆作[illegible]，甲骨文作[illegible]、[illegible]，林义光《文源》：“从二人并立，=，并之之象。”)

併，並也。(《说文》)

骈，驾二马也。(《说文》)(段注：“谓並二马。”)

骿，并脅也。(《说文》)(徐锴《系传》：“谓肋骨连合为一也。”)

姘，除也。汉律：“齐人予妻婢奸曰姘。”(《说文》)(“除也”是“屏”的意思，段注：“经传皆用‘屏’，‘屏’行而‘姘’废矣。”“姘”本指与正妻的婢女通奸，后泛指男女苟合。)

拼，合在一起；连合。(《现汉》)

“碰”的词源义“两者相合”滞留在“碰见”的语义中，使“碰见”侧重指双方相向移动而见到，如“我在街上碰见他”，隐含的意思是，我见到他，是因为我离开原地向“街上”移动，他也离开原地向“街上”移动。如果是一方移动、一方未动而见到，则可用“撞见”而不用“碰见”，例如：“母亲提前回家，却撞见了正在翻箱倒柜的儿子。”“碰见”侧重指双方相向移动而见到，“撞见”侧重指一方移动一方未动的见到，这种语义侧重导致二者在句法分布上也有所不同，“撞见”常用于被动句，“碰见”则极少用于被动句。笔者在BCC语料库“多领域”子库中检索，“撞见”共2350条，“被＊撞见”502条，占21.4%；“碰见”共5326条，“被＊碰见”52条，仅占0.98%[12]。

---

[12] 2020年1月1日检索。

《说文》:"撞,卂擣也。"段注:"卂者,疾也。"据此,"撞"的本义为迅疾捶击。考察上古文献中"撞"的搭配对象,绝大多数都是"钟",如"撞钟、撞巨钟、撞大钟、撞千石之钟、撞万石之钟、撞鸿钟、撞白钟、撞亡秦之钟"等,"撞"与"钟"的高频共现关系,是词源义滞留决定的。"撞"与"钟(鐘)"、"董"(藕根)、"橦"(穿在渡河缆绳上用以渡人的木筒)、"衕"(通道)、"筩"(断竹)、"蕫"(蕫草,药名。中有小孔通气)、"筒""桶""洞"等词同源,词源义为[中空],"钟"为中空之物,符合"撞"的搭配选择。直到现代汉语中,由"撞"构成的"撞见",仍侧重指进入一定的空间而遇见;另外,所见之事不一般,通常会使见者受到较强的心理冲击或震撼,例如:

(14)彼特在母亲卧房里撞见了母亲的恋人,撕打中他死在母亲恋人的枪口下。

(15)一次偶然的机会,他在大老爷家的茅厕里撞见了正在出恭的大老爷。

(16)有一天,我在打电话叫朋友给我送来毒品的时候被妈妈撞见。

这又是"撞"本义(迅疾捶击)的语义特征[力度大]滞留在"撞见"义中的结果。

2.构词语素结合的理据滞留

两个构词语素全异的同义复合词,其构词语素结合在一起的初始原因不同,复合词的本义也不同,往往会使其在同义义位上表现出不同的语义侧重和搭配倾向。例如:

【推敲】动……指斟酌字句,反复琢磨。(《现汉》)

【斟酌】动考虑事情、文字等是否可靠或是否适当。(《现汉》)

《现汉》"推敲"释义中的主训词是"斟酌",两词的理性意义基本相同,都是反复考虑琢磨,然而,二者可否替换的情况却较为复杂。

(17)初稿写出来后,逐字又逐句地推敲/斟酌、校对。

(18)对文化一词,我们真该好好斟酌/推敲一下后再用。

(19)越轻易说出口的越经不起推敲(*斟酌)。

(20)这是一篇奇特而又危险的讲话,颇值得推敲(*斟酌)。

(21)是坚守的风险更大,还是退出的风险更大,投资者应当认真斟酌(*推敲)。

(22)三岁以下的孩子也应该注射,注射量可以由医生斟酌(*推敲)。

(23)在使用商业性贷款时,必须仔细斟酌(*推敲)。

(24)各地侨联还可以斟酌(*推敲)自己的力量,办一些福利事业。

结合《现汉》释义观察上引语例,不难发现"推敲"主要用于语言表达,这与"推""敲"结合的理据有关。"推敲"源自贾岛对诗句"鸟宿池边树,僧敲月下门"用"推"还是"敲"的斟酌,最早用于遣词炼字,现使用范围虽有扩大,但仍主要与字词、语句及说话等表达相关。而"斟酌"多用于对数量、利弊等的考虑权衡,这些用法与"斟""酌"的意义来源和组合原因有关。《说文》:"斟,勺也。""勺"读 zhuó。《说文》:"勺,挹取也。象形,中有实，与包同意。”“斟”本义指舀酒。《说文》：“酌，盛酒行觞也。”指盛酒在酒器中劝人喝酒。“斟”“酌”都是盛酒的方式，盛酒时要对量多量少有所权衡和把握，有所谓“满斟、浅斟”“满酌、浅酌”的区分。“斟”“酌”构成并列复合词后，词义由盛酒倒酒引申为考虑琢磨，其中仍隐含[量]特征，古汉语中多用于权衡考量取舍得失或利弊损益的大小多少。例如：

故明主必谨养其和，节其流，开其源，而时斟酌焉。（《荀子·富国》）

至于斟酌损益，进尽忠言，则攸之、祎、允之任也。（《三国志·蜀书·诸葛亮传》）

专古也，理与今违；专今也，太乖曩义。当斟酌两途，商量得失，人吏之情亦不可苟顺也。（《北史·列传第十五·公孙表传》）

租税之时，虽有大式，至于斟酌贫富，差次先后，皆事起于正长，而系之于守令。（《北史·列传第五十一·苏绰传》）

到现代汉语中，“斟酌”的考虑琢磨义中仍然滞留[量]这一语义特征，例(21)斟酌的是“坚守”和“退出”哪个风险大，例(22)斟酌的是“注射量”，字面上就显现出与[量]相关。另外两例尽管字面上没有与量相关的字眼，但“斟酌”的重心还是在其搭配对象的“量”上，通过添加相关词语可以清楚地看到这一点：

(23')在使用商业性贷款时，必须仔细斟酌[额度的大小]。

(24')各地侨联还可以斟酌自己的力量[大小]，办一些福利事业。

还有一个要解答的问题是，“斟酌”的使用范围扩展至言语文辞后，为什么在有些情况下不能替换“推敲”？经过分析语料发现，在考虑琢磨词句是否适宜时，可以用“斟酌”，这当是由“量”是否适度发展而来的；但当考虑琢磨语言的内在逻辑或深层含义时，则只能用“推敲”而不能用“斟酌”，如例(19)(20)，因为这些情况与“斟酌”结合的原因及本义的语义特征[量]没有关系。

通过考察现代汉语“推敲”“斟酌”的语义和用法异同，上溯二词的历史来源，我们认识到，同义复合词构词语素结合的理据不同，会使其本义隐含不同的语义特征。尽管本义的语义特征随着词义引申逐渐淡化，但通常不会彻底消失，它可能顽强地滞留在后起义位中，也可能有所发展，从而持续地对同义复合词的语义侧重和搭配倾向产生影响或制约作用。

三 认识本源义滞留对于现代汉语同义词辨析的意义

王力先生指出：“所谓同义，是说这个词的某一意义和那个词的某一意义相同，不是说这个词的所有意义和那个词的所有意义都相同。”[13]黄金贵(2000)认可一义相同即为同义的观点,批评了那种“以词为单位”“逐词集中缕述诸词诸义”的同义词辨析模式,认为“这种同义词辨析,完全成了分组的多义词义项异同比较。看来内容全面丰富,其实是多而不精,多的是词与词的异同比,少的是一个相同义本身的深入精到的辨异”,强调同义词辨析要“细辨一义的同中之异”。我们赞同黄先生的意见,只是进一步提出,“细辨一义的同中之异”,并不意味着目光仅限于所辨之义;上溯同义词的本义、词源义和构词理据,考察本源义滞留,才能更好地辨析一义的同中之异。下面从三个方面谈谈认识本源义滞留对于现代汉语同义词辨析的意义。

(一)有助于精准聚焦同一义位的差异

同义词既为“同义”,其语义差异就非常细微。为了发现这细微的同中之异,通常要汇集大量语例,进行同义词可否替换的测试;进而从同义词不可替换的搭配关系或语境切入,来分析各自的语义特点和搭配限制。然而,这样的考察路线带有较大的盲目性,存在不少局限:一是工作量大。在缺乏线索没有方向的情况下,只能用大海捞针的方式做大量的语料分析,以找到足够数量的不可替换的语例,否则难以发现同义词的规律性差异。二是难以全面揭示同义词的差异。同义词可能在意义、搭配及功能上存在多种差异,盲目的语料分析常常会止于其一而未及其余。三是对同义词语义侧重和搭配倾向的概括可能有失精准。例如,有同义词词典将“里”“内”的差异概括为四点[14]:

❶表示具体的处所里边时,“里”和“内”有一些习惯搭配,不能互换:

◇室内　校内　境内　体内　场内(＊里)

◇田里　水里　山里　嘴里　手里(＊内)

❷有时“里”、“内”都可以用在某些词语之后,但意思有区别,“里”表示在这个抽象的范围之内;“内”主要表示在这个具体的处所里边:

◇最近学校里出了一件大事,你知道吗?(＊内)

◇学校内不允许随便停车。(里)

❸“里”经常表示抽象的范围之内,“内”很少表示抽象的范围之内:

◇系里　心里　家里　脑子里　单位里　公司里(＊内)

◇国内　党内　军内(＊里)

---

〔13〕 王力《同源字典》第24页,商务印书馆,1982年。

〔14〕 为节省篇幅,语例有删略。详见赵新、李英主编《商务馆学汉语近义词词典》,第341—342页,商务印书馆,2009年。

❹"里"、"内"都可以放在时间词语之后，表示在一定的时间之内，但意思有区别，"里"主要表示时间过程，"内"主要表示限定时间：

◇在过去的一年里，杰西的汉语水平有了很大的提高。（＊内）

◇市政府计划在一年内完成这个工程。（＊里）

这四点差异中，❶只列举出一些"里""内"在处所词语中不可互换的现象，对二者的选择限制未予概括；❷❸都从抽象度的角度来辨析，这个角度针对性较弱，没能揭示出"内""里"的主要差异在于是否凸显空间上的[界域]特征（"学校内""学校里"），另外，如果说"系里"表示的是抽象的范围之内，而"国内"表示的不是抽象的范围之内，也是让人难以理解的；❹倒是触及了"内"的[界域]特征，但表述不够清楚。实际上"时间词语＋内"指称的多是有明确起讫点的一个时段，侧重强调限于某个时间范围；而"时间词语＋里"通常指称一个大致的时段，言说双方都不太关注这个时段的具体界限。

上文对"里""内"本义及其语义特征的分析使我们看到，尽管现代汉语同义词具有相同的义位，但这个相同的义位却各有来源，在词义发展的起点差异显著。本源义滞留的分析视角可以帮助我们在同义词迥异的本源义中，发现决定其引申方向的语义特征，从而以此为线索，精准聚焦其在同一义位上的细微差异，发现其在组合关系上的语义选择限制。

（二）有助于解释同义词在组合关系上的语义选择限制

同义词不仅同义，通常还有相同的语法功能，可对于同一语法类别的语言成分，它们却常有可否组合的差异。这些差异是什么决定的，如果缺乏本源义滞留的分析视角，可能会知其然而不知其所以然。例如，王光全（2009）提出"构词域"这一概念，并对同义语素"墙"和"壁"的构词域进行了分析概括：如果要构成与"wall"的自身结构有关的词，选择"墙"；如果要构成与"wall"的附设物有关的词，则倾向于选用"壁"：

墙：墙根儿　墙角儿　墙头儿　墙体　墙裙　墙基　墙面儿　墙皮

壁：壁灯　壁橱　壁柜　壁画　壁虎　壁炉　壁纸　壁钟　壁毯　壁挂

这一观察大体可以反映"墙""壁"的构词域，但回避了一些反例（如"家徒四壁""面壁思过""隔壁"等，与"wall"的附设物无关）；更重要的是，二者为什么会形成这样的构词域？文章没有做出解释。这个问题可以从本源义滞留的角度进行探析。

《尔雅·释宫》："墙谓之墉"。（《说文》："墉，城垣也。"）

《释名·释宫室》："壁，辟也。所以辟御风寒也。"

从本义来看，"墙"指城墙、围墙，《诗经·将仲子》"将仲子兮，无逾我墙，无折我树桑"中的"墙"即指庭院的围墙；"壁"指房屋的墙，《仪礼·特牲馈食礼》："饎爨在西壁。"

郑玄注:"西壁,堂之西墙下。"可见,"墙""壁"的本义在[－房屋][＋房屋]上存在对立,这就可以解释,为什么构成与"wall"的附设物有关的词,倾向于选用"壁",因为附设物通常是附于家里的墙上,极少附于院墙或围墙上。

(三)有助于厘正以往同义词辨析的偏差

现代汉语同义词辨析由于缺乏历时观照,可能存在一些辨析不当的情况,需要我们从本源义滞留的角度进行分析辨正。例如,有词典辨析:"'绑'和'捆'都是动词,但是意思稍微有所不同,'绑'的对象一般要依附于一个物体,'捆'的对象不一定依附于其他物体。"[15]我们在北京大学CCL语料库进行检索,"绑"共有11947条结果,其中"绑在"1027条,占8.6%;"捆"共有4896条结果,"捆在"550条,占11.2%[16]。这一检索结果与上引辨析并不相符,甚至相反。那么,"绑"和"捆"的主要差异何在?分析本源义可以解答这个问题。《正字通》:"绑,俗作绑缚字。"《说文》:"缚,束也。""绑""缚"当为帮母阳部与帮母鱼部阴阳对转形成的同族词[17],意思是束缚。上古汉语"缚"的对象主要是人,如"晋襄公缚秦囚,使莱驹以戈斩之"(《左传·文公二年》);"帝乃梏之疏属之山,桎其右足,反缚两手与发,系之山上木"(《山海经·海内西经》)。在现代汉语中,[人]这一语义特征仍滞留在"绑"义中,"绑"及其所构复合词主要用于人,如"松绑、绑架、绑票、绑匪、陪绑、反绑、绑人质、五花大绑"等。《说文》"捆"作"稇","稇,豢束也。"本义指用绳子环绕捆束。与"稇"同源的"囷"(圆形的粮仓)、"頵"(耳门)、"梱"(门中所竖圆锥体木橛)、"困"(被环围而处于艰难窘迫的境地)等词源义为[圆、环围],现代汉语中"捆"多与可环围捆绑的对象搭配,如"捆草、捆麦子、捆柴禾、捆书、捆行李、捆铺盖、捆粽子、捆扫帚、捆钞机"等,这表明"捆"(稇)的词源义[圆、环围]仍滞留在其意义中。

四 结语

本源义不同的词语在其意义不断引申或分化的过程中可能发展出相同的义位,成为同义词。这些词尽管有了相同的义位,可其本源义的某些语义特征或许并没有完全消失,而是像生物体的遗传基因一样,滞留在后起的义位之中,使同义词表现出不同的

---

[15] 杨寄洲、贾永芬《1700对近义词语用法对比》,第42页,北京语言大学出版社,2005年。

[16] 2019年7月25日检索。

[17] "方:甫"(都有始义)、"旁:溥"(都有广大义)、"榜:辅"(都有辅助义)、"雱(雪大):霶(大雨)"、"旁:浦(水边)"等多组同族词可为"绑""缚"同族提供证据(详见张博《汉语音转同族词系统性初探》,《宁夏社会科学》1989年第6期)。

语义侧重及组合关系上的选择限制。本文同义词实例分析以及未能悉数列举的大量同义词异同现象证明,本源义滞留是现代汉语同义词语义侧重与搭配倾向的重要致因。认识本源义滞留现象和规律,对于同义词辨析以及改进语文辞书同义词释义和配例都有重要的应用价值。此外,不同语言或方言间概念义对应的词语往往有不同的搭配限制,其中,必有一些是受本源义滞留的影响,因此,在普方词汇对比、汉外词汇对比研究中,本源义滞留也是一个值得深入探讨的问题。

参考文献

(1)黄金贵《论同义词之"同"》,《浙江大学学报》2000 年第 4 期。

(2)贾燕子、吴福祥《词汇类型学视角的汉语"吃""喝"类动词研究》,《世界汉语教学》2017 年第 3 期。

(3)蒋绍愚《古汉语词汇纲要》,北京:北京大学出版社,1989 年。

(4)利奇著,李瑞华等译《语义学》,上海:上海外语教育出版社,1987 年。

(5)王光全《构词域与后缀"一子"的语义问题》,《世界汉语教学》2009 年第 3 期。

(6)王力《同源字典》,北京:商务印书馆,1982 年。

(7)王宁《谈训诂材料中的词与词义》,《昭乌达蒙族师专学报(哲学社会科学版)》1984 年第 2 期。

(8)王宁《汉语词源的探求与阐释》,《中国社会科学》1995 年第 2 期。

(9)王宁《训诂学原理》,北京:中国国际广播出版社,1996 年。

(10)张博《组合同化:词义衍生的一种途径》,《中国语文》1999 年第 2 期。

(11)张博《本义、词源义考释对于同义词教学的意义》,赵金铭主编《汉语口语与书面语教学》,北京:北京大学出版社,2004 年。

(12)张博《汉语两组表约量同义词的组际组内差异及其根源》,《励耘语言学刊》2014 年第 2 辑。

(13)中国社会科学院语言研究所词典编辑室编《现代汉语词典》(第 7 版),北京:商务印书馆,2016 年。

(14)Hopper, P. J. *On some Principles of Grammaticization*, In Traugott, E. C. & B. Heine(eds.), *Approaches to Grammaticalization*. Amsterdam: John Benjamins, 1991.

Hopper, P. J. & E. C. Traugott *Grammaticalization*. Cambridge: Cambridge University Press, 2003. (梁银峰译《语法化学说》(第二版),上海:复旦大学出版社,2008 年。)

(张博:北京语言大学汉语国际教育研究院,100083,北京)

谈当前研究中国语言学必须坚持的四个原则

孙玉文

提要： 文章针对当前中国语言学研究中存在的若干问题，选取学风建设、继承传统、注意研究的系统性、努力做好材料工作四个方面展开讨论，指出了目前研究工作中的若干缺陷，批评了研究中的不良倾向，提出了今后努力的方向，希望对中国语言学健康稳定地发展起到积极作用。

关键词： 中国语言学　原则　学风　传统　系统　材料

这些年的中国语言学研究，取得了很大成绩，但由于种种主客观原因，也出现了若干隐忧，严重阻滞了中国语言学的发展。我想针对当前中国语言学的研究现状，谈四个方面的问题。这四个问题，可谓老生常谈。但是，只要看看研究现状，似乎还有一吐衷肠之必要。我所谈四点，可以叫作"四个必须"，现在写出来，跟大家一起分享，也想借此机会跟大家共勉。

一　必须高度重视学风建设

我这里说的学风是学术界在治学方面的风气，包括治学理路、治学精神、治学方法、治学目标、治学态度等。优良的学风是为追求真理而建立起来的，是推动学术事业真正向前发展的基本保障。任何人都会犯学术错误，先贤云"过而能改，善莫大焉""不贰过"。作为一个语言研究者，如果有了优良的学风，就会勇于承认错误，纠正错误，就会不断地开拓进取，为中国语言学的宝库增光添彩。在中国学术史上，经过先贤的不懈努力，形成了"百家争鸣、百花齐放""实事求是、无征不信""一分材料说一分话""板凳要坐十年冷，文章不写半句空"等优良学风，实践证明，这些优良学风对发展中国语言学行之有效，我们必须很好地继承下来。

现在学术界弥漫着一股浮躁之风，给当今中国学术的发展造成了十分恶劣的影响。我们应该自觉地抵制这种浮躁之风，淡泊名利，求真务实。有的人为了一点学术之外的利益，损人利己，削尖脑袋往浮躁学风上钻，表面上是利用学术平台，实际上是利用官场，追求他在学术水平和贡献上得不到的东西。这对个人修为来说不值得，对于语言学事业来说会造成损失。我们不要追求那些德不配位、学不配实、华而不实的东西，那样会害人害己，会给你的求真带来迷障，一个真正有良知的学人应该为这种追求感到羞耻。

借助学术之外的因素来"促学"，造成"名动一时"。这是一个劣质传统，古已有之。《宋史·王安石传》："初，安石训释《诗》《书》《周礼》，既成，颁之学官，天下号曰'新义'。晚居金陵，又作《字说》，多穿凿傅会。其流入于佛、老。一时学者，无敢不传习，主司纯用以取士，士莫得自名一说。先儒传注，一切废不用。"《字说》后来因其内容多荒诞不经等原因而失传。应该说，王安石的学问和道德修养远超当今那些借助官场来"促学"的人，但王氏也不能免俗。对此，宋代已有学者批评，《邵氏闻见后录》卷二十："王荆公晚喜说字。客曰：'"羁"字何以从西？'荆公以西在方域主杀伐，累言数百不休。或曰：'霸从雨，不从西也。'荆公随辄曰：'如时雨化之耳。'其学务凿，无定论类此。如《三经义》颁于学官数年之后，又自列其非是者，奏请易去，视古人悬诸日月不刊之说，岂不误学者乎？"

我们看到，今天弃王氏学问根柢而仿效其借助学术之外因素来攫取利益者不乏其人，他们是学术研究的寄生虫。有的没有什么学术积累，学问没有上路子，信口开河，多为无根之谈；有的似乎"吸取教训"，表面上独著或合著一本又一本，在报章杂志上频频发文，洋洋洒洒，动辄以权威自居，"墙上芦苇，头重脚轻根底浅；山间竹笋，嘴尖皮厚腹中空"，陈词滥调、拾人牙慧而改头换面的内容居多，没有多少真正让人信服的新成果。我有时候想：这种学者，你要说他在哪个研究上真正有突破，还真说不上来。他们的目的只有一个，就是一切"贵己""为我"，"拔一毛而利天下，不为也"。这种人生境界，怎么能在学术上有真正的突破呢？这样的学者在短期内似乎很吸引眼球，很风光：头衔一大堆，佳会必到场；劝人多进取，自己不作为；言必大而空，语不涉新意。他们眼里盯的是如何能取悦施予自己名利的机构和人士，如何以官促学，欺上瞒下；心里想的是如何最大限度地攫取个人利益。唐代舒元舆的《养狸述》，对于"鼠"寄生于其家而造成严重危害的现象深恶痛绝，呼唤"狸猫"灭绝之："鼠本统乎阴虫，其用合昼伏夕动，常怯怕人者也。向之暴耗，非有大胆壮力，能凌侮于人，以其人无御之之术，故得恣横若此。今人之家苟无狸之用，则红墉皓壁，固为鼠室宅矣；甘醲鲜肥，又资鼠口腹矣。虽乏人智，其奈之何？呜呼！覆帱之间，首圆足方，窃盗圣人之教，甚于鼠者，有之矣。若时不容端人，则白日之下，故得骋于阴私。"这种寄生中国语言学领域而攫取私利的老套路，于今为烈，殆有过之。我们应该认识到这种现象，坚决摒弃之。

有一种情况令人深思和深忧：有的学者为了达到其见不得人的目的，钻学术空子，鱼目混珠，自欺欺人，愚弄天下。他们知道，学界共识是，研究历史现象要从语言学角度入手。于是弃常识于不顾，抛逻辑于九霄，胡乱解语析词，大谈文化起源和民族迁徙，语不惊人死不休；不顾中外语言学界公论，不讲科学方法，牵强附会地摘取合乎自己主观需要的所谓“材料”，提出种种毫无科学根据的奇谈怪论。然后，一方面，拉帮结派，成立研究会，找几个赞助者替自己站台；利用互联网，互相吹捧，通过媒体吸引眼球。另一方面，全面忽视学术界有理有据的批评，倒打一耙，指摘整个学术界无力对其谬说进行反驳，批评学术界水平不高，不能接受正确结论。他们明明是媚俗，却自欺欺人，大谈自己这项研究的美好愿景，妄图将自己打扮成学术新范式的“弄潮儿”，自吹得无以复加。面对着学术界的批评，他们拉来“科学无禁区”的大旗替自己遮羞、粉饰。是的，科学无禁区，但是学风有好坏，方法有当否，结论有真假，学界有公论，非任何个人或机构所能左右。

其实，学术界对他们这些论证给予的批评，大多是根据几十年、几百年业已取得的共识而展开的，并不是难度很大的研究成果。这是一种科学评价，不是政治、道德和法律评价。只是有人激于义愤，对他们的胡言乱语展开批评时带着某些火药味，于是胡言乱语者似乎找到了“突破口”，不管批评者的科学论证，只就那些带有火药味的言辞大做文章，往政治、道德、法律上扯，大谈自己研究的善良动机，以求获取善良的人们，特别是官场的同情。在他们心目中，往这上面扯，也许希望能找到他们的“研究成果”所谓的“贡献”，找到一点可怜的心理安慰，做一个学术上的可怜虫。必须严正指出，这种学者的做法不属于“百家争鸣”的范畴，它是学风恶劣的一种超常表现形式，会严重毒化学术空气。这种恶劣学风能大行其道，是近几十年来学风浮躁的合理延伸，说明学术底线已经突破了，也说明我们的学风建设任重道远，值得学术界乃至全社会警醒，千万不能掉以轻心。对这种恶劣学风听之任之，掉以轻心，这不是对学术研究负责任的态度。大家都听之任之，将来不久就会让英国来自上古文献所说的“英山、英国”、英语的“Johnson（约翰逊）”来自汉语“孙”姓之类的无根之谈大行其道。

孔夫子说，名不正则言不顺。为了发展中国语言学，我们必须自觉维护、认真实践那些行之有效的优良学风，防止以次充好、以假乱真，要区分好这五对概念：知识性错误和学者的不同见解；求新和追求新奇；科学假说和谬说、胡说；怀疑精神和无端揣测；学派和帮派。这五对概念的每一对之间，都有着本质的区别，差之毫厘，失之千里。我们千万不能鱼目混珠，将其间的本质区别加以混淆。混淆这五对概念的每一对，都会给学风浮躁者带来可乘之机，从而败坏一代学风。例如，有些学术次品，或者假冒伪劣学术作品，明明是一大堆无可辩驳的知识性错误，却有人抽象地辩解说，这是学术见解的不同，令人生厌。因此，坚持好的学风，这是中国语言学向前迈进的基石之一，马虎不得。

二 必须理解传统、尊重传统、批判继承传统

语言的规律是无穷的，无论哪个个人、哪个民族、哪个国家，都不可能穷尽语言的规律。有的个人，有的民族，有的国家在一个方面成就大一些，有的在另一个方面成就大一些。当然，国外的语言研究，最好要懂一点中国语言学的成果，前提是要懂一点汉语，能看懂《说文解字注》《广雅疏证》这些书。我国有个别学者，看到国外语言学，特别是国外的理论语言学研究很少引用中国语言学的成果，就得出结论说，中国语言学的成果根本上不入外国语言学家的法眼。这是犯了“推不出”的逻辑错误。

为了发展中国语言学，我们必须既要取长补短，也要扬长避短，利用我们的有利条件，利用中国的语言研究优势发展语言学。中国语言学有两千多年的历史，有很多优秀成果，这是有目共睹的，值得我们继承和发展。要继承发展，就得好好地读几本中国语言学的名著。必须谨记：一书未解而昌言创新，深以为耻；一理不通而虚生闳议，岂能心安？

两千多年的中国语言学，著述如林，人才辈出，它有许多原创性的成果，诸如对汉字的特性，汉语和汉字的关系，对语音、词义的变迁，求本义的方法，形音义的关系和互求方法的探讨，言外之意的把握，语言和文字的应用，等等，都有极其卓越的贡献，足资吸取，这不是你想抹杀就能抹杀得了的。例如中国语言学很早就重视汉字和汉语的关系、汉语音义关系，抓住语言符号的本质特点，认识到音义匹配是研究语言符号的基础，因而加强形音义关系的研究，从微观到宏观都有很多卓越的见解。这些见解，我们至今还没有完全继承下来。当一个字有多音多义时，哪个音和哪个义匹配，它们的历史变迁如何，我们并没有都真正弄清楚，问题比比皆是，需要我们继续努力解决这些问题。

有人将中国传统语言学贬低为“初等数学”，将追求纯理论的研究抬高为“高等数学”。这是没有科学根据的。事实上是，没有人去科学论证：将中国传统语言学和现代语言学的关系，比作初等数学和高等数学的关系，这种类比是否科学。在我看来，这种类比不伦不类：人们是学了初等数学，再去学高等数学。而人们学习现代语言学，并不一定先学习中国传统语言学；反之，人们学习中国传统语言学，并不一定先学习现代语言学。二者之间谈不上谁高谁低的问题，很难说孰难孰易。

按照这些人的观点继续推阐，就可以看出其理论和实践的脱节：你既然有初等数学、高等数学之分，将中国传统语言学视为“初等数学”，现代语言学视为“高等数学”，你就应该知道，高等数学是以初等数学为基础的，因此，你当然应该先补一补这个“初等数学”的课，打好中国传统语言学的基础。如果没有这个基础，还侈谈什么“初等数学”“高等数学”之分呢？应该扪心自问：在语言研究方面，你过了这个“初等数学”的关没有？

按照你的类比，如果你连“初等数学”的关都没有过，怎么去研究“高等数学”？

中国传统语言学和现代语言学在许多具体研究目标和研究方法上是相通的，将二者对立起来，画地为牢，作茧自缚，没有多大出息。我们应该以中国语言学的优良传统为根，利用中国的语言优势，以开放的胸怀，满怀热情地拥抱人类一切有利于语言学学科建设的科学、有用的研究成果，发展中国语言学。

有人希望中国语言学应该多多吸收国外语言学，主要是美欧语言学的研究成果。这个愿望是好的，有学理依据，我希望其提倡和响应者真正做出表率。桃李不言，下自成蹊。美欧学者在普通语言学理论上有很多是中国语言学不及的，因而有值得我们借鉴的地方，他们对中国语言研究也有一些独到之处。美欧学者在研究语言学时，往往更多地比较世界上不同类型的语言，也注意吸收自然科学的一些研究成果，得出很多值得重视的结论。这些结论当然会瑕瑜互见，对于其中属于“瑜”的部分，我们应该有所了解，有所吸收。但是，我们不能将跟美欧语言学接轨作为中国语言学追求的目标，中国语言学的终极目标只能是利用自己的语言优势，去揭示语言的各种规律。

多少年来，有的学者蔑弃传统，对发展中国语言学带来极为严重的负面影响。这种现象必须得到纠正。我们千万不要有懒汉懦夫思想，不去弥补自己知识结构的缺陷，只抱着“看客”心态，站在旁观者的角度看待中国语言学既有成果。有人说，你说中国语言学有很多优秀成果，往往是等到国外语言学的一些成果传到中国后，再在古书中去寻找，原来中国古已有之。于是讥讽这些从古书中找“古已有之”证据的学者，无法找出中国原创性的成果来。我不赞赏这种作壁上观的做法，要告诉这种作壁上观的学者，你自己为什么不去辛勤走一遭呢？与其坐而论道，何如起而行之？作茧自缚，将自己的学问裹束在一个狭小的范围之内，这对学术发展是没有好处的。

我们读中国语言学的著述，首先一定要读进去，然后是读出来。为了真正理解古人，我建议大家多搞一些读书会的活动，互相碰撞，互相吸纳，一定会大有所得。我们不要轻易地否定前人，必须虚心涵泳，深入领会前人的思想，然后才能真正地批判继承。我们批判继承前人的成果，一定要批判继承那些我们真正弄懂的成果。

三 必须高度重视语言的系统性

我们研究语言学，目的是探讨语言规律。有系统的东西才有规律，所以我们必须高度重视语言的系统性。建立系统，并不意味着具体字、词的研究就没有系统。有人对此有误解，以为系统研究只是构建一门学科的框架，具体字、词的研究只是零星的考证，里面没有系统。这种认识是不对的，需要得到澄清。哪怕是考证一个字的字形、字音、字义，都必须要有系统作为支撑，必须符合系统。只有符合系统的语言研究，才是真正科学的语言研究。

语言的系统不是凭空臆造来的，它就存在于语言材料当中。臆造得来的不是真系统，而是一种假框架。因此，我们要区分真系统和假框架。如果你没有相当的基础，你连建立科学框架的最基本的材料都没有弄懂，不能科学解释它们，甚且大量地、违背常识地去解释它们，你也想建立起一个框架，这样的框架能叫真系统吗？我们说，任何真正的系统都具有假设性，但必须强调：这种具有假设性的真系统，它必须建立在以已知求未知的基础之上；违背公理和常识，违背基本的前提，所得出的一些看法，不能构成科学假说，而是谬说和胡说。将这种谬说和胡说当作假说，去胡乱推阐，这不是检验假说，而是沙丘上建大厦。要做到能建立真系统，就必须打下多方面的基础，亲自去实践，不能矮子观灯，人云亦云，不能不懂装懂，轻易评价自己不懂的领域的成果；更不能违心捧场，丧失学术良心和良知。

语言研究，特别要重视共时系统。宋代学者吴棫的《韵补》，他研究上古音，忽视了上古的共时系统，所收集的材料没有断限，古书中凡是跟中古韵书不合的，都看作是古音，他甚至将宋代学者押韵跟韵书不合的，都算古音。现在大家都知道，他所走的路子是不正确的。科学的历史观和系统观哪一天不建立，哪一天就不可能构建出上古音的恢宏大厦。因此，科学的古音研究，是从顾炎武开始的。吴棫的覆辙，今天还有人重蹈着。有人研究上古音，还在将现代汉语方言，甚至是民族语言的所谓的“同源词”不加鉴别、不加论证地杂糅在一起，这怎么能建立起科学的上古音系统呢？我们对此必须保持足够的警觉。这种眉毛胡子一把抓的研究，表面上面面俱到，似乎很全面，但缺乏识断，谈不上精审。老话说，读史使人明智，如果我们善于从中国语言学史中吸取经验教训，就不会重蹈这种不重视共时系统的覆辙。

不同语言的系统是不一样的，所以要想将汉语的语言系统研究好，就不能盲目照搬根据别的一些语言总结出来的理论，必须批判地借鉴；要想将历代汉语的语法系统研究好，就不能盲目照搬现代汉语的语法框架，必须注意历代汉语共时的语法系统。我们不能将研究汉语的语言系统和借鉴西方语言学理论对立起来，有人引用苏东坡的《题西林壁》：“横看成岭侧成峰，远近高低各不同。不识庐山真面目，只缘身在此山中”，作为应该进行不同语言比较的证据，这是不错的。但是如果拿这首诗作为否定对一种语言内部系统做深入研究的那种研究取向的借口，则是偏颇的。苏东坡的意思是说，要了解庐山真面目，必须深入庐山，但是不能只深入庐山，还要跳出庐山之外去认识它。同理，要了解汉语语言系统，必须深入汉语，但是不能局限于汉语，还可以比较不同的语言，更应该比较不同的符号系统。在这里，系统内部的研究是最基础的。比较汉语和其他语言，不等于照搬其他语言研究者得出的某些还没有经过科学检验的材料、理论。我们不赞成将解决汉语棘手问题的办法都寄托在套用国外几个现成的理论上面，那样做很多时候会削足适履；即使套用得较好，也难以真正发展中国语言学，因为原始创新不够。你要将汉语和其他语言进行比较，必须得对汉语和其他语言有深入的了解。因此这是难度很大的一项工作，仅仅利用人家归纳出来的材料或理论，那是远远不够的，你得有检验这些材料或理论真伪的能力。

研究好语言的系统性，能更好地促进对例外的研究。我们之所以说某些语言现象是例外，是因为我们以系统性为基础了。没有系统性，就看不出例外。因此，追求系统性是发现例外的条件，系统性的研究太重要了。常常看到，有些研究者，并没有在上古音领域辛勤走一遭，没有系统地钻研上古音材料，去系统地了解上古音，就采取躐等的程序，看到某一个或几个令他振奋的所谓“新材料”，就仓促得出结论：既有的上古音系统左右皆是毛病；没有扪心自问：我自己是否从系统上去摸过那些结论的由来？是否认真读过人家的著作，真正了解人家的系统？如果没有做过这些工作，就抓住一点，不及其余，凭借一点少得可怜的材料，甚至只是一点例外，轻易否定先贤辛勤建立的系统，那无疑是不可取的。人家在建立系统时，可能早已注意到了这种材料，只不过他们不以例外否定通例，不凭个别材料下大结论罢了。

对于例外，我们目前研究得很不够。就拿汉语读音的例外来说，很多例外不是用现成的理论能解决问题的。其中有些是语音演变以外的规律造成的，有些是语音演变规律造成的。即使是语音演变规律造成的，我们用既有的例外演变规律去解释它，相当多的材料没有办法解释得清楚。这就需要我们寻找多种角度加以解决了。但是要强调：要想研究好例外，必须先研究好系统，研究好例内。

前辈学者提倡小题大做，这是经验之谈。对于刚刚步入中国语言学研究领域的学者来说，尤其应该提倡小题大做，这样做学问，容易把握研究对象，容易深入开掘，将研究工作推向前进。小题大做不等于小题小做。要想真正做到小题大做，你必须积累系统的知识。从这个角度说，系统性仍然是非常重要的。没有系统做基础，只能是“小题小做”，常常就事论事，在理论上无法深入拓展。我们应该深入学习、领会王力先生《中国文法中的系词》和丁声树先生《释否定词“弗”“不”》这样的小题大做的文章，它们都是贯彻科学的历史观和系统观研究汉语语法的经典之作。《中国文法中的系词》就汉语的系词这样一个具体问题展开高屋建瓴而又深入细致的考察，成为中国语言学史上第一篇汉语历时语法研究论文；《释否定词“弗”“不”》将先秦汉语语法作为一个共时系统，全面提取先秦文献用例，从语法功能上比较“弗”“不”之别，具有对虚词做对比分析和断代语法研究的性质，极具创新性，从极为有效的途径解决了千百年来无法解释清楚的“弗”

“不”之别，影响深远。如果今后这种小题大做的文章多了起来，中国语言学一定会有更多的新境界。

四 必须深入研究材料

发展中国语言学，我们有太多的语言材料的优势。比方说，我们有行用了几千年的非表音系统的汉字，有三千年从不间断的文献，有丰富而复杂的汉语方言，有错综复杂的各民族语言，有两千多年的语言研究成果，等等，这在世界上都是宝贵资源。这些材料有利于发展中国语言学，必须好好利用它们。

为了研究好语言规律，人们将语言学分为很多分支学科；为了研究好汉语规律，汉语研究者将汉语研究分为很多分支学科。这是很对的。但是我们应该懂得：不同的分支学科，就学科的成熟度来说，是不一样的。有的分支学科历史悠久，研究得相对成熟一些；有的刚刚起步，研究得不太成熟。研究得成熟一些的学科，可资借鉴的成果相对要多一些。学科分类本身是一种传统，它受历史环境和科研现状制约，具有一定的相对性和稳定性。纵观古今中外学科发展史，随着时代的变迁，不同的学科可以整合成新的学科，各分支学科内部还可以继续裂化为新的分支学科。这反映了人们认识的深化，因此学科的整合和分化是学科发展的趋势。我们看到，学科的整合和分化，完全离不开材料的搜集和整理；人们对于材料认识的深化往往带来学科的整合和分化。从这个角度说，材料工作太重要了。

坚持实事求是的学风，就必须真正弄懂语言材料。因此，学风建设跟基本材料的把握紧密地联系在一起。当今有一种不好的学风，有人为了显示自己的博学，抱着侥幸心理，采取机会主义的研究策略，没有任何检验、不加甄别地在他的研究论著中大量使用自己不懂的各种语言材料，以此来证明自己的猜测。这是不符合科研程序和科学精神的。我们应该给自己立了一个治学原则：绝不使用自己没有弄懂的材料，绝不使用没有验证的材料。

这些年来，有不少人有意无意忽视了材料的重要性。在理论和材料的关系问题上，有人指出：中国传统语言研究注重实用，注重材料的搜集、整理和分析，对于语言理论研究重视得不够。这话可能有几分道理。但是严格说来，在科学研究中，分为理论研究和材料研究，并不是很科学的说法。更为合理的表述是：科学研究必须以已知求未知。无论是重在探求理论也好，重在材料分析也罢，都必须以已知求未知，根据已知的科学理论或材料分析去做进一步推理。离开事实的、劣等的理论研究，是没有什么科学价值的；优秀的材料分析论著，必然蕴含着科学理论，有系统的知识作为支撑。

无论是从时间还是从空间看，中国境内的具体语言材料多而复杂，因此搜集、整理工作必然是很复杂的，需要齐心协力，加以解决。有一个值得批评的偏向，就是：忽视材料，片面追求理论。这就走向极端了。事实上，将材料和理论对立起来，已经对学生造成了不好的影响。有不少学生谈起既有的一些理论，头头是道，碰到材料分析抓耳挠腮，凭印象下结论，常常出差。长此以往，我们怎么能够真正发展中国的语言事业呢？我们说，我们应该加强理论研究，中国境内的语言现象这么复杂，我们应该在理论方面有建树，不能只使用人家的现成理论，或者将使用、印证人家现成理论当作自己的最高追求目标；但是不能忽视材料。你要研究语言学，你就必须要鱼和熊掌兼得。材料是你迈不过去的坎儿，而且理论研究的根本目的是为了更好地解释材料，解决实际问题。主次关系不能颠倒。

重视研究材料的全面搜集、整理，千万不要忽略对材料做精微的科学分析，正确理解它。我在上面已经强调了掌握研究材料对于系统的语言研究的重要性。在研究工作中，材料永远是第一位的，理论必须服从材料。我注意到，当今有的研究论著，或者是硕博论文，在材料方面的失误比比皆是。这种失误，往往不是偶然性的，而是反映了对于语言材料的陌生。缺乏这个基础，说严重一点，就是不具备起码的语言研究能力。因此这种现象令人十分担忧，必须弥补好这种研究缺陷。

现在，互联网技术突飞猛进，极大地改变着人们的阅读习惯。这是好事，但是也带来一些弊病。有不少青年学者只利用互联网去找自己需要的资料，忽视阅读能力的培养和必要的知识储备，只想“寻章摘句”，不管出现自己所找材料的上下文，更不去对上下文做必要的阅读、理解。他们不去训练阅读一整篇文章、一整本书；即使是阅读了，也只是蜻蜓点水，只满足于其中的字、词、句的疏通，没有将阅读对象当作一个整体来理解，不去关注阅读对象的内容，只见树木，不见森林。实际上是绕过了阅读对象这一关，将一篇文章、一本书只当作一个检索对象了。这样做，不仅不能深入研究材料，支离破碎，而且还会导致理解的误差，出错是难以避免的。这是舍本逐末的做法：离开了对材料的整体把握，因此对其中个体的把握就很难做到准确、深入，从论文选题到具体结论的得出的各个研究环节，难免流于肤浅，难于避免出硬伤。

我们研究语言，一个很重要的目的，就是要帮助人们正确地理解话语。话语往往是存在于一个又一个的材料片段中的。你不去关注一篇文章、一本书的篇章结构，你的研究怎么能够更好地揭示规律，帮助人们理解话语？又怎么能够使你的研究比前人更有崭新的气象？因此，全面、系统、深入地阅读、理解整篇文章、整部书，这是任何研究中国语言学的学者必须具有的基本功。作为语言研究者，首先必须打好阅读的基础，总得熟读、精读一些文章、基本书，学会理解原文，然后才能进入语言研究。为了达到这样的目的，我想，我们可以组织一些专书读书会，大家互相碰撞、互相促进，这对培养自己的阅读能力一定大有帮助。

重视材料工作，离不开读书、读文章。书和文章既有传世的，也有出土的。打基础时，必须从阅读传世文章和书籍入手。就读古书而言，中国文化的精华主要集中在传世古书当中，既往的研究也比较充分；出土文献有若干印证、补充、订正作用，自然不能忽视。我们发展新文化，应该着重放在传世古书上面。目前，像我国研究自然科学的学者利用古书取得的标志性成果，全部都是利用传世古书取得的。中国语言学的精华，像《尔雅》《说文解字》等，主要是传世古书承担的。没有传世文献做基础，不可能真正建立起汉语史，例如单纯利用出土文献，不可能建立起科学的上古韵部系统。王国维等研究出土文献取得重大成就的学者，他们利用出土文献所取得的重要成果，无一不是先打好传世文献的基础的。我们看到，有的学者致力于研究出土文献，但是由于传世文献的功底不足，轻易否定故训，追求新奇，结果胡乱解读出土文献，乱用、滥用通假的现象层出不穷，还有的将这种无根游谈作为推翻经过一两千年检验的故训的"大突破"而炫耀于世，令人咋舌。

因此，要打好阅读的基本功，首先应该钻研传世古书，认真、透彻地理解它们，不要轻易否定它们的价值。当前有一种不好的研究取向，舍传世而佞出土，轻易地根据出土材料否定传世文献。这种风习必须得到改变。例如，根据《史记·陈涉世家》记载，陈胜、吴广等人在秦二世元年被征发戍守渔阳，"会天大雨，道不通，度已失期。失期，法皆斩"，这是导致陈胜、吴广起义的一个极为重要的原因。请注意其中的"失期，法皆斩"一句话，最近有朋友发来一个帖子，根据湖北云梦县睡虎地十一号墓出土秦律中的《徭律》中有"御中发徵，乏弗行，赀二甲。失期三日到五日，谇；六日到旬，赀一盾；过旬，赀一甲""水雨，除兴"，推论说：秦朝法律没有"失期，法皆斩"的规定，陈胜、吴广利用"失期，法皆斩"这句话来推进起义是一场精心策划的惊天骗局，后人被蒙了两千多年。像这样读古书是很粗糙的。我们知道，法律必须不断地根据实际需要加以修改、完善，《徭律》中的规定是什么时候出台的？到了秦二世元年有没有修改？不顾及种种复杂的情况，随意推论：《史记》记载的"失期，法皆斩"不合秦律，后人被蒙骗了两千多年。这样的结论太过草率。

为了弥补这一个必须弥补的缺憾，我们应该多设计一些办法，加强研究生同学的材料分析训练。我认为可以探索、采取多种做法。这里介绍一下我们的一个做法：对于我们的研究生同学，除了要他们加强理论修养，可以让他们对一个研究起来有点难度的字，在全面掌握相关材料的基础上，做形音义的深入分析。我觉得这样做是有成效的，今后还将坚持。

上面所谈四点，只是结合一些实际现象生发开去，感觉有些意犹未尽，但是我希望这些认识对于深化我们中国语言学研究有点帮助，更希望就中国语言学未来发展方向问题，包括上述问题，有更多的学者能够参与讨论。我们坚信：越是浮躁的社会里，越要让自己冷静下来，越要懂得坚守的价值和意义。学术乃公器，历史最无情。对损害中国语言学健康稳定向前发展的各类做法，当今真正的学人心目中自会有一杆秤；有的学术操弄，未来更将成为学术史上的笑料。我希望我们的青年学子不要向那种“奋不顾身”追求名利的学者看齐，应该追求语言学的真理。试想：如果大家都去追求这些蝇头小利，弃真理于一边，或者以求真为次一等的追求，能很好地去发展中国语言学吗？三国蜀诸葛亮《戒外生》说：“若志不强毅，意不慷慨，徒碌碌滞于俗，默默束于情，永窜伏于凡庸，不免于下流矣。”东晋习凿齿《晋承汉统论》说得好：“夫成业者系于所为，不系所藉；立功者言其所济，不言所起。”我们应该从中吸取营养。

附记：本文在修改过程中，蒙黄易青、华学诚、邵永海、梁永斌等先生提出宝贵的意见，又蒙向筱路同志将提要和关键词翻译成英文，深致谢忱！

（孙玉文：北京大学中文系、北京大学中国语言学研究中心、
北京文献语言与文化传承研究基地，100871，北京）

小儿保育中的“寄名”习俗及源流

王 庆

提要： 在中国传统的小儿保育过程中，寄名佛寺道观曾是一种比较常见的习俗，在今天的许多地方仍然流行；寄名习俗也有许多变种，如嵌名神佛、起贱名、认干亲、偷名等；寄名习俗可以追溯到东汉时期，从现代学术的观点来看，寄名实际上是小儿成人之前的一种藏名行为，这跟名字的语言崇拜有一定的关系。

关键词： 寄名 藏名 语言崇拜

一 “寄名”的习俗

《启功口述历史》是整理启功先生口述录音而成，其中的一些专名，或许并无定字，多有仅以汉字记其音者，如“西阿司门(音)”(第15页)、“为西太后赶车的把式叫杨始(音)”(第32页)；不过，也有一些地方的用字须略加斟酌，如第41页有启功先生的这样一段话：“我三岁时家里让我到雍和宫按严格的仪式磕头接受灌顶礼，正式归依了喇嘛教，从此我成了一个记名的小喇嘛。我归依的师傅叫白普仁，是热河人。他给我起的法号叫‘察格多尔札布’。”[1]在这段话中，“归依”也可以写作“皈依”，而“记名”则更多地写作“寄名”。在现代汉语中，“记名”指标出或明示姓名，表明权利或责任，如记名支票、无记名投票等；而“寄名”则另有含义，涉及一种民俗。《现代汉语词典》(第6版)对“寄名”做了明确解释：“旧俗叫幼童认僧尼为师或认他人为义父母，以求长寿，叫作寄名。”释义中“长寿”似嫌语义不协，因为“长寿”多指老人而言，对孩童而言可称“长命”，或改为“(以求)藏名避难”。

“寄名”的习俗在中国传统的幼儿保育中十分普遍。1928年胡适先生在一篇题为《名教》的文章中批评了一种民间习俗，便是“寄名”：“小孩命若不好，便把他‘寄名’在观音菩萨的座前，取个和尚式的‘法名’，便可以无灾无难了。”[2]诚如胡适先生所言，在中

---

〔1〕 启功口述，赵仁珪、章景怀整理《启功口述历史》，第41页，北京师范大学出版社，2004年。

〔2〕 胡适《名教》，原载《新月》1928年第1卷第5号；又见《胡适全集》第3卷，安徽教育出版社，2003年；引自胡适《我们能做什么：胡适说中国》，第93页，当代中国出版社，2013年。

国的很多地方，小孩子在出生后不久，为了求得健康成长，少灾少难，就到寺庙中认僧尼为师，取个法名，成为佛之弟子，不过多不剃度出家，这种习俗称为“寄名”（佛寺），也称“寄僧名”；除了寄名佛寺之外，当然也有寄名道观，认道士为师的。寄名佛寺道观，有时也可以称“寄褐”。宋释道诚《释氏要览·杂纪》中说：“今世人护惜儿孩，遂服以僧衣，谓之寄褐。”[3]这里的“褐”指僧道的衣服。“寄褐”本指只穿僧、道服装而不信教念经的人。旧时的习俗以为，如果孩子多病体弱，给孩子穿僧道的服装能得福益寿，所以给孩子穿僧道的服装也称“寄褐”。据启功先生口述史说，他在刚刚一周岁的时候，父亲就去世了，从此家中一派衰败气象，被恐惧笼罩着。正是在这种氛围之下，启功先生才被送到雍和宫做了个“寄名喇嘛”。

二 “寄名”与跳墙、出院

中国幅员辽阔，加之历史久远，寄名的习俗在各地也会出现一些差异。一般来说，寄名佛寺道观，被寄名的孩子名义上就成了神佛的弟子，不过他们不用剃度，只是需要向寺庙施舍一些财物，在某些特定日期到寺庙道观去庸役或参加一些法事活动。启功先生说，他每年大年初一都要到雍和宫礼佛。在北京及周边地区，寄名的孩子到了一定年纪还会举行一个还俗仪式，称作“跳墙”。这在1923年广益书局刊行的胡朴安编著《中华全国风俗志》之“天津小儿跳墙之风俗”中有较详细的描述。

> 天津北仓镇，每年当春夏之时，有一种小儿跳墙之风俗。此风俗之起因，大凡缺少子嗣之人家，忽然生下一个男孩，自然爱如珍宝。但是一方面却时时惶恐，或是多病，或是夭殇。因此，为父母者往往带领小儿，到庙中焚香祷告，求和尚给小儿起一名，俗称寄僧名。其意盖谓自此以后，此孩便算是出家。寄僧名之孩，往往做僧人之装束，直至十二岁跳墙还俗时才能更换。跳墙事前，必须选择一吉日，买簸箕一只，毛帚一把，预备老铜钱八枚。及期，为父母者带领小儿，又向神像前焚香祷祝，一面使小儿持簸箕及毛帚，拂拭香案，洒扫地下。事毕，即令理发匠为小儿留发，随后再使小儿立于板凳之上，左右手各持老钱四枚。旁观之人，喊声“赶和尚”，小儿便将手中所持之钱向后撒去，跳下板凳，并不回头，直跑至家中。此即所谓跳墙还俗也。当小儿撒钱之时，旁观之人，纷纷拾钱，带回自己家中，编成锁之形式，给自己小孩带在身上。照俗谚云，带了此锁，可以长命。[4]

---

〔3〕 释道诚撰，富世平校注《释氏要览校注》，第535页，中华书局，2014年。

〔4〕 胡朴安《中国风俗》，第43页，九州出版社，2007年。

从这段记述上看，寄名习俗是“跳墙”习俗的一部分；不过我们认为，“跳墙”仪式只是整个寄名习俗的一个收结仪式。寄名佛寺是为了祈求神佛保佑孩子健康成长而名义上让孩子出家，这是一个持续时间相对较长的行为，而到十二岁举行的“跳墙”则是孩子在少年时期开始从寺庙“还俗”的一个仪式，希望孩子重回世俗社会。这样看来，也可以说“跳墙”仪式属于寄名习俗的一部分。

有关北京地区小儿保育中的“跳墙”仪式，常人春的《老北京的风俗》中也有记载：“‘跳墙’属于佛、道两教均有的仪式。过去，有的小孩并非有什么大病，只是体弱，但经算命的占卜，认为‘不好养活’。还有的说什么‘克父母’等无稽之谈。于是，大人就把孩子送到庙里，当所谓‘跳墙和尚’或‘跳墙道士’。据说，还有极个别的当了‘跳墙喇嘛’。以达到为孩子消灾却病，祈祥解厄的目的。‘跳墙和尚’‘跳墙道士’或‘跳墙喇嘛’均不是正式出家修行者，也不受戒，只是在庙里挂个名，所以又叫‘记名和尚’‘记名道士’。这种风俗多流行在四十年代以前，通常是先让小孩到庙观里认一位和尚或道士为师父，成为‘记名弟子’，然后，隔若干年，再举行一个‘跳墙’仪式还俗。……小孩认师父后，成了记名弟子，虽然意味着皈依了佛、法、僧三宝，但不见得真的到庙里去修行，也不用到庙里去过与僧人一样的宗教生活。只是每逢初一、十五，或佛教节日……有盛大法会时，跟着家长来庙里进香、‘随喜’就行了。至于什么时候‘跳墙’，并无具体规定。但凡记名和尚都必须在结婚前三天举行‘跳墙’仪式，表示还俗。”〔5〕这里是将“跳墙”这一俗称当作“寄名”的代名词。

在北京近郊的顺义，跳墙则简化为跳板凳。《顺义县志》(1933 年)载“出院”习俗：“小儿娇盛者，多信卜者言，送庙内记名出家(俗谓好活)。稍长，与庙主议择吉日，备供品敬礼，至庙主寻衅，责罚小儿，即‘跳板凳’，回家留发，亲友亦往贺之。”〔6〕上面两处文字，将“寄名”都写作了“记名”。寄名，有的地方也称作“挂名”。著名学者俞平伯乳名僧宝，幼年曾寄名佛寺，其《戒坛琐记》云：“四五岁就入寺挂名为僧，对于菩萨天王有一种亲切而兼怖畏之感，甚至于眠里梦里都被这些偶像所缠扰，至今未已。”〔7〕

三 “寄名”习俗的普遍性

寄名，实际上是民间在小儿保育过程中，为了使小儿能够平安健康成长，避免疾病

〔5〕 常人春《老北京的民俗》，第 251—252 页，北京燕山出版社，1990 年。

〔6〕 丁世良、赵放主编《中国地方志民俗资料汇编・华北卷》，第 21 页，北京图书馆出版社，1989 年。

〔7〕 俞平伯《戒坛琐记》，《俞平伯全集》第 2 卷，第 320 页，花山文艺出版社，1997 年。

和灾祸，而将其寄名佛寺、道观，故意将小儿的真名隐藏起来的行为；寄名神佛之后，孩子取了法号，在名义上小儿便已经成为了神佛的弟子，有了神佛的保佑，会避免许多灾难。这种保育观念在中国各地相当普遍，无论是象征性地或者实实在在地寄养在寺庙里是传承已久的乡风俚俗，“这在乡土中国并无城乡的差别”[8]。类似京津地区的寄名神佛及跳墙仪式在我国东北各地十分流行，寄名出家的寺庙以娘娘庙为多。现择要引述如下：孩子“自幼剃发后，到七八岁左右，再由父母携往寄名的寺庙举行脱离寺庙、回归世俗的仪式，名为‘跳墙’，此后便可留发。‘跳墙’时间多在举办庙会之日”[9]。东北各地地方志对跳墙习俗多有记载。1921 年的辽宁《凤城县志》载：“剃儿发如僧，许某岁向某庙跳墙；及期，父母携诣，主持横凳为墙，予箕一、帚一，俾扫神堂，伪怒其拙，夺帚击之，儿即跳凳而遁，取逃出佛门之义。或病险，真许出家，愈而复悔，则以驴一头舍庙中，便令儿还俗。”[10]1932 年的吉林《桦甸县志》载：“四月十八日，城乡‘娘娘庙会’。因幼儿病许愿，以刍灵送焚，名‘烧替身’。又因儿病，祝发秃首三年。来庙焚香，立木凳代墙，主持以箸击儿童首，佯作由墙越逃，至庙外宿发，名曰‘跳墙’。”[11]1926 年的黑龙江《双城县志》载：“四月十八日，城乡‘娘娘庙会’……小儿有自幼因病许愿为秃子者(即舍于庙中为僧之意)，至七八岁则于是日携至庙中，令立凳上，倩僧人以箸击顶，喝令急行，不许回顾，曰‘跳墙’(即被逐出庙，还俗之意)，然后留发。”[12]可以看出，东北地区跳墙风俗非常普遍，联系到满族人入关，或许我们可以推测，京津地区的跳墙风俗当与东北地区的风俗有渊源关系。

小儿的寄名习俗在通俗小说中也时有描述。“小儿生得娇贵或算出他的命硬孤妨克父母，就要把他送到寺庙里作寄名和尚或道士，拜在主持名下作徒弟，由师父给他起个法名，有的小孩也穿僧衣。有钱人家到庙里给子弟寄名的仪式是很隆重的。《金瓶梅》第四十回写得很详细……《红楼梦》里讲到贾宝玉经常戴着项圈、寄名符。”[13]《红楼梦》第三回：“身上穿着银红撒花半旧大袄，仍旧带着项圈、宝玉、寄名锁、护身符等物。”[14]《金瓶梅》中的寄名也叫“讨外名”，其第四十回记载西门庆为其子官哥儿在玉皇庙打醮寄名之事：“月娘道：‘昨日李大姐说，这孩子有些病痛儿的，要问哪里讨个外名。’

---

〔8〕 岳永逸《行好：乡土的逻辑与庙会》，第 2 页，浙江大学出版社，2014 年。

〔9〕 张晨霞等著《中国风俗通史·民国卷》，第 334 页，上海文艺出版社，2012 年。

〔10〕 丁世良、赵放主编《中国地方志民俗资料汇编·东北卷》，第 179 页，北京图书馆出版社，1989 年。

〔11〕 同上书，第 291 页。

〔12〕 同上书，第 420 页。

〔13〕 惠西成、石子《中国民俗大观》，第 185—186 页，广东旅游出版社，1988 年。

〔14〕 曹雪芹《红楼梦》，第 21 页，中华书局，2006 年。

西门庆道：'又往哪里讨外名？就寄名在吴道官这庙里吧。'"[15]"西门庆道：……就把小儿送与你师父，向三宝座下讨个外名。"[16]"（吴道官说）将官儿的生日八字，另具一宗文书，奏名于三宝面前，起名叫做吴应元。太乙司命，桃延合康，寿龄永保，富贵遐昌。"[17]

寄名习俗在有关小儿长育民俗的书中多有记载，内容大同小异。下面择要引述一些：江绍原先生在《民俗与迷信》中曾讲到"寄名"的风俗，引用了胡朴安编辑的《中华全国风俗志》中"吴县之奇俗"的一段文字："吴县有小儿寄名神佛之俗，此风全境皆然。盖富贵家之小孩，娇生惯养，大半身体柔弱，时膺疾病，其亲乃至庙烧香，用红布制一袋，置小儿年庚于其中，俗名'过寄袋'，悬佛橱上。自是以后，每旧历年终，寺僧备饭菜，送小儿家中，名曰'年夜饭'，其亲必给僧以钱；凡送三年始毕。当过寄时，僧为小儿取名，譬如神佛姓金，即取名'金生''金寿'等类。其亲并携小儿来庙拈香，呼神为'寄爷'。及至成年完婚后，乃将红布袋取回，名曰'拔袋'。"[18]

胡朴安《中华全国风俗志》也曾记载湖州的育儿习俗："正月十一日，烧南堂香。离城一站地曰石冢村，有庙曰南堂殿，塑男女神，男神曰南堂广灵，俗呼为亲伯；女神曰太君夫人，俗呼为亲姆。如人家生男女小孩，俱寄名于神像为干儿，可保长寿。在六十岁以前，年年届期至庙拈香。倘已完姻，则夫妇同去，名曰烧团圆香。"[19]同书也载有与寿春类似的寄名佛寺的保育习俗："又有舍于寺院，过十二岁始领回。"[20]

周振鹤《苏州风俗》记载："吴中有小儿寄名神佛之俗，大半以初生夭折，如寄名神佛，则邪魔不敢试其技，乡里多信之。……至所寄名之神佛，以观世音及关羽为多。"[21]周有光先生自言，他在出生的那年就做了"观音菩萨"的干儿子[22]，实际上就是寄名于观音菩萨了。除了寄名神佛之外，也有寄名于他人之家的："生子恐不易养成，则……，或寄名于子息众多之人家，托其荫庇，得以长成。先择吉日，备筵为寄父母寿，寄父母必出见面钱，以及衣、帽、鞋、袜、手镯、项锁等……当寄儿入门，必于木梯中穿过，寄母接而怀之。红绸袋一口，中藏寄儿庚帖，以万年青叶副之，悬于厅堂，曰寄名袋。寄父母又为取名，与己生子女同列。"[23]

---

〔15〕 兰陵笑笑生《金瓶梅》，第 785 页，作家出版社，2010 年。

〔16〕 同上书，第 786 页。

〔17〕 同上书，第 789 页。

〔18〕 江绍原《民俗与迷信》，第 11—12 页，北京出版社，2003 年。

〔19〕 胡朴安《中国风俗》，第 183 页，九州出版社，2007 年。

〔20〕 同上书，231 页。

〔21〕 江绍原《中国礼俗迷信》，第 177 页，渤海湾出版公司，1989 年。

〔22〕 周有光《文化传播和术语翻译》，载《语苑新论——纪念张世禄先生学术论文集》，第 4 页，上海教育出版社，1994 年。

〔23〕 江绍原《中国礼俗迷信》，第 172 页，渤海湾出版公司，1989 年。

1869年(同治八年)刻本《江夏县志》载:“(小儿)甚或拜僧道为徒,服僧道服,曰‘寄名’。”[24]1921年,四川《合川县志》载:“因小儿多疾,则于寺观中请僧道取一法名,谓之‘寄名’。凡寄名小儿至十二岁时始蓄发。届期家属具香烛、白鸡、白犬,携小儿至某庙换去出家衣服,逐出山门,谓之‘脱白’。”[25]

山东的一些地方也有“让孩子到庙里寄名当和尚以保佑孩子长大成人的习俗”[26],有些地方将小男孩剃成光头叫作剃“和尚头”,这也应该是寄僧名习俗的一种语言遗留。

上面说的多数是小儿寄名,妓女也有因病而寄名的:“妓女因多病或久病不愈,乃将生年月日时,书于红单上,并备香烛纸锭,敬献于素所信仰之神,请为义女。亦有倩庙祝代为祈求者。保安司徒庙中观音大士神龛内,有无数红纸封,即一般寄男假女之庚帖。”[27]

四 寄名的扩展或变种

寄名佛寺或道观是一种比较典型的寄名民俗,不过,在有些地方并不一定要寄名寺观,还有一些功能跟寄名类似的习俗,来祈求小儿健康成长。我们可以称之为寄名的扩展或变种。不管其具体形式如何,目的只有一个,那就是通过变易小儿的姓或名,祈求、保佑孩子成功地避免疾病和灾难,健康顺利成长。

黄涛讲到河北景县黄庄小孩传统乳名的寄名是押灶王爷的张姓,如张锁、张立、张狗、张生、张良、张燕、张旺等。一些老年妇女认为:“小名带‘张’是‘押在张王爷的姓上’。张王爷就是灶王爷。此地传说灶王爷姓张,他的职能中有司寿命、保佑孩子一项。”[28]“让孩子姓了张,就如成了张王爷的孩子一般,邪病恶鬼就会惧了这‘张’字不敢来犯。”[29]这种在乳名上押灶王爷姓的方式跟寄名佛寺的愿望和功能是相似的。

类似在小儿名字上嵌押神佛之姓、名、字的习俗在历史上也有记载。据宋人邢居实《抚掌录》及清人梁章钜《浪迹丛谈》卷六记载,欧阳修有儿名僧哥,人问他既素不重佛,何取此名,欧回答说:“人家小儿,要易长育,往往以贱物为小名,如狗羊犬马之类是也。”[30]

---

〔24〕 丁世良、赵放主编《中国地方志民俗资料汇编·中南卷上》,第378页,书目文献出版社,1991年。

〔25〕 丁世良、赵放主编《中国地方志民俗资料汇编·西南卷上》,第216页,北京图书馆出版社,1997年。

〔26〕 叶涛《中国民俗大系·山东民俗》,第240页,甘肃人民出版社,2004年。

〔27〕 江绍原《民俗与迷信》,第208页,北京出版社,2003年。

〔28〕 黄涛《语言民俗与中国文化》,第151页,人民出版社,2010年。

〔29〕 同上书,第154页。

〔30〕 邢居实《抚掌录》,《中国历代笑话集成》第1卷,第139页,时代文艺出版社,1996年。

王谠《唐语林》记载，颜真卿之子颜硕小名穆护，据说是取袄教神名，这同欧阳修给儿子起名为僧哥有异曲同工之妙。这种在小儿乳名或小名中嵌以“佛”“僧”等字的习俗也是寄名的扩展，即将神佛的名或字与自取的名连在一起给孩子命名，现在有些地方还有这种习俗。若想给孩子命名时，就去神庙里卜问一下，如果神所赐的是一个“佑”字，而卜问的是佛，就命名为佛佑；或者所问的神是注生娘，就用“娘”字加在给孩子所取的名字前。一般以佛、城、娘、妈这些字冠头的为多。“这种做法，就是当把小孩交给了神保护，使他不至多灾难多疾病或早亡。”〔31〕前面我们提到俞平伯乳名僧宝，便是很明显的例子。

在广东翁源，人们也有将孩子的名字嵌上神、佛等字的。“由求神而举儿子的人，为迷信神权故，每把他的儿子名字命为神养、神钦、神福、神古等，以报答神恩。由求佛而产生的儿女，与因怕小孩疾病而曾祷于佛的，每把他的儿女命名为佛狗、佛妹、亚佛、佛古、佛培、佛浩、佛寿等。……在无知的乡人看来，树木也是神奇到不可思议，欲儿女无灾难，非去祈祷不成。像这样的祈祷，我们这里都叫做‘契’，如契树、契石等是。爷妈契了树之后，儿女的名恒改为树娇、树妹、亚树、树古、亚养等。……契观音娘娘的，则命儿的名为观顺、观润、观古、观福、观泉、观妹、观娣、观莲等。这类的命名最多，也许是因为全部的女人与大部分男子都崇拜观音之故吧？”〔32〕现在，认古树、大石为契父母的习俗仍然在有些地方流行。广西大瑶山地区的瑶族，还经常有人带领体弱多病的孩童拜古树为契父母，以求得树神的护佑，健康成长。

富贵人家请出身贫贱者为孩子起贱名，据说也可以辟邪祛病，我们这里也认作是一种寄名习俗的扩展。《红楼梦》第42回王熙凤就请刘姥姥为其女儿起名：“他还没个名字，你就给他起个名字，借借你的寿；二则你们是庄稼人，不怕你恼，到底贫苦些，你贫苦人起个名字，只怕压的住他。”〔33〕

江绍原在《中国礼俗迷信》介绍了多种民间取名辟邪法，这些也是寄名的扩展。这类的取名法包括：(1)为小儿取牲畜名、物名，或男孩取女名，以求容易养活；(2)取锁、栓类的名字，谓将小儿锁着、拴着使之不能离去；(3)取名招弟、领弟、辞妹、假小以求下一胎生子；(4)请路人命名；(5)行卖名法或认干亲法，将孩子假卖给人丁兴旺的人家，认人为义父母，请其命名，或认姓刘的为干爹，‘刘’‘留’谐音，取留住的吉言，或将孩子假卖给神佛，请和尚代神命名〔34〕。民间的这类取名辟邪法在不同的地区多有流行，甚至也引起了一些传教士的注意，美国传教士明恩溥曾提到这类习俗：“有些父母担心他们唯一的

〔31〕 惠西成、石子《中国民俗大观》，第168页，广东旅游出版社，1988年。

〔32〕 清水《关于命名的迷信》，《民俗》1928年第9期。

〔33〕 曹雪芹《红楼梦》，第308页，中华书局，2006年。

〔34〕 江绍原《中国礼俗迷信》，第158、159、173、177页，渤海湾出版公司，1989年。

儿子被恶鬼唤走，常给他起女孩的名字，这样可以欺骗鬼魂，用鬼魂的花招迷惑鬼魂。另一种做法是，让孩子名义上被别家收养，并让孩子在那家待一段时间，这样鬼魂会很困惑，因为搞不清孩子到底属于哪一家。这种情况下男孩常被取名为‘丫’或‘婆’。”〔35〕

剑岳《乡居随笔》也记有卖名一法：“又有一种卖名，是不卖给人，而卖给观音王母等神的；这种就不须身价，而且还要出些钱求和尚代神命个名字。”〔36〕

偷名也是一种寄名扩展方法。盗用他人家小儿的名字为自家孩子命名，是由于命名者认为名字是灵魂的寄托物，既然这名字不是自家孩子的真名，那么勾魂时勾走的就是别人家的孩子了，而自家的孩子却能保平安。必须说明的是，这种寄名扩展方法有一些损人利己的嫌疑，不过也反映了民间对于姓名的重视，认为灾难会随姓名而降临。

民间盛行的认干亲，其实也是寄名习俗的扩展，不过这不是寄名佛寺而是寄名他姓之家而已。《红楼梦》第25回提到“过了一日，有宝玉寄名的干娘马道婆到府里来”〔37〕，可见，宝玉寄名干娘马道婆。认干亲在中国曾普遍盛行，北方一般叫认干爹、干娘，南方有叫认寄父、寄母的。山东认干亲的习俗比较普遍，“一般而言，婴儿认干亲通常有两个原因：一是孩子娇贵，不好养，或者以前生过的孩子夭亡了，要借认干亲来保住孩子。二是经算命先生的推测，婴儿命相不好，长大克父母，认为认了干亲才能破解。认干亲的主要目的，是为了孩子好养活，因此，认干亲要选择好的姓氏，一般认为姓刘和常的为好，取其谐音‘长’‘留’。而且亦孩子多的人家为好”〔38〕。

胡朴安《中华全国风俗志》载：“杭州承寄干儿子、干女儿之风最盛，盖唯恐其不寿，而以出姓为名，其实亦不过以有事为荣也。”〔39〕“杭州人为了保护幼儿，有寄子的习俗，拜干爹干娘，干父母给干儿子送包袱、兜肚、衣帽鞋袜等等，干儿子逢年过节给干爹干娘送的礼品要多得多，尤其是要送年夜饭，三岁为满。”〔40〕寿春也有类似的认干亲习俗：“小孩体弱多病，有用大红布袋，向别姓家取粮食，谓之吃百家饭。俗意为免一切灾害。又有舍于寺院，过十二岁始领回。又有认干父者，俗谓之认干爷。认满八人时，八人共酎金为制项锁一圈，加之小孩颈上。十二岁后，则八人复为之去下。俗谓带锁时为锁关，开锁时为开关，一锁一关，则以为可通身无病矣。”〔41〕

江西省也有认干亲习俗：“然小孩有疾病，不但祷诸菩萨，且有求之乞妇者，则尤为

〔35〕 明恩溥《中国的乡村生活》，第159页，电子工业出版社，2012年。
〔36〕 江绍原《中国礼俗迷信》，第177页，渤海湾出版公司，1989年。
〔37〕 曹雪芹《红楼梦》，第176页，中华书局，2006年。
〔38〕 叶涛《中国民俗大系·山东民俗》，第239—240页，甘肃人民出版社，2004年。
〔39〕 胡朴安《中华全国风俗志》下编，第221页，河北人民出版社，1986年。
〔40〕 萧放等著《中国民俗史·明清卷》，第241页，人民出版社，2008年。
〔41〕 胡朴安《中国风俗》，第213页，九州出版社，2007年。

荒谬。如浼乞妇拜干娘之举是也。盖误于迷信之说，不曰冲动关煞，即曰遇着生前父母，且均如法禳解。既之无效，最后乃浼一女丐，另嘱人抱小孩拜之，其亲生父母，口称‘拜干娘，拜干娘，自今以后与干娘一样’，或曰‘与讨饭的干娘一样’，连呼不已；乞妇亦高声以‘贱头贱脑’四字答之。幸而该儿已愈，丐妇即以其丐得之饭，每日来喂儿一次，该家须给饭一二碗以为报酬，乞妇亦乐得为干娘焉。此风赣省到处皆有之，于此亦足见父母爱子之心，无所不至，不得以其迷信而笑之也。”〔42〕

在海南文昌，“以为孩儿命薄或比较常儿贵重，非有二姓以上的人家供养，必致夭殇；他们乃找别姓人的妻母为记妈；于是这些孩儿们的命名就叫做某姓的养儿”〔43〕。

在贵州盘县，小儿保育中也有认干亲的习俗：“盘县初生小孩，除寄拜干父母外，有一种撞名之风俗。倘有时小孩有疾，以箸占卜，许以撞名。于是择黄道吉日，在大路之畔，陈列果品，焚香烧钱，而后静伺行人。第一经过其畔之人，便以为小孩之干父母，享以果品，以求认继。而其人无论如何，不能推却，只得承认为干父母，并为小孩易以姓己之姓，并另更一名。又须以钱物给与小孩，以当贽见。如彼此相邻近，以后便各如亲戚之往来。若相住太远或贫富相悬太差，成礼之后，便即完结也。”〔44〕

除了寄名习俗之外，关煞的习俗也有类似功能，值得说一下。据星象家的说法，关煞是小儿成长道路上会遇到的灾难，防不胜防，所以有些地方便采用某些仪式将小孩托付给产育之神，让产育之神时刻保护小孩的健康。等到了孩子结婚前，则又通过一定的仪式解除托付关系。这很像京津东北地区的“跳墙”。1929 年魏应麒《道士师巫口中之临水奶及舍人哥》中说道：“福州俗例，人家生了儿子，到了‘弥月’‘四个月’‘周岁’的时候，必定请了两个或两个以上之道士或师巫来家玩一套类似把戏的祭禳。这种祭禳，俗名是做‘请奶过关’。其意盖谓小孩命中带有许多关煞，像‘天狗关’‘将军箭关’等，都足以碍害他生命的安全，而临水奶是专保护孩童的，所以孩童要想过此难关非请奶来护卫不可。这样孩子就算托在奶的帡幪之下，为父母的就可以安心抚养了。”〔45〕

五　寄名习俗的起源

在笔者所看到的有关寄名习俗的论述中，很少谈到寄名的起源。下面笔者不揣谫陋，试作探讨。论到寄名的起源，这可能很早。宋释道诚《释氏要览·杂纪》讲到寄褐的

〔42〕 胡朴安《中国风俗》，第 216—217 页，九州出版社，2007 年。

〔43〕 黄有琚《关于名命的信仰》，《民俗》1929 年第 83 期。

〔44〕 胡朴安《中国风俗》，第 320 页，九州出版社，2007 年。

〔45〕 魏应麒《道士师巫口中之临水奶及舍人哥》，《民俗》1929 年第 61、62 期合刊。

源起时说:“《大唐开元释教录》云:始因中宗孝和皇帝初生奇特,神光满院,自庭烛天,因号佛光王。即受三归,被袈裟服。至十二月五日满月,敕为佛光王度七僧,仍请奘法师为王剃发。”[46]唐智升《开元释教录》记载:“冬十一月,中宫在难,归依三宝,请垂加佑。法师启曰:圣体必安和无苦,然所怀者是男,平安之后,愿听出家,当蒙敕许。其月一日,皇后施纳袈裟一领,妙胜前者,并时服玩百有余件。五日有敕,令报法师:皇后分难已讫,端正奇特,神光满院,自庭烛天。朕欢喜无已,内外舞跃,必不违所许,愿法师护念。遂号为佛光王当即受三归,被袈裟服。”[47]这是说,唐中宗诞生时,因为难产,武则天便请求佛祖保佑,高宗应允若能保佑母子平安,则敕许中宗剃发服僧服。后来果然母子平安,中宗满月则剃发,号佛光王。若以此,则寄名之俗起自唐代。王邦维谈道:“魏晋南北朝以及隋唐时代,有地位的人家子弟很小就出家为僧,是很常见的事。玄奘和他的哥哥长捷就是例子。”[48]据唐慧立《大慈恩寺三藏法师传》卷一记载,玄奘兄弟四人,其第二兄长捷早在东都净土寺出家。这就是说,在隋唐时代,佛教极盛,中道人家的子弟入僧寺出家是很正常的。虽然不排除信仰以及逃避徭役赋税等因素,但从民间习俗的角度考虑,应该也有类似现代寄名的民间心理。

不过,明末黄生《义府·寄名》载:“今俗有生子不利,而寄名于他人者,其事已起汉世。按:《后汉·何后纪》:‘后生子辩,养于史道人家,号曰史侯。’《注》云:‘灵帝数失子,不敢正名,寄养道人史子眇家’,即其事也。按:道人二字亦始此,《注》谓道术之人。今俗亦有寄名于僧道者。”[49]除此之外,汉献帝刘协为董太后所养,“号曰董侯”。《后汉书·和熹邓皇后纪》还记载,汉和帝数失皇子,邓皇后为继嗣不广而感到忧虑,“元兴元年,(和)帝崩,长子平原王有疾,而诸皇子夭没,前后十数,后生者辄隐秘养于人间”。汉代巫蛊之术盛行,后宫阴谋鸩杀之事也是常有,为了使皇子顺利成长,隐名于他姓或民间以度灾消厄是可以理解的[50]。

黄生认为寄名的习俗起自东汉末有一定道理;不过,这时只是为了孩子好养活,寄养于外姓他人之家或有道术之人的家中,而并非寄名佛寺。佛教在西汉末年传入中土,到东汉末年还没有广泛流行,当时的僧人虽然也称“道人”,可是《后汉书》中的“道人”应

---

〔46〕 释道诚撰,富世平校注《释氏要览校注》,第535页,中华书局,2014年。

〔47〕 同上书,第535—536页。

〔48〕 王邦维《南海寄归内法传校注·前言》,第3页,中华书局,2000年。

〔49〕 黄生《字诂义府合按》(黄承吉合按),第175—176页,中华书局,2006年。

〔50〕 《汉书·武五子传》载:元狩元年,武帝立其子刘据为太子;元鼎四年,太子“纳史良娣,产子男进,号曰史皇孙”。注引张晏曰:“皆以舅氏姓为氏,以相别也。”另外,刘据有时也被称为“卫太子”,也是以其母姓为称的。这种以外家之姓为称的做法似有贬抑之意。《日知录·冒姓》云:“以其失位而名之也。”

该是“会道术之人”；虽然寄养的孩子“不敢正名”（即隐去真名，改用他称），但这时并没有后来的法号。显然，后来通行的寄名佛寺习俗是佛教大发展、菩萨保佑思想流行以后的事，若追溯寄名佛寺或寄僧名的习俗，还应该从佛教思想广泛流行以后说起。不过，我们可以这样说，至少从东汉时起就已经有这样的习俗：为了使小儿容易长成，可以寄养于他姓或有道术之人的家中，目的可能就是躲灾避难。

江绍原先生对上文所引吴县的寄名之俗加以按语说：“小儿认生人为‘寄爷’者，也往往以其人之姓嵌入所命之新名；其连送三年‘年夜饭’（与‘压岁钱’）也，亦同。然我们尚不敢断言此即‘寄名神佛’之俗之所本，除非我们已知寄名给活人之俗，确较另一俗为早。”[51]从上面所看到的有关汉少帝刘辩以及汉和帝诸皇子的史料来看，我们自然可以断定寄养于他姓或生人要早于寄名于佛寺了。

葛洪《神仙传·老子传》载：“老子数易名字，非但一‘聃’而已。所以尔者，按‘九宫’及《三五经》及《元辰经》云，人生各有厄会，到其时，若易名字，以随元气之变，则可以延年度厄。今世有道者，亦多如此。”江绍原先生评论道：“《神仙传》所云易名以度厄，都是我们对于中国人的‘名观’以前尚未观察到的一个新方面。从前我们注意到‘冠而字’之说，知古人成人时必易新名。现在我们看了葛洪之言，于是又知道古人成人后每遇厄会亦有更易名字之举。但葛洪似专指修道者(?)而言。如然，我们颇想知道他们的这种举动，是否从一般社会中所流行的或种习俗变化而来。厄会是怎样推算出来的，亦待考。野蛮社会中人遇着大不幸（例如丧子或重病）之后，每易名。”[52]《汉书·王莽传》多处有王莽遭“阳九之厄，百六之会”的记载；王莽也多次变更官名、地名等，甚至“岁复变更，一郡至五易名”。这或许跟当时的阴阳五行之说有关，值得好好研究。摩尔根也讲到易洛魁人的易名风俗：“有些人在患了一次重病以后，由于迷信的缘故，提出请求再一次改换名字，这种事情也不为少见。”[53]人生中遇到厄运或不幸时，这种易名度厄的风俗似乎跟寄名的习俗有些许联系。上面我们看到的寄养皇子于民间的行为也应该跟易名度厄有关。我们观察到，在现代的广东翁源，也有更易名字赎罪的习俗：人们“以为人之所以能够多子多孙，皆是神佛默佑所致，……惟其如此，是生了儿子之后，每于名字之中，要命成什么神、什么佛，以谢神恩。不然儿子生病，一定要怀疑是神佛谴责。忙的更名易字以赎前愆”[54]。

---

〔51〕 江绍原《民俗与迷信》，第12页，北京出版社，2003年。

〔52〕 江绍原《古俗今说》，第89页，上海文艺出版社，1997年。

〔53〕 [美]路易斯·亨利·摩尔根《古代社会》，第89页，商务印书馆，2012年。

〔54〕 清水《关于命名的迷信》，《民俗》1928年第9期。

六　寄名习俗的成因探索

在中国传统社会，出于多子多福的习俗心理和节育措施的不完善等原因，一般的家庭生育孩子相对较多，然而卫生条件相对差，医疗水平没有多大的保证，在这种情况下如何能保证孩子的健康顺利成长就成了一个非常重要的问题。人们便想出各种办法用以祈祷和保证孩子能够健康成长，甚至包括一些仪式或心理上的宽慰行为，寄名大概就是比较流行的一种。乔继堂认为，寄名神佛就是“在礼仪、象征的基础上将孩子寄托给佛门，从而缔结槛内外的亲属关系。寄名神佛的目的在于保有子嗣、保佑孩子健康成长。人们之所以将孩子寄名神佛，不外乎是认为佛门乃超绝尘凡的所在，遁身其间，自然受菩萨、神灵的保佑，妖魔邪祟、祸患灾疾不易侵凌”〔55〕。这种认识是恰当的。旧时人们普遍认为，一个孩子从出生到成人阶段要经过许多疾病、挫折和沟沟坎坎，这些可以总称为关煞。因此，父母也就想出各种方式帮助孩子顺利平安过关，寄名就是采用某种仪式将小孩托付给神佛，让神佛保佑，或者将孩子改变姓名，作为神佛的弟子或别姓人家的孩子，以免疾病等灾难找上门来；若一旦找上门来，也可以有个金蝉脱壳之计。

这种寄名神佛的习俗固然跟佛教、道教的一些观念流行有关，它还跟远古的语言崇拜有关。寄名实际上是一种藏名方法。在中国，传统上一个人有很多个名，小时有乳名，或曰小名，对外交往有大名，或曰官名，成人后有些人还有表字、雅号、别号等。如果说乳名是一个人最早的称号，从情理上应该与人的自身最直接相关，故一般只有父母、师长可以用来相称。外人若用小名来称呼一个人，无异于骂人。《三国演义》中曹操故友许攸以小名称呼曹操，便惹来曹操众将的不平，招来杀身之祸。为什么人们忌讳外人称呼自己的名字呢？现代人类学认为，人类在远古时代逐渐形成这样一种信念，名就是魂，埃及人的第八魂就是名魂〔56〕。一旦被外人或敌人呼名，就有可能使魂受到伤害，魂受到伤害就如同身体受到了伤害或者说潜存着某种伤害。吕叔湘先生曾讲到这一点，人们“甚至相信一个人的名字跟人身祸福相连，因而名字要避讳。皇帝的名字、长官的名字、祖宗和长辈的名字不能叫，一般人也都在‘名’之外取一个‘号’，彼此不称名而称号。在后世，认为这是礼貌；在远古，这是人身保护”〔57〕。弗雷泽在《金枝》中曾说到“个人名字的禁忌”：“未开化的民族对于语言和事物不能明确区分，常以为名字和它们所代

〔55〕 乔继堂《中国人生礼俗大全》，第 118 页，天津人民出版社，1990 年。

〔56〕 胡适《我们能做什么》，第 98 页，当代中国出版社，2013 年。

〔57〕 吕叔湘《吕叔湘文集》第 4 卷，第 1 页，商务印书馆，2004 年。

表的人或物之间不仅是人的思想概念上的联系，而且是实在的物质的联系，从而巫术容易通过名字，犹如通过头发指甲及人身其他任何部分一样，来为害于人。事实上，原始人把自己的名字看作是自身极重要的部分，因而非常注意保护它。”[58]卡西尔在《语言与神话》中说：“名称的变化有时可以保护某人免遭即将临头的危害；只要这人采纳一个不同的自我就可以逃离危险，因为另一自我的形态会使该人变得无法辨识。在依韦部族中流行着这样一种习俗：人们给孩童，尤其是那些兄弟姊妹中有人夭折的孩童另外起一个附有恫吓意味，或能赋予这些孩童以某种非人属性的名称；他们认为，这样一来，死神要么被吓跑，要么上当受骗，于是就会放过他们，仿佛他们根本就不是人了。”[59]我们可以这样说，寄名就是一种隐藏或变易原名的方法，在有些人那里，隐藏或变易原名之后就可以帮助小儿躲避灾难了。

（王庆：北京师范大学文学院，100875，北京）

---

〔58〕 弗雷泽《金枝》，第364页，大众文艺出版社，1998年。

〔59〕 ［德］卡西尔著，于晓等译《语言与神话》，第75页，生活·读书·新知三联书店，1988年。

故事的思想史研究*

——重点讨论河北中部和南部故事中的神崇拜与道德观

[美]欧达伟(R. David Arkush),董晓萍(译)

提要： 如何看待中国人的神崇拜与道德观？这是中西学术交流中争议较大的问题，也是一个需要重点讨论的问题。以往主要用西方概念和西方宗教学的方法进行讨论，不符合中国实际。实际上，中国是与西方完全不同的非宗教国家。中国在儒学支配下，同时在儒释道综合构建的道德观系统中，创造了与西方宗教世界完全不同的灿烂历史文明。中国人也有次宗教的神崇拜，但这种次宗教低于道德观体系，不能对道德观体系提出任何问题。中西方有两种十分不同的思想文化体系，不能用西方框架套用中国社会文化的研究。从前在这方面的有限研究，只关注中国上层经典，这也远远不够，还是要注意使用中下层思想资料，如来自民众、藏量丰富的中国故事，这是西方人接近中国人的神崇拜和道德观的直接思想资源，也可能是最重要的思想资源。作者是西方学界最早使用权威中国故事资料（以河北中部和南部故事为主）讨论这个问题的美国汉学家，本文体现了作者通过研究所构建的中国道德观话语体系，包括：神人合作思想、妖怪学、神人关系与社会分层、神人互动与阶级关系、社区宗教仪式与集体文化遗产等。

关键词： 欧达伟　美国汉学　思想史方法　中国故事　河北中部和南部

本文使用500余个中国故事，包括钟敬文主编“中国民间文学三套集成”中的《中国民间故事集成》（县卷本），主要是20世纪80年代以后在河北中部和南部搜集的450个

---

* 本文是教育部人文社科重点研究基地重大项目“跨文化视野下的民俗文化研究”的子课题成果，项目编号：19JJD7500003，项目主持人：董晓萍。

译者注：本文是作者所撰英文书稿中的一章，英文原题为《神好吗？——河北故事中的神崇拜与道德观》(*Are the Gods Good? Worship and Morality in Hebei Folktales*)，为了让更多的学界同行和一般读者了解作者的理论问题与研究方法，译者将此文题目略做改动，保留了英文原题，作为副题，并在副题上增加了故事搜集地的信息；另外，以“故事的思想史研究”作为正题，促进跨学科的学术交流。

故事，对照日本学者泽田瑞穗和山本斌于20世纪40年代前期搜集的75个河北中部和北部故事[1]；扩大利用1949年前搜集的其他河北故事，包括美籍华裔学者晏阳初于20世纪30年代在河北定县主持中华平民教育运动中所搜集的定县秧歌故事[2]，参考德国学者艾伯华(Wolfram Eberhard)《中国民间故事类型》和美国民俗学者阿兰·邓迪斯(Alan Dundes)著作中的相关故事[3]。将这批20世纪在大体相同地区搜集的故事文本做整体处理，开展专题研究。这些故事记录本出自中外学者之手，有不同的搜集和研究方法，我将尽量正确地加以利用，不过这也可能是它们此前很少被使用的原因。

本文主要对中国故事开展思想史研究，而不是民俗学和文学的研究，这与此前的研究有所区别。我的看法是，研究故事本身的思想细节远比研究故事情节分类更有意思。这里还有一个如何向西方世界的读者再现故事文本的问题，本文的做法是，以故事文本为底本进行缩写(有些缩写本的字数可能超量，但它们都很容易剪裁，不耐烦的读者可以跳过)。缩写不是内容摘要，不是学术笔记，也不是翻译，而是原文的简写本。在缩写的过程中，省略了方言词汇与句式，但在凡省略处，我已根据原文提供的搜集人方言注释，将其完整的意思转为现代汉语，再行缩写。缩写的格式有两种：一是全本缩写，指从头到尾再现故事原文的内容；二是局部缩写，指针对有特殊意义的故事段落进行缩写。具体采用哪种缩写格式，我已在对应的故事文本注释中做了说明。缩写的目的，一是可以集中地讨论思想史的问题，二是适当控制文本的字数[4]。

本文不做泛泛的思想史研究，而是聚焦于故事中神灵崇拜观念和道德观开展研究。西方人说到“神”，会做宗教学的研究，本文不研究宗教，而是从河北故事文本的实际出发，重点讨论故事借助“神”的词汇所传达的道德观。西方学界近年重视下层思想史的研究，但要将这种方法用到中国故事的研究上，还要做很多细致的工作。例如，在本文

---

〔1〕［日］山本斌《中国の民间传承》，东京：太平出版社，1975年。［日］泽田瑞穗《燕赵夜话——采访华北传说集》，名古屋：采华书林，1965年。这两本书所收故事主要从河北栾城县和获鹿县搜集而得，作者已将其中大部分故事译成日文，在日本出版。作者山本斌，也有的印本写作“山本一”。

译者注：由于篇幅所限，本译文未发表作者对两位日本学者著作的讨论部分，但对英文原文中涉及两位日本学者的注释，如“参见泽田瑞穗和山本斌的著作”，本译文会附出，以便让读者了解作者展开讨论的其他问题，但因本译文中没有使用两位日本学者的引文，故在以下注释中，不再重复给出此两书的出处与页码信息。

〔2〕关于定县秧歌故事，详见李景汉、张世文编《定县秧歌选》，中华平民教育促进会，1933年。另见董晓萍、［美］欧达伟(R. David Arkush)《乡村戏曲表演与中国现代民众》，北京师范大学出版社，2000年。

〔3〕［德］艾伯华(Wolfram Eberhard)著，王燕生、周祖生译《中国民间故事类型》(修订版)，商务印书馆，2017年。

〔4〕译者注：本译文此次发表，侧重展现作者的主要研究观点与方法。作者所做描述性缩写本，因占用大量篇幅，暂存不发。有兴趣的读者可以在以后出版的译著中阅读这些缩写本全文。

资料系统的构建上，作为西方学者，我本人对于河北地方宗教和故事资料的了解，肯定不如中国宗教学者或民俗学者，在这方面，如能获得他们的建议以补充资料，我将求之不得。再如，关于“故事讲述人”的概念，我也在本次研究中做了限定。本文的做法是，全部使用70岁以上老人讲的故事，即他们的出生年不超过1925年(至1940年至少15岁，可以独立叙事)，其识字程度不超过小学(仍以口头传承为主)，其中四分之一是女性。这批老人的世界观与故事中的观念是贴近的。故事的搜集地和流传地来源，分布于河北省中部和南部的11个县(村)，分别是：柏乡县、藁城县、高阳县、高邑县、南宫县、内邱县、平山县、平乡县、任县和元氏县，加上被命名为“故事村”的河北省藁城县耿村[5]。此外，本文用英文写作，以西方人为读者对象，还要对中国故事中的计量单位进行翻译，而很多中文计量词在英文中又没有，于是我需要做一些临时的变通处理，如暂将中文的“里(li)”译为英文的“英里(mile)”，将中文的“亩(mu)”译为英文的“英亩(acre)”。这样做不是没有顾虑的，但在没找到更好的办法之前，姑且如此。这类琐细而不无重要的资料处理工作，如能得到来自各方面的、更为合理的处理建议，作者一定不胜感激。

本文是一部书稿中的一章。在其他几章中，我已分别对河北故事的环境、贫穷和饥饿的观念，家庭内部的紧张与焦虑，两性、社区、阶级之间的关系等进行了讨论，对其中所涉及的一些西方学界长期争论的理论问题做了研究，这些已经完成的工作应该是本文的基础。

本文讨论的核心问题是“神”与道德观，主要是河北故事中围绕神的叙事所表达的概念系统，考察这些概念是怎样被组织起来的，怎样从道德观的角度给予解释，怎样形成大量关于神的叙事。还有，本文考察故事叙事的思想倾向，不是直接观察讲述人所说的神好还是不好，而是考察故事如何通过叙事给神赋予信仰，在什么条件下举行与故事相关的仪式，讲述人又怎样通过传达神谕劝善行好。我们带着这些问题去研究故事文本，比着迷于故事的分类理论，也许更有价值。

导论：考察河北故事中对于神和庙的叙事特点

近年来，我考察了相当数量的华北民间故事。从性质上说，它们基本都是道德叙事文本。在这些故事中，大多数的话题是：谁是好人？谁是坏人？这些人怎样做事？都发生了怎样不同的结果？故事用正面的例子做心理辅导，对负面的例子提出批评和给予

[5] 在本文的故事引文中所使用的故事流传地拼音代码及其原地名为：BX柏乡县、GCh藁城县、GYa高阳县、GYi高邑县、NG南宫县、NQ内邱县、PS平山县、PX平乡县、RX任县、YS元氏县、Gc藁城县的耿村。这里将耿村特别提出，是因为藁城县耿村的故事讲述人较为集中，被当地称作“故事村”。

训诫。这些故事构成一个道德话语系统。我们也许可以假设,这种道德话语系统的核心观念是劝善惩恶,并且这也是当地人宗教观的一部分。但仔细分析故事文本可见,这一道德话语系统并不具备宗教教义的内涵,而大量都是情感化的表达。一般认为,宗教信仰通过参与仪式活动,能强化社区认同和价值观。但接触到河北故事后,我们不禁要问:当地讲述人真的是这么想的吗?西方学者认为,通过宗教仪式能提升人们的道德水准,但河北的讲述人们对此认可吗?他们的叙事是否已经表明,他们是将对神的信仰与劝善的实践联系在一起了呢?我看恐怕还很难这么说。

河北地方社会有宗教,这毋庸置疑。20 世纪 30 年代晏阳初主持定县中华平民教育运动,随队学者已经看到并调查了当地的寺庙。美国学者甘博(Sidney D. Gamble)在分析定县调查资料时谈到,截至 1928 年,定县平均每村都有 2 座寺庙或神龛;1882 年,每村都有寺庙 7 座以上[6]。在我们看到的河北故事中,超过四分之一的文本提到寺庙的名称。寺庙的种类五花八门,还有难以胜计的无名"村庙"与无人问津的"古刹"[7]。故事中提及较多的庙名,主要有:城隍庙、土地庙、关帝庙、八王庙和十王庙;还有大大小小的佛庙道观,如八仙庙、山神庙和狐仙庙等;有些故事提到了家族祠堂。故事提及较多的神名,主要有:龙王、玉皇大帝、送子娘娘、孔子、火神、伏羲或人祖,还有"丢在村外的残破神像"。有个河北故事很特别,不能说它对宗教或民俗研究很重要,但它告诉我们,神不一定都住在庙里,而是在日常生活中无处不在。这个故事说,孩子的母亲外出探亲,被狼吃了。狼又变成母亲回家。孩子们让冒充的母亲进了屋。半夜时,姐姐发现母亲是假的,吃了小妹妹。她就找借口带着另一个妹妹逃走,下面是母女对话:"娘,娘,俺尿尿"。"在炕上尿吧","俺嫌有炕神"。"到屋地下尿去","俺嫌有地神"。"到院里尿吧","俺嫌有院神"。"滚到茅子里尿吧"[8]。姐妹俩出了门,爬到一棵大树

[6] Sidney D. Gamble, *Ting Hsien*: *A North China Rural Community*, Stanford: Stanford University Press, 1954, p. 405. 另见董晓萍、[美]欧达伟《乡村戏曲表演与中国现代民众》(重点看《绪论》),第 1—24 页,北京师范大学出版社,2000 年。

[7] 中文的"庙"一词,也包括很多小庙,如果统一按英文的"寺庙(temple)"对译,可能会产生误解。在本文中,根据故事的实际情况,我翻译一些有名称的小庙,如土地庙;但在大多数情况下,很难说清这些村落小庙是什么庙,则用 temple 笼统译出。

[8] 这是一个狼外婆的故事,收入钟敬文主编《中国民间故事集成》(县卷本),河北省高邑县民间文学三套集成办公室编《高邑民间故事》(内部资料,铅印本),第 140 页,1989 年。该故事的异文在河北省中部和南部其他县也多有流传,如在藁城县耿村搜集的同类故事《三姐妹》,收入钟敬文主编、《中国民间故事集成·河北卷》编辑委员会编《中国民间故事集成·河北卷》,北京:中国 ISBN 中心出版,2003 年,第 548 页。艾伯华也对此做过讨论,参见艾伯华(Wolfram Eberhard)《老虎外婆的故事》,收入阿兰·邓迪斯(Alan Dundes)编《小红帽:一个个案》,麦迪逊:威斯康星大学出版社,第 21—63 页,1989 年。(Wolfram Eberhard, The Story of Grandaunt Tiger, in *Little Red Riding Hood*: *A Casebook*, Alan Dundes ed. Madison: University of Wisconsin Press, 1989, pp. 21—63.)

上，向邻居喊救命。

这个故事在中国广为传播，西方也有。艾伯华和阿兰·邓迪斯都研究过这个故事，不过他们关心的是故事分类，而不是河北姐妹说的一串神名。还有的故事认为，神的知识是由不识字的老百姓掌握的，受过教育的书生并不熟悉。有个故事说，一位教书先生，路上遇见老人，老人问这位先生，灶神什么时候上天？什么时候回宫？先生答不上来。故事解释说，先生是个秀才，问他神仙的事，肯定一问三不知。先生的弟弟不识字，却对神仙的事有问必答，人们就推举弟弟当了教书先生〔9〕。西方的故事中也有这种解释，说灶神登芝麻秆梯子上天，其他神也用芝麻秆梯子登天，而种芝麻和使用芝麻秆的知识是出自老百姓的，不是文人学士的知识。还有的河北故事说，书生瞧不起农民，农民也瞧不起书生，这样的故事要传达什么思想观念呢？即崇拜神是民众思想领地，通过观察故事能看见社会分层，故事是反映社会分层的体裁。但是，掌握神的知识是否与寺庙有关？是否寺庙的僧侣应该全面掌握神的知识并促进其流通？故事没提到这种线索。

在这里，我必须承认，人类学和相关学科强调社区宗教仪式的重要性，指出人们的价值观可以通过社区宗教仪式进行分享和整合，他们还在这方面取得了很多研究成果。但在我使用的500余个故事中，确实没有任何文本提到社区宗教仪式，故事的叙事都无法证明农民是如何看待和思考社区宗教仪式的。我们所能看到的是，在故事的叙事中，提到很多神名，但这些线索都是传达村民是如何想象神的。故事也讲了一些祭神活动，还有人神之间的互动，还能看到村民敬神时所说的话，但这些都是一些日常的、普通的故事，不是西方人理解的宗教概念与实践。还有，我们要看到，讲故事是中国老百姓了解关于神的知识的基本思想来源，而且是一种丰富的资源，也许是最好的资源。为此，我们应该通过故事接近这种资源，并直面这种资源，考察“宗教”的多元含义。

以下重点讨论河北故事中的神与道德观。

一　神也有人的缺点

在本文的开头，我要先讨论故事中的负面神。大体可分三类：一是收受贿赂之神，如《城隍爷搬家》〔10〕；二是打家劫舍之神，如《两个土地爷》〔11〕；三是贪美好色之神，如

〔9〕《文盲先生》，收入钟敬文主编《中国民间故事集成》（县卷本），河北省高阳县民间文学三套集成办公室编《高阳民间文学集成》（内部资料，铅印本），第109页，1988年。全本缩写。

〔10〕《城隍爷搬家》，收入钟敬文主编《中国民间故事集成》（县卷本），河北省任县民间文学三套集成办公室编《任县民间文学集成》（内部资料，铅印本），第101页，1986年。全本缩写。

〔11〕《两个土地爷》，收入钟敬文主编《中国民间故事集成》（县卷本），河北省平乡县民间文学三套集成办公室编《平乡县故事、歌谣、谚语卷》，第297页，1986年。全本缩写。

《没脸皮的城隍爷》[12]。它们都是不好的神，但也不像妖魔鬼怪那么坏。但是，既然是负面神，人们还能将之视为道德力量的化身吗？它们的缺点看上去也很人类化。在一个故事中，神的妻子很唠叨，数落丈夫没钱的种种不是。在另一个故事中，两个神互动借钱，其实都不名一文，谁也帮不了谁，故事篇名就叫《土地爷借钱》[13]。这类故事的实质在于，神被想象得穷困潦倒，因而会站在贫苦人的身边。神也会在道德上失去约束，而这种故事会被用作道德训诫的范本。

在这类故事的叙事氛围中，既没有对神灵的崇敬，也没有对魔鬼的畏惧。人们提到神，是因为它们是道德话语系统中不可缺少的概念和样本。故事中的土地神、城隍爷、关公，与现实社会中的人类一样，并不完美。还有一位女神（可能是观音）很尴尬，守护她的寺庙的石狮子半夜入室强奸女子未遂，反而让女神提起此事就脸红（《红脸菩萨断腿狮》）[14]。另一个故事说，天庭设宴招待众神，女神饮酒过量，醉醺醺中碰洒了酒坛，酒洒向人间，从此人间就有了酒喝（《米奶奶的传说》）[15]。某青年好吃懒做，没家没业。他向送子娘娘求子，送子娘娘送了他一个儿子。故事告诉我们，这位娘娘之所以施舍，不是被青年的续香火之举所感动，而是被他哭穷的假象所打动（《吃鸡蛋》）[16]，这样看来，这位送子娘娘的仁慈行为也是不值得尊敬的。

二　神需要人类助手

很多故事说，神的记忆力和学习能力都不如人类，因而需要人类当助手，而不是人类需要神的助手或动物助手（《金牛星下凡》）[17]。

龙王是河北故事中一个地位显赫又大权在握的神。但一个故事说，龙王也有落难的时候，要请人类去帮忙。青年小三发现了一对金弓银箭，很是新奇，拿到村外去玩。

---

〔12〕《没脸皮的城隍爷》，收入钟敬文主编《中国民间故事集成》（县卷本），河北省平山县民间文学三套集成办公室编《平山民间故事选（二）》（内部资料，铅印本），第 320 页，1986 年。局部缩写。

〔13〕《土地爷借钱》，收入钟敬文主编《中国民间故事集成》（县卷本），河北省平乡县民间文学三套集成办公室编《平乡县故事、歌谣、谚语卷》（内部资料，铅印本），第 264 页，1986 年。局部缩写。

〔14〕《红脸菩萨断腿狮》，收入钟敬文主编《中国民间故事集成》（县卷本），河北省南宫县民间文学三套集成办公室编《南宫市故事、歌谣、谚语卷》（内部资料，铅印本），第 77 页，1987 年。全本缩写。

〔15〕《米奶奶的传说》，收入钟敬文主编《中国民间故事集成》（县卷本），河北省藁城县民间文学三套集成办公室编《藁城民间故事集（第三集）》（内部资料，铅印本），第 131 页，1987 年。局部缩写。

〔16〕《吃鸡蛋》，收入钟敬文主编《中国民间故事集成》（县卷本），河北省柏乡县民间文学三套集成办公室编《柏乡县民间故事、歌谣、谚语》（内部资料，铅印本），第 233 页，1987 年。全本缩写。

〔17〕《金牛星下凡》，收入钟敬文主编《中国民间故事集成》（县卷本），河北省平山县民间文学三套集成办公室编《平山民间故事选（二）》（内部资料，铅印本），第 230 页，1986 年。局部缩写。

一位银发白须的老人迎面走来，对小三说："救救我吧，恩人。"老人又说，中午从北方飘来黑、白两朵云彩，要让白云过去，向黑云射出三支箭。小三答应了。但他只顾着射杀黑云，没干家里的农活，惹得母亲很生气，不给他午饭吃(《小三和龙女》)[18]。

神是淘气的，恶作剧的。鲁班神造赵州桥时，发生了这样一件事[19]：八仙张果老和柴旺勋要把赵州桥带到太阳、月亮和星星上去，但事先要考察这座桥是否足够结实。鲁班经受了考验。但他认出这两位大仙后，慌了手脚，将一只眼落在马王爷的前额上。马王爷正要去一座新庙上任，却发生了突如其来的变化(《鲁班眼》)[20]。

三　神界的官僚机构

我在其他文章中谈过，在中国故事中有象征性的神界机构。神界机构与现实社会组织很相似，也有类似现实社会官方机构的行政系统和官僚作风。虽然萨哈与维勒(Shahar and Weller)也谈到，并非所有行政机构都像一般文章谈的那么官僚[21]，但这不是我在这里要谈的重点，我要说的是，这种象征性的神界官僚机构和行政管理系统，在河北故事中也是存在的(《卧龙岗的传说》)[22]。根据这类叙事，在中国故事中，不仅有神界和人间两套官方行政机构，还有第三套行政机构，即设在阴曹地府的阎王殿。从故事文本看，天上的、人间的与地下的三套行政机构，有时是职能交叉的。一位现实社会的官员得到神界官方的提拔，连升三级(《加封三级的县官》)[23]。一条龙违背了上天的意志，作恶多端，受到人间皇帝的惩罚，皇帝本人也因为僭越履职进行了自罚(《觉山寺的传说》)[24]。这些都是天上、人间两套机构的合作，第三套地下机构后面讲。

---

〔18〕《小三和龙女》，收入钟敬文主编《中国民间故事集成》(县卷本)，河北省藁城县民间文学三套集成办公室编《耿村民间故事集(第一集)》(内部资料，铅印本)，第207页，1988年。局部缩写。

〔19〕这个故事在元代已有记载，参见马书田《中国民间诸神》，第354页，团结出版社，1997年。其他异文见泽田瑞穗和山本斌的著作。

〔20〕《鲁班眼》，收入钟敬文主编《中国民间故事集成》(县卷本)，河北省任县民间文学三套集成办公室编《任县民间文学集成》(内部资料，铅印本)，第280页，1986年。全本缩写。

〔21〕Meir Shahar, Robert Paul Weller eds. *Unruly Gods: Divinity and Society in China*. Honolulu: University of Hawaii Press, 1996.

〔22〕《卧龙岗的传说》，收入钟敬文主编《中国民间故事集成》(县卷本)，河北省内邱县民间文学三套集成办公室编《内邱民间故事选》(内部资料，铅印本)，第75页，1985年。全本缩写。

〔23〕《加封三级的县官》，收入钟敬文主编《中国民间故事集成》(县卷本)，河北省平山县民间文学三套集成办公室编《平山民间故事选(二)》(内部资料，铅印本)，第211页，1986年。全本缩写。

〔24〕《觉山寺的传说》，收入钟敬文主编《中国民间故事集成》(县卷本)，河北省平山县民间文学三套集成办公室编《平山民间故事选(二)》(内部资料，铅印本)，第34页，1986年。全本缩写。

四 神的来源

从故事看，很多神的来源，原型是人，由于人的道德品质高尚，身后转化为神，这样的例子不少（这也可能是神有人的缺点的一个原因）。但从研究的角度看，人而能神，在故事中是否都与人的道德水准有关呢？这个问题似乎值得问一问。答案基本上是肯定的。一位青年女子，在婆家吃苦耐劳，又忠又孝，死后羽化成仙（《水娘娘庙的传说》）〔25〕。还要注意一点，就是故事强调说，她的美德的特点，是把乡亲的利益看得比家庭利益还重。那么考察这类叙事时，观察家庭利益、社区利益与寺庙利益三者的关系，就是一个值得做的问题。

也有不同的例子。在河北故事中，有很多关帝的故事，但关帝的形象并不完美。关帝身后为武圣，生前却善恶皆有。也有的故事讲，某女子成仙，是施行魔法的结果，而不是美德所致（《米奶奶的传说》）〔26〕。

还有一种神出身卑微，如灶神，他的道德品行也不怎么样。他曾经依靠勤劳致富，但后来变了心，与妻子离了婚。他的妻子很能干，后来发了财。有一年，腊月二十三，他沿街乞讨，无意中来到她家门口。她让他进门，给他施舍。他抬头一看，原来是她，羞愧难当，便钻进灶膛里烧死了。世人念他有悔改之心，就在每年腊月二十三这天给他上供，还把他和他的前妻敬为灶王爷和灶王奶奶一起供奉（《张灶王的传说》）〔27〕。河北故事提到的灶神很特别，他在神界地位不高，权力也不大，对人类帮助也不多，故被提及的频率也不高〔28〕。

五 长生不老

许多河北故事中都有长生不老的话题。在故事的叙事中，人类身体的不朽，通常被

---

〔25〕《水娘娘庙的传说》，收入钟敬文主编《中国民间故事集成》（县卷本），河北省柏乡县民间文学三套集成办公室编《柏乡县民间故事、歌谣、谚语》（内部资料，铅印本），第 141 页，1987 年。全本缩写。

〔26〕《米奶奶的传说》，收入钟敬文主编《中国民间故事集成》（县卷本），河北省藁城县民间文学三套集成办公室编《藁城民间故事集（第三集）》（内部资料，铅印本），第 131 页，1987 年。全本缩写。

〔27〕《张灶王的传说》，收入钟敬文主编《中国民间故事集成》（县卷本），河北省内邱县民间文学三套集成办公室编《内邱民间故事选》（内部资料，铅印本），第 64 页，1985 年。全本缩写。

〔28〕关于灶神的其他故事和研究，参见 Robert L. Chard, *Rituals and Scriptures of the Stove Cult*, in *Ritual and Scripture in Chinese Popular Religion: Five Studies*, Berkeley: Chinese Popular Culture Project, University of California Press, 1995, pp. 3—54. 作者在该书中写道，灶神在遭受霉运、贫穷、自杀和卖妻等经历之后，才得到一份不起眼的活干。

认为要经过漫长而艰苦的培养过程。一位叫于庆的青年，从八仙庙的青蛙口中得知，烂脚大仙将路过此地，于庆要练就不朽之身，就上前拜他为师。他请求大仙收下自己做徒弟，加以严格的训练(《于坑的蛤蟆为啥不叫唤》)〔29〕。

另一个故事传达的观念与之相仿，但强调长生不老不仅是身体的训练，也是一种道德的修为，其结果由宿命控制，成事在人，谋事在天。在一个河北故事中，主人公是三皇姑(或观音)。三皇姑是师父，徒弟叫董朗。师傅带徒弟修行，在山上走来走去，不吃不喝，不眠不休。但无论经过痛苦的身体训练成仙，还是因为道德高尚成仙，故事文本都不曾提及人们为了追求长生不老所要经历的克制、压抑与万分痛苦。在这里，河北三皇姑的资料比较特殊，与妙善的资料和观音的资料互有交叉之处，但三者是否属于同一个神，仅凭故事尚难完全判断〔30〕。

一般说，我们可以通过故事的叙事得出有限的结论，但人们也不会单纯地认为，仅凭道德品质就能直接成神或神仙。从神的方面说，在被认为与人类相似时，似乎与人们习惯认知的超自然物无大差别。施舟人(Kristofer Schipper)指出，比较而言，应该更为关注神与神仙之间的差别。神比神仙的地位要低，因为神是死去的人，而神仙已战胜了死亡〔31〕。施舟人的这个观点是从道家角度提出的。在我所看到的河北故事文本中，神和神仙的区别并没有清晰的边界。上面提过的灶神故事就谈到，灶神是神，因为丧失伦理道德，钻进灶膛自焚成仙，但成仙就不存在死亡的问题，仙人可以飞升天庭，永世长存。在一个故事的结尾，善良的媳妇升了天，故事对她升天的过程做了详细描述，说她感到身体里发光，仿佛在恍惚中，慢慢地像一朵云，飘到天花板上，再飘过树梢，轻轻地升到了天堂，从此长生不老(《秀姑成仙》)〔32〕。

施舟人还认为，神之所以不如神仙，是因为神仙不需要食物供应，因此也不像人类控制神那样，容易控制神仙。不过也有的宗教学者认为，寺庙敬神所控制的，是神的神偶，而不是神本身。我从所使用的河北故事文本看，被敬奉的寺庙，似乎只是用来烧香拜佛的，并没有控制神和寺庙的迹象，如八仙庙。

---

〔29〕《于坑的蛤蚂为啥不叫唤》，收入钟敬文主编《中国民间故事集成》(县卷本)，河北省平山县民间文学三套集成办公室编《平山民间故事选(二)》(内部资料，铅印本)，第159页，1986年。全本缩写。

〔30〕泽田瑞穗和山本斌都记录了被称作“三皇姑”的河北妙善故事，参见泽田瑞穗和山本斌的著作。

〔31〕Kristofer Schipper, *The Taoist Body*, Berkely: Universty of California Press, 1993, chaps. 4 and 9 especially.

〔32〕《秀姑成仙》，收入钟敬文主编《中国民间故事集成》(县卷本)，河北省高邑县民间文学三套集成办公室编《高邑民间故事》(内部资料，铅印本)，第16页，1989年。全本缩写。

“神仙”(或“仙”)一词,也经常被用于描述仙女。仙女都是从绘画中,或者从龙宫中,或者从其他什么特殊地点来到人间的女子。她们在某个时段离开天庭,来到人间,然后还要返回天庭,这种家庭的丈夫要继续与仙妻生活在一起,就要经历很多难题考验[33]。

六　妖怪学

在河北故事中,还记录了妖魔鬼怪。它们有时也像神,但绝非善类。它们经常主动攻击人类,充满了恶意和敌意。在故事中能看到,在人间新婚之夜,魔鬼经常袭击新娘(《照妖镜》)[34]。“道观里的道士也拿它没办法”,一个勇敢的青年找到了魔棒,打碎了妖石,制服了它(《蛤蟆石》)[35]。有一位英雄与众不同,出身石头,道德品质好、身体强壮,被称为“石敢当”。最有名的是“泰山石敢当”,被矗立在路边,抵挡所有妖魔鬼怪,保守人类生命财产的安全。当地人还有泰山石敢当的信仰,他们在一张纸上写下“泰山石敢当”几个字,张贴在屋外的山墙上,祈求得到石敢当对家庭的保护(《泰山石敢当》)[36]。这种信仰和实践在当地十分盛行,现在还能看到。

根据河北故事的叙述,鬼才是可怕的,也是最危险的。特别是水鬼,会抓住活人,将之淹死,再用这个人当替身,变成人的模样,到世间作恶。一位勇者与鬼相遇,勇者毫不畏惧,把鬼给吓坏了,再也不敢找人类纠缠(《李贵贵斗水鬼》)[37]。在大多故事中,妖魔鬼怪还都算安静。日本学者 20 世纪 40 年代初在河北(主要是栾城县)收集了一批故事,里面的妖魔鬼怪都没什么害处,它们有的是坟地里的鬼,夜间出来偷油吃,或者夜间

---

〔33〕 例如《崇祯的传说》,收入钟敬文主编《中国民间故事集成》(县卷本),河北省平乡县民间文学三套集成办公室编《平乡县故事、歌谣、谚语卷》(内部资料,铅印本),第 137 页,1986 年。收入钟敬文主编《中国民间故事集成》(县卷本),河北省柏乡县民间文学三套集成办公室编《柏乡县民间故事、歌谣、谚语》(内部资料,铅印本),第 17 页,1987 年。《富郎与仙女》,收入钟敬文主编《中国民间故事集成》(县卷本),河北省平山县民间文学三套集成办公室编《平山民间故事选(二)》(内部资料,铅印本),第 193 页,1986 年。局部缩写。

〔34〕 《照妖镜》,收入钟敬文主编《中国民间故事集成》(县卷本),河北省平乡县民间文学三套集成办公室编《平乡县故事、歌谣、谚语卷》(内部资料,铅印本),第 115 页,1986 年。局部缩写。

〔35〕 《天桂山的传说(蛤蟆石)》,收入钟敬文主编《中国民间故事集成》(县卷本),河北省平山县民间文学三套集成办公室编《平山民间故事选(二)》(内部资料,铅印本),第 173 页,1986 年。全本缩写。

〔36〕 《泰山石敢当》,收入钟敬文主编《中国民间故事集成》(县卷本),河北省柏乡县民间文学三套集成办公室编《柏乡县民间故事、歌谣、谚语》(内部资料,铅印本),第 86 页,1987 年。全本缩写。

〔37〕 《李贵贵斗水鬼》,收入钟敬文主编《中国民间故事集成》(县卷本),河北省南宫县民间文学三套集成办公室编《南宫市故事、歌谣、谚语卷》(内部资料,铅印本),第 79 页,1987 年。全本缩写。

做豆腐。它们被塑造成边缘生物群体，但并不可怕(《赔鬼》)[38]。

在一些故事中，怕鬼的说法不过是一种谐谑的表述。两人在倾盆大雨中相遇，互相看不清对方，就把对方误认为鬼。还有的故事说，人们害怕荒郊野外的废庙，提起这种地方就胆战心惊，但我仍然认为，人们对寺庙和鬼有相同的认知和相似的情绪，而在实践中又是有区别的。比如，人们怕鬼而逃，事后又分别返回庙中，烧香磕头，感谢寺庙保护自己不受鬼的侵害(《疑鬼》)[39]。这种叙事反映了怎样的思想倾向呢？反映人们在情感上对待妖怪的态度是矛盾的：妖怪的名字听上去很可怕，但实际上它们对人类也很友善，有的还会给人们带来好处。一个故事说，某男子把某女子从老虎口中救出，娶她为妻，生活幸福。突然有一天，他怀疑妻子是女妖，举起斧头要砍她，他的母亲就对他说，她是一个"好鬼"，不要恨她。后来她托梦给他，说自己原来是一只羊，经过千年的修炼变成人(《路八缸》)[40]。也有的故事讲，妖魔渴望得到人体牺牲供自己享用，这是妖怪与神的一大区别(《斩妖刀》)[41]。

在河北故事中，最特殊的一类妖怪是狐妻。在我使用的故事文本中，有超过 20 个故事讲超自然的狐狸(狐仙)。在这种故事的叙事中，狐狸，也被称为"狐精"或"狐狸精"，或者又叫"狐妖"，更多的时候被称为"狐仙"。故事在使用这个词语时，包括我们通常翻译为"仙"的术语。在故事中，大多数狐仙都是能从良驱恶的善类，只有少数狐仙是害人的，还有极少数狐仙是顽皮的精灵。这种故事描述的都是一些日常生活现象，如谢天灵用一根又细又长的针、狗血、乌木和桃木宝剑，治好狐狸伤人造成的疾病(《谢天灵灭狐妖》)[42]。狐妻大多很有姿色，心地善良，没有恶意，愿意为人类丈夫做各种事情。当两情阻隔时，双方都很伤心。在一个故事里，男子娶了狐仙为妻(据说他们共同度过了 20 年的幸福时光)。她一旦离开后，便施美人计引诱恶魔，后来她又被当作恶魔驱赶(《张三赶考》)[43]。人们通常认为狐狸是可怕的动物，但在故事中，它们的身份是体面

[38] 《赔鬼》，收入钟敬文主编《中国民间故事集成》(县卷本)，河北省藁城县民间文学三套集成办公室编《藁城民间故事集(第三集)》(内部资料，铅印本)，第 137 页，1987 年。全本缩写。

[39] 《疑鬼》，收入钟敬文主编《中国民间故事集成》(县卷本)，河北省平乡县民间文学三套集成办公室编《平乡县故事、歌谣、谚语卷》(内部资料，铅印本)，第 141 页，1986 年。全本缩写。

[40] 《路八缸》，收入钟敬文主编《中国民间故事集成》(县卷本)，河北省南宫县民间文学三套集成办公室编《南宫市故事、歌谣、谚语卷》(内部资料，铅印本)，第 126 页，1987 年。局部缩写。

[41] 《斩妖刀》，钟敬文主编《中国民间故事集成》(县卷本)，河北省平乡县民间文学三套集成办公室编《平乡县故事、歌谣、谚语卷》(内部资料，铅印本)，第 151 页，1986 年。全本缩写。

[42] 《谢天灵灭狐妖》，收入钟敬文主编《中国民间故事集成》(县卷本)，河北省平山县民间文学三套集成办公室编《平山民间故事选(二)》(内部资料，铅印本)，第 308 页，1986 年。全本缩写。

[43] 《张三赶考》，收入钟敬文主编《中国民间故事集成》(县卷本)，河北省藁城县民间文学三套集成办公室编《耿村民间故事集(第一集)》(内部资料，铅印本)，第 334 页，1988 年。全本缩写。

的，只要被友善地接纳，就能对人类慷慨相助。一个小故事说，接生婆原来很害怕狐仙，但在为其接生后，发现对方很友好，还懂得感恩回报。一个晚上，有位老者来叫门，解释说，它们是住在官庄一座土墩里的狐狸精，从未害过人。这次她为狐仙接生，狐仙要回礼感谢她。天亮后，她开门一看，门口有两匹蓝布和十根金元宝(《狐仙请医》)〔44〕。

还有的故事说，狐仙的道义作为给人类树立了榜样，提高了人类的道德水准。某狐仙从京城给某官员写了封信，说能治好官员女儿的病，条件是这位官员再也不做坏事。官员答应了，并终生恪守。他的女儿果然病好了，还嫁给这位狐仙(《狐仙洞的传说(传书得妻)》)〔45〕。河北有很多狐仙庙，人们为狐仙焚香烧纸，就像对待其他神一样敬奉它们，狐仙庙就是神庙或神殿。

近年学者研究发现，早期人类社会对精灵很崇拜，到17世纪和18世纪，大众道德价值观被提升，精灵崇拜就被转移到其他地方呈现出来。到了20世纪，在故事中，随处可见道德价值观。也有的学者认为，在现代社会，神灵崇拜活动已转为带有经济色彩的实践，就像市场上的交易一样，缺乏道德上的分量。然而，道德力量可以作为商品进行市场交换吗？对此我持怀疑态度。

七　僧侣与道德

在我们所看到的故事中，神和寺庙两者都与道德或道德教化本身没有关系。(仅有一个例外是，故事讲，东岳庙有十八层地狱的壁画，被任性的唐朝公主看见了，吓坏了，从此她到处行善〔46〕。)没有人把僧侣当作神去供奉，也没有人把他们当道德模范去称颂。他们顶多是受过长期训练获得特殊能力的人，包括法力。很多僧侣都有不良嗜好，有的懒惰(《将就懒僧》)〔47〕，有的见财起意，有的依仗武功霸凌一方〔48〕，名声很差。

未婚僧侣被认为有性阴谋，这种阴谋可以得逞一时，但最后都没有好下场。一个和

〔44〕《狐仙请医》，收入钟敬文主编《中国民间故事集成》(县卷本)，河北省南宫县民间文学三套集成办公室编《南宫市故事、歌谣、谚语卷》(内部资料，铅印本)，第67页，1987年。全本缩写。

〔45〕《狐仙洞的传说(传书得妻)》，收入钟敬文主编《中国民间故事集成》(县卷本)，河北省内邱县民间文学三套集成办公室编《内邱民间故事选》(内部资料，铅印本)，第116页，1985年。局部缩写。

〔46〕《城隍庙教化金枝女》，收入钟敬文主编《中国民间故事集成》(县卷本)，河北省平山县民间文学三套集成办公室编《平山民间故事选(二)》(内部资料，铅印本)，第46页，1986年。全本缩写。

〔47〕《将就懒僧》，钟敬文主编《中国民间故事集成》(县卷本)，河北省元氏县民间文学三套集成办公室编《任县民间传说故事选》(内部资料，铅印本)，第242页，1987年。全本缩写。

〔48〕《真武宝剑的传说》，收入钟敬文主编《中国民间故事集成》(县卷本)，河北省平乡县民间文学三套集成办公室编《平乡县故事、歌谣、谚语卷》(内部资料，铅印本)，第89页，1986年。全本缩写。

尚与寡妇日久生情，私情维持了几十年。她去世后，她的儿子杀了和尚(《杀和尚》)[49]。

在一些故事中，道士为民除害，口碑不错[50]。一个故事讲，悍妇虐待行乞的道士，道士送她一件袍子，她穿上袍子后变成驴，受到惩罚(《恶媳妇变驴》)[51]。河北平山县讲的故事大都与天桂山寺庙有关。内丘县的故事讲道教创教人之一张天师的传说(《张天师出世》)[52]。也许正因为很多故事中的僧道人士品行一般，所以一旦出现大德高僧，就能在故事中获得很高的地位，这种故事让人感到，大德高僧应该备受尊重(《谁活的年纪大》)[53]。

八　算命与占卜

其他类型的神职人员也会出现在故事中，如算命先生、风水师、圆梦人和治疗师。他们并未全被描写成坏人，有的也具有道德感和责任心。一个小贩，其妻子与情人要合谋害死他，一位算命人(阴阳先生)就主动告诉他应该怎样保护自己(《康七之死》)[54]。在一个不太认真的故事中，占卜者被要求通过算卦，找回丢失的一头牛。尽管我们还不清楚是否应该把他的好卦归结为他的占卜能力，还是他的运气好(《三钱"大黄"找到牛》)[55]。

还有个故事说，三个算命瞎子都吹牛自己未卜先知，结果都掉进井里(《瞎子跳井》)[56]。还有一个媒婆能解梦，人称张半仙，但她在十里八村的名声不好，人们都不相信她(《圆梦》)[57]。这是一种讽刺故事。

---

〔49〕《杀和尚》，收入钟敬文主编《中国民间故事集成》(县卷本)，河北省柏乡县民间文学三套集成办公室编《柏乡县民间故事、歌谣、谚语》(内部资料，铅印本)，第177页，1987年。全本缩写。

〔50〕《道士沟的传说》，收入钟敬文主编《中国民间故事集成》(县卷本)，河北省平山县民间文学三套集成办公室编《平山民间故事选(二)》(内部资料，铅印本)，第81页，1986年。全本缩写。

〔51〕《恶媳妇变驴》，收入钟敬文主编《中国民间故事集成》(县卷本)，河北省藁城县民间文学三套集成办公室编《藁城民间故事集(第三集)》(内部资料，铅印本)，第129页，1987年。局部缩写。

〔52〕《张天师出世》，收入钟敬文主编《中国民间故事集成》(县卷本)，河北省内邱县民间文学三套集成办公室编《内邱民间故事选》(内部资料，铅印本)，第53页，1985年。局部缩写。

〔53〕《谁活的年纪大》，钟敬文主编《中国民间故事集成》(县卷本)，河北省柏乡县民间文学三套集成办公室编《柏乡县民间故事、歌谣、谚语》(内部资料，铅印本)，第277页，1987年。全本缩写。

〔54〕《康七之死》，收入钟敬文主编《中国民间故事集成》(县卷本)，河北省平山县民间文学三套集成办公室编《平山民间故事选(二)》(内部资料，铅印本)，第301页，1986年。全本缩写。

〔55〕《三钱"大黄"找到牛》，收入钟敬文主编《中国民间故事集成》(县卷本)，河北省任县民间文学三套集成办公室编《任县民间文学集成》(内部资料，铅印本)，第228页，1986年。局部缩写。

〔56〕《瞎子跳井》，收入钟敬文主编《中国民间故事集成》(县卷本)，河北省南宫县民间文学三套集成办公室编《南宫市故事、歌谣、谚语卷》(内部资料，铅印本)，第156页，1987年。全本缩写。

〔57〕《圆梦》，收入钟敬文主编《中国民间故事集成》(县卷本)，河北省南宫县民间文学三套集成办公室编《南宫市故事、歌谣、谚语卷》(内部资料，铅印本)，第166页，1987年。局部缩写。

圆梦人的故事总是很流行，但故事又说，圆梦人也不都是能掐会算，有时也施诡计得逞(《黄毛梦先生》)〔58〕。这种故事又表明，人们对占卜者持怀疑态度。

有些故事批评治疗师是庸医误事，但也有些故事持相反意见，认为治疗师能够治好一些疑难杂症。人们遇到生命危险时愿意花钱免灾，这就吸引了大批骗子前来捞钱，有人装神弄鬼、诈骗钱财。我们从这类故事中没有看到对寺庙女神的怀疑，没有对治病力量的祈祷，怀疑论都是针对巫婆的。这种态度与中国宗教看重实际的说法是一致的，即认为普通人不需要昂贵的神职人员，因为他们自己就可以单独与神接触，进行直接的交流。

有的西方学者认为，关于迷信和欺骗的说法，可能受到20世纪反迷信思潮的影响，但也不尽然，我们能在河北故事中看到，不少故事文本和讲述人都在批评治疗师。在欧洲中世纪时期，否定神职人员的做法也很普遍。

九　神奇的工匠

手工工匠也被认为具有特异的通神功能。一个纸扎匠的故事说，他的纸扎人很灵，在葬礼上像活的一样，这种说法显然具有一定的经济意图(《纸马喝水》)〔59〕。

一个故事说，有位石匠勇猛过人，又有神奇的宝物，他最后战胜了一个恶魔。在另一个故事中，赢家是张瓦匠，他有勇有谋斗地主。他给李地主搭了一铺炕，又用纸挡住了烟道的出口。张说李地主的阴阳有问题："太阴，不够阳"，要求李地主举办一个盛大宴会招待大家。他还说，如果他能疏通烟筒，让烟筒冒烟，李地主就要给他减租(《张瓦匠除邪》)〔60〕。

十　社区宗教仪式

据我们所知，所有社区集体宗教活动都是有其他资源的，但这点很少在故事中被提及。下面一个例子并不多见，它描述说，道观可以提供求雨服务(《天桂山的传说(求雨)》)〔61〕，这种情况确实存在。

---

〔58〕《黄毛梦先生》，收入钟敬文主编《中国民间故事集成》(县卷本)，河北省元氏县民间文学三套集成办公室编《任县民间传说故事选》(内部资料，铅印本)，第196页，1987年。局部缩写。

〔59〕《纸马喝水》，收入钟敬文主编《中国民间故事集成》(县卷本)，河北省南宫县民间文学三套集成办公室编《南宫市故事、歌谣、谚语卷》(内部资料，铅印本)，第108页，1987年。全本缩写。

〔60〕《张瓦匠除邪》，钟敬文主编《中国民间故事集成》(县卷本)，河北省元氏县民间文学三套集成办公室编《元氏县民间传说故事选》(内部资料，铅印本)，第22页，1987年。

〔61〕《天桂山的传说(求雨)》，收入钟敬文主编《中国民间故事集成》(县卷本)，河北省平山县民间文学三套集成办公室编《平山民间故事选(二)》(内部资料，铅印本)，第178页，1986年。全本缩写。

还有一个故事讲，妇女们去山上朝圣，一个名叫玉凤的年轻寡妇没去，她留在家里照顾她死去的丈夫的祖父。有人就嚼舌说，她与老人单独呆在一起守不住贞操。但在她外出为老人买药时，超自然的风把她送回家，证实了她的美德(《玉凤》)[62]。

有六个故事提到庙会，却没有对集体宗教仪式的描述。庙会活动都是娱乐性的。我们还发现，故事中有很多关于个体祈祷和崇拜神灵的情节，但又没有任何线索表明，神会反过来促进劝善，或者奖励善行(《龙泉的来历》)[63]。

在我们所看到的故事文本中，在神与人的关系中，神有时出错，人也有时出错，而任何一种出错都会增加一种感觉，即在人神交流中，都有利己的成分(《赵成文求子》)[64]。

谈到仪式供品的价值，有两个故事来源：一是讲祖先庙的供品被偷(《孝子窃供》)[65]；一是人对神提出了过分的要求。在这里我们不妨思考，是否有给个人带来福利的神或宗教？马克斯·韦伯(Max Weber)讨论过这类问题[66]，但在河北故事中，我们对这类线索看得不是很清楚。无论如何，那些惩罚邪恶的故事让我们回头思考神与善的关系，因为这类故事对证明神有道德力量的观点提供了证据。我们从故事中看到，很多时候，神对人类是仁慈的。人祖伏羲在饥荒中把荞麦种子交给人类，被人们世代祭祀。但神也会对人类提出道德要求吗？让我们从下一个资料讨论：两个人在神庙里向神许愿，这种举动表明，神庙的神是被认为有道德的。不过也有几个故事表示，神通过干预的方式惩恶扬善，这种干预大都在寺庙之外发生的(《单穗麦》)[67]。

十一　关于转世重生

在几个故事中，神不是道德的力量，而是道德的工具。很多劝善故事会被解读为简单的感激和互惠，而不是有意识地激励人们变得善良。一个乞丐婆婆给一名穷苦

---

〔62〕《玉凤》，收入钟敬文主编《中国民间故事集成》(县卷本)，河北省任县民间文学三套集成办公室编《任县民间文学集成》(内部资料，铅印本)，第277页，1986年。全本缩写。

〔63〕《龙泉的来历》，收入钟敬文主编《中国民间故事集成》(县卷本)，河北省平乡县民间文学三套集成办公室编《平乡县故事、歌谣、谚语卷》(内部资料，铅印本)，第18页，1986年。全本缩写。

〔64〕《赵成文求子》，收入钟敬文主编《中国民间故事集成》(县卷本)，河北省柏乡县民间文学三套集成办公室编《柏乡县民间故事、歌谣、谚语》(内部资料，铅印本)，第312页，1987年。全本缩写。

〔65〕《孝子窃供》，收入钟敬文主编《中国民间故事集成》(县卷本)，河北省柏乡县民间文学三套集成办公室编《柏乡县民间故事、歌谣、谚语》(内部资料，铅印本)，第28页，1987年。全本缩写。

〔66〕［德］马克斯·韦伯(Max Weber)著，于晓、陈维纲译《新教伦理与资本主义精神》，生活·读书·新知三联书店，2005年。

〔67〕《单穗麦》，收入钟敬文主编《中国民间故事集成》(县卷本)，河北省高阳县民间文学三套集成办公室编《高阳民间文学集成》(内部资料，铅印本)，第101页，1988年。全本缩写。

妇女一个头簪，把头簪放在锅里热蒸，能蒸出包子(《狗为什么掐猫》)[68]。一名妇女从虎口中拔出棍子，老虎日后把食物送到她的门口报恩，还赶走了欺负她的讨债人(《老虎报恩》)[69]。神在这些故事中，促进了正确的行为，但这些只是普遍道德机制中的一小部分。

在鼓励道德的机制中，最重要的一种机制，是转世重生，或者如故事所说的起死回生。体现这种机制的，是地狱里的阎王殿审判，人们因为害怕看到地狱刑罚而变得善良(《城隍庙教化金枝女》)[70]。故事通过地狱想象影响人们的观念，这时地狱变得无所不能，是硬性朝纲。但在接下来的故事中，却并没有严肃地对待是非判断。阎王爷只是一个执行者，人类的命运已经固定在“生死簿”上(《小黄三斗阎王》)[71]，于是地狱故事又变得缺乏道德分量。

在故事中，当转世重生被描绘成一种代表正义的道德力量时，它似乎总是自动地对人类的命运发挥作用。在一个历史故事中，投胎产生了不同寻常的道德正义(《韩信恩杀割菜女》)[72]。也有的故事讲，转世重生的方式，除了投胎，还可以用其他方式进行，但伴随这种观点所发生的现象，通常是超自然现象或者是神奇经历，又没有任何迹象表明这与神的意志有关(《不孝子孙黑了心》)[73]。

自然界的闪电被视为一种道德工具。闪电被认为来自天庭。天庭有时也会被用拟人化的术语形容，如说“老天爷”“苍天有眼”，这些说法都指“天堂的意志”，人们认为有些东西是“上天注定的”，但几乎没有人认为，天本身就是一位神。在故事中，天是神和神仙居住的地方；天也是一种客观的自然力量，会带来雨水，也左右命运。在几个故事中，好品德有好结果，如《狗耕田》中的狗为善良的弟弟犁地和娶亲。

---

〔68〕《狗为什么掐猫》，收入钟敬文主编《中国民间故事集成》(县卷本)，河北省高阳县民间文学三套集成办公室编《高阳民间文学集成》(内部资料，铅印本)，第40页，1988年。全本缩写。

〔69〕《老虎报恩》，收入钟敬文主编《中国民间故事集成》(县卷本)，河北省藁城县民间文学三套集成办公室编《藁城民间故事集(第三集)》(内部资料，铅印本)，第165页，1987年。全本缩写。

〔70〕《城隍庙教化金枝女》，收入钟敬文主编《中国民间故事集成》(县卷本)，河北省平山县民间文学三套集成办公室编收入《平山民间故事选(二)》(内部资料，铅印本)，第46页，1986年。全本缩写。

〔71〕《小黄三斗阎王》，钟敬文主编《中国民间故事集成》(县卷本)，河北省柏乡县民间文学三套集成办公室编《柏乡县民间故事、歌谣、谚语》(内部资料，铅印本)，第98页，1987年。全本缩写。

〔72〕《韩信恩杀割菜女》，收入钟敬文主编《中国民间故事集成》(县卷本)，河北省平山县民间文学三套集成办公室编《平山民间故事选(二)》，(内部资料，铅印本)，第44页，1986年。局部缩写。

〔73〕《不孝子孙黑了心》，收入钟敬文主编《中国民间故事集成》(县卷本)，河北省藁城县民间文学三套集成办公室编《藁城民间故事集(第三集)》(内部资料，铅印本)，第149页，1987年。全本缩写。

十二　风水

异样的植物暗示一位官员已被谋杀(《红瓤西瓜的传说》)[74]。故事呈现出中国人的宇宙观:在通常情况下,它是客观的,没有任何明显的意志;在很多时候,它是模糊的超自然物,也许是一种神奇的动物,或者是一个有特异功能的白胡子老人,只是偶尔被认为是神。令人惊讶的是,神似乎被认为在宇宙的道德运作中扮演一个相当次要的角色。烧香的神似乎很少对人提出道德要求。它们是有用的,因为它们是可以买到的。它们不被认为是特别道德的。这种道德是建立在宇宙中的,并不依赖于神,甚至嵌入了一些关于所谓的"风水"的极端客观和自动力量的故事中。像崇拜神一样,风水也是试图操纵自己命运的一种方式,更常见的是规划家族后代的命运。但这些观念表现为一种客观的做法,即寻找墓地。有时是特殊建筑,以便从地形地貌所产生的能量中获益。它也是建立在有关自然界的复杂而抽象的理论基础上的,成为崇高传统的一部分。普通人可以直接到寺庙里接触神,但看风水却需要另外聘请一位行家(故事中称为"阴阳先生"或"风水先生"),人们对风水先生的指示必须严格遵守(《刘老乐葬父看茔地》)[75]。

正如人们所指出的,寻找一个好的风水墓地的目的,并不是像大多数丧葬仪式那样造福死者,而是为了造福生者和他们的后代。由于风水是客观的和利己主义的,它常常被描述为不道德的。在一个故事中,男子伪造了一份地契,暗中移动地界,骗取另一片风水宝地。

好的埋葬地点是有限的。穷人可能会憎恨富人的家庭,富人能够负担得起风水。风水也是富人的关注点,会成为富人财富投资的一个重点。好人和那些能买到一个好墓地带来的好处的人之间,存在紧张的人际关系,风水因此会引发阶级冲突和社会冲突。但受过教育的人对风水的兴趣没有什么不正常的。

同样的道德冲动是利用特殊知识来破坏一个缺乏道德的强者的风水(《阪丞相》)[76]。这个故事表明,对风水的秘密有更好的理解,是可以战胜强权者的。在另一个故事中,我们看到,一位风水先生出于自私的原因,企图窃取另一个家庭的风水,但屡

---

〔74〕《红瓤西瓜的传说》,收入钟敬文主编《中国民间故事集成》(县卷本),河北省南宫县民间文学三套集成办公室编《南宫市故事、歌谣、谚语卷》(内部资料,铅印本),第98页,1987年。全本缩写。

〔75〕《刘老乐葬父看茔地》,收入钟敬文主编《中国民间故事集成》(县卷本),河北省高阳县民间文学三套集成办公室编《高阳民间文学集成》(内部资料,铅印本),第158页,1988年。全本缩写。

〔76〕《阪丞相》,钟敬文主编《中国民间故事集成》(县卷本),河北省藁城县民间文学三套集成办公室编《藁城民间故事集(第三集)》(内部资料,铅印本),第145页,1987年。全本缩写。

窃屡败。为什么？故事里似乎有一种暗示，即风水在受到宇宙间固有的道德力量的支配(《张天师出世》)[77]。

道德比墓地更重要的信息在最后一个故事中被肯定。一个品德高尚的人，无论家族墓地安放在哪里，都会兴旺发达。这是对风水道德观的构建与肯定(《李文、李广的传说》)[78]。

结 论

什么样的人是好人？什么样的人是坏人？故事通过叙事告诉我们，道德成长于人类的情感之中，也存在于社会文化系统之中。它产生于社会中的自我与他人的互惠情怀和被赞赏为"好人"的愿望。它也基于这样一种信念：善有善报、恶有恶报，而这种信念也是由无数的故事培育出来的。总的说，中国故事构筑了一个道德话语系统，其中包括了一些基本的、但对中国人来说可能是最重要的机制和概念，包括：转世重生的机制；以闪电，或者其他自然现象，或者魔法动物，或者具有模糊的超自然力量的白胡子老头作为隐喻的道德工具，宗教活动似乎缺乏道德意义，有的故事还把神的崇拜描写成一种无关道德的、功利主义的经济贸易活动。

在中国故事中，还有一种在西方没有的故事，那就是烧"纸"或烧"纸钱"。在故事和相关祭祀仪式中，这被认为是祭祖行为，通过这个仪式，纸钱能转化为真实的货币，到达他界，供逝去的故人使用[79]。然而，这并不是我们在本文开头谈到的社区集体宗教仪式，而是一种家族性质的祭奠仪式。不管考察这类故事也有特殊意义：它促使我们思考，它们怎样具有强大的道德力量，而绝非宗教力量，吸引中国人世世代代地为之恪守和传承。

译者附记：

本文是美国著名汉学家欧达伟(R. David Arkush)教授花费近 20 年时间撰写的一部英文专著中的一章。本译文是首次发表。十几年前，在作者与译者同赴香港中文大学参加的一次由法国学者组织的国际会议上，作者曾就此文做过大会发言，引起过不小的轰动。会后我们又进行过多次面对面的讨论。应该说，比较而

---

[77] 《张天师出世》，收入钟敬文主编《中国民间故事集成》(县卷本)，河北省内邱县民间文学三套集成办公室编《内邱民间故事选》(内部资料，铅印本)，第 53 页，1985 年。局部缩写。

[78] 《李文、李广的传说》，收入钟敬文主编《中国民间故事集成》(县卷本)，河北省高邑县民间文学三套集成办公室编《万成民间故事集(第一集)》(内部资料，铅印本)，第 183 页，1989 年。全本缩写。

[79] 关于这个仪式的详细说明，参见侯庆朗的一本很有启发的书《中国货币和中国宗教的现金概念》，法兰西学院中国研究所，1975 年。(Hou Ching-lang, *Monnaies d' offrande et la notion de trésorerie dans la religion chinoise*, Paris: Collège de France, Institut des hautes études chinoise, 1975.)

言,此文是作者这部专著中处理资料和研究方法难度较大的部分,作者在其中提出的很多新观点需要从不同角度加以延伸讨论,他将此文交给译者翻译和我们在内部讨论也是多年前的事。但由于译者一直在等其他各章的定稿,所以翻译的事就暂时搁置下来。现在发表此本译文,是译者原有工作计划中的一部分,但原文已超过5万字,需要压缩篇幅,以适应学术期刊的发表要求,故本文省略了原文中占篇幅较大的缩写故事内容(但保留了故事篇名与出处,以利专业研究者查询),首先以其硬核部分征求同行的意见,后面再吸收大家的意见加以修改和补充,再出版全文,相信这样做也符合作者坚持创造性劳动的初衷。

在此文中,作者使用权威中国故事资料,主要针对其中的河北中部和南部的故事文本,开展思想史研究。作者在该著的前面几章中,已就这些故事的环境、社会史、社会分层、历史传统、阶级关系和家庭婚姻等做了研究,同时也对西方学术界研究中国社会文化存在的一些长期争议问题展开了理论讨论。作者的这些工作具有开辟之功。在中国对外开放40余年后的今天,回顾作者著述的过程、学术价值和历史地位,还具有特殊的意义。

在世界环境中研究与西方文化传统完全不同的中国故事,是一项十分复杂而艰巨的任务;中间涉及中西人文科学理论差异中的基本问题。作者于20世纪80年代末来中国访学,这些中西理论差异问题在当时还都是前沿学术问题,双方学者还都处于各说各话的状态,特别是对曾经爆发抗日战争的河北地区资料的触碰和处理,尤其是对它的解释,更是重中之重。当然,由于历史原因,河北的这批资料很少被研究,更谈不上多元对话。

20世纪70年代末中国的改革开放,对中西学者来说都是天赐良机。在国内学术界,在解放思想、实事求是的思想潮流中,“中国民俗学之父”、30年代留日归来的钟敬文先生,在国务院发动和政府文化职能部门领导的中国民族民间文艺十部集成志书搜集运动中,担任中国民间故事集成的主编,联合全国高校和科研院所,以及基层文化馆站人员,以前所未有的、坚决彻底的决心和覆盖面,搜集了全国县域以上所有地区和各民族的口头故事,又陆续以油印或铅印的方式印出。后来我又协助钟先生,与文化部民族民间文艺发展中心主任李松研究员合作,把北京师范大学存藏的故事集成全部数字化,提供学术研究、文化保护和全社会扩大利用。作者是很早获得这批宝贵资料的外国学者,过程如何呢?大约是1988年至1989年期间,经钟先生的好友费孝通先生和王蒙先生推荐,也经另一位美国哈佛历史学者洪长泰(Chang-tai Hung)教授的介绍,作者来到北京师范大学访问钟先生,钟先生在了解到他的研究意图后,向他慷慨赠送了当时刚刚印出的部分河北省故事集成的县卷本(虽然不全,但恰好都是河北中部和南部的县卷本),这样,在前后大量来北师大访学和工作的西方学者中,在获赠并允许使用河北县卷本者,他是第一人。

令人暗叹的是,作者并没有简单使用这些县卷本,而是纳入了他的长期整体研究计划。他在此番来华之前,已经在美国重要书刊上发表了研究中国民间谚语和定县秧歌故事的多篇论文,使用过在美国可以查到的 20 世纪 40 年代日本学者在河北搜集的故事,他也十分熟悉美国汉学界研究日本满铁资料的著作,其中有的作者就是他的哈佛同学。所以,他的此番中国行,可谓有备而来。这一次,他得到这批从中国民俗学者角度提供的权威资料后,他的做法是,将它们放到中、美、日、德、俄、英、法等多国学者已经发表的著作系统中,在多元声音下,开展交叉研究。他出身于西方历史学,现在处理中国故事文本,还要将在历史学看来虚构与历史和现实杂合的故事文本,与擅长故事分析的民俗学分类法,与中国民俗学者进行讨论,然后再给予有效而有限地利用。这是全新的工作。他还要对用河北方言与普通话混合记录的、冗长、重复、松散的底层故事记录本,在一般中国人都难以卒读的情况下,付出极大的耐心,将它们读完,并做到完全读懂,然后将之译成英文,再提炼原文的思想观念,掌握原文的语言叙事风格,开始不厌其烦地缩写,这是连不耐心的中国学者做起来都一头雾水的事情,他完成了,而且是独立完成的,其中所付出的辛劳不言而喻。

他一定是已经意识到,只要他不想简单化地处理这批中国故事资料,只要他想履行他对异国民众报以尊敬的学术理念,他就要忠实地把他所能做到的处理这批故事资料的最优方案坚持到底,这样才能为真正解决一两个有价值的中西学术史争议问题打下基础。如此一来,他所面临的挑战就是巨大的,而且多方面的。他的孤独寂寞就是笃定的,无人可以替代。但他还是选择了这场挑战,并且走到了最后。

他最初访问钟敬文先生的时候,译者正担任钟先生的学术助手,每天跟随钟先生工作,所以有条件参与了钟先生对他的全程接待工作。对他的英文著述观点与方法,译者负责译成中文,转达给擅长使用日文的钟先生。不久,获钟先生的支持和批准,译者与作者开始实地调查河北故事的合作。让我们师生感慨的是,作者优秀的哈佛训练背景、雄厚的中文功底、极为严谨的治学精神、独立思考的学术原则、诚实正直的做人品格,一步步成就了他的挑战。这本书的撰写花了将近 20 年,对这位英文高手来说,他给予怎样高度的重视,付出了怎样巨大的心力,不言自证。

作者曾经是纯粹的书斋学者,但为了获得对中国故事和中国民众思想的正确认识,他跟译者一起下乡进村、访家问户,与大批农民座谈对故事与历史和现实生活的认识,把自己变成了田野学者。在此期间,我们曾一起到河北的定县、藁城县、平山县、栾城县、井陉县苍山地区、赵县、保定、开滦县和河南的宝丰县等地，有时是爬山涉水于道途，有时是骑自行车飞奔，前后长达12年，并全部做了录像和录音资料。当时的中国还没有像今天这样对外开放，我们所到达村庄的生活水平也都处于贫困线上下，作者是外国人，要在各方面克服重重困难，但他没有怨言。他的夫人、法国人雷海伦(Héllèn Lesage)女士曾随行定县，协助录像，定县老太太摸着她的脸问："你是美国苏联人?"她说"是"。他们接受河北农民的亲近，并不介意这些本意毫无侵犯的谈话方式，还真是具有田野范儿。

作者毕竟是来自大洋彼岸的学者，以促进中西研究为要务。在得知钟先生希望了解德国学者艾伯华(Wolfram Eberhard)《中国民间故事类型》一书的内容后，他经过努力，在美国申请到资助该著翻译和出版的一笔经费，促成了艾伯华这本书的中译本在中国面世(商务印书馆，1999)。他还在北京师范大学捐资建成中国民间文化研究所(钟敬文先生任首任所长)，成为中国改革开放后支持中国高校民俗学学科建设的第一位西方学者。他在北京期间，还曾到北京大学、中央民族大学和中国社会科学院讲学，与费孝通先生开创的社会学、人类学和民族学专业师生交流与对话。他还在钟先生的陪同下，驱车到北京某四合院，访问作家王蒙，共同讨论中国现代史与现当代文学的关系。他做到了自己的导师费正清(John King Fairbank)先生没有条件做到的事情，即在中国全面开放的社会主义政治、经济与文化建设氛围中，与中国本土学者和民众面对面地对话，然后独立地进行思考与写作。在他来华之前之后，北京师范大学民俗学专业长期是国际交流重镇，但作者始终是外国学者中间学术实力最强和中文功底最深的学者。前面提到了费正清，作者是费正清先生在哈佛大学招收的第一个博士研究生，属于第二代美国汉学家，而论到第二代汉学家使用三国以上历史文献与中国故事资料开展跨文化研究者，他也是第一个。

在这篇简短的回忆文字即将结束之际，要向日本关西大学内田庆市教授衷心致谢。本译文在翻译过程中，需要日本学者泽田瑞穗和山本斌的著作，国内找不到，在日本查找也很困难，全仰赖内田庆市教授的倾力相助才解决问题。在翻译作者英文文稿的过程中，还得到作者长女欧可依(Elizabeth Arkush)的帮助，也在此一并致谢！本译文发表时，作者已逝世两周年，译者谨以此译文表达深切的悼念之情。

董晓萍

2019年11月18日于北京

(欧达伟：美国爱荷华大学历史系，52242－1409，美国爱荷华；

董晓萍：北京师范大学民俗典籍文字研究中心，100875，北京)

梵语诗的圣与俗*

[法]佛辽若(Pierre-Sylvain Filliozat),赵　悠(译)

提要： 作为受过长期专业训练的学者之作,梵语诗以学究气著称。这些班智达们(paṇḍita,即学者)为了显示自己的精神境界和语言能力,发展出精密的格律、比喻手法及修辞理论。与此同时,梵语诗的另一方面则是充满创造力和感染力的,不论它描绘的是自然、个人感受,还是宗教情怀。本文将举例说明梵语文学的上述特征。

关键词： 梵语　修辞　比喻　大诗

印度的作者通常会在篇首致敬象头神"迦奈什"(Ganeśa),因为他能移除任何事业中的障碍。900 年前的马哈拉施特拉(Mahārāṣṭra),有一位名叫婆什迦罗(Bhāskara,1114—1185 年)的数学家、天文学家。他也因循这样的写作习惯,并在致敬中囊括了莲花意象。他以如此悦耳的偈子,开启一部算数论著:

līlāgalalulallolakālavyālavilāsine |

gaṇeśāyanamo'nīlakamalāmalakāntaye||(*Līlāvatī*9)[1]

皈敬迦奈什——

黑色的蟒蛇缠绕颈间,摇曳嬉戏,

如蓝莲花般无暇皎洁。(《莉拉沃蒂》)

值得注意的是,这么一首朗朗上口、魅力无穷的偈颂,其实由一位科学家所作。饶富学究气的梵语诗,以其隐晦而闻名。让我们仔细揣摩一下这首偈子。

在神话当中,迦奈什是至高神湿婆(Śiva)及其妻子帕尔瓦蒂(Pārvatī)的儿子,他拥

---

* 本文译自法国著名印度学者佛辽若(Pierre-Sylvain Filliozat)的长文《印度梵文诗研究》(Sanskrit Poetry:Secular and Sacred),是北京师范大学第五届跨文化学国际课程班授课的讲义的一部分,经修改后发表。本译文是教育部人文社会科学重点研究基地重大项目"跨文化学理论与方法论"(编号:16JJD750006)的子课题成果;与国家社科基金重大项目"印度古典梵语文艺学重要文献翻译与研究"(编号:18ZDA286)同步进行,为该项目的阶段性成果。

〔1〕 Bhāskara,*Colebrooke'stranslation of the Līlāvatī*,with notes by H. C. Banerji,Calcutta,The Book Company,1927. 译注:中文可参考徐泽林译《莉拉沃蒂》,第 23 页,科学出版社,2008 年。其中本颂行文与原文差别较大,故遵循原作者的解读。

有一个孩子的身躯，却顶着大象的脑袋。我们知道，湿婆有两个重要的面向：对于虔诚的信徒，他是慈眉善目的；对于世间邪恶，则是愤怒可怖的。迦奈什也分有他父亲的这两种面向。在家庭或寺院的神像当中，人们会根据不同的情境，以不同的颜色表现迦奈什——究竟礼拜哪一种，则取决于信徒个人选择哪种为“本尊”(iṣṭadevatā)〔2〕。在印度南部的绘像当中，迦奈什平和慈祥的形象一般以白色的身躯来表现；而在西部和北部，则以偏红黄的颜色居多。若要表现怖畏相，则以深色为主，并示以多头多手，紧握各式象征物或武器，其中就包括蟒蛇。温和相的迦奈什也可能手执蟒蛇，不过是玩耍之姿，或是系在颈脖上作为装饰。这些都是神话中的传统意象。

就上述皈敬偈而言，诗意可谓随着颂文的编排流溢出来：黑色的蟒蛇是最为危险凶残的物种，而诗人却拿它做神子嬉戏的宠物，并通过连续的“l”音，表现出他摆弄蟒蛇的情态〔3〕。

另一点有趣之处在于“kamala”这个梵语词，它可以用来指称许多种类的莲花，不论白色、红色，还是蓝色的莲花。偈颂第二句当中的 namo nīlakamala 实际上带有双重涵义，因为我们还可以把它读作 namoanīlakamala。根据梵语的连音规则，跟在元音“o”后面的短元音“a-”不发音〔4〕，但却保留它原本的意义。此处的前缀“a-”表达否定：“nīla”一般指深色，比如深蓝色(译注：“anīla”则指浅色、白色)。

当我们读到此处，首先会下意识地认为“深蓝色”不合时宜，因为偈颂称颂的是慈爱相的神灵，作者礼敬以祈求庇护。这种情况下，怎么能是一位深色的神灵呢？〔5〕那么，且让我们还是先读成“anīla”，也就是“非深色”(即浅色)。这样便构成了一种比喻：迦奈什拥有白莲花般的光彩，提示其明亮的强度；并由此与黑色的蟒蛇形成巨大反差，体现出神的光明慈爱战胜可怖的黑暗。

这还没完。如果我们不读出那个否定前缀“a”，即 nīlakamala，这句话则将迦奈什的光耀与蓝莲花相比拟。此中诗意更添一筹。诗人想象那条蟒蛇的黑色如此闪耀夺目，惹得这位神子尤其倾心而与之玩耍，甚至抛弃了自己本来的颜色，转而变成了蛇的黑曜之色。这表达了神恩战胜邪恶昏暗的另外一个层面：如果神通过嬉戏便可摆脱邪

〔2〕 译注：意为备受青睐的神灵，作者原文为“preferred deity”。因 iṣṭadevatā 这一概念在汉语中，尤其是在佛教的语境下，通常译为“本尊”，故在此沿用。

〔3〕 译注：“l”是一个充满动感的音，也是“lalita”等表示嬉戏等词汇的主要组成部分。

〔4〕 译注：梵语是表音的书写系统，此类不发音的情况下，会用“s”(avagraha)符号标示初音省略，但字母只写出发音的部分，故仍作“namo'nīlakamala…”。读者需要意识到梵语诗的口头层面，当这些诗句被听到而非阅读到的时候，这里作者所揭示的双重涵义便很易于理解了。

〔5〕 译注：如上所说，深色即代表恐怖相的神。

恶，那么排除诗人创作过程中的任何一种障碍对他而言必定更加轻而易举。

在此我想再次提醒大家：这是一部算数学论著的开篇，接下来整部书都是关于算数，还有一部分天文和宇宙地理学的内容。这其实是鸿篇巨制《成就顶珠》(*Siddhāntaśiromaṇi*)〔6〕的一部分，通篇由偈颂体写成。12 世纪时，此书便以该领域最先进的专业知识闻名，其影响力绵延不绝多个世纪。它的作者是一位典型的“班智达”(paṇḍita)，也就是梵语传统当中的学者。

所谓班智达，必然受过良好的梵语语言训练并精通“三学”(śāstra，意为教授的知识)，其中包括语法(vyākaraṇa)、弥曼差(mīmāṃsā)〔7〕和正理(nyāya)。所谓“语法”，主要指由语言的基本元素构成词汇的规则；所谓“弥曼差”，指的是阐发吠陀词句的过程；所谓“正理”，指的是引导思维和辩论的途径。一位班智达可能情感充沛且富有宗教感，而倾心于诗歌，不论是世俗的还是神圣的诗歌。一位诗人的作品虽看上去不外乎一首诗歌，却往往贯穿着他丰富的理论知识(śāstric knowledge)背景。反之亦然，一位班智达就算偏好理论性、哲学性、宗教性或科学性较强的知识，他的书写仍会透露出诗歌训练的意趣。

梵语诗的格律非常复杂。一般而言，一首梵语偈颂由三到四行组成，每一行的结构基本一致，通常是轻重音节的某种交替组合，或是按照音节单位的长度计算。这套系统意味着大量不同组合的可能性，为作者提供了巨大的创作空间。规范化的诗歌，也同样自成一套理论体系(śāstra)，叫作“庄严论”(alaṃkāraśāstra)。

上述分析的偈颂当中，那种将喻体的颜色转移到本体的方法便是其中一种特殊的修辞手段，叫作“借用”(tadguṇa)〔8〕，即本体、喻体带有同一种性质。它的标准定义如下：

> svam utsarjya guṇaṃ yogād atyujjvalaguṇasya yat |
> vastu tadguṇatām eti bhaṇyate sa tu tadguṇaḥ| |(*Kāvyaprakāśa*，sūtra 204)〔9〕
>
> 当一物与另一物发生某种关联，而后者的特性如此突出，以至于前者脱离了自己本有的属性，转而带上了后者的特征。这叫作“借用”。(《诗光》)

---

〔6〕 译注：其中的第一卷题为《莉拉沃蒂》。

〔7〕 译注：该词的字面意思是反复仔细思量。

〔8〕 译注：或“借用(修辞格)”，沿用黄宝生老师的翻译。

〔9〕 *Kāvyaprakāśa of Mammaṭa with the Sanskrit Commentary Bālabodhinī by V. R. Jhalakikar*，ed. R. D. Karmarkar，Bhandarkar Oriental Research Institute，1965. pp. 745—747. 译注：颂文取自 11 世纪曼摩咤(Mammaṭa)的《诗光》第十章，总第 204 颂，此处直接根据梵语原文及作者解释译出。其他《诗光》选段，可参见黄宝生《梵语诗学论著汇编》(下册)，昆仑出版社，2008 年。

梵语诗歌当中，最常见的修饰分“明喻”（upamā）和“隐喻”（rūpaka）两种。二者都建立在两个相似物之上，却有着形式上的差别。明喻一般有明确的比喻词，指出事物之间的相似性，比如：年轻女孩的脸庞像莲花。而若是隐喻，则仅仅并置两个事物，比如说：年轻女孩的莲花脸。二者更深层次的差别在于：在明喻当中，本体和喻体处在同一个维度上；而在隐喻当中，喻体则附置在本体上——喻体的意义层级实际要高于本体，从而强化本体的某方面特性。

举一例来说。克里希纳（即黑天神）躺在一片榕树叶上是个令人着迷的意象，能激发出一系列隐喻：

karāravindena padāravindaṃ
　　mukhāravinde viniveśayantam |
vaṭasya patrasya puṭeśayānaṃ
　　bālaṃ mukundaṃ manasā smarāmi ||（*Kṛṣṇakarṇāmṛta* II. 57）[10]

凝思着我心中的穆恭陀神童[11]，
躺在一片榕树叶空陷的中央，
用莲花手，在他的莲花口中，
引入他的莲花脚丫。（《黑天悦耳甘露》）

诗人利拉苏迦（Līlāśuka）在他的《黑天悦耳甘露》中，力图彰显神的无所不在。而他的方式是：让毗湿奴这位超世之神，作为一个新生的小婴儿，诞生在牧羊人家；牧羊人的习俗便是将新生儿放在一瓣榕树叶上。这里以“莲花”为喻，便通过渲染婴儿手脚和嘴型之美，唤起至上神的神圣光辉。

莲花是梵语诗歌当中经常用到的比喻。事实上，梵语诗歌传统有一系列约定俗成的经典修辞库。经典的比喻包括花朵、鸟类、野生动物以及想象的生物。它们或具备纯自然的，或具备超自然的特质，而能震慑人心。比如：

— 白色的莲花日出盛开、日落闭合；蓝莲花则反之，白昼紧闭、日落绽放。
— 茉莉花是白色的象征；雨季的乌云则常用来形容黑色。
— 月亮由白色的不死灵药构成，能够给众神带来永生。
— “haṃsa”[12]其实是想象中的白色鸟类，它能够在牛乳当中分离出水，因

[10] *Krishna Karnamrita of Lilasuka*, with English translation, introduction and notes by M. K. Acharya, Ramaswamy Sastrulu, 1958. p. 88.

[11] 译注：穆恭陀（Mukunda）乃黑天之异名。整首颂文还谱有旋律，是一首广为流传的圣歌，一般叫“Bālamukunda Aṣṭakam”。

[12] 译注：中文常译为“天鹅”。

而象征着纯洁,以及圣人与众不同的辨别力。

— “cakora”是一种学名为山鹑的鸟类,传说它以云中的水滴为生。

— “cakravāka”是另一种鸟,它们白天与配偶结合,夜晚便与其分离。

— 鱼的形状通常借来描述眼睛;也因为它在水中不停游动,用来比喻易变的心识。

— 蟒蛇以风为食;眼镜蛇张开的颈部有亮片,故而能在黑暗中发光。

— 印度象的头部有两块凸起,据传其中藏有宝石,且发情时会从中流出一种液体;狮子跳到大象头顶,撕开凸起、宝石散落,这便成为了胜利和力量的象征。

诸如此类的传统意象非常古老,几乎所有都能在史诗《罗摩衍那》(*Rāmāyana*)当中找到[13]。它的作者蚁垤(Vālmīki)则被视为最初的诗人(ādikavi)。

当然,也有作者乐于创造新的修辞手法。印度的国民诗人迦梨陀娑便以其独具匠心的“明喻”著称,我们常说“明喻是属于迦梨陀娑的”(upamā kālidāsasya)。尽管他改写过蚁垤的史诗,对蚁垤所代表的传统了如指掌,但他往往会避免使用常规的手段。即便他使用到这些意象时,仍然创造出新的修辞效果来。比如鱼的油滑易变他很熟悉,但他并不直接举引这一意象;他反其道而行之,用来描述圣人心识的寂静:

kṣaṇamātram ṛṣis tasthau suptamīna iva hradaḥ |(*Raghuvaṃśa* 1.73)[14]

仙人刹那间陷入沉思,(他的眼睛凝固不动,)犹如鱼儿入睡的池塘。(《罗怙世系》)[15]

此处是用一个具象事物比附一个抽象事物,即心识的平静。当然,别处也有用一个抽象事物来比附一个具象事物。

迦梨陀娑可能生活在四世纪笈多王朝的宫廷当中,是三部戏剧的作者,它们无一不是梵语戏剧的杰作;另外还有两首英雄诗,《罗怙世系》讲述一个世间王朝的辉煌故事,他们追溯太阳神为种族的源头;《鸠摩罗出世》(*Kumārasambhava*)则是鸠摩罗诞生于湿婆与雪山女神的神话故事。除此之外,他还著有两部短诗,可谓梵语诗歌的桂冠之作:《六季杂咏》(*Ṛtusaṃhāra*)和悲挽的《云使》(*Meghadūta*)。

《云使》的主旨大约如下:药叉俱比罗(Kubera)的一位侍从玩忽职守,因而被流放边地。由于与自己的爱人遥遥分离,他托付一片云彩传递他的情思。整首诗歌分为两

---

〔13〕 译注:《罗摩衍那》的形成时间,目前认为在公元前 200 年至公元 200 年之间。

〔14〕 *Kālidāsa-granthāvalī*, ed. Revāprasāda Dvivedī, Kāśī Hindū Viśvavidyālayaḥ, 1976. p. 109.

〔15〕 译注:中文选段引自黄宝生译本。迦梨陀娑著,黄宝生译《罗怙世系》,第 29 页,中国社会科学出版社,2017 年。

个部分，各50—60颂，使用挽歌式的“缓转格”(mandākrāntā)[16]写就：一部分诉说云使行走的轨迹，另一部分叙述情书的内容。整部作品充满梦的氛围：云朵模糊暧昧的形状，他笔下的山水，以及流露始终的忧伤情绪，给诗歌奠定了基调。不论是云朵、追忆，还是在绝望与希望之间的徘徊、种种图景、直白或隐喻的表达，都是为谱写挽歌所做的精心选择。通过这样一首短诗，迦梨陀娑开创了一种新的诗歌形式：许许多多的“信使体”作品在他之后问世。鹦鹉、杜鹃、孔雀，乃至风，等等，先后都成为了传递爱情的使者。

通过另一个例子，我们可以了解迦梨陀娑如何借用传统意象表达凄婉的情境：

śyāmāsv aṅgaṃ cakitahariṇīprekṣaṇe dṛṣṭipātaṃ
    vaktracchāyāṃ śaśini śikhināṃ barhabhāreṣu keśān |
utpaśyāmi pratanuṣu nadīvīciṣu bhrūvilāsān
    hantaikasmin kvāpi na te caṇḍi sādṛśyam asti ||(*Meghadūta* II. 41)[17]

我在藤蔓中寻找你的身影，惊鹿眸中寻找你的秋波，
明月中寻找你的脸庞，孔雀翎中寻找你的秀发，河水涟漪中寻找你的眉梢。
哎！我残酷的爱人！还是找不出一处与你相同。[18]

窈窕的身姿、眼神、肤色、秀发与眉梢，描述美貌女性的惯用手法在此一一铺陈，却作为“否定相似性”(apahnuti)的依据而出现。并且，迦梨陀娑尽管沿用了常规意象，却赋予这些意象以相反的情感意义：枯受煎熬的爱人没有说，在藤蔓等等之中“我看见”(paśyāmi)你窈窕的身影。他说的是“想看见”(ut-paśyāmi)：通过动词前缀“ut”，给“看见”这个词添加了一层意欲而不得的意思，基调变成了“我试图看见”。然而这位绝望的爱人，最终还是失败了，那些画面并没有将他的爱人带到现场。在他目光所及之处，她仍然是缺失的。他好像一个被遗弃的爱人，所以最后他唤她为“caṇḍi”，残酷的人。

《罗怙世系》和《鸠摩罗出世》属于“大诗”(mahākāvya)：这是一种介于史诗和抒情诗之间的体裁。它通常取材自《摩诃婆罗多》(*Mahābhārata*)和《罗摩衍那》等史诗作品，以及神话的、宗教的乃至历史性的传说，以记录英雄事迹为主。同时，大诗还包括一些既定的主题，比如对季节、城市、大海、山川、月出、日出、花园、水嬉、婚姻、登基、征服

---

[16] 译注：婉转格(mandākrāntā)是诸多梵语格律中的一种，17个音节一句，两句一颂，遵循以下轻重音节规律：----/˘˘˘˘˘-/-˘˘--˘--(˘表示轻音节、-表示重音节)。可参见 V. S. Apte, *A Practical Sanskrit-English Dictionary*, Poona: Prasad Prakashan, 1957－1959. “Appendix I.”, p. 1185.

[17] *Kālidāsa-granthāvalī*, ed. Revāprasāda Dvivedī, Kāśī Hindū Viśvavidyālayaḥ, 1976. p. 41.

[18] 译注：中文参考迦梨陀娑著，金克木译《云使》，载《梵竺庐集(乙)·天竺诗文》，第143页总第104颂，江西教育出版社，1998年。根据作者原文做细微调整。如主要动词，金译为“看出”(ut-paśyāmi)，佛辽若英译作“search for”，为突出缺失感，沿循后者的意思，译作“寻找”。

四方、议会、出使等对象的描写——事实上，描写经常超出叙事的重要性。大诗之门总是朝向自然、感觉、情绪等敞开。与史诗连贯的叙事不同，大诗在形式上更像是一个个独立偈颂的聚合，每一颂都具备一部诗的分量。

（佛辽若：法国高等社会科学研究院、法兰西学院，75000，法国巴黎；
赵悠：北京大学哲学系（宗教学系）暨外国哲学研究所，100871，北京）

试论“欧化文言”及其研究的意义与价值

刁晏斌　马永草

提要： 一般所说的“欧化”都是立足于白话文的，其实文言也有欧化的问题，所以不仅有欧化白话，同时也有欧化文言，二者都是指在印欧语特别是英语的影响下产生或发展起来的语言样态。欧化文言集“崇古”和“趋今”于一身，凸显异质性和杂糅性。建立欧化文言的知识框架并全面、系统地考察其形成与发展的内部机制和外部动因，及其在汉语发展，尤其是现代汉语形成过程中的地位和作用，具有重大的意义和价值：一是能够拓展和深化欧化汉语的研究，使之在已有基础上趋于全面、均衡；二是有助于促进文言本身，特别是其历时发展的研究；三是有助于推进并完善汉语史研究。

关键词： 欧化文言　文言史　汉语史

○　引言

对于汉语研究者而言，“欧化”并不是一个陌生的概念，王力(1943[2014])最早对欧化语法进行了专题研究，而从语言学角度比较集中的讨论，则是新中国成立以后，特别是改革开放以来。为数众多的论文涉及范围较为广泛，有对某一类汉语欧化语法事实的讨论[1]，有对汉语欧化语法研究情况的综述[2]，有对某位作家作品中欧化语法现象的考察[3]，以及对触发欧化语法现象机制和理论的探讨等[4]。研究成果除了单篇的论文外，也有一些更有分量的专著，由题目大致可以窥见其主要内容，如顾百里(Cornelius C. Kubler)的《现代汉语书面语欧化语法研究》(台北学生书店，1985 年)、谢耀基的《现代汉语欧化语法概论》(香港光明图书有限公司，1990 年)、贺阳的《现代汉语欧化

〔1〕 例如，贺阳(2004，2006)分别讨论了现代汉语中介词和以动词为中心语的名词性偏正结构的欧化情况。

〔2〕 相关讨论主要围绕概念的界定、成因的分析、性质的判定、现象的梳理、理论的探讨、成绩和不足的总结、规范标准的制定以及研究方向的展望等当中的某几个方面展开，如谢耀基(2001)等。

〔3〕 例如，柳国栋(2017)对鲁迅作品中的欧化句法现象进行了分类研究并讨论了其欧化语言风格。

〔4〕 这方面的研究主要集中在翻译和语言接触上，如贺阳(2008)和朱一凡(2011)等。

语法现象研究》(商务印书馆,2008 年)、崔山佳的《汉语欧化语法现象专题研究》(巴蜀书社,2013 年)以及马春华的《汉语欧化结构的立体考察》(中州古籍出版社,2016 年)等。

已有研究对于了解汉语欧化的真实面貌、认识现代汉语的形成路径以及研究语言接触理论等都有很大的意义和价值,但也存在一些不足:一是研究内容不够均衡,主要集中在语法,词汇部分相对薄弱,其他方面(如修辞等)还较少涉及;二是基本只有共时研究,在相当程度上忽略了历时研究,仅就现代汉语阶段而言,不同时期欧化的目标、方式、程度、来源、数量及其与汉语自源形式的关系等,也并不完全相同,甚至还有较大的差异;三是理论的建构尚有不足,比如文学界立足于汉语的现代化及其与文学现代化的关系来定位、分析和审视欧化现象,外语学界立足于翻译理论与实践,甚至翻译史,关注与研究欧化现象,而语言学界更多地只是就语言现象本身、多少有些“就事论事”式地进行相关研究,总体而言缺乏更高层次(如对汉语面貌的总体改变、对汉语发展史的重要影响等)上的把握;四是已有的外来词语工具书不但数量较少,而且收词范围较为有限,此外时间上也相对滞后,目前还没有集中收录改革开放四十年来外来词语引进“第三次浪潮”中产生词语的外来语词典。

除了以上几个方面外,还有一个我们认为也非常重要的不足,这就是罕有欧化现象的分文体研究。就现有的欧化文本来说,既有现代白话范围内的,也有数量巨大的欧化文言文本,比如清末民初就有许多中外翻译家、翻译机构和译介西学的重要期刊,产出了大量科技、社会科学和文学著作的文言译本(详见冯志杰 2011)。以林纾的翻译小说为例,据钱锺书(1981:103)考察:“林译作品今日可知者,凡一八四种,单行本一三七种,未刊二十三种,八种存稿本。”可见其数量巨大。其实,对书面语来说,都有欧化的问题,但是就已有研究来看,所谓欧化,“默认”的对象就是白话,因此所有成果也都集中于此;至于欧化文言,目前尚未作为一个学术概念建立起来,更遑论相关研究了。

我们认为,建立“欧化文言”概念非常有必要,理由至少有以下几个:

首先,数量庞大的受欧化影响的文言文本需要有一个统一的指称形式;

其次,目前我们的汉语欧化研究只是“半覆盖”,将欧化文言作为一个专题进行研究,一方面可以建立一个相对独立的研究领域,另一方面可以实现对汉语欧化现象的全覆盖;

再次,欧化文言是文言系统的有机组成部分,对于文言自身及其历时发展,以及汉语史的完整研究均有重要的意义和价值。

我们曾经讨论过汉语的外来形式问题,认为它包括两个大的方面:一是“纯”外来的形式,其所指既涵盖外来词语和外来句式,也包括文字、语音以及属于语言使用范围的修辞等;二是受外语影响而产生的某些形式或用法,或者是汉语中某些固有形式由于受外语影响而发生的变化(刁晏斌 2009)。本文即在此范围内使用“欧化”这一指称形式。

一 “欧化文言”的概念及其提出依据

就目前所见,最早提倡欧化的是傅斯年(1919[2003:223—225]),文章主张“直用西洋文的款式,文法,词法,句法,章法,词枝……造成一种超于现在的国语,欧化的国语,因而成就一种欧化国语的文学”。文中还进一步强调说:“我们拿西洋文当做榜样,去摹仿他,正是极适当、极简便的办法,所以这理想的白话文,竟可说是——欧化的白话文。”胡适(1924[2003:24])也有相似的主张:“白话文必不能避免欧化,只有欧化的白话才能够应付新时代的新需要。欧化的白话文就是充分吸收西洋语言的细密的结构,使我们的文字能够传达复杂的思想,曲折的理论。”傅、胡二人主要是立足/着眼于白话而言的,这一点近百年来一直都没有改变,即凡谈欧化,都是针对且仅限于白话文的。除了“欧化的白话文”和“欧化的白话”外,就我们所见,还有直接表述为“欧化白话”或“欧化白话文”的,前者如“经过不断的翻译磨合,大概在 19 世纪 60 年代之后,古白话逐渐退出传教士翻译的历史舞台,欧化白话开始登场”(袁进 2007);后者如“早在‘五四’之前,类似现代汉语的欧化白话文就在教会出版物中存在并延续下来”(尹延安 2013:69—70)。

我国历史上,文言与白话长期并存并用,白话文有欧化现象,那么文言有没有?答案是肯定的。曹而云(2006:114)在对梁启超的新文体进行评论时指出:“‘新文体’之‘新’只是相对于未改造的文言和传统白话而已,它是介于欧化文言与传统白话之间的混血语言。”这里把“欧化文言”与“传统白话”相对,同时也与“未改造的文言”即传统文言相对,这样也就基本明确了它的所指范围。与“欧化文言”所指相同但更早出现的,是“欧化的古文”。胡适(1923[1998:234])明确指出:“严复还是用古文译书,章士钊就有点倾向‘欧化’的古文了。”还有的表述中虽然没有类似的提法,但实际上也指出了欧化文言存在的客观性,如“林纾译书所用的文体是他心目中认为较通俗、较随便、富于弹性的文言……意想不到的是,译文里包含很大的‘欧化’成分”(钱锺书 1981:39—40)。

文言有其自身完整的发展历史,早在 20 世纪 80 年代,吕叔湘就设想把汉语史分为语音史、文言史和白话史三个部分(江蓝生 1988:序)。王宁也认为:“汉语的书面语与口语既然分在两条线上发展,我们就不能说书面语的发展不是汉语史;而且,书面语的发展虽然比之口语相对缓慢,但就社会性而言,影响更为巨大。总之,文言也要有自己的发展史。”(谢序华 2011:序)文学界的一些相关研究也能为此提供佐证,比如王风(2001)指出:“作为正式语体的文言文,到《新青年》时期,与传统文言相比早已面目全非。”这里的“面目全非”正是对文言发展变化的一种肯定与强调。我们通过初步考察,也得出以下基本认识：文言定型于战国时期，此后一直到明清，主要体现为系统内部的持续微调；近代以来，受外来语言文化的冲击与影响，文言开始发生较大改变（刁晏斌 2010）。

王力（1944[2015：391]）指出，谈欧化离不开翻译，因为欧化的来源是翻译，顺着原文的词序比较省力，以致翻译作品最容易欧化。这样，如果从翻译史的角度出发，会有助于我们对汉语欧化问题形成较为完整、全面的认识。周作人在谈“关于编写中国翻译史的意见”时，划分了三个阶段：“第一段落，六朝至唐之译佛经，其集体译述的方法恐大有可供学习之处，只见过梁任公、杨仁山文中稍有谈及，须着力去调查。第二段姑且说清末之译‘圣’经，以至《申报》馆、广学会等工作，别一枝则有制造局译书以至《时务报》时代。中间以严几道、林琴南为过渡，到达新文学，则为第三段落矣。”（钟叔河 1998：789）我们认为，周氏关于翻译史的构想从某种意义上来说也可以看作欧化文言的发展史，如果不斤斤计较“欧化”的“欧”，则佛经翻译应当是欧化文言最早的大规模实践[5]。王力（1957[2013：462]）从宏观上将佛典对汉语的影响概括为“句法的严密化”，并认为这种现象到唐代进入新阶段，具体表现在两方面：“一方面是把要说的话尽可能概括起来，成为一个完整的结构”，另一方面是“化零为整，使许多零星的小句结合为一个大句，使以前那种藕断丝连的语句变为一个有机联系的整体”。沈锡伦（1989）将魏晋佛教文化对汉语句式的影响概括为以下四个方面：一是判断句普遍使用系词“是”来连接主宾语，句末不再出现“也”“耳”“焉”等语气词；二是被字句结构趋于复杂化；三是把字句的出现；四是动态助词的出现。以上表述并非仅着眼或适用于古白话，在相当程度上也适用于文言，并且能够为传统文言的发展变化所证实。

除翻译外，欧化写作基本也是如此，比如梁启超（1920[2010：128]）就自述道：“启超夙不喜桐城派古文；幼年为文，学晚汉魏晋，颇向矜炼；至是自解放，务为平易畅达，时杂以俚语韵语及外国语法，纵笔所至不检束；学者竞效之，号新文体。”李荣启（2003）对此有以下认识：“‘新文体’的特点主要表现为文言、俚语和外来语的三合一，它在语言上较旧文体前进了一步，并在古代文言文过渡到现代白话文的历程中，起到了一种承上启下、继往开来的作用。”

总而言之，我们的看法是，先有文言翻译，后有白话翻译，先有欧化文言写作，后有欧化白话写作。一言以蔽之，就是先有欧化文言，后有欧化白话。所以，要真正弄清汉语欧化的来龙去脉及其特点和规律，理应“先入为主”，即先从欧化文言入手。

吕叔湘指出：“言文开始分歧之后，书面语也不是铁板一块，在不同时期，用于不同

---

[5] 这是一个重大的问题，内涵丰富，值得进一步专门讨论。

场合，有完全用古代汉语的，有不同程度地掺和进去当时的口语的。”（刘坚 1995：序）传统意义上的文言内部构成情况复杂多样，远非单一、均质的，除了自源性的口语成分外，还有他源性的外来因素，它们的融入或多或少降低了正宗文言的“纯度”，使得其语言在一定程度上呈现出“驳杂”的面貌，而这正是文言的发展所致。长期以来，汉语史对文言的研究基本止于先秦时期，对其在汉代以后的整体面貌很少关注，而对其发展变化更是几乎付之阙如。基于以上认识，结合文言本身丰富的史的内涵、传统汉语史分期中面临的窘境以及构筑新汉语史等的实际需要，我们主张从历时的角度来考察文言的发展变化，重提“文言史”的概念并进行了初步的认证与说明，认为它的研究无论在理论还是实践层面都有重要的意义和价值：对于前者，有助于建构一个新的汉语史分类及学科划分体系；对于后者，有助于拓展古代汉语和近代汉语的研究领域，为现代汉语及其相关研究提供一个新的视角，并在一定范围内丰富汉语史研究的内容（刁晏斌 2010）。综上所述，我们认为：一方面，汉语欧化的历史比较久远，另一方面，欧化也是造成文言发展变化的一个重要原因；欧化文言有着完整的产生和发展过程，在整个文言发展史中占据非常重要的地位，应该将其作为一个重要专题进行专门的研究。

总之，在“文言史”的框架下，理应有欧化文言及“欧化文言史”的位置，相关研究的意义和价值巨大。关于这一点，我们将在下文进一步讨论。

二 “欧化文言”的基本特征

总体而言，欧化文言中旧质要素与新质要素并存，前者反映了其与正宗文言的一致性，后者体现了其语言面貌的独特性。傅斯年（1919[2003：224]）对章士钊的“逻辑文”（按，属于比较典型的欧化文言文）做过以下表述：“《甲寅杂志》里章行严先生的文章，我一向不十分崇拜，他仍然用严几道的腔调，古典的润色，不过他有一种特长，几百年的文家所未有——就是能学西洋词法，层次极深，一句话里的意思，一层一层的剥进，一层一层的露出，精密的思想，非这样复杂的文句组织，不能表现；决不是一个主词，一个谓词，结连上很少的‘用言’，能够圆满传达的。”

以上表述中，“严几道的腔调”和“古典的润色”说明章文属于文言而非白话的范畴[6]；至于其“西洋词法”，以下一段话或许可以作为一个比较典型的实例：

故知吾国即亡，而收拾民族之责，仍然不了。既知终且不了，此时整理民族之事，即抑塞千端，烦冤万状，亦不得不出而任之。而整理民族，终不外夫建国，是国

[6] “严几道的腔调”指严复《天演论》《原富》和《社会通诠》等译著的语言样式与风格。

家由解散而卒入于建设之一途。故不爱国云者,前已解散之国家,不爱可也,今复建设之国,不爱不可也。而欲爱之,决非徒然,愚为彷徨求得解决之道,曰尽其在我。故我之云者,请今之昌言国不足爱而国亡不足惧者先尸之矣。(《国家与我》)

其实,这段文字与传统文言的差异,不仅表现在"词法"即表达方式上,同时还表现在使用的具体语言形式和手段上,比如"收拾、民族、此时、整理、建国、国家、解散、建设、爱国、求得、解决"等双音节词的使用,以及表示"情况继续不变"的"仍然"[7],两个用于句首表示承接的"而"等。各种形式的交错并用,使得其语言样貌在很大程度上呈现出"杂糅"的特征。

张中行(2007:19)指出,文言的长成和定形主要依靠三个条件:一是有相当严格统一的词汇句法系统,二是该系统基本上不随时间的移动而变化,三是该系统基本上不随地域的不同而变化。"崇古"和"趋今"的交融给相对稳定的正宗文言系统带来了不小的冲击,最能体现其特点的就是异于以上三个方面的一系列表现,以下我们仅从词汇和语法这两个方面进行举例性的说明。

(一)词汇方面

总的来说,欧化作用下的文言词汇系统在一定范围内基本实现了更新,这在以下几个方面比较突出地表现出来。

第一,大量使用外来新词语,主要包括意译词和音译词,此外还有一些日源借形词。意译词的分布范围很广,以科技翻译为例,据潘允中(1989:142)介绍,王征所译的《远西奇器图说录》中就有许多这类词,如"齿轮、滑车、风扇、螺丝、机车、起重、自鸣钟、自行车、轮盘、地球、重心、地平线、水库、比例、载重",它们都是第一次在汉语中出现,并且一直保留在现代汉语中。向熹(1993[2010:702])列举了19世纪末20世纪初来自印欧语的音译词,其中的"镑(pound)、打(dozen)、扑克(poker)、摩托(motor)、阿门(amen)、白兰地(brandy)、咖啡(coffee)"等都在欧化文言的典型文本如林译小说、新文体和逻辑文中出现[8]。这些音译词大多都是用文言中的单个汉字或汉字的组合来进行记音,虽然字形没有发生变化,但汉字原有的意义在这些词中却发生了较大甚至彻底的改变。意译词和音译词之外,还有一些音译加汉语类名的形式,比如梁启超的新文体中就有"高

---

〔7〕 参见罗竹风主编(1986:1104),此义所举首例是巴金《秋》的序言:"不过我仍然说着我两年前说过的话。"

〔8〕 林译小说语料来源于上海辞书出版社2013年出版的"林纾译著经典"丛书;新文体语料来源于云南教育出版社2001年出版的《饮冰室文集点校》;逻辑文语料来源于中国人民大学出版社2015年出版的《中国近代思想家文库(章士钊卷)》。

特族(Goth)、福伦喀族(Frank)、撒逊族(Saxon)、阿里曼族(Alemanni)”等。诸如这种汉语在前、英语在后对应起来共现的情况在新文体中十分常见,再如“市民(Citizen)、革命(Revolution)”等,融入了异质要素的文言在语符上更加多样化,同时也使其变得驳杂不纯,从而凸显其欧化特征。此外,潘允中(1989:157)还讨论了语音和语义均属于日语词汇系统的日源借形词,如“见习、手续、积极、消极、场合、取缔、取消”等,它们也多首见于一些欧化文言文本中。这些以不同的方式引进的外来新词语与传统文言中的词语存在明显的差异,是欧化文言“趋今”的典型表现。

第二,构词法和造词法有了较为明显的发展。除了大量的新兴外来词语外,构词法和造词法也深受欧化的冲击与影响,这里以曾经风靡一时的新文体为例进行说明。

新文体中,以下两个方面的表现令人印象深刻:

其一,附加式构词形式大量产生。传统的汉语合成词主要是句法造词,后来所说的词法造词数量的增加,主要起于欧化,既包括引进新的词缀、准词缀及类词缀,也包括旧有此类形式重获新生,在原有基础上扩大了使用范围与频率。比如“化”[9],以之为后缀的词有“感化、进化、同化、蜕化、退化、纯化、溶化、融化、虚化”等,而本文所讨论的“欧化”自然也属此类。除了单音节的“化”以外,双音节“主义”的构词能力也比较强,最为常见的是四音节,既有复现率比较高的凝固性形式,如“民族主义、帝国主义、专制主义、自由主义、平等主义”等,也有一些复现率较低的临时性组合,如“守旧主义、澳洲主义、乐利主义、互惠主义”等。四音节以上的形式如“麦坚尼主义、私经济主义、门户开放主义、自由贸易主义、保亚洲独立主义、与欧洲均势主义、强制共同经济主义、自由平等博爱主义”等。以上形式的使用使得欧化文言和传统文言在词汇的音节长度上拉开了较大的距离。

其二,某些具体造词法的“勃兴”,其中最主要的就是“摹声法”。葛本仪(2001:94)讨论了与此相关的两种情况,其中一种是摹仿外族语言中某些词的声音来造词,即一般所说的音译。这种摹声法的涵盖范围相当广泛,以人名和国家或城市名为最多,前者如“亚里士多德、柏拉图、路得、倍根、笛卡儿、康德、达尔文、弥勒、赫胥黎、哥伦布”,后者如“加拿大、印度、西班牙、普鲁士、新加坡、纽约、柏林、伦敦、芝加哥、巴黎、日内瓦”。此外,还有货币名、百货名和称呼语等,如“佛(法)郎、先令、辨士、马克”“白兰地、扑克”“密司脱、安琪儿”等。

以上两点表现既与传统文言大异其趣,同时也开了现代汉语词汇新面貌的先声,甚

[9] 关于“化”缀的来源及其演变,我们同意朱庆祥、方梅(2011)的说法,认为它产生于汉语,而在大量外文翻译的影响下广泛流行开来。

至在某种程度上奠定了现代汉语词汇面貌的基本格局。

第三,双音化趋势明显、表现充分,同时也与传统文言以单音节词为主体的规制形成鲜明对比。欧化文言文本中大量使用双音词,钱锺书(1981:39—40)就列举了林译小说中"林纾自己所谓'一见之便觉不韵'的'东人新名词'",如"普通、程度、热度、幸福、社会、个人、团体、脑筋、脑球、脑气",前文所举逻辑文片断的用词情况也是如此。此外,再如新文体中的"变法、会议、政变、改革、过渡、自由、宗旨、教育、品格、竞争、关税、秩序、外交、方针、义务、外债"等,它们中的大多数均系传统汉语所无,后来直接进入现代汉语词汇系统。具体而言,比如在距新文体时间相对较近的桐城派古文中[10],除了"变法""教育"和"宗旨"以外,其他词语均无用例。虽然两种文本都使用了这 3 个词语,但使用频率却有十分显著的差异,十万余字的桐城派古文中,三者分别有 5 例、2 例和 1 例,百万余字的新文体中分别有 81 例、272 例和 129 例。由以上简单的对比可以看出,相对于传统文言,欧化文言在词汇的双音化上有着更为广泛和突出的表现。

(二)语法方面

语法在语言诸要素中稳定性极强,旧质要素的退隐或者变异往往历时较长。然而,与正宗文言相比,欧化文言中不少语法现象都在"传统"的基础上发生了较为明显的变化,在不少方面表现出与前者相异、与现代汉语相通乃至相同的面貌与样态,从某种意义上也可以说开启了白话语法欧化的先河。

王力(1943[2014:390—430])讨论了现代白话中的欧化语法现象,涉及以下五个方面:主语和系词的增加,句子的延长,可能式、被动式和记号的欧化,联结成分的欧化,新替代法和新称数法。上述类型在欧化文言中均有一定的表现,以下以逻辑文为例:

国家虽一时为强者所隐,而立国之权,犹操自我,我欲其国方也方之,我欲圆也圆之。(《国家与我》)——因重现而使主语增加

兹问题也,吾知京朝中人——至少亦宪政编查馆人——之无以答我也。(《问何种政府始能操纵议会》)——因插入语而使句子延长

而反对新刑律者,又不必不能与赞成之者同最大之政纲者也。(《论资政院议员当采政党部勒之法》)——表可能与否的能愿动词并列使用

元首既不由世袭,则凡历史所传,民之以革命、以立宪、或以谏诤,谋制其君之同势者,至此举无有。(《政本》)——使用欧化的联结成分(位于多项成分中的最后

[10] 此类文本来源于安徽人民出版社 1984 年出版的《桐城派文选》,该选集共收录清代桐城古文派主要作家的作品 137 篇。

一项之前）

吾惟论调和之道，于今为宜，并不谓调和之机，即今已熟，前者乃学者之事，后者乃政家之事。（《调和立国论》）——使用新的替代法

上引用例远不足以反映欧化文言的语法全貌，以下再就两个方面进行举例性的说明。

一是新虚词的产生。

一般认为，印欧语“重形合”而汉语“重意合”，前者主要通过介词、连词等显性语法手段将句子的各类成分连接起来，并通过这些显性标记来体现成分间的语义和句法关系；后者则与之相反，类似的形式标记相对较少，使用频率也不如前者高，往往以隐性的逻辑关系和语义关系来连接句子成分，主要通过成分自身的意义以及成分之间意义的关联来表达相应的语义和句法关系。

在印欧语的影响下，汉语中的虚词有了不同程度的发展变化，其中一个重要的表现就是使用了正宗文言中所没有的虚词。比如“对于”和“关于”，向熹（1993[2010:811]）认为，它们是“五四”以后产生的新介词，广泛应用于现代书面语和口语中，作用分别是引出对象和引进相关联的事物。这两个词在欧化文言文本中均已出现，例如：

其对于士女，必能葆其爱情，永永勿替，享天然之安乐，鄙人世金银之气。（林纾译《离恨天》）

一切政治皆赖机关而行，故欲行一事，先整备关于此事之机关。（梁启超《责任内阁与政治家》）

现代汉语中，“‘对于……’可以加‘的’修饰名词或动名词”，“关于”有“‘关于……的’+名”的用法（吕叔湘 1980[1999:183、240]）。欧化文言文本中已经使用了相同的表达形式，只不过名词或动名词前多用与“的”功能相对应的“之”，例如：

能行竞争于秩序的，则其对于异种类之竞争必获优胜，否则劣败。（梁启超《开明专制论》）

同栏复有北京一电，言杨度、孙毓筠外四五名，已有关于国体之意见书，上于总统。（章士钊《共和平议》）

二是新格式的应用。

欧化源于翻译，精通外文且有一定翻译经验的人在写作时难免会受到西洋语言的影响，游学欧洲多年且精通英、德、法等语言的章士钊撰写的政论文中就掺杂着许多西洋的语法形式。这里分别以“于……（之）范围内”和“在……之下”为例进行说明。

前者的用例如：

余子争于可行之范围内，别筹他法，徐图挽救，潘说遂尔衣被不广。（《业治与农——告中华农学会》）

新文体中也不乏同样的用法，例如：

而人民获所保障，始能于法律所许之范围内安居乐业，则所收获足偿之而有余也。（梁启超《说政策》）

在此基础上，还产生了更具口语性及白话性的“在……范围内”，由此也在一定程度上“稀释”了欧化文言的“文言性”，例如：

以军法言，意义所及，止于军人，在军事范围内犯罪惩罚而已，非谓军人犯普通刑律，亦能借口于军事裁判，不到普通法廷也。（章士钊《论行政裁判》）

不止逻辑文中有这样的表现，林译小说和新文体中亦是如此，例如：

在吾小范围内，舍撒克逊音，不许更陈别调。（林纾译《撒克逊劫后英雄略》）

而右所举两项中，则惟海外侨民汇回本国之一项，在国民生计范围内可称为真收人耳。（梁启超《论中国国民生计之危机》）

由介词“在”组成的框式结构“在……下”，在现代汉语中除了表示空间外，还可以用来表示事物的前提条件，含有限制的意味，表达此义时嵌入成分中常有“情况、前提、条件”等词（北京大学中文系1955、1957级语言班1982：528）。我们在CCL古代汉语语料库中没有发现这种或类似于这种（“在N之下”）表限制义的用例，而逻辑文中有不少与此类似的形式，例如：

在此形式之下，国家之主权乃握于国民多数之手也。（章士钊《平民政治之真诠》）

新文体中也大量使用了同样的格式，例如：

盖在此种社会之下，诚哉舍家族外无所以为国也。（梁启超《论政治能力》）

它们都不是用来表示方位，而是表示事情发生的条件或前提，且“在”的宾语中心语均为抽象名词或名词性词语，如“主义、制度、国体、政党政治、联邦政治、联邦宪法、代议政体、共和政体、专制政体、内阁制、总统制、政党内阁”等。我们认为，这个框架结构很大程度上可以看作是模仿或移植英语中的“under/in the/this/that…N”，比如以上二例就大致分别与under this form以及in such a society呈对应关系。

类似的情况还有“以……为发点”（义同现代汉语的“以……为出发点”）和“由……以观”或“由……观之”（义同现代汉语的“由……来看”）等。

就欧化文言文本的一个片断而言，各种词汇、语法现象经常是结合在一起的，而由此所呈现的与传统文言的差异往往就更加明显而突出。比如，在新兴语法格式中，就经常使用双音节自源词或他源词，以上引例就可以充分证明这一点。上述差异在较大的语段乃至于语篇中可以更加充分地体现出来，例如：

德国新造之雄国也。其教育宗旨，可分两大段：一曰前宰相俾士麦所倡者，二曰今皇维廉第二所倡者。前者，民族主义之宗旨也；后者，民族帝国主义之宗旨也。

当十九世纪之前半，日耳曼民族封建并立，无所统一。大政家士达因、大文家盎特等倡之，俾士麦承之，专发挥祖国之义，唤起瞢腾涣漫之人心，使为一体。(梁启超《论教育当定宗旨》)

前文讨论的词汇上的欧化现象在以上语段中基本上都有所体现，如音译词“俾士麦”“士达因”和“盎特”，双音词“教育”“宗旨”等，以及附加式合成词“民族主义”和“民族帝国主义”。语法上则是使用了新的替代法“前者”与“后者”，二者分别用于指代说在前面和后面的复杂事物。这种词汇和语法融合在一起交错使用的现象使得欧化文言与传统文言的差异更为显著。

除了虚词和格式外，语法方面的欧化表现还有很多。比如，向熹(1993[2010:813])指出：“在明清白话文里，除个别例外，名词一般不用作状语。‘五四’以后，人们在翻译中碰到外语中的副词而汉语没有相应的词语可以对译时，就在名词后加上‘地’或‘上’而用作状语。”这里所说的“翻译”无疑指的是白话翻译，即欧化白话，其实在欧化文言中，这一形式也并不鲜见，只不过用“地”的情况较为罕见，更常见的是用“上”，例如：

特以为自治与联邦二者，精神上实无甚差异，而名义上则绝对不同，由来上亦复不类。(章士钊《联邦论》)

此求过于供之兑换券，必无人持之以向银行兑换，故法律上虽定兑换之义务，而事实上仍与不换同功也。(梁启超《外债平议》)

以上分项讨论了语法上欧化的表现，在具体的使用尤其是一个片段或语篇中，会有多项语法手段综合使用的情况，例如：

记者曰，吾所谓善，非对于吾之主义言之，乃对于国家前途言之也。盖政家(记者之得为政家与否，此别一问题)主持一说，必自以其说为善，此诚不能并反对说而亦善之。虽然，人之欲善，谁不如我？吾之自善其说，特在吾说之范围内言之耳，非谓吾说以外举国不得有善说也。(章士钊《政党内阁谈》)

以上语段两次使用了前文讨论的新兴介词“对于”，它们都用于介引含有[+抽象]特征的言说对象，此外，还使用了带有白话色彩表示限制义的新兴介词框架“在……范围内”。像这种在一个语段内连续使用同一语法手段以及综合运用多种语法手段的现象使得文言文本的欧化特征更为突出，同时也与传统文言在语言面貌上形成了更为显著的差异。

贺阳(2008)指出：“‘欧化语法现象’既指汉语在印欧语言影响下通过模仿和移植而产生的新兴语法成分和句法格式，亦指汉语中罕用的语法形式由于印欧语影响的推动和刺激作用而得到迅速发展的现象。”这两种欧化语法类型在欧化文言中都有充分的表现，而这也就从一个方面说明，欧化文言的成立是有坚实的事实基础与依据的。

三 “欧化文言”研究的意义和价值

我们认为，欧化文言研究具有重要的意义和价值，具体而言至少表现在以下几个方面。

（一）对“欧化汉语”研究的意义和价值

有了“汉语的欧化”，自然就应该有“欧化的汉语”或“欧化汉语”，而如果着眼于历时，还应该有“欧化汉语发展史”即“欧化汉语史”。我们认为，建立这样一个概念群有助于全面、深入地观察、思考和分析相关语言现象及其发展变化的事实和规律。

完整的欧化汉语研究应该包括欧化文言与欧化白话两个方面，以往的研究都集中于后者，而前者一直无人问津。补上缺失的这一部分，可以填补研究对象和范围上的空白，使相关研究在已有基础上趋于全面、均衡，即由只研究白话到兼及白话和文言，从而实现对欧化汉语研究的全覆盖。此外，欧化文言既是一种共时存在，同时也有历时的发展，这样就可以有两个观察与研究的角度以及两个方面的研究内容。

一是共时层面的欧化汉语。这里所说的共时，主要集中在清末民初，此期文言译作与创作大量出现，蔚为大观，为欧化文言研究提供了无比丰富的语料。由我们初步的考察结果来借斑窥豹，基本可以得出以下结论：欧化文言蕴含着丰富的语言事实，其保有的独特语言资源有待充分观察、充分描写和充分解释，从而有助于形成全面、深刻的认识。相关研究可以分两个阶段进行：初期可以比照欧化白话已有的研究路径、范围与内容，后期则要立足于文言以及欧化文言的特点，进行更有针对性的研究。此外，还应该以上述研究为基础，进行与欧化白话之间的对比。

二是历时层面的欧化汉语史。欧化汉语有史，而欧化汉语史应由欧化文言史与欧化白话史共同组成。受汉语史上文言与白话之间复杂关系的决定与影响，上述二史之间既有时间上的先后，又在一定阶段内并存并用（比如章氏逻辑文即流行于 20 世纪二三十年代，而此期一般认为白话已经登上历史舞台），并且在一定程度上交汇与交融。总之，无论总体的欧化汉语史，还是个体的欧化文言史以及欧化白话史，它们的内涵都十分丰富，研究空间都非常广阔。就欧化文言史而言，至少有以下几个要点：其一，它的起点就是欧化汉语以及欧化汉语史的起点；其二，汉语的很多欧化形式与用法并非始于欧化白话，而是来自欧化文言；其三，中国人的欧化探索与实践始于对文言资源的利用与改造，其中有很多规律值得总结。

(二)对文言特别是其历时发展研究的意义和价值

经过对与文言发展变化一系列相关问题的思考和论证,我们得出的初步结论之一是文言有史,因此应该而且必须进行专门的研究(刁晏斌 2010、2017)。文言在不同的发展阶段受到不同因素的影响而呈现出不同的特点。比如,受外来因素影响的文言与传统文言在形式与内涵上就有很大的差异:它们的同一性明显降低,语言面貌凸显异质性。由此,也使前者具有了与后者相异的阶段性特征。虽然如此,但是欧化文言仍属文言范畴,因此是整个文言系统的重要组成部分,所以在文言研究中应该有它的位置,这方面如果缺失,就无法实现对文言及其历时发展研究的全覆盖。

我们认为,文言的发展变化过程至今并未终结,它通过直接或间接的方式进入现代汉民族共同语中。胡明扬(1993)指出:“现代汉语书面语也不是一种在一个单一的方言点口语基础上形成的书面语,而是在其形成过程中受到各种不同因素的影响,因而就其组成成分而言十分驳杂,既有以北京话为基础的口语成分,又有欧化的书面语成分,既有传统的和仿古的文言成分,又有各种方言成分。”齐沪扬也从语法的角度指出:“现代汉语语法是由不同质的成分组成的混合的系统,有方言的,有文言的,还有受西方文化西方语言影响所谓欧化的。”(孙德金 2012:序)上述“欧化的书面语成分”和“受西方文化西方语言影响所谓欧化的”语言形式,除了指欧化白话外,也应包括欧化文言,所以,即使立足于现代汉语,我们仍然不能无视或忽略文言的存在,同样也不能无视和忽略与现代汉语关系更近一步的欧化文言。

(三)对汉语史研究的意义和价值

在吕叔湘提出的重新划分汉语史版图设想的基础上,依据客观语言事实,结合长期从事现代汉语史的研究实践和“立足现代汉语,贯通古今中外”的研究目标,我们提出了与以往认识有所不同的“复线多头”模式的五史并存的“新汉语史”概念,强调汉语史是书面语史,并明确了汉语史的双线主体格局,即文言史和白话史二史合一方为完整的汉语史(刁晏斌 2016)。

在此基础上看欧化文言及欧化文言史研究的汉语史意义与价值,至少应当把握以下几点:

其一,欧化文言是汉语史研究的一个要素。文言有史,欧化文言也有史,二者合一,才有可能构成完整的文言史,而完整的文言史是完整的汉语史的一个分支。所以,欧化文言史不仅是文言史的一部分,同时也是汉语史的一部分。

其二,欧化文言在汉语的发展过程中起过至关重要的作用。欧化(即外来影响)在汉语的发展中是一个重要的助推因素，它在一定甚至相当程度上改变了汉语的发展路径与方向，并引起了覆盖各个要素与各个层面的一系列外源性变化，而这也正是欧化问题一直引人关注的根本原因。如前所述，汉语的欧化始于对文言资源的利用与改造，这样的探索与实践早在汉译佛经中已经开始，并且对后来语言的发展产生了深远的影响，这一点，一定要站在汉语史的高度予以评价，并且作为一条重要的研究线索。

其三，欧化文言在现代汉语的形成过程中起到至关重要的作用。夏晓虹(1991：279)在谈到以新文体为代表的欧化文言在现代白话文形成过程中所发挥的作用时指出："晚清的白话文不可能直接转变为现代的白话文，只有经过梁启超的'新文体'把大量文言词汇、新名词通俗化，现代白话文才超越了语言自身缓慢的自然进化过程而加速实现。"类似的观点并不鲜见，比如有人着眼于现代汉语的来源与构成指出："胡适与新文化的建立者们通过一系列的理论和实践，借助欧化的方式，在传统白话、文言、口语以及梁启超倡导的新文体基础上逐步建立了现代白话语言系统。"(曹而云 2006：112)在我们构筑的新汉语史体系中，现代汉语系由文言史与白话史二史"汇流"而成，但这并不是说文言与白话直接进入现代汉语，传统文言与传统白话跟现代汉语之间有一座桥梁和纽带，这就是欧化，进入现代汉语并成为其重要组成部分的，主要是经过欧化改造的文言与白话，即欧化文言与欧化白话。

以上我们对欧化文言的概念、基本特征以及研究的意义和价值进行了初步的讨论与说明，相对于问题本身的重要性，这些讨论与说明无疑是非常简单的。我们的初衷是提出这个问题，希望能够引起学界的关注与重视，进而开展相关的研究。

参考文献

(1)北京大学中文系 1955、1957 级语言班《现代汉语虚词例释》，北京：商务印书馆，1982 年。
(2)曹而云《白话文体与现代性》，上海：上海三联书店，2006 年。
(3)刁晏斌《现代汉语外来形式研究刍议》，《云南师范大学学报》2009 年第 6 期。
(4)刁晏斌《"文言史"及其研究刍议》，《民俗典籍文字研究》第七辑，北京：商务印书馆，2010 年。
(5)刁晏斌《传统汉语史的反思与新汉语史的建构》，《吉林大学社会科学学报》2016 年第 2 期。
(6)刁晏斌《关于文言史的几个问题》，《陕西师范大学学报(哲学社会科学版)》2017 年第 1 期。
(7)冯志杰《中国近代翻译史·晚清卷》，北京：九州出版社，2011 年。
(8)傅斯年《怎样做白话文》(1919)，赵家璧主编《中国新文学大系》第一集，上海：上海文艺出版社，2003 年。
(9)葛本仪《现代汉语词汇学》，济南：山东人民出版社，2001 年。
(10)贺阳《从现代汉语介词中的欧化现象看间接语言接触》，《语言文字应用》2004 年第 6 期。
(11)贺阳《现代汉语 DV 结构的兴起及发展与印欧语言的影响——现代汉语欧化语法现象研究之一》，《中国人民大学学报》2006 年第 2 期。
(12)贺阳《现代汉语欧化语法现象研究》，《世界汉语教学》2008 年第 4 期。

(13)胡明扬《语体和语法》,《汉语学习》1993 年第 2 期。
(14)胡适《五十年来中国之文学》(1923),欧阳哲生主编《胡适文集》第 3 卷,北京:北京大学出版社,1998 年。
(15)江蓝生《魏晋南北朝小说词语汇释》,北京:语文出版社,1988 年。
(16)李荣启《二十世纪中国文学语言观念的嬗变》,《理论与创作》2003 年第 3 期。
(17)梁启超《清代学术概论》(1920),北京:中华书局,2010 年。
(18)刘坚《近代汉语读本》,上海:上海教育出版社,1995 年。
(19)柳国栋《鲁迅作品中的欧化语言探究》,《湖南科技学院学报》2017 年第 3 期。
(20)罗竹风主编《汉语大词典》第 1 卷,上海:汉语大词典出版社,1986 年。
(21)吕叔湘主编《现代汉语八百词》(增订本),北京:商务印书馆,1999 年。
(22)潘允中《汉语词汇史概要》,上海:上海古籍出版社,1989 年。
(23)钱锺书《林纾的翻译》,北京:商务印书馆,1981 年。
(24)孙德金《现代书面汉语中的文言语法成分研究》,北京:商务印书馆,2012 年。
(25)沈锡伦《从魏晋以后汉语句式的变化看佛教文化的影响》,《汉语学习》1989 年第 3 期。
(26)史存直《汉语词汇史纲要》,上海:华东师范大学出版社,1989 年。
(27)王风《文学革命与国语运动之关系》,《中国现代文学研究丛刊》2001 年第 3 期。
(28)王力《中国现代语法》(1943),北京:中华书局,2014 年。
(29)王力《中国语法理论》(1944),北京:中华书局,2015 年。
(30)王力《汉语史稿》(1957),北京:中华书局,2013 年。
(31)夏晓虹《觉世与传世——梁启超的文学道路》,上海:上海人民出版社,1991 年。
(32)向熹《简明汉语史》(1993),北京:商务印书馆,2010 年。
(33)谢序华《唐宋仿古文言句法》,北京:中华书局,2011 年。
(34)谢耀基《汉语语法欧化综述》,《语文研究》2001 年第 1 期。
(35)尹延安《传教士中文报刊译述中的汉语变迁及影响(1815—1907)》,上海:上海交通大学出版社,2013 年。
(36)袁进《重新审视欧化白话文的起源——试论近代西方传教士对中国文学的影响》,《文学评论》2007 年第 1 期。
(37)张中行《文言与白话》,北京:中华书局,2007 年。
(38)中国社会科学院语言研究所古代汉语研究室《古代汉语虚词词典》,北京:商务印书馆,1999 年。
(39)钟叔河《周作人文类编》(第 8 卷),长沙:湖南文艺出版社,1998 年。
(40)朱庆祥、方梅《现代汉语“化”缀的演变及其来源》,《河南师范大学学报》2011 年第 2 期。
(41)朱一凡《现代汉语欧化研究:历史和现状》,《解放军外国语学院学报》2011 年第 2 期。

(刁晏斌、马永草:北京师范大学文学院,100875,北京)

论东周金文“庉”当为“库”字异体*

——兼谈几件兵器的国别问题

赵平安

提要： 东周时期兵器上的“庉”字，一直聚讼纷纭。现在一般看作“库”的通假字。本文通过详细论证，考定“庉”是“库”的异体字。同时对相关铭文进行疏释，对几件器物的国别，对清华简《治邦之道》的文本传流提出自己的看法。

关键词： 东周铭文 庉 清华简 异体 国别

迄今为止，铸刻有“庉”字的兵器大约有7件[1]。一件是䵣(曹)右庉散(造)戈，著录于《殷周金文集成》(下面简称《集成》)11070，铭文作：

* 本文为国家社科基金重大招标项目“先秦两汉讹字综合整理与研究”(编号：15ZDB095)和国家社科基金重大委托项目“清华大学藏甲骨的综合整理与研究”(编号：16@ZH017A4)的阶段性成果。

[1] 《殷周金文集成》11007收有一件戈，“右”下残字有学者以为“库”字，有学者以为“庉”字，参看周波《说几件宋器铭文并论宋国文字的域别问题》，《出土文献与古文字研究》第七辑，第118—145页，上海古籍出版社，2018年。这个字下部残损太多，难以做出确切判断，故不计算在内。

之形。此戈现藏辽宁省博物馆,有 5 字铸文,时代属于春秋。曹,周初封国,姬姓,建都陶丘,辖地在今山东西部,公元前 487 年为宋所灭。此戈应为被宋灭以前所铸。

第 2 件郳左㡯戈,著录于《考古》1983 年第 2 期 188 页图三,《集成》10969,铭文作:

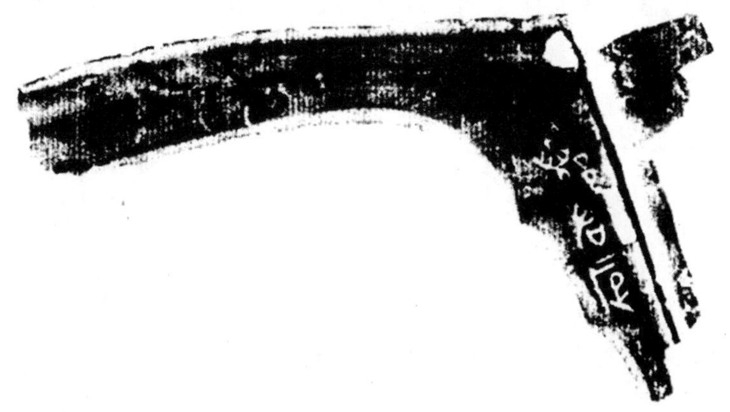

之形。此戈传山东临沂县西乡出土,现藏临沂地区文物店。胡部铸有 3 字铭文,时代属于春秋。第一字左上似有简省的“竹”旁,应即“郳”字异体,或以为国名,又名小邾,战国时为楚所灭[2]。郳国传世文献写作“倪”,青铜器上写作“兒”,大约从西周晚期存续到战国时期。2002 年,山东枣庄市山亭区东江村出土一批小邾国铜器,其中二号墓出土邾君庆壶一对,兒(倪)庆鬲 4 件,证实了兒(倪)就是小邾,属地在今枣庄市山亭区范围之内[3]。我在《上博藏楚竹书〈竞建内之〉第 9 至 10 号简考辨》一文中,在考证简文“进芋倗子以驰于倪廷”应为“拥华孟子(《左传》里的宋华子)以驰于倪市”后指出:

> 至此,简文大意基本明了,原来是说齐桓公拥美女乘车疾驱于郳市。《说苑》提到这件事时,说疾驱于“邑中”,这种差别属于广义的异文,可以帮助我们理解学术史上的一宗悬案。《说文解字·邑部》:“郳,齐地。从邑,兒声。《春秋传》曰:‘齐高厚定郳田。’”(许慎:《说文解字》,第 136 页,中华书局,1998 年。)《说文解字注》:“《左传·襄六年》:‘齐侯灭莱,迁莱于郳。高原、崔杼定其田。’杜云:‘迁莱子于郳国。’《正义》云:‘郳即小邾。小邾附属于齐,故灭莱国而迁其君于小邾。’按《世本》云:‘邾颜居邾,肥徙郳。’宋仲子注:‘邾颜别封小子肥于郳,为小邾子。’《左传》曰:‘鲁击柝闻于邾。’小邾者,邾所别封,则其地亦在邾鲁,不当为齐地。今邹县有故邾城,滕县东南有郳城,皆鲁地。且郳之称小邾久矣,不应又忽呼为郳也。许意郳是

[2] 张振林《郳右㡯戟跋》,《古文字研究》第十九辑,第 85—88 页,中华书局,1992 年。

[3] 枣庄市政协台港澳侨民族宗教委员会、枣庄市博物馆编著《小邾国遗珍》,中国文史出版社,2006 年。

齐地，非小郲国。凡地名同实异者不可枚数。如许书，郲非邹国，是其例也。据《传》云'迁莱于郳。高厚、崔杼定其田'，盖定其与莱君之田，以郳田与之也。"（段玉裁：《说文解字注》，第298—299页，上海古籍出版社，1981年。）齐国郳的地望问题至今悬而未决，杨伯峻曾感叹"惜郳地今已无可考"（杨伯峻编著：《春秋左传注》（修订本），第948页，中华书局，1990年。）《说苑》称"郳"为"邑"，简文"郳"自当为齐邑，可以证明《说文》对"郳"的解释是有根据的。《古玺汇编》3255号"郳选鉨"，是齐国郳邑选官之印（曹锦炎：《古玺通论》，上海书画出版社，第127页，1995年）。《考古》1983年第2期发表的郳左戹戈，传出土于山东临沂县西乡，离小郲国所居的郳地较远，其中的郳很可能属于齐邑，和《说文》所释的郳相当。[4]

戈上的"郳"当即齐国郳邑。

第3件鲁司成右戹之造戟，见于《商周青铜器铭文暨图像集成》17065，铭文作：

之形。此戈2010年见于中拍国际，有铭文8字，时代属于春秋。

左边第一字过去释为"君"。按此字上部尖锐，与一般"君"字不类，疑为"鲁"字简体。鲁字有一种写法下面从"口"，上面为极简的"鱼"，如鲁宰两鼎（《集成》2591）、鳌伯鼎（《山东金文集成》161），都属于春秋时期，写法与之极为相似[5]。这种写法的"鲁"，

---

〔4〕 赵平安《上博藏楚竹书〈竞建内之〉第9至10号简考辨》，《出土文献研究》第八辑，上海古籍出版社，2007年；收入《新出简帛与古文字古文献研究》，第260—266页，商务印书馆，2009年。

〔5〕 张振谦《齐系文字研究》，第119页，安徽大学博士学位论文，2008年。

大约是春秋时期的一个特色。“司成”当读为“司城”。春秋时期宋、郑、陈、曹等国都置有“司城”一职。如《左传·襄公九年》：“宋灾，乐喜为司城以为政，使伯氏司里。”《左传·哀公七年》：“曹鄙人公孙彊好弋”，“有宠，使为司城以听政”。《史记·郑世家》：“初，往年郑文公之卒也，郑司城缯贺以郑情卖之，秦兵故来。”《史记·孔子世家》：“孔子遂至陈，主于司城贞子家。”从戈铭看，鲁国可能也置有“司城”一职。这件戈铭过去都从右至左读，皆 4 字一句。现在看，应该从左至右读，中间无须断读。春秋金文，从左至右读并非孤例。曾子伯䤈盘(《殷周金文集成》10156)铭文，共 5 行，自上而下，自左至右读。何次簠(《近出殷周金文集成》534)，盖内铸铭文 4 行、29 字，器底 4 行、30 字，为直书右行。上鄀府簠(《殷周金文集成》4613)盖、器同铭各 31 字，其中，铭盖 7 行、直书右行，器铭 5 行、直书左行。与此相似。

第 4 件亳⿸广疋戈，著录于《三代吉金文存》19.41.2，《集成》11085，铭文作：

之形。原藏李章煜，胡部铸铭文 5 字，属于春秋时期。

首字字下竖笔向右斜曳，应释为“亳”[6]。《左传》定公六年(公元前 504)，阳虎“盟国人于亳社”，哀公四年(公元前 491)鲁“亳社灾”，丁山据此认为：“鲁国的亳社，儒者既传为‘亡国之社’，当然是商代的大社。亳社在鲁，可见鲁国在殷商时代也有亳称了。”[7]过去李学勤先生把商代甲骨文中释为“亳”的字改释为“郊”[8]，造成甲骨文中一时无“亳”的局面。后来，王子杨先生又从甲骨文中找到了真正的“亳”字[9]。因此殷

[6] 张亚初编著《殷周金文集成引得》，第 858 页，中华书局，2001 年。

[7] 丁山《盘庚迁殷以前商族踪迹之追寻》，第 25 页，《商周史料考证》，国家图书馆出版社，2008 年。

[8] 李学勤：《释郊》，《文史》第 36 辑，中华书局，1992 年。

[9] 王子杨：《甲骨文字形类组差异现象研究》，第 330—333 页，中西书局，2013 年。

商时代有“亳”字是可以肯定的。这件戈上的“亳”字，承早期写法而来。

第 5 件郲左庑戈，著录于《考古》1990 年第 2 期 171 页图二，《近出殷周金文集成》1116，铭文作：

之形。传 1970 年山东临沭县临沭镇五山头村出土，现藏临沭县文物管理所，内部铸铭文 3 字，属于战国时期。

第 6 件郲左庑戈，著录于《考古》1984 年第 4 期 351 页图 1.1，《集成》10997，铭文如下：

此戈 1975 年山东临沭县征集，现藏临沭县文化馆。内部铸有铭文 3 字，时代属于战国。

两件戈上铭文相同，第一个字一般释为“郲”字。日本京都泉屋博物馆藏有两件齐系风格的战国符节（《集成》12087），第一字与此近似，一般也释为“郲”，或“疑即‘乘丘’，在山东巨野”〔10〕。这些个“郲”，我认为都应读为“滕”。战国文字“勝”往往写作“剩”〔11〕，齐国铜器陈璋壶“陈璋内（入）戍匽（燕）剩邦之隻（获）”，“勝”即作“剩”〔12〕。因此郲戈铭可以读为“滕”。滕，古国名，西周时初封，姬姓，战国初为越所灭。不久复国，又为宋所灭。公元前 286 年，齐、楚、魏三国联手灭掉宋国。滕国金文自名一般作从火朕声〔13〕，戈铭作“剩”应是灭国以后出现的一种写法，很可能是齐国的写法。滕地在今山东滕州西南东、西滕城村一带。两件戈在临沭征集和出土，离滕州虽不太远，但还是有一定距离，可能是由战争等原因造成的状况。

第 7 件右庀之戈，著录于《中国历史文物》2007 年第 5 期 16 页图三，铭文作：

〔10〕 何琳仪《战国文字通论》，第 87 页，江苏教育出版社，2003 年。

〔11〕 白于蓝《简帛古书通假字大系》，第 945—946 页，福建人民出版社，2017 年。

〔12〕 董珊、陈剑《燕王职壶铭文研究》，《北京大学古文献研究中心集刊》第三辑，北京大学出版社，2002 年。

〔13〕 容庚编著，张振林、马国权摹补《金文编》，第 734 页，中华书局，1985 年。

之形，出土地、收藏地不详，胡部铸有铭文 4 字，属于战国早期。

七件兵器中的“㡰”字，从疋声。形符部分或作“广”，或作“厂”，或者在“厂”上加一横画，这和许多战国文字一样，都可以加以认同。如战国文字“府”“库”字，可以从“广”，也可以从“厂”；“厩”字，可以从“广”，也可以从“厂”，还可以在“厂”上加一横。这种作风是一样的[14]。“㡰”字，究竟为何字，目前尚无定论。学者们过去提出过以下几种意见：

1. 何琳仪先生释为“居”之异体，读为“锯”，即文献中的“瞿”或“镢”[15]；

2. 董珊先生从何琳仪先生释“居”，认为“居”是“库”的意思，推测称“库”为“居”是先秦两汉时齐地的方言[16]；

3. 黄德宽先生主编《古文字谱系疏证》认为此字读为“胥”，指胥吏[17]；

4. 韩自强先生也读为“胥”，认为“胥”是齐国地方市场管理人员[18]；

5. 孙刚先生认为：从“㡰也可以分左右，及‘曹右㡰戈’铭文断定，这种机构也有造戈的功能，其作用与‘库’应当接近。带‘㡰’的铭文比较少见，可能和这种机构存在时间或地域有关”[19]。

6. 程燕女士认为：“此字很可能是‘居’，在铭文中可以读为‘库’。”[20]

7. 徐在国先生则把它放在“序”下，看作“序”的异体[21]；

在上述说法中，有多位把它和“库”联系起来，是颇有见地的。

在清华简第九辑中，有一篇《治邦之道》，其中有这样一段：

> “𡨦(府)定(库)倉𡩁(鹿)是以不實(實)，車馬不关(完)，兵虖(甲)不攸(修)，亓民乃寡(寡)以不正。”(简 35)[22]

“定”字与“𡨦”连用。在 2019 年 5 月 18 日召开的“清华九”整理报告审读会上，刘钊、陈剑等位认为“府定”连言，“定”应读为“库”，陈剑先生还把它与东周金文相联系。冯胜君先生认为“𡩁”应读为“鹿”，《国语·吴语》：“市无赤米，而困鹿空虚。”“鹿”指粮仓。都是很正确的意见。战国文字里广、厂、宀可以通作[23]，因此“定”与上述兵器中的

---

[14] 徐在国、程燕、张振谦编著《战国古文字字形表》，第 1308—1311 页，上海古籍出版社，2017 年。

[15] 何琳仪《战国兵器铭文选释》，《古文字研究》第二十辑，第 107—129 页，中华书局，2000 年。

[16] 董珊《战国题铭与工官制度》，第 197 页，北京大学博士学位论文，2002 年。

[17] 黄德宽主编《古文字谱系疏证》，第 1624 页，商务印书馆，2005 年。

[18] 韩自强《新见六件齐楚铭文兵器》，《中国历史文物》2007 年第 5 期，第 15—18 页。

[19] 孙刚《东周齐系题铭研究》，第 198 页，吉林大学博士学位论文，2012 年。

[20] 程燕《战国典制研究——职官篇》，第 186 页，安徽大学出版社，2018 年。

[21] 徐在国、程燕、张振谦编著《战国古文字字形表》，第 1313 页。

[22] 清华大学出土文献研究与保护中心编、黄德宽主编《清华大学藏战国竹简(九)》，中西书局，2019 年。

[23] 徐在国、程燕、张振谦编著《战国古文字字形表》，第 1308—1327 页。

"庞"无疑就是一个字。

把"庞""定"读为"库",文例当然很通,但仍然未达一间。我们认为这个字应分析为从广(或厂或宀),疋声,应看作"库"的异体字。

《说文·广部》:"库,兵车藏也。从车在广下。"把"库"看作会意字。"库"是鱼部溪母字,"车"是鱼部昌母字,古音很近,所以《段注》说:"会意。车亦声。"把"库"看作从广从车,车亦声的形声字。"疋"是鱼部心母字,和"库"韵部相同,声母一为齿音,一为牙音,齿牙音通转之例甚多〔24〕。鱼部字齿牙音也有相通之例,如"鱼"(鱼部见母)系字可以和"疋"(鱼部心母)系字相通〔25〕,即其显例。具体到溪母和心母也有通转的例证,《古今声类通转表》就举了12个例子〔26〕。因此从音理上看,把庞、定看作"库"的异体字是没有问题的。也只有看作异体字,才真正为"庞""定"找到了它在汉字系统中的位置。

通过上面的论证,我们知道上述7件兵器都是东周时期齐系的器物,"庞"之类的写法目前也只见于齐系文字。这是一个很重要的信息。这样看来,清华简《治邦之道》中既然有这样一个字,那就特别值得重视。我们认为,它的出现不会是偶然的,很可能与它的底本形成与流传有关。《治邦之道》的底本,很有可能形成于齐地,或者曾在齐地流传。但这一点还有待于更多的材料来证实〔27〕。

(赵平安:清华大学人文学院、出土文献研究与保护中心,100084,北京)

〔24〕 黄焯《古今声类通转表》,第127—134页,上海古籍出版社,1983年。

〔25〕 张儒、刘毓庆著《汉字通用声素研究》,第392页,山西古籍出版社,2002年。

〔26〕 黄焯《古今声类通转表》,第130、146页。

〔27〕 清华简第九辑中有一篇《成人》,其中也有齐系文字的印记。参赵平安《〈成人〉篇"市"字的释读及其相关问题》,《清华大学学报》2020年第1期。

《封许之命》“□□”补证*

罗卫东

提要： 《清华大学藏战国竹简(伍)》中的《封许之命》篇记录周王赏赐赠送给许国的成组礼器，其中包括“□□”，整理者释为“周(雕)匽(匚)”。本文分析“凡”“盘”字形及读音，释“□”为“盘”。结合青铜簠的自名形体，释“□”为“簠”。

关键词： 清华简　盘　簠　器物名称

《清华大学藏战国竹简(伍)》[1]中的《封许之命》篇“是周初分封许国的文件”[2]，记录了周王赏赐给许国的物品以及赠送给许国始封之君吕丁的“荐彝”——成组礼器。自2015年4月《清华大学藏战国竹简(伍)》出版以来，清华大学出土文献研究与保护中心、复旦大学出土文献与古文字研究中心、武汉大学简帛网等网站有多篇文章与帖子讨论该篇，《出土文献》《简帛》等刊物上也发表了研究《封许之命》的成果。安徽大学、华东师范大学、福建师范大学几位研究生还分别汇集过《封许之命》的研究成果，做出《集释》[3]。本文将讨论《封许之命》简7的两个字形：□□，即周王所赠礼器之一。整理者将这两个字形隶定为“周(雕)匽(匚)”[4]。笔者查检古文字与古文献资料，结合前贤时彦的研究，补充证明“□□”即“盘簠”。试疏证如下。

---

* 本成果得到北京市哲学社会科学重点项目(19JDYYA001)、北京语言大学校级重大项目(18ZD001)、北京语言大学梧桐创新平台(19PT05)及北京高校高精尖学科项目(中国语言文学)支持。

〔1〕 清华大学出土文献研究与保护中心编、李学勤主编《清华大学藏战国竹简(伍)》上册，第41页，中西书局，2015年。为简略起见，本文在提及学者名字时，皆省略“先生”二字，特此说明。

〔2〕 同上书，第117页。

〔3〕 黄凌倩《清华伍〈厚父〉〈封许之命〉集释》，安徽大学硕士学位论文，2016年。指导教师：徐在国教授。郭倩文《〈清华五〉〈上博九〉集释及新见文字现象整理与研究》，华东师范大学硕士学位论文，2016年。指导教师：刘志基教授。福建师范大学文学院刘伟浠《〈清华大学藏战国竹简(五)〉疑难字词集释》，复旦大学出土文献与古文字研究中心网站，2016年5月10日，http://www.gwz.fudan.edu.cn/SrcShow.asp?Src_ID=2790。这几种《集释》收集了《封许之命》研究成果，可惜并非穷尽性的收集。

〔4〕 清华大学出土文献研究与保护中心编、李学勤主编《清华大学藏战国竹简(伍)》下册，第122页。

一 释“□”为“盘”补证

关于“□”字，整理者释为“周（雕）”，“雕镂纹饰”之义。《清华大学藏战国竹简（伍）》另有记录“雕镂”“雕刻”义的字，即《汤处于汤丘》简16“器不敔（雕）镂”句的“敔”[5]，写作：□。战国时期楚系竹简常用从支的“敔”来记录雕刻义。

当然我们也不能排除《封许之命》简7不用“□”，而是用“□”来记录“雕镂”义。整理者认为“□”是雕镂纹饰，用来修饰器物。查检现有资料，“□”在已公布的七册清华简中有以下用法：

（一）朝代、王室名。例如：

清华壹《程寤》简1：廼（乃）□＝子（小子）□（发）取□廷杍（梓）梪（树）……

清华壹《周武王有疾周公所自以代王之志（金縢）》简14（背）：□武王又疾。

清华贰《系年》简7：□乃亡。

（二）至，极。例如：

清华壹《程寤》简6：朕□（闻）□长不式（贰）。

（三）鸱[6]。例如：

清华壹《周武王有疾周公所自以代王之志（金縢）》简9：□鸮

（四）细密。例如：

清华陆《子产》简2：上下乃□。

（五）合。例如：

清华柒《赵简子》简19：余弃恶□好。

上列五种意义，用来解释周王赠送给吕丁的礼器“□□”，都不合适。如果定为朝代“周”加器名，则没有书证[7]。商周甲金文中有“□”字，诸家有多种分析[8]。王襄分析：“□，古卤字，像田中盐结之形。”吴大澂、孙诒让判定此字即“周”之省，商承祚、郭沫若、孙海波、李孝定也认同“□”即“周”。关于“周”的构形理据，学者多据《说文解字》解释：

---

〔5〕 清华大学出土文献研究与保护中心编、李学勤主编《清华大学藏战国竹简（伍）》下册，第68页。

〔6〕 整理者疑“周”读为“雕”。复旦大学出土文献与古文字研究中心研究生读书会认为“周”与“鸱”声音相近，“周鸮”即今本《诗经·豳风·鸱鸮》之“鸱鸮”。《清华简〈金縢〉研读札记》，复旦大学出土文献与古文字研究中心网站2011年1月5号，http://www.gwz.fudan.edu.cn/Web/Show/1344。

〔7〕 在古籍数据库中输入“周”加器名，例如“周簠”，仅仅检索出清代金文著录书如《商周彝器释铭》中有“周簠”，是指周代器物类别，不是专指某一个器物。

〔8〕 详见于省吾主编《甲骨文字诂林》，第2127—2128页，中华书局，1996年。

《说文解字·口部》："周，密也。从用口。[illegible]，古文周字，从古文及。"

段玉裁在"从用口"下注[9]："善用其口则密，不密者皆由于口。"分析的是小篆形体。

有的学者依据古文字分析"周"字构形理据，叶玉森分析：

"[illegible]"之异体作[illegible]、[illegible]、[illegible]等形。予往者偏检卜辞未见金字，因疑金文中之金字即由卜辞之[illegible][illegible]讹变……

叶玉森认为"殷代文字流传至周，往往厥形尚存而音训迥异"，叶氏释金文中"[illegible]"为"周"，指出"田象古代盛金粒之器，有界格"。

李孝定肯定《说文解字》的解释，认为甲骨文"周"字正象"密致周匝之形"。

晁福林分析甲骨文"周"字与舟船有关系。晁先生认为：

甲骨文周字并不以田为偏旁，而是以桴（舟）形为偏旁的……（甲骨文"周"）即编木而成的桴形……为桴（舟）上运载的铜矿石之形，它由桴（舟）得其音读，所以古代文献里周与舟每相通谐。[10]

董珊分析甲金文的"周"可能是"畴"字的表意初文。"周"的早期字形与田畴之畴的本义相近[11]。

朱芳圃等释金文的"[illegible]""[illegible]"为"琱"，象"治玉琢文之形"[12]。后来写作"彫""雕"。《封许之命》的整理者也将"周"释为"雕"。也有学者不同意将"周"释为"雕"，主要有以下几种不同观点：

（一）释"[illegible]"为"舟"

鹏宇首先提出"[illegible]"字读为"舟"：

整理者意见可从，此外也不排除"周"字或可径读为"舟"。……舟是古代祭祀中常用之器。……郑玄注引郑司农曰："舟，尊下台，若今时承盘。"

考古实物中常有尊盘同出的现象……所谓"舟"乃是盛放尊的一种盘形器。[13]

王宁、子居等也赞同读为"舟"。王宁认为："读为'舟'可从，'舟'是承器的托盘。"[14]

---

〔9〕丁福保编纂《说文解字诂林》，第 2186 页，中华书局，1988 年。

〔10〕何景成编《甲骨文字诂林补编》，第 534—535 页，中华书局，2017 年。

〔11〕董珊《试论殷墟卜辞之"周"为金文中的妘姓之琱》，《中国国家博物馆馆刊》2013 年第 7 期，第 56 页。

〔12〕张世超、孙凌安、金国泰、马如森《金文形义通解》，第 191 页，[日]中文出版社，1996 年。

〔13〕鹏宇《〈清华大学藏战国竹简（伍）〉零识》，清华大学出土文献研究与保护中心网站，2015 年 4 月 10 日，http://www.tsinghua.edu.cn/publish/cetrp/6831/2015/20150410081248634790207/20150410081248634790207_.html。

〔14〕王宁《读〈封许之命〉散札》，复旦大学出土文献与古文字研究中心网站，2015 年 4 月 28 日，http://www.gwz.fudan.edu.cn/Web/Show/2507。

子居认为："从上下文来看，读'周'为'舟'甚是，当从之。"〔15〕

（二）释"𪧐"为"盘"

苏建洲认为读"舟"不妥：

《封许之命》简7"周(雕)𡆭(簠)"的"周"，有研究者释为"舟"，以为是尊下台，若今时承盘。谨案：出土文物是否有表示承盘的"舟"很值得怀疑，所谓"舟"恐怕不少是"盘"的初文。〔16〕

桂馥曾以"周旋""舟旋"并举：

《说文解字·殳部》："般，辟也。象舟之旋，从舟从殳，殳所以旋也。"

《说文解字义证》："上下一心以舟施。馥谓施当为'旋'字之误也，本书'旋'。周旋，旌旗之指麾也。"

如果查检文献用例，"周""舟"有通假现象，也有异文例证：

《诗经·小雅·大东》："舟人之子。"郑玄笺："舟当作周。"

《左传·襄公二十三年》："齐华周，字还。"《说苑》以"舟"为之。

马王堆帛书《春秋事语·齐桓公与蔡夫人乘舟章》："齐亘(桓)公与蔡夫人乘周，夫人汤(荡)周……"

《说文解字·虫部》："蜩，蝉也。从虫，周声。《诗》曰：'五月鸣蜩。'蚼，蜩或从舟。"

罗振玉、王襄、郭沫若、吴其昌、李孝定、饶宗颐、张桂光等先生都分析了"凡""舟""般""盘"的关系〔17〕。李孝定认为：

盘(凡)之原始象形字当作H，以与古文舟作𠂆者形近，故篆文误从舟耳。

于思泊《释凡》〔18〕：

《管子·小问》："意者君乘駮馬而洀桓迎日而驰乎"，尹注："洀古盘字。"按尹说是也。《管子·乘马》："蔓山，其木可以为材，可以为轴，斤斧得入焉，九而当一；汎山，其木可以为棺，可以为车，斤斧得入焉，十而当一。"……古文从舟与从凡一也。

近年陈英杰在分析《苏公盘》自名时，也详细分析了"盘"用"支""舟""凡"形体记录的现象〔19〕。

〔15〕 子居《清华简〈封许之命〉解析》，清华大学出土文献研究与保护中心网站，2015年7月16日，http://www.ctwx.tsinghua.edu.cn/publish/cetrp/6842/index_7.html。

〔16〕 苏建洲《清华简第五册字词考释》，《出土文献》第七辑，第150页，2015年。

〔17〕 详见于省吾主编《甲骨文字诂林》，第2843—2850页、第3161—3162页，中华书局，1996年。

〔18〕 于省吾《甲骨文字释林》，第115页，中华书局，2009年。

〔19〕 陈英杰《青铜盘自名考释三则》，《中国文字研究》第十九辑，第26—27页，2014年。

“□”与“舟”同属幽部、照纽，“□”读为“舟”，它是否就是表示承盘的“舟”呢？因为《封许之命》赏赐物品仅有文字，没有对应的图像或实物，不能肯定是“尊下台”。比较金文中“舟”的用法，苏建洲推测□与“盘”相关是有道理的。金文中“盘”有几种形体记录，如：

1. □，《虢季子白盘》：

佳（唯）十又二年正月初吉丁亥，虢季子白乍（作）宝盘。

2. □，《中子化盘》：

𠁩（中）子化用保楚王，用正（征）梠（莒），用𢍰（择）甘（其）吉金，自乍（作）盥（浣）盘。

3. □，《蔡侯申盘》：

用诈（作）大孟姬嬇（媵）彝𥂴（盘）。

4. □，《番昶伯君盘》：

佳（唯）番昶白（伯）者君，自乍（作）宝般（盘）

5. □，《伯侯父盘》：

白（伯）厌（侯）父媵（媵）弔（叔）㚤嬰（联）母鎜（盘）。

6. □，《㣇伯盘》：

㣇伯作盤（盘）。

7. □，《函皇父盘》：

圅（函）皇父乍（作）㛸般（盘）盉𢐗（尊）器鼎𣪕一𠔀（具）。

8. □《晋韦父盘》：

䁆（晋）韦父乍（作）寶舟（盘）。

9. □，《作公鎜》：

乍（作）公舟（般、盘）㚇（鎜）。

上列金文“盘”字都有构件“舟”。

《正字通·舟部》：“先儒谓舟形如盘，若舟之载物，彝居其上。非也。”小文前面曾提及李孝定认为“舟”是“凡”的讹写。郭沫若指出“凡”即“盘”之象形初文[20]。何琳仪认为“盘”属于古文字中一字两读的现象，“从甲骨文资料可见，‘舟’与‘凡’形近，‘凡’与‘盘’音近，故‘舟’可读‘盘’”。而《蔡侯申盘》“盘”字左从“酉”，右从“舟”，下从“皿”。信阳简“盘”字左从“舟”，右从“丩”，下从“金”。“舟”与“酉”“丩”上古音均属幽部。“‘酉’‘丩’不过是‘舟’音读的叠床架屋而已”[21]。“周”上古音也属幽部，与“舟”的声纽都是

[20] 郭沫若《卜辞通纂》，第272—273页，科学出版社，1983年。

[21] 何琳仪《说“盘”》，《中国历史文物》2004年第5期，第30—32页。

章母，所以"周"记录了"凡"讹变成"舟"以后的意义。

上列"盘"的多种形体，第 8 例《晋韦父盘》和第 9 例《作公鎣》用"凡"记录"盘"。依此分析，一些金文数据著录书中的器物，可以由"舟"更名为"凡(盘)"。例如《殷周金文集成》10017 号和《商周青铜器铭文暨图像集成》14303 号《舟盘》，字形作"[unknown character]"这一个器物名称是《凡(盘)盘》。

综上所述，《封许之命》简 7 的"[unknown character]"通"舟"，"舟"即"盘"。

二　释"[unknown character]"为"簠"补证

"[unknown character]"，整理者括注为"匚"。注释："'[unknown character]'字从匚，《说文》：'匚，受物之器，读若方。'"[22]

华东师范大学中文系出土文献研究工作室将此器物读为"禁"：

> 按，此字罕见，亦可理解为从匚金声，读为"禁"。"禁"可用以奠置酒器，《仪礼》多见。此字从金，且上下文词汇皆为铜器，疑此字即为铜禁之本字。[23]

《封许之命》几种《集释》的作者们都没有关注到已有学者改释此字为他字。谢明文释"[unknown character]"为"簠"：

> "[unknown character]"应分析为从金、匚(匚)声，金文中作为器物自名见于京叔姬簠(《集成》04504)、仲其父簠(《集成》04482)、仲其父簠(《集成》04483)，它指的就是青铜器中习见的那类作长方形、斗状、器盖同形的簠类器。[24]

"[unknown character]"即簠，作为器物自名还见于 1997 年 7 月陕西扶风县段家镇大同村西周墓出土的《宰兽簋》：

[22] 清华大学出土文献研究与保护中心编、李学勤主编《清华大学藏战国竹简(伍)》下册，第 122 页。

[23] 详见华东师范大学中文系出土文献研究工作室《读〈清华大学藏战国竹简(伍)〉书后(一)》，简帛网，2015 年 4 月 12 日，http://bsm.org.cn/show_article.php? id=2195。

[24] 谢明文《谈谈青铜酒器中所谓三足爵形器的一种别称》，复旦大学出土文献与古文字研究中心网站，2015 年 4 月 1 日，http://www.gwz.fudan.edu.cn/Web/Show/2479。

用乍(作)朕(朕)剌(烈)且(祖)幽中(仲)益姜寶匿(簠)𣪘(簋)

《宰兽簋》自名为“匿𣪘”,字形写作。

“匿”也用来记录“簠”类容器。吴沙沙统计了“簠”的多种形体[25],形声结构的“”“”“”“”“”等字,声符由“古”“夫”或“吾”等充当。例如:

(《射南簠》,西周晚期) (《𠝼伯簠》,西周晚期)

(《季宫父簠》,西周晚期) (《伊设簠》,西周晚期)

(《史𠑇簠》,西周晚期) (《伯公父簠》,西周晚期)

(《曾伯克父簠甲》,春秋早期) (《商丘叔簠》,春秋早期)

(《京叔姬簠》,春秋早期) (《尹氏叔𦈢簠》,春秋早期)

(《鲁士�父簠》,春秋早期) (《𡗖膚簠》,春秋中期)

(《彭子射儿簠》,春秋晚期) (《大府簠》,战国晚期)

(《西替簠》,战国时期)

会意结构类型的“簠”,由“”“金”构成,例如:

(《仲其父簠甲》,西周晚期)

《封许之命》吕丁所受赏赐物品正是“”,即“簠”。

三 盘簠及相关问题考证

战国时期多种文字数据中,“般”“盘”“鎜”“𠪚”等形体记录容器“盘”,少见“周”用作“盘”的例证[26]。《战国古文字典》“周”字没有收录“盘”的用例。查检现存金文材料[27],青铜器铭文中没有“盘簠”连称,出现过“盘盉”“盘蓥”“盘匜”连称。例如:

《应侯盘》(西周晚期):雁(应)医(侯)乍(作)宝般(盘)盉。

《周晋蓥》(西周中期):𩰫(铸)宝般(盘)蓥。

《伯大父盘》(春秋早期):白(伯)大父乍(作)行般(盘)也(匜)。

我们查检到战国早期的《陈曼簠》铭文如下:

齐𨻰(陈)𡚬(曼)不敢(敢)逸康,肈堇(谨)经德,乍(作)皇考𪏰(献)吊(叔)饙(饙)𠪚(盘),永保用匿(簠)。

该器“盘”写作“”,“簠”写作“”。陈佩芬认为《陈曼簠》“铭文上言为‘饙盘’下言

---

〔25〕 详见吴沙沙《青铜簠自名、定名整理与研究》,北京语言大学硕士学位论文,2018年。指导教师:罗卫东教授。

〔26〕 参见何琳仪《战国古文字典》,第1058页,中华书局,1998年。

〔27〕 我们所做统计的材料范围是吴镇烽《商周金文资料通鉴》(电子版3.0),2018年。

为‘匠’，实为一物”[28]。

《封许之命》“[illegible][illegible]”因无实物可以比照，所以无法判定是一物还是两物。从考古学角度分析，“盘”“簠”等器物战国时期各个级别的墓葬中都有同时出土的情况[29]。1973年11月河南淮阳县大连公社堌堆李庄村南就出土了《曹公盘》《曹公簠》[30]。以上是我们对《封许之命》“[illegible][illegible]”释为“盘簠”的补证，所证如有不妥之处，敬请大家指教。

附记：本文初稿曾提交“纪念清华简入藏暨清华大学出土文献研究与保护中心成立十周年国际学术研讨会”，在修改过程中，参考了黄易青教授提出的宝贵意见。谨此致谢！

（罗卫东：北京语言大学人文社会科学学部，
北京文献语言与文化传承研究基地 100083，北京）

---

〔28〕 陈佩芬《夏商周青铜器研究》，第311页，上海古籍出版社，2004年。

〔29〕 参见刘彬徽《楚系青铜器研究》，第83—109页，湖北教育出版社，1995年。

〔30〕《淮阳县发现两件西周铜器》，《中原文物》1981年第2期，第59页。

上博简《艸茅之外(閒)》初读*

孟蓬生

提要： 本文对新公布的上博简《艸茅之外(閒)》的一些疑难字词的含义进行了探讨,并对一些诗句的大意做了疏通。主要观点如下:"艸茅之外,役敢承行"应读为"艸茅之閒(间),役敢承行";"喉舌宼塞,安能聪明"应读为"喉舌杜塞,焉能聪明";"旧(久)立不抶,昔(措)足安定"应读为"旧(久)立不蜷,昔(措)足焉定";"敢陈纯𦍎,不智其若哉"应读作"敢陈纯固,不知其悔哉";"南有争草"当读为"南有嘉草"。

关键词： 上博简　艸茅之外　字词考释

上博简《艸茅之外》的三支简(见文后所附图版)由曹锦炎先生公布后,蔡伟、程浩、董珊等几位先生续有所论[1]。董珊先生参考诸家意见所做宽式释文如下:

艸茅之外,役敢承行。

喉舌堵塞,焉能聪明。

久立不倦,措足安定。

多貌寡情,民故弗敬。

皇句(后)有命,岂敢荒怠?

敬戒以峕(时),宪常其若兹。

血气不迵(同),孰能飤之?

敢陈纯(谆)告,不智其若兹。

本文在董珊先生所作释文的基础上探讨几处字、词、句的含义。

---

* 本文受国家社科基金重大项目"汉字谱声大系"(编号:17ZDA297)资助,在资料方面得到董珊、程邦雄两位先生的帮助,谨此致谢!

〔1〕 曹锦炎《上博竹书〈卉茅之外〉注释》,武汉大学简帛研究中心主办《简帛》第十八辑,上海古籍出版社,2019年;抱小(蔡伟)《读上博简〈卉茅之外〉札记》,复旦大学出土文献与古文字中心网站,2019年5月30日;程浩《上博逸诗卉茅之外考论》,清华大学出土文献研究与保护中心网站,2019年07月03日。董珊《上博简〈艸茅之外〉的再理解》,"先秦秦汉史"微信公众号,2019年7月30日。下文凡引以上论文不再注明出处。

一 艸茅之外(閒),役敢承行

“艸茅”,曹锦炎认为:“草茅,本义为茅草,引申为草野、田野、民间,多与‘朝廷’相对,后世代指未出仕之人,即平民。”董珊先生认为:“艸茅谓田野之农事。”我们赞同曹说。

“外”,曹锦炎先生如字读。他说:“简文‘草茅之外’,是说除了在野未出仕之人之外,也就是说是位于朝廷的人。”

不过我们认为曹说有需要补正的地方。“外”“间”古音相通,学者多有论及[2],今择其切要之证列举如下:

《说文·门部》:“閒(间),隙也。从门,从月。䦨,古文閒(间)。”马叙伦认为“閒(间)”从门,月声;古文从门,外声[3]。而“外”字本从卜,月声[4]。

战国金文和竹简有外、閒(间)相通的例子,可证马说不误。例如:

(1)载之⿱竹外策。(中山王嚳壶,《集成》9735)

“⿱竹外策”即“简策”。于豪亮先生说:“‘简箖(策)’的‘简’字作⿱竹外,曾姬无卹壶閒字作‘⿵门外’,《说文·门部》‘閒’字的古文作‘⿵门外’,知‘⿱竹外’字乃‘⿱竹⿵门外’是字的省文。”[5]

(2)恒贞吉,少外有愿,志事少迟得。(《包山》简199)

(3)少有愿于躬身与宫室,且外(间)有不顺。(《包山》简210)

李零先生认为“少外”即“少閒(间)”,“外有不顺”即“閒(间)有不顺”。

因此“艸茅之外”就是“艸茅之间”,也就是“民间”。《郭店楚墓竹简·唐虞之道》简15—17:“夫古者舜居于草茅之中而不忧,升为天子而不骄。居草茅之中而不忧,知命也。”《管子·戒》:“是故身在草茅之中而无慑意,南面听天下而无骄色。”《战国策·赵策四》:“尧见舜于草茅之中,席陇亩而荫庇桑,阴移而授天下。”《太平御览》卷一百五十六引《尸子》曰:“舜一徙成邑,二徙成都,三徙成国,尧闻贤之,举之草茅之中。”“艸茅之外

---

〔2〕 李零《包山楚简研究(占卜类)》,《中国典籍与文化论丛》第1辑,第435页,中华书局,1993年;陈伟《楚简中某些“外”字疑读作“间”试说》,简帛网,2010年5月28日;陈伟《关于秦封泥“河外”的讨论》,简帛网,2010年11月12日;“暮四郎”(黄杰网名):《外卒铎“外卒”小考》,简帛网,2014年3月15日,http://www.bsm.org.cn/bbs/read.php? tid=3172;孟跃龙:《清华简札记两则》,《励耘语言学刊》第30辑,第141—146页,中华书局,2019年。

〔3〕 马叙伦《说文解字六书疏证》卷二十三,第25—26页,上海书店,1985年。

〔4〕 章太炎《文始》,《章太炎全集(七)》,第180页,上海人民出版社,1999年;张玉春《说外》,《东北师范大学学报》1984年第5期;林沄《王、士同源及相关问题》,《林沄学术文集》,第25页,中国大百科全书出版社,1998年。

〔5〕 于豪亮《中山三器铭文考释》,《考古学报》1979年2期;收入氏著《于豪亮学术文存》,第50页,中华书局,1985年。

(閒)”犹言“草茅之中”。

“役敢承行”比较费解,这里暂且提出一种假说。“役敢承行”盖犹言“敢承行役”,出于押韵的需要(为了与下文“安能聪明”之“明”押韵)而做了语序的调整。“敢承行役”从韵律的角度看,读作“敢承|行役”更为自然,但作者可能是把它读作“敢承行|役”。“行役”在上古可以是动宾结构。《诗经·魏风·陟岵》:“嗟予子,行役夙夜无已。”二、三两章分别作“嗟予季,行役夙夜无已”“嗟予弟,行役夙夜无已”。“予子(予季、予弟)”是主语,“行”是动词谓语,“役”是宾语。

“役”,曹先生训为“事”,得之。《说文·殳部》:“役,戍役也。从殳,从彳。”段注:“凡事劳皆曰役。”清恽敬《三代因革论七》:“贡赋之外,皆役事也。起军旅,兵役也;田,田役也;役,力役也;追胥,守望之役也。”此处的“役”当指“王事”或“国事”。

“艸茅之外(閒),役敢承行?”正如董珊先生所说是个复句。全句意思是说:“我身处民间,岂敢承行王事?”言外之意是不堪任王事或国事,或不当任王事或国事,也可以说是“不在其位,不谋其政”“肉食者谋之,又何间焉”的另一种表达方式。这当然是一句牢骚话,作者如果真的不顾王事和国事的话,这首诗也就不必作了。实际上本诗最后一句话正好与此互相照应,我们在后面还要谈到,这里暂且打住。

二　喉舌宅(杜)塞,安(焉)能聪明

曹锦炎先生说:“肻,从‘肉’从‘舌’,为‘舌’字繁构。……宅,乇字繁构,上从‘宀’,为楚文字构形常见之繁饰。……乇即古文‘宅’字,见魏三体石经(《说文》古文构形从‘广’)。宅,读为‘堵’。‘宅’字从‘乇’声;‘堵’字从‘者’声,‘乇’‘者’二字古字均隶鱼部,乃叠韵关系。……‘堵塞’同义连用,义为阻塞,封锁,使不能畅通。‘堵塞’一词在先秦文献中尚属首次出现。”

今按:从曹先生文所附照片来看,“胋(舌)”字上部近乎“之”字,与已知楚简“胋(舌)”字上部写法均有所不同。试比较:

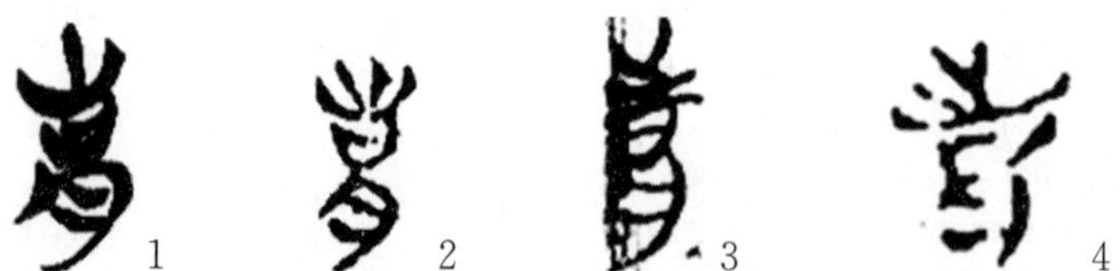

1.郭店简《语丛四》19;2.上博简《周易》27;3.上博简《用曰》3;4.《艸茅之外(閒)》2

但从上图来看,演变的脉络清楚,“胋(舌)”字上部的这种写法应属于笔势的自然变化。

"堵"表示"堵塞"义，或"堵塞"二字连用，在传世文献中出现甚晚。通过《四库全书》检索，最早的用例为宋金之际。宋末元初学者马端临的《文献通考》："况营筑长堤，堵塞隘路，开决塘水，添置边军，既稔猜嫌，虑隳信睦。"金人张存正《儒门事亲》："戴人出游，道经故息城，见一男子被杖，疮痛焮发，毒气入里，惊涎堵塞，牙禁不开，粥药不下。前后月余，百治无功，甘分于死。"金李杲《脾胃论》："堵塞咽喉，阳气不得出者曰塞；阴气不得下降者曰噎矣。噎塞迎逆于咽喉胸膈之间，令诸经不行，则口开目瞪，气欲绝。当先用辛甘气味俱阳之药引胃气，以治其本；加堵塞之药，以泻其标也。"从用字习惯看，先秦传世文献或出土文献中似乎不会出现"堵塞"字样。先秦表示"堵塞"义而跟"宅"音近的应该是"杜"字。《尚书・费誓》："杜乃擭，敜乃穽。"《汉书・刘歆传》："今则不然，深闭固距，而不肯试，猥以不诵绝之，欲以杜塞余道，绝灭微学。"出土文献的释文用字应该尽量贴近当时的用字习惯，所以"宅"后应加括号注出"杜"字。

关于这两句话的大意，曹锦炎先生跟董珊先生看法不同。曹锦炎先生说："'喉舌'，指咽喉和舌头，也用来比喻掌握机要、出纳王命的重臣。《诗・大雅・烝民》：'出纳王命，王之喉舌。'毛亨传：'喉舌，冢宰也。'陈奂传疏：'喉舌，冢宰，谓喉舌乃冢宰之职，非谓喉舌为官名也。'……此虽以人之喉舌被堵塞结果影响聪明作比喻，表面上似是说出纳之言全被阻挡（即指责冢宰大臣专权），实际上也不排除暗喻对君主不能明察事理的批评之意。"董珊先生认为："只有不讲话，才能专心去听与看，即耳聪目明。这句说多听谏言多观察，少发命令。"

我们认为，诗之所以无达诂，其关键在于"宾主彼我之辞，最为难辨"（朱熹《楚辞集注・楚辞辩证》）。此句"喉舌堵塞"的主语是百姓，即被统治者，而"安能聪明"的主语是君主，即统治者。因此本文的"安"字当训为"焉"，为疑问代词。全句大意为："百姓的喉舌（代指言路）如果被堵塞，君主怎么能够做到耳聪目明呢？"正因为统治者听不进百姓的言论，所以诗人最后才放弃了不合作的消极态度，主动地进谏（即下文之"敢陈纯辠"）。

三　旧（久）立不扶（蜷），昔（措）足安（焉）定

曹锦炎先生说："旧，古老的，陈旧的，与'新'相对。立，读为'位'。……简文之'卷'或说之'收'义。……昔，读为'措'，'措'字谐'昔'声，例可相通。措，置，放置。……简文此句大意是说，宗庙中旧的祖先神位不收去，新增的神位将置足何处去祭奠他们呢？"

抱小（蔡伟）先生说："我们认为简文或许应有其他的解释，疑可读为'旧（久）立不扶（倦），昔（措）足女（安）窦（奠）'，'昔（措）足女（安）窦（奠）'，即'女（安）窦（奠）昔（措）足'，

乃倒文以就韵之例。……简文谓久立不倦,将如何置足?(脚怎么放?)”

程浩先生说:“曹先生在文中已经指出,是句的‘安’字与上文读为‘焉’的‘女’写法略有不同。这种现象或许说明两种形体在本篇中有明确的分工,‘女’应读为‘焉’,而‘安’则如字读。至于‘寊’字,按照楚简的用字习惯,读为‘定’也是非常普遍的。‘久立不倦,措足安定’,大意是说‘只有长久站立不感到疲倦,才能安身立命’。”

董珊先生说:“之所以长久站立而不疲倦,是因为足趾有安定的位置。这句说不在其位则不谋其政。”

今按:“旧立”当从蔡、程、董之说读为“久立”;“安寊”,当从程、董之说读为“定”。“措”训“置”,各家无异议。需要讨论的是“扶”字和“安”字的读法。

所谓“扶”原文作[illegible],左旁模糊,暂从各家隶定为“扶”。我们认为“扶”当读为“拳(蜷、踡)”,训为“拳(蜷、踡)曲”,指挛缩不能伸展,本可兼指手足,这里指下文的“足”,故此处可以在隶定字后括号内加注“蜷”字。《说文·手部》:“拳,手也。从手,尖声。”段玉裁注:“今人舒之为手,卷之为拳。”《玉篇·手部》:“拳,屈手也。”“拳(蜷、踡)”有“屈曲”义,故可与“曲”“局(跼)”连言。《庄子·人间世》:“仰而视其细枝,则拳曲而不可以为栋梁。”《楚辞·离骚》:“仆夫悲余马怀兮,蜷局顾而不行。”王逸注:“蜷局,诘屈不行貌。”蜷局,指马足抽筋挛缩,拳曲不伸。《玉篇·足部》:“踡,踡局,不伸也。”《淮南子·精神训》:“病疵瘕者,捧心抑腹,膝上叩头,踡局而谛,通夕不寐。”《素问·举痛论》:“脉寒则缩踡。”《素问·皮部论》:“其留于筋骨之间,寒多则筋挛骨痛。”《史记·范雎蔡泽列传》:“先生曷鼻,巨肩,魋颜,蹙齃,膝挛。”《后汉书·杨彪传》:“彪见汉祚将终,遂称足挛,不复行。”宋洪迈《夷坚丙志·鱼肉道人》:“黄元道,……得风搐病,两手挛缩不可展。”古音拳(蜷、踡)、挛均在元部,音义相通。《说文·足部》:“跔,天寒足跔。从足,句声。”徐锴《说文解字系传》:“筋遇寒不舒也。”段玉裁《说文解字注》:“《周书·大子晋解》:‘师旷东,躅其足,曰:“善哉,善哉!”大子曰:“大师何举足骤?”师旷曰:“天寒足跔,是以数也。”’此许所本。《庄子音义》亦引《周书》‘天寒足跔’。今本《周书》作‘足躅’,误也。跔者,句曲不伸之意。”《集韵·虞韵》:“跔,《说文》:‘天寒足跔。’一曰:拘跔不伸。或作局、徇。”古音“曲”“局”在屋部,“句”在侯部,音义相通。

“安”字可读“焉”,训为“乃”,为表示顺承的副词。至于“安”字的不同写法,也许是出于避复的需要,其用法的区别似乎不必执着。不过就此句而言,读为“安定”之“安”亦不影响文意。

“久立不扶(蜷),措足安(焉)定”应该看作条件复句。全句大意为:久立而不挛缩,腿脚才能够站得稳。

四　敢陈纯睪(固),不智(知)其若(悔?)兹(哉)

曹锦炎先生说:"敢,敢于。戦,读为'陈'。……睪,从口,从幸。甲骨文作'[illegible]',即'梏'字表意初文。……若,顺也。'不知其若哉',犹言不知道顺逆,这是针对血气不通不能食,却敢去陈言较量的人所做的批评话语。"

程浩先生释"睪"前一字为"纯",他说:"睪字《注释》读为'较'。'睪'为'梏'的本字,较之'较',读为'诰'或'告'似乎更为直接。清华简《祭公之顾命》'敢告天子'的'告',《殷高宗问于三寿》'以诰四方'的'诰',即写作'睪'。……'纯'犹'淳',又可训'善','纯诰'即善美之言,'敢陈纯诰,不知其若兹'是简文作者以自谦的姿态为本篇作的结尾。"

董珊先生说:"纯似应读为谆谆之谆,《说文》:'谆,告晓之孰也。'《孟子·万章上》:'天与之者,谆谆然命之乎。'谆谆,教诲不倦的样子。'纯'也有'专壹'的意思,于此亦通。'不智其若兹',如程浩所言,是诗作者自谦。'其'指代名词性成分'不智'。《韩非子·初见秦》:'不知而言,不智。知而不言,不忠。'诗人'敢陈谆告'是为了避免不忠,然后又自谦,说自己虽然忠,但不智慧的状态如上陈'谆告'之所见。《报任安书》末云'略陈固陋',也是此类客套话。"

今按:"纯""谆"音近,二字通假不成问题。"睪"假借为"告",也符合楚简的用字习惯。但"谆谆"修饰"告诫"一类词语时一般不省作"谆",所以上古汉语中未见"谆告"辞例。我们认为"纯睪"或可与《国语·周语上》之"纯固"互相参证;"不知其若兹"之"若"或当为"毎(悔)"字之讹,涉上文"若"字而误;句末之"兹"字当从曹先生读为"哉",表示感叹的语气词。

我们先说"睪"字。

古文字中加口与否读音常常无别,所以"睪"字所从之"幸(niè)"固然可以看作声符,但实际上就是"梏"字的象形初文。"口"只是附加或装饰偏旁,起不到会意的作用。"幸(niè)"字古音在缉部,与觉部之"梏"或"告"相通,属于前人所谓"侵幽对转"之例。

但楚简中从"夲"得声的"执"或"虖(甲)"均有跟鱼部字相通的现象。我在《"执"字音释》曾有举例,今转引如下:

1a. 南与郙君佢疆,东与陵君佢疆,北与鄝昜佢疆,西与鄱君佢疆。(《包山楚简》简153)[6]

1b. 王所舍新大厩以啻虘之田,南与郙君执疆,东与陕君执疆,北与鄝昜执疆,

〔6〕 湖北省荆沙铁路考古队《包山楚简》,文物出版社,1991年。

西与鄱君执疆。(《包山楚简》简 154)[7]

2a. 志于道,虐于德,依于仁,游于艺。(《郭店楚墓竹简·语丛三》简 50、51)

2b. 志于道,据于德,依于仁,游于艺。(《论语·述而》)

以上两组例子中,“执”字为缉部字,“虐(甲)”为盍部字,为一音之分化;而“佢”和“据”均为鱼部字,古音亦相通。《说文·西部》:“醵,会饮酒也。从酉,豦声。酟,醵或从巨。”传世文献常见的人名“蘧伯玉”,《上海博物馆藏战国楚竹书(五)·弟子问》简 16 作“巨白玉”。可资参证。包山楚简 153、154 两支简所记为一事,而一作“执”,一作“佢”,两字应该看作通假关系。然则虐之于据,犹执之于佢也。有学者以为“虐”是“据”的误字[8],其说恐不足信。

清华简《皇门》有下面一段话:

卑(譬)女(如)嚣夫之又(有)忞(媢)妻,曰‘余蜀(独)备(服)才(在)寑’,以自零(落)毕(厥)豪(家)。”(《皇门》简 10、简 11)[9]

其中“嚣”字从“执”(口为附加的装饰符号)、从古,整理者读为“梏”,训为“正直”,不但无法解释字形,也无法读通原文。我们在《执字音释——谈鱼通转例说之九》一文中认为,“嚣”字所从之“古”当为声符,“嚣”字可读为“婟”或“妒(妬)”[10]。《楚辞·九章》:“夫唯党人之鄙固兮,羌不知余之所臧。”《史记·屈原贾生列传》:“夫党人之鄙妒兮,羌不知吾所臧。”可证“婟(固)”确有“妬”义。清华简《皇门》所谓“嚣(妬)夫”在本句中“忞(媢)妻”相对,就是下文的“媢夫”,“妬”和“媢”为同义词,故可以错举成文。

因此,“睪”之于“固”,犹“执”之于“佢”、“虐”之于“据”、“嚣”之于“婟”也。

《国语·周语上》:“吾闻夫犬戎树惇,帅旧德而守终纯固。”韦昭注:“纯,专也;固,一也。”《广雅·释言》:“固,陋也。”“专一”和“执着”“不知变通”往往关联,“固陋”义或许就来自“专一”义。董先生认为这句话跟《报任安书》“略陈固陋”语意相近,是很有道理的。

接下来我们讨论“若兹”的“若”字。

我们认为“不知其若兹”之“若”或当为“悬(悔)”字之讹,有三个方面的原因:

一是韵脚。简文“皇句(后)有命,岂敢荒息?敬戒以時(时),宪常其若兹”两句为句

---

[7] 湖北省荆沙铁路考古队《包山楚简》,文物出版社,1991 年。

[8] 李零《郭店楚简校读记(增订本)》,第 195 页,中国人民大学出版社,2007 年。李先生以为“据”是“虐”的误字,并把“虐于德”读作“狎于德”,似可不必。

[9] 李学勤主编、清华大学出土文献保护研究中心编《清华大学藏战国竹书[壹]》(下册),第 164 页,中西书局,2010 年。

[10] 孟蓬生《“执”字音释——谈鱼通转例说之九》,《古文字研究》第三十辑,第 587—591 页,中华书局,2016 年。

末字入韵。"血气不迵(同),孰能飤之? 敢陈纯(谆)告,不智其若𢦏"为"富韵"[11],除句末之虚词外,倒数第二字入韵,即"飤"与"若(毋)"韵,两字均当在之部。《诗经·邶风·北门》:"天实为之,谓之何哉?""为""何"两字入韵,韵例与此相同,可以互参。

二是文义。在一首不长的诗篇里出现两个相同的"若𢦏",且都十分费解,其概率较低。

三是字形。战国文字有"毋(𢘟)"字,与"若"字写法甚近。试比较:

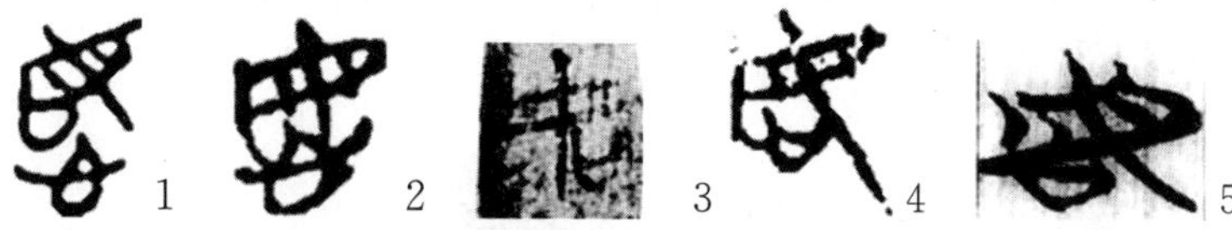

1.郭店简《老子甲》25"毋"字;2.上博简《周易》27"毋"字;3.上博简《周易》27"𢘟"字;4.上博简《曹沫之陈》55"𢘟"字;5.安大简《诗经》"若"字

上博简《周易》之"毋亡"或作"𢘟亡",即传世文献《周易》"悔亡"。上博简《孔子诗论》26:"隰有苌楚,得而毋(悔)之也。"上博简《曹沫之陈》:"悳者使𢘟(悔)。"据此可知战国文字中"毋(𢘟)"可用为"悔"字。简文此处之"不知其𢘟(悔)",盖犹今言"不会后悔"。

细味诗意,"敢陈纯𡨧(固),不智(知)其若(悔?)𢦏(哉)"似乎颇有"亦余心之所善兮,虽九死其犹未悔"的韵致。我们前面曾经说过,作者在诗篇开头所说的"艸茅之外(閒),役敢承行"为牢骚话,这一点可以从诗篇末尾的这句话得到确证。始于牢骚,终于誓言,作者忠君之心灼然可见。

五 南有争(嘉?)草

程浩先生说:"此数句与《卉茅之外》以墨横分隔,《注释》据此将其归为两篇。但是从文意上来看,这两部分应该有着密切关联。争,疑读为同属耕部的'荆'。'南有荆草,生于俭之宫矣',是说南方之俭朴的宫室生出了荆草,而《卉茅之外》的首句'草茅之剑'说的正是翦除草木之事。"

今按:"争"读为"荆"语音上固然没有问题,但谛审字形,所谓"争"字左上似乎有笔画或构件的痕迹。我们拟试补该构件为"禾"字。整字为从禾、从争的"䆸"字("静"字异构)。但"静艸"十分费解,传世文献中亦未见同类用例。我们认为"静"有可能是"嘉"的同形字。

古文字数据表明,在作为构件时,"争"和"加"往往相混。

金文"静"字本从"争",亦有从加之例。例如:

---

[11] 王力《诗经韵读·诗经韵例》,《王力文集》(第六卷),第53页,山东教育出版社,1986年。

 1  2  3

1. 克鼎；2. 班簋拓本；3. 班簋拓本摹本(《金文编》0819)

从辞例看，班簋"静东国"之"静"毫无疑问。此当从争而从加之例。

楚简"静(争)"字亦往往从加。例如：

 1  2

1. 郭店《老子甲》5"静(争)"字；2. 郭店《老子甲》5"静(争)"字

楚简中有"静(耕)"字，或从加作。试比较：

 1  2

1. 郭店简《穷达以时》2；2. 郭店简《成之闻之》13

辞例为："舜耕于鬲(历)山。"(《穷达以时》)、"戎(农)夫矛(务)飤(食)，不强静(耕)，粮弗足。"(《成之闻之》)。此亦当从争而从加之例。

另一方面，从加的"嘉"字往往可以从"又"。例如：

 1  2 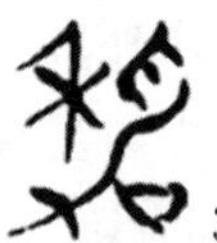 3  4

1. 侯马盟书 16. 31；2. 侯马盟书 156. 5；3. 侯马盟书 35. 1；4. 侯马盟书 200. 57

此当从加而从争之例。第 4 例应为从加和从争叠加或杂糅之例。

"静"和"嘉"形音义均不相同，但在楚简中它们有可能成为同形字。试比较：

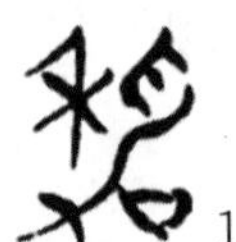 1  2  3  4

1. 侯马盟书 35. 1；2. 侯马盟书 200. 57；3. 上博《周易》31；4. 郭店简《缁衣》11"静"字

上图之 4 见于郭店简《缁衣》11，其辞例为："上好仁则下之归仁也静(争)先。"上博简《周易》的"嘉"字(上图之 3)上承侯马盟书而来，可以看作 1 形之"口"变作"又"，也可以看作2形省去了"口"。这样一来就跟楚简的"争"字或体(上图之4)构成了同形字。古文字中圆点往往变为短横,此字则反其道而行之,由短横变为圆点。

传世先秦文献有"嘉草"辞例,又有"嘉卉"辞例。《周礼·秋官·庶氏》:"庶氏掌除毒蛊,以攻说禬之,嘉草攻之。"《诗经·小雅·四月》:"山有嘉卉,侯栗侯梅。"《诗经·小雅·出车》:"春日迟迟,卉木萋萋。"毛传:"卉,草也。"

楚地出土文献"卉"字当读如"艸",已经多位学者论定。

最早指出"卉"字读"艸"的是李学勤先生。他在讨论上博简《子羔》中"瞽瞍"的写法时曾指出:"'有虞氏之乐正瞽宑',即指舜而言。其名两字,前一字从古声,后一字从卉声。应该说到,楚文字中的'卉',如长沙子弹库帛'卉木亡常'的'卉',及《子羔》简下文'卉茅之中'的'卉',其实都不是'卉'而是'艸(草)','草'是清母幽部字,可读作心母幽部的叟(瞍),所以这就是舜父瞽叟。"[12]

李先生观点很快得到了古文字学界的承认。上博简《子羔》简5:"尧之取舜也,从诸卉茅之中。"整理者指出:"卉茅,即草茅,指田野。《战国策·赵策四》:'昔者尧见舜于草茅之中,席陇亩而荫庇桑,阴移而授天下传。'……"(189页)上博简《容成氏》简15:"乃卉服箬箬帽。"整理者谓"卉服"即"草服"(261页)。《容成氏》简16:"卉木蓁长。"整理者指出:"卉木,即'草木'。"(262页)《三德》简1:"卉木须时而后奋。"(288页)

《楚辞》中"卉"字从古代起就被一些学者当作楚方言词看待。对此,赵彤先生有不同的意见。他在列举《楚辞补注》中多处"艸(草)""卉"异文的例子后指出:"《离骚》是楚人作品,最初一定是由楚人传抄,使用的文字当然应该是楚国的文字,所以'草'字有作'艸'的,也有作'芔'的。在后来的传抄过程中,由于人们已经不知道'芔'就是'艸(草)'字,因而把它隶定为'卉'。这些异文反过来也可以证明楚帛书和楚简中的'芔'就是'艸(草)'字。所谓'卉'是'楚人语'的说法大概是因为见到了像《离骚》之类的楚系文献中'草'有写作'卉'的,所以误认为'卉'是楚方言词。而实际上,这里的'卉'只是楚文字中'艸(草)'字的一种写法,并不代表另外一个词。"[13]

我们认为,赵彤先生的观点正确可从。传世文献中训为"草"的"卉"字均当读为"艸(草)",其实不限于楚人或楚地。《尚书·禹贡》"岛夷卉服"(孔颖达疏:"凡百草一名卉,知卉服即是草服。")之"卉服"即上博简《容成氏》的"芔(草)服";《诗经·小雅·四月》"百卉具腓"之"百卉",即《楚辞·离骚》之"百艸(草)";《诗经·小雅·出车》"卉木萋萋"

---

〔12〕 李学勤《楚简〈子羔〉研究》,《上博馆藏战国楚竹书研究续编》,第12—17页,上海书店出版社,2004年。

〔13〕 赵彤《"卉"是楚方言词吗?》,简帛网,2007年6月17日,http://www.bsm.org.cn/show_article.php?id=581。

的"卉木"同长沙楚帛书中的"卉木无常""卉木民人"、《容成氏》"卉木蓁(晋)长"之"卉木"一样当读为"艸(草)木";《诗经・小雅・四月》"山有嘉卉"同《艸茅之外(閒)》的"嘉卉"一样当读为"嘉艸(草)"。从辞例上看,此篇简文之"南有嘉艸"可与《诗经》之"南有嘉鱼"互相印证。

附:原简照片(采自曹锦炎先生文)

3 2 1

(孟蓬生:西南大学汉语言文献研究所,400715,重庆)

北齐石刻《佛说孛经》与传世《佛说孛经抄》异文研究*

刘 征 郑振峰

提要： 将北齐响堂山石窟所刻《佛说孛经》与传世佛经《大正藏》中的《佛说孛经抄》逐字对读，从字词换用、增减，文字借用，以及文字形体三个角度全面考察二者文本差异，共计107处不重复的异文。同时结合文意以及《大正藏》所注的各版本差异几者相印证，可见《大正藏》的文本变化与错误较多，集中在字词改换、增减上；刻经文本的讹误疏漏极少，但俗字较多。刻经不仅反映了北齐时代真实的语言文字面貌，还有助于校正传世佛经，具有很高的研究价值。

关键词： 北齐 刻经 传世佛经 《佛说孛经》

〇 引言

响堂山石窟位于河北省邯郸市，其中北响堂刻经洞刻有全篇的《佛说孛经》，具体时间据《唐邕刻经碑》："起（北齐）天统四年（568）三月一日，止武平三年（572）五月廿八日。"内容从"佛说孛经□（刻经中有部分字残泐，以"□"表示）□□。□时佛在舍卫国"到"……得践道迹，皆受五戒，欢喜受□"。刻者在经文最后还注明"孛经，八千三言"以统计字数。

响堂山石窟所刻《佛说孛经》与《大正新修大藏经》（以下简称《大正藏》）中的经集部四17卷790支谦（吴220—280年）译本《佛说孛经抄》全文对应，这是以《高丽藏》为底本的传世佛经，该篇涉及的参校本主要为宋本、元本、明本（校注中合注为"三本"），其他还有圣本、圣乙本、宫本，各本分别为：《高丽藏》是根据我国北宋初年的《开宝藏》刊刻；宋本即南宋《资福藏》本；元本即《普宁藏》本；明本即《永乐北藏》本；圣本、圣乙本即日本正仓院圣语藏本（天平写经），抄写时间大约相当于我国隋唐时期；宫本即宫内省图书寮

* 本文为2019年河北省哲学社会科学基金项目"河北响堂山佛教刻经字形与字用研究"（编号：HB19YY012）的阶段性成果。

本(旧宋本)。

现有以出土佛经对《大正藏》的比勘研究,主要集中在敦煌写经上,如:景盛轩[1]、刘显[2]等。响堂山石窟所刻《佛说孛经》的制作年代——北齐,要早于《大正藏》通行本及校注中各本,故有很高的校勘价值。现将响堂山石刻佛经与传世佛经相较,以揭示传世佛经的文本变化、北齐刻经的用字特点,还可以补充北齐时代的俗字。

一 异文表现

(一)字词选用差异

石刻佛经与传世佛经之间存在改换词语的差异,所换的词语多为近义词关系。如:

(1)刻经65行(此处标注为该句在刻经图版上的具体位置)[3]:“王治不政,使国荒乱,盗贼不禁,令我善牛见夺,为恶牛所踏,非王恶耶。”

《大正藏》通行本[4]17-734-3(标注分别为:卷—页—栏)作“弊”。《周礼·夏官·司弓矢》:“句者谓之弊弓。”郑玄注:“弊,犹恶也。句者恶,则直者善矣。”《吕氏春秋·音初》:“土弊则草木不长。”高诱注:“弊,恶。”二者字义相近。

(2)刻经48行:“王其□□□□□□。”王曰:“孛欲去者,□复有异戒乎?”

据《大正藏》补足刻经残泐处,此句为“王当自爱,我今欲退”。《大正藏》通行本17-733-2作“当”,考察《大正藏》其他版本:圣本、圣乙本、宫本均同刻经。“其”此处表示祈使,意为“当”“可”。如《左传·僖公三十二年》:“吾其还也。”用法与之相同。故此处异文为意义相近的虚词换用。

这类再如:刻经“王毕手曰”,其中“曰”字,《大正藏》作“白佛言”;刻经“用孛教者”,其中“用”字,《大正藏》作“服”;刻经“族姓蒙庆”,其中“族姓”,《大正藏》作“族亲”;刻经“帝王豪富”,其中“豪富”,《大正藏》作“豪贵”;刻经“死则神不上天”,其中“上天”,《大正藏》作“生天”;刻经“欢喜受行”,其中“受行”,《大正藏》作“奉行”;等等。

(二)字词增减差异

传世佛经在传抄的过程中,由于时代的变化,解释性成分增多,同时也会存在讹误

[1] 景盛轩《试论敦煌佛经异文研究的价值和意义——以〈大般涅槃经〉为例》,《敦煌研究》2004年第5期,第85页。

[2] 刘显《敦煌本〈大智度论〉校正〈大正藏〉本廿八例》,《中华文化论坛》2015年第8期,第32页。

[3] 张林堂《响堂山石窟碑刻题记总录》,第81—87页,外文出版社,2005年。

[4] [日]大正一切经刊行会《大正新修大藏经》,第729—736页,新文丰出版有限公司,1996年。

疏漏，分别看传世佛经文本中增字、减字现象。

1. 增字

《大正藏》多有增加词语，使得句意更完整、明确，也有增加虚词，使得语句连贯。如：

(1)刻经 35 行："……冻饿，事务，禅思，是为十。"

《大正藏》通行本17-732-1后有"事"字，相似的表达在文中共有三处，再如：刻经 36 行："……不□，□彼宝饰，阙……为十。"刻经 40 行："救危赴急，恕……恨念旧，是为八。"这些地方《大正藏》通行本之后都有"事"字，考察《大正藏》其他版本：宫本、宋元明本均同刻经。刻经语言简洁，通行本增"事"字以明确所指对象。

(2)刻经 6 行："……多有信者。唯得道人，知诈伪耳。"

《大正藏》通行本17-729-2前有"之"字。圣本、圣乙本、宫本、宋元明本《大正藏》均同刻经。大概本无"之"字，后来加此虚词。

(3)刻经 66 行："当使恶王见瞰，如我。"

《大正藏》通行本17-735-1后多"快也"二字，宫本《大正藏》同刻经。文中前面有相似句式，此处刻经省略作"如我"，宫本为早期传世版本，与之相同，可见原译经大概如此。唐以后抄本即对此句进行补充，使之更加完整。

2. 减字

《大正藏》有字词脱落的现象，但数量极少。有的对文意损害不大，有的却亟待纠正，如：

(1)刻经 3 行："是故名曰只树给孤独园也。"

《大正藏》通行本17-729-1无此字。圣本、圣乙本、宫本、宋元明本《大正藏》均同刻经，大概明以后抄写时脱落此字。

(2)刻经 81 行："时犬宾祇者，车匿是；时四大臣者，则今四道□杀好首者。"

《大正藏》通行本17-736-1无此字。宫本、宋元明本《大正藏》均同刻经，但此字的有无并不影响对文意的理解。

(3)刻经 21 行："……当以渐遣之，稍减其养。"

《大正藏》通行本17-730-3无此字。宫本、宋元明本《大正藏》均同刻经。通行本脱代词"之"，使"遣"字无所指。这种传世本有误脱的现象，可据刻经指正。

这类《大正藏》字词增减的现象再如：刻经"王即与道人私出，行国界"，《大正藏》"行"作"案行"，宫本《大正藏》同于刻经。刻经"即遣使者，入山请孛。言：若孛不还，当向叩头"，《大正藏》"还"字后多"者"字，但宫本、宋元明三本《大正藏》同于刻经。刻经"孛复曰：……"，《大正藏》前多有"言"字。刻经"有十事知人爱厚，远别不忘，相见喜欢……"，《大正藏》无"人"字。

(三)使用借字现象

刻经与《大正藏》都有使用借字的现象，二者比对有助于找到借字，只有破除字的借用，找到本字，才能更好地理解文意。

1. 刻经的借字现象

(1)刻经48行："孛欲去者，□复有异戒乎？"

戒：《大正藏》17-733-2作"诫"。考察其他版本：宫本、宋元明本《大正藏》均与刻经同。据《说文·言部》："诫，敕也。"而《说文·廾部》："戒，警也。从廾持戈，以戒不虞。"由文意看，此处表示"告诫、规劝"义。刻经借用古"戒"字。《仪礼·士冠礼》有"主人戒宾"。郑玄注："戒，警也，告也。"

(2)刻经68行："道见死弥猴。"

弥：《大正藏》17-735-1作"猕"。《说文·长部》只有"镾"字，《说文解字注》："弥行而镾废矣。……镾之本义为久长，其引伸之义曰大也、远也、益也……"《康熙字典·犬部》"猕"："兽以雌强，今猕猴亦谓其大者。"[5]石本用古字"弥"指分化字"猕"之"猕猴"义。

(3)刻经72行："四臣答言：'夫荫其枝者，不擿其叶。何况杀亲，而当无□？'"

擿：《大正藏》17-735-2作"摘"，《佛说孛经》下文(刻经77行)还有一句："譬如人擿生□，□□其种，食之□□。"异文与此同。《说文·手部》："擿，搔也。一曰投也。"而"摘，拓果树实也。"《说文解字注》"摘"下注："引申之，凡他取亦曰摘。"而从上下文看此二处应为"摘取"义，考察全部刻经均作"擿"，无"摘"，刻经借用表示"搔"义的"擿"表示"摘取"义。

这类刻经使用借字的现象再如："未嫁怀妊"刻经作古字"任"，"畋渔"刻经作古字"田鱼"，"迷惑"刻经作"或"等，这些借字情况，在早期版本的《大正藏》中多与刻经相同。

2.《大正藏》的借字现象

(1)刻经75行："天之所疾，祸无久迟，阴德虽隐，后无不彰。"

彰：《大正藏》通行本17-735-2作"障"，考察其他版本：宫本、宋元明三本《大正藏》均与刻经同。《说文·彡部》："彰，文彰也。"从文意看应是"彰"字，表示"彰显"义，如依据传世佛经则改为"障碍"义。

(2)刻经16行："……□酗，□猎、田鱼、弹射鸟兽，杀、盗、淫、欺，谗、骂、佞、嫉。"

□酗：《大正藏》17-730-2作"讻酥"。据《大正藏》补足此前残泐文本，为"爱民如子，教之以道，不得……"此处应为"酗酒"，即无节制地喝酒。据《尚书·微子》："我用沈酗于酒。"《释文》："酗，以酒为凶曰酗。"而"讻"字据《尔雅·释言》："讼也。"传世佛经文意不通。

---

〔5〕 张玉书《康熙字典》，第720页，上海书店出版社，1985年。

(3)刻经 63 行："王治不正，使国饥荒。"

正：《大正藏》17-734-3 作"政"。该现象不止一处，再如刻经 20 行："已十二年，常以忠正"，《大正藏》17-730-3 同样作"政"。

这类《大正藏》使用借字的现象再如："乐开愚曚"，《大正藏》作"朦"；"避地骂曰"，《大正藏》作"躄"；"奔车逸马"，《大正藏》作"犇"；等等。《大正藏》多抄作音近借字的现象，损害了文意的理解。

(四)俗字现象

异文中校对出的文字形体问题几乎全部体现在刻经中，按照形成这些俗字的原因细分为以下几种：

1. 构件增减

(1)刻经 55 行："白鹤自白，鸬鷀……"

鷀：《大正藏》17-734-1 作"鹚"。《说文·鸟部》只有"鹚"字，据《直音篇·鸟部》："鷀"，同"鹚"。刻经写作加构件"心"的俗字。

(2)刻经 27 行："……树□花菓，还折其枝。"

果：《大正藏》17-731-2 作"菓"。"果"字据《说文·木部》："从木，象果形在木之上。"刻经在"果"上又加形符"艹"。

(3)刻经 81 行："我为菩萨，世世行善，懃苦积德。"

懃：《大正藏》17-736-1 作"勤"，该字在刻经中都作"懃"。《说文·力部》只有"勤"，据《正字通·心部》："懃，同勤。"[6]"懃"在"勤"基础上加形旁"心"。

大概是记录佛经的缘故，有的字改作心旁，或增加心旁，这种现象在响堂山刻经中常见。

2. 构件替换

(1)刻经 30 行："百谷财宝(寳)，一切仰之，施给……"

寳：《大正藏》17-731-2 作"寶"。《说文·宀部》有"寶"，"从宀从王从贝，缶声"。而"寳"字将中部"珤"换作"珎"，"珎"即"珍"字。据《正字通·宀部》："寳，俗寶字。"《改并四声篇海·宀部》引《玉篇》："寳，珍也；道尊也；爱也。"

(2)刻经 39 行："□圣，反论，淫泆，嗜酒，急弊长者，无反复子……"

泆：《大正藏》17-732-2 作"妷"。《说文·水部》只有"泆"字，"水所荡泆也"。据《广韵·质韵》："泆，淫泆。"《大正藏》中改为"女"旁，强化表义。

---

〔6〕 张自烈编，廖文英补《正字通》，第 59 页，国际文化出版公司，1996 年。

(3)刻经 50 行:“明人之性,仁柔谨悫,温雅习博,众善所御,无有疑也。”

明:《大正藏》17-733-2作“明”。《说文·朙部》:“朙,从月从囧。明,古文朙从日。”北齐刻经普遍作构件为“目”的“明”字,这一写法多来自早期隶书,睡虎地秦简作𥄉(语 5)[7],延续到东汉,如肥致碑作明等。这些俗字改变了构意,但保存了北齐时代的文化信息。

3. 古今字关系

(1)刻经 39 行:“□师,衺□,□圣,反论,淫泆,嗜酒。”

衺:《大正藏》17-732-2作“邪”。《说文·衣部》有“衺”字,《说文解字注》:“衺今字作邪。”

(2)刻经 80 行:“□□皆喜,称善无量。王即避坐,稽首白言:……”

坐:《大正藏》17-736-1作“坐”。《说文·土部》“坐”字古文作坐,早期隶书如银雀山汉简作坐(207)[8],刻经正是继承了这种将两个人形简化似“口”形的写法。

(3)刻经 4 行:“其女弟子,名酸陁利,曰:‘师莫愁也。’”

陁:《大正藏》17-729-2作“陀”。本作“阤”,从阜也声。刻经另有作“陀”,将构件“也”换作“它”,“它”小篆字形与“也”形近,二字常换用。据《集韵·纸韵》:“阤,或作陁。”此形在“也”上增加构件“𠂉”。“阤”“陁”“陀”三种字形中,北齐刻经作“陁”的频率最高。

4. 形近混淆

(1)刻经 48 行:“博䞍莫以财;命扺所施。”

䞍:《大正藏》17-733-2作“戲”。“戲”字本为从戈𣏟声。刻经将“戈”作形近的“戉”,同时将“𣏟”作形近的“虚”。据《正字通·戈部》:“戯,俗戲字。”据《龙龛手鉴·戈部》:“戯今,戲正。”

(2)刻经 69 行:“孛曰:‘卿等……好□,□□知之。苦乐有本,不可强……”

等:《大正藏》17-735-1作“等”。《说文·竹部》只有“等”字,从竹寺声,刻经以作“艹”的写法最多。刻经“竹”“艹”多混,“節”多作“莭”,“箸”全作“著”。

(3)刻经 80 行:“五谷豊熟,人民欢喜,四方云集,上下和乐,遂致太平。”

豊:《大正藏》17-736-1作“豐”。刻经“豐”字上部融合、简化作“曲”形。而“豊”据《六书正讹》:“即古礼(禮)字,后人以其疑于豐字,礼重于祭,故加示以别之。”此处刻经将“豐”写作“豊”。

5. 部件位置变化

刻经中少量俗字是形体中部件发生位移的异写现象,如:

(1)刻经 82 行:“□值我时闻经□者,宜各精进,为善勿懈。”

---

[7] 张守中《睡虎地秦简文字编》,第 106 页,文物出版社,1994 年。

[8] 骈宇骞《银雀山汉简文字编》,第 426 页,文物出版社,2001 年。

懈：《大正藏》17-736-1 作“懈”。《说文·心部》有“懈”字，释为“怠也，从心解声”。刻经将左右摆放的字形改为上下摆放，构件位置发生了变化。

(2)刻经 21 行：“汝亦……当以渐遣之，稍减其养。……撤捲而已。”

撤：《大正藏》17-730-3 作“擎”。据《广韵·庚韵》：“擎亦书作撤。”《汉语大字典》“撤”，同“擎”，举。

(3)刻经 14 行：“明旦，孛来入宫，王与夫人……毾。孛□就坐，犬前舐足。”

毾：《大正藏》17-730-1 作“毲”。《说文·毛部》有“毾”字，“毾毾也，从毛登声”。传世佛经将左右构件换位。

6. 简体字

刻经有大量使用简体字的现象，而且这些简体字复现频率很高。如：

(1)刻经 19 行：“汝欲使我罪谁那尒？”

尒(即“尔”)：《大正藏》17-730-2 作“爾”。《说文解字注》“尒”下注：“尔之言如此也，后世多以爾字为之。”《广韵·纸韵》：“尒义与爾同。”《说文解字注》“爾”下：“后人以其与汝双声。假为爾汝字。又凡训如此、训此者皆当作尒，乃皆用爾。爾行而尒废矣。”刻经全部作“尒”。

(2)刻经 43 行：“有十可愧：君不晓政，臣子无礼，受恩不报，过不能改……”

无：《大正藏》17-733-1 作“無”。据《说文·亡部》：“无，奇字無，通于元者。王育说：天屈西北为无。”刻经中二者共存，以作“无”最多。

(3)刻经 27 行：“初盛宝器，今用□□，□饭粳粮。”

粮：《大正藏》17-731-2 作“糧”。《说文·米部》有“糧”，据《玉篇·米部》：“糧，谷也。粮，同糧。”二字中古音都是来母、阳韵、平声。刻经写作此简体俗字。

二 异文的量化统计与分析

(一)异文统计

对二者异文中各个差异进行归纳统计，见下表：

		文本问题			用字问题			形体问题		
		改换	增字	减字	用古字	用今字	用别字	古形	俗写	简体字
《大正藏》	通行本变化	28	12	8	1	2	7	—	—	3
	传世他本未变	19	8	5	—	—	4	—	—	1
	通行本传抄错误	10	2	4	—	—	7	—	—	—

续表

响堂山刻经	刻经问题	1	—	—	7	—	3	5	27	3
	传世他本与刻经同	—	—	—	5	—	—	—	—	—
	刻经刻写错误	1	—	—	—	—	3	—	—	—

从上表可见：二者异文中文本层面的差异共有 49 处，用字层面的差异 20 处，字形层面的差异 38 处。其中可以判定为《大正藏》通行本发生的变化有 61 处，这些变化中有 37 处在其他版本《大正藏》中未变，与刻经相同。这些地方多为圣本、宫本这样的早期传世版本，这 37 处与刻经互相印证，这样的二重证据较为可靠地证明了响堂山所刻《佛说孛经》是更为接近译经原貌的刻经；再者可以判定为刻经问题的有 46 处，俗字居多，其中 5 个刻经问题同样可见于其他版本《大正藏》中。二者对读可以校对文本错误：《大正藏》明显可以判定为抄写错误的有 23 处，主要集中在改换词语而致误与使用别字而致误上；刻经抄写错误的数量极少，仅有 4 处。

（二）基本结论

刻经与《大正藏》对读后基本可以得出如下结论：《佛说孛经》在传抄中，发生的问题主要集中在文本层面的改换、增减上，其中变化致误的现象较多；刻经的问题主要集中在字形层面，大量俗字彰显着北齐时代真实的文字书写面貌。借助刻经可以校对整理传世佛经，在与传世佛经的对比下也可以发现早期刻经的语言特点。

三　异文的研究意义

出土文献在与传世文献的对读中有着不可替代的价值。以石刻《佛说孛经》与传世《佛说孛经抄》对读中校勘的错误为例：

刻经 49 行："人所欲为，譬如穿地，凿之不止，必得泉水。"《大正藏》通行本[17-733-2]作"穿池"，考察《大正藏》其他版本：圣乙本、宫本、宋元明本均作"穿地"，与刻经相同。这句话大意为：人要做事情、有图谋，就像挖井，不断地挖，必然出泉水。考察时代相近的其他传世译经，多作"穿地"，西晋竺法护译《修行地道经》："如深穿地得泉水。"刘宋求那跋陀罗译《过去现在因果经》："钻木得火，穿地得水。"北凉昙无谶译《佛所行赞》："穿地必得水。"从《大正藏》版本关系推测到唐以后，也许由于"池""地"形近而讹，才出现少许"穿池"的写法。

一些传世佛经语句不通，理解困难，可据石刻佛经校正。刻经 40 行"……民以孝，谦虚上下"，《大正藏》通行本[17-732-3]作"下下"，考察宋元明本《大正藏》与刻经相同，当为

"上下"。再如刻经79行"惠下利民，布施平均"，《大正藏》通行本17-736-1作"有"，圣本、宫本、宋元明本《大正藏》均同刻经作"布"，"布施"即为将钱物布散给别人，应为"布"字，大概由于字形相近而抄写错误。

传世佛经有字词增减使得文意改变的现象，可据石刻佛经校正。刻经48行"无老病死、饥渴寒热"，《大正藏》通行本17-733-2作"生老病死"。宫本、宋元明本《大正藏》均同刻经。从文意看这些字由"无"统摄，是对祛除灾患的向往，不应有"生"字，通行本作"生老病死"，虽使得音律和谐，却并未理解文意。刻经47行"博戏莫以财；命抵所施"，《大正藏》17-733-2各本均无此字。传世佛经脱此虚词，语意不明。考察各本《大正藏》均缺此字，更加彰显刻经价值。

通过比较石刻《佛说孛经》与《大正藏》中传世佛经《佛说孛经抄》通行本与校勘记中其他各本的差异，可以发现响堂山所刻《佛说孛经》与早期传世佛经多相吻合，且语言简洁，错误极少，是接近译经面貌的优质版本；而传世佛经在传抄中，由于语言的时代变化，解释成分不断增多，同时也有改写错误。与传世文献比较，出土文献真实可靠，在对《佛说孛经抄》进行语言学、文献学，乃至佛学研究时，要重视响堂山石窟这部分刻经材料。

（刘征：河北经贸大学文化与传播学院，050061；
郑振峰：河北师范大学文学院，050024，河北石家庄）

《说文》之部字异等谐声考察四则

孟跃龙

提要： 在研究上古等第情况时，之前学者多是将中古《切韵》系韵书的等直接倒推给上古，这种做法的合理性有待讨论；还有的学者认为等列对谐声影响不大，我们认为事实并非如此。本文以《说文》所收的 4 个之部谐声系列为例，讨论了“异等谐声”的形成过程，从中可以看出造成形声字与其声符中古异等的原因是复杂的。有的形声字在造字时与声符等第本来相同，由于后来发生历史音变，所以中古等第有差异；有的形声字和声符在方言中等第相同，但韵书未能收录方言读音，也可能产生形声字与其声符等第不同的现象。

关键词： 异等谐声　等第　上古音

一　“狸”声

《说文》中从“狸”得声的字有两个，“薶”和“霾”中古都是二等字，而“狸”中古是三等字。

“狸”字见于扬雄《方言》。《方言》卷八：“貔，陈楚江淮之间谓之𧳏，北燕朝鲜之间谓之貊，关西谓之狸。”郭璞注：“（𧳏）音来。”根据扬雄的《方言》来看，“𧳏”与“狸”所指相同，西汉时在不同方言中已经有异读，狸（关西）、貊（北燕朝鲜）、貔（通语）按中古音来说都读三等。《广雅·释兽》：“豾，狸也。”王念孙《疏证》：“《大射仪》郑注云：‘狸之言不来也。’不与豾，来与狸，古并同声。”显然王念孙以为“狸”字对应郑玄注的“来”字，而实际情况可能并不像王念孙所说那么简单，因为郑玄说的可不是“貊狸之言不来”，而是“狸之言不来”。

从谐声的“薶”“霾”两字看，“狸”字上古声母有唇音来源，可与《方言》“貊”“貔”相互印证。这一点从通假材料也能够看出来，“狸”字秦简中借用为“埋”，睡虎地秦简《日书甲种》简 42：“可娶妇、嫁女、葬狸。”[1]《淮南子·道应训》：“北息乎沉墨之乡。”《论衡·道虚》“墨”作“薶”。“埋”“墨”同为唇音字。那么郑玄注“狸之言不来”一句中，“不”字主

---

〔1〕 睡虎地秦墓竹简整理小组《睡虎地秦墓竹简》，“释文 注释”第 185 页，文物出版社，1990 年。

要对应唇音声母的部分，“来”字只能是主要对应后面的介音（如果存在）及韵母部分。

现在的问题是，已经有越来越多的学者认识到并且指出上古三等是没有介音成分的。如果“豾貔狸”上古都读三等，那么读音是 p’ɯ（豾）、bi（貔）或 mɯ（狸）的字〔2〕，如何能在唇音之后产生出一个“来”（rɯ 或 lɯ）的读音呢？所以我们认为，较好的解释是“狸”上古应该是个二等字，二等是有 r 介音或带卷舌性的音节〔3〕，那么“狸”上古读 m^{r}ɯ，陈楚江淮方言中唇辅音失落后变成了“⿰豸来”（来 rɯ）。其中所蕴含的音理跟《尔雅・释器》“不律谓之笔”是一样的。《说文・聿部》：“聿，所以书也。楚谓之聿，吴谓之不律，燕谓之弗。”段玉裁注：“郭云：‘蜀人呼笔为不律也。’”“笔”字中古是重纽三等字，重纽三等字上古是有 r 介音（或带卷舌性成分）的。我们根据文献材料把｛笔｝和｛貔｝两词的方言读音和地理位置对应起来看，会发现一个非常有趣的现象，如下表所示：

方言区	蜀（西晋）	关西	楚	燕	吴	齐（郑玄）
	西部		南部	北部	东部	
｛貔｝		狸 m^{r}ɯ	⿰豸来 rɯ	豾 pɯ		不来 p^{r}ɯ
｛笔｝	不律 p^{r}ut		聿 rut	弗 put	不律 p^{r}ut	

｛貔｝｛笔｝两词在东部地区的齐、吴和西部地区的关西、蜀方言中都是唇音二等，南方的楚地都读来母，北方的燕地都读帮母三等，语音对应若合符节，在我们看来这显然不是巧合。同理，可以证明“薶霾”从“狸”得声不是偶然或者例外，而是严格的谐声。进一步我们可以推论，“狸”字中古读三等，应该是后来语音演变的结果。

二　“某”声

《说文》中“某”声字共 5 个，其中腜、楳、媒、禖 4 字与“某”同为一等字，只有“谋”中古为三等字。

“谋”字见于睡虎地秦简《法律答问》简 5：“人臣甲谋遣人妾乙盗注牛。”〔4〕《说文》“谋”字下收了两古文，皆从母声。《说文・言部》：“谋，虑难曰谋。从言、某声。⿱母甘，古文谋。⿱母心，亦古文。”“⿱母心”字见于中山王嚳鼎铭：“⿱母心虑皆从。”“⿱母心”用同“谋”〔5〕。“⿱母甘”字见

〔2〕 本节中的拟音采用郑张尚芳先生的上古音系统。

〔3〕 二等音节的性质问题可以参考罗杰瑞《早期汉语的咽化与腭化来源》一文。该文原文刊载于 Journal of the American Oriental Society，114. 3，1994。又收录于潘悟云编《境外汉语音韵学论文选》，第 211—232 页，上海教育出版社，2010 年。

〔4〕 睡虎地秦墓竹简整理小组《睡虎地秦墓竹简》，“释文 注释”第 94 页，文物出版社，1990 年。

〔5〕 吴镇烽编著《商周青铜器铭文暨图像集成（第五卷）》，第 457 页，上海古籍出版社，2012 年。

于清华简，清华简贰《系年》简 50："晋襄公卒，灵公年幼，大夫聚旮。""旮"同"谋"[6]。《说文》中收了 5 个从母得声的形声字，母及其中 4 个从母得声的字中古都是一等字，只有"坶"字例外[7]。马王堆汉墓帛书《系辞》："君子之道，或出或居，或谋或语。""谋"读为"默"[8]。又《系辞》："震无咎，存乎谋。""谋"通"悔"[9]。北大简四《妄稽》简 5："谋妁随之。"[10]"谋"读作"媒"。《周礼·地官·序官》："媒氏。"郑玄注："媒之言谋也。""谋""媒"音义相通。《仪礼·士冠礼》："某有子某。"郑玄注："古文某为谋。""默""悔""媒""某"四字皆为一等。通假、异构、谐声、声训、同源词材料的证据指向都相同，这样看来，先秦到两汉时"谋"字读一等应无太大问题。

那么"谋"的三等读音是何时产生的呢？陆德明《经典释文》中的一条材料值得注意。《周礼音义》："蟊，音蒙，刘莫沟反，沈音谋。""刘"谓刘昌宗，其人籍贯、生平不详，《经典释文·序录》将其列在东晋人李轨与徐邈之间，故刘昌宗也应当是东晋人。"沈"谓沈重，北周吴兴（地在今浙江湖州附近）人。"蟊"中古是三等字，可知北周时已有方言将"谋"读为三等。另"谋"如果当时还是一等字的话，则反切宜用"莫沟反"，陆德明不应再特注"沈音谋"。这说明"莫沟反"与"谋"不同音，亦可推知沈重用来注音的"谋"已非一等字。

综上所述，"谋"字上古为一等字，南北朝时期已有三等读音，而《广韵》承之。

三 "意"声

《说文》中"意"声字有 4 个，檍、億（亿）、澺 3 字为三等，与"意"同；噫为二等。

马王堆汉墓帛书《老子》甲本："意声之相和也，先后之相随。"帛书《老子》乙本、今本"意"作"音"[11]。《管子·内业》："音以先言，音然后形，形然后言。"王念孙《读书杂志》："两'音'字亦读为'意'，谓意在言之先，意然后形，形然后言也。尹注：'言从音生，故音先言。'亦是曲为之说。前《心术篇》云：'意以先言，意然后形，形然后思，思然后知。'是其明证也。《说文》：'意，从心音声。'徐锴本如此，徐铉本作'从心从音'，此铉不晓古音而妄改之也。'音''意'声相近，故'意'字或通作'音'。《史记·淮阴侯传》'项王喑哑叱咤'，《汉书》作'意乌猝嗟'，'喑'之通作'意'，犹'意'之通作'音'矣。"按王念孙说甚是，

---

〔6〕 李学勤主编《清华大学藏战国竹简（贰）》，第 157 页，中西书局，2011 年。

〔7〕 这里暂时视作例外，实际上"坶"字上古可能也是一等字，关于这个问题我们另文详谈。

〔8〕 裘锡圭主编《马王堆汉墓帛书集成（叁）》，第 66 页，中华书局，2014 年。

〔9〕 同上书，第 62 页。

〔10〕 北京大学出土文献研究所编《北京大学藏西汉竹书（肆）》，第 59 页，上海古籍出版社，2015 年。

〔11〕 高明《帛书老子校注》，第 229、230 页，中华书局，1996 年。

“億(亿)”“音”“喑”同为三等字。

“噫”字在传世文献中常做句首语气词,《论语·先进》:“噫,天丧予。”《庄子·大宗师》:“噫,未可知也。”郭店简《鲁穆公问子思》简4:“倿,善哉。”“倿”读为“噫”[12]。“倿”从“矣”声,《说文》“矣”声字多为三等。“噫”字《说文》训为“饱食息”,词例见于西汉。马王堆汉墓帛书《足臂十一脉灸经》:“不嗜食,善意。”“意”读为“噫”[13]。

《老子》:“终日号而声不嗄,和之至也。”《释文》:“嗄,一迈反,气逆也。又于介反。而声不嗄,当作噫。”“嗄”字郭店简《老子》作“㥑”;北大简《老子》作“幽”;马王堆汉墓帛书《老子》甲本作“㚆”,今传傅奕本作“嚘”。马王堆汉墓帛书整理小组认为“㚆”为“憂(忧)”之省,“㥑”为“憂(忧)”之古字,“嗄”为“嚘”之讹[14]。《太玄·柔》:“婴儿于号,三日不嚘。”《玉篇·口部》:“嚘,气逆也。”《说文》从“憂(忧)”声7字同为三等。《庄子·庚桑楚》:“儿子终日嗥而嗌,不嗄。”《释文》:“司马(彪)云:‘楚人谓啼极无声为嗄。’”“嗄”亦当为“嚘”之讹。

又《庄子·齐物论》:“夫大块噫气,其名为风。是唯无作,作则万窍怒呺。”《释文》:“噫,乙戒反,注同,一音蔭。”“蔭”与“喑”古音同,《方言》卷一:“自关而西,秦晋之间,凡大人少儿泣而不止谓之唴,哭极音绝亦谓之唴。平原谓啼极无声谓之唴哴,楚谓之嗷咷,齐、宋之间谓之喑。”《说文·口部》:“喑,宋、齐谓儿泣不止曰喑。”庄子恰为战国宋人。“㥑(憂)”“喑”“幽”同为三等字,则战国至西汉时“噫(嚘)”读三等可能性较高。“喑”“蔭”与“嚘(噫)”、“音”与“意”两组字构成平行的语音关系,是亦幽侵通转之例。另陆德明《释文》所采为《庄子》作音切者有向秀、司马彪、郭象、李颐、李轨、徐邈凡六家,咸为两晋人,则当时或尚有读“嚘(噫)”为“蔭(喑)”者。

将上述材料结合起来看,“噫”字上古读三等的可能性较高,与“意”字相同。“噫”中古读为二等当是后来语音演变的结果。

四 “亥”声

《说文》中“亥”声字共有20个,该、胲、郂、晐、侅、垓、陔、恀、劾、頦、咳、荄、刻、阂、欬15个中古同为一等字,痎、骇、骸、核4个中古是二等字,荄字中古有一、二等两读。剔除荄字,二等字占了全部“亥”声字的四分之一,那么痎、骇、骸、核读二等是例外谐声吗?

---

〔12〕 荆门市博物馆编《郭店楚墓竹简》,“释文 注释”第141页,文物出版社,1998年。

〔13〕 裘锡圭主编《马王堆汉墓帛书集成(伍)》,第191页。

〔14〕 裘锡圭主编《马王堆汉墓帛书集成(肆)》,第26、27页。

我们认为不是。

在楚简中，表示地支的“亥”字常借用“睘”和从“睘”声的字表示，新蔡葛陵楚简中例证极多，如睘（乙四 102，零 214，零 717）、嬛（甲三 8、18，甲三 204，零 257）、還（还）（甲三 32，甲三 342—2）都读为“亥”[15]。睘、嬛、還（还）全都是重纽三等字[16]，重纽三等上古与二等关系密切。那么在战国楚方言中，“亥”字极可能是读二等的。

“核”字本义为“木皮箧”，《说文·木部》：“核，蛮夷以木皮为箧，状如奁尊。”大徐本“古哀切”，小徐本“苟孩反”，均读为一等，然此义之“核”文献罕见。所以，我们暂时把《说文》记录“木皮箧”一词的字称为“核$_1$”。传世文献中常见的“核”字有两种用法，一种表示“根荄”，我们称之为“核$_2$”；一种表示“果核”，我们称之为“核$_3$”。

“核$_2$”见于东汉北海相景君碑（汉安二年公元 143 年立）：“帅礼蹈仁，根道核艺，抱淑守真。”[17]“核$_2$”为“荄”之异体。《汉书·五行志中》：“入地则孕毓根核。”颜师古注：“核，亦荄字也。草根曰荄，音该。”“荄”字《广韵》有一、二等两读。《说文·亥部》：“亥，荄也。十月微阳起，接盛阴。”是为声训。不过亥、荄（核$_2$）读音究竟是一等、二等还不好判断。

“核$_3$”见于东汉延熹元年（公元 158 年）甘谷汉简简 5：“移益州实核。”[18]用同“覈”字。《诗·小雅·宾之初筵》：“殽核维旅。”王先谦《三家义集疏》：“齐、鲁作覈。”李富孙《异文释》：“《文选·典引》注引作‘肴覈’。”《周礼·地官·大司徒》：“三曰丘陵，其动物宜羽物，其植物宜覈物。”郑玄注：“核物，李梅之属。”孙诒让《正义》：“丁晏云：‘经文作覈，注作核。是果实之字当用覈。郑君作核，从今文假借字也。’”今按孙说是，盖西汉以前无“核”字，或写作“榫”，马王堆汉墓帛书《五十二病方·癃病》：“膏癃，澡石大若李榫，已食饮之。”[19]《说文》所收“革”及从“革”声 2 字皆二等。或写作“槅”，《文选·蜀都赋》：“肴槅四陈。”李善注：“槅与核义同。”《说文》“鬲”声字 8 个，其中 7 个是二等字，此外只有 1 个四等字。“核$_3$”汉代读二等殆无疑问。

“痎”字文献中罕见，字又通“疥”。《左传·昭公二十年》：“齐侯疥，遂痁。”《释文》：“‘疥’旧音戒，梁元帝音该，依字则当作‘痎’。《说文》云：‘两日一发之疟也。痎音皆，后学之徒佥以‘戒’字为误。”“戒”是二等字，“该”是一等字。孔颖达《正义》：“久不差者为痎疟，则梁王之言信而有征也。是齐侯之疟，初二日一发，后遂频日热发，故曰：‘疥，遂

[15] 河南省文物考古研究所编著《新蔡葛陵楚墓》，第 186—231 页，大象出版社，2003 年。

[16] “睘”中古归清韵，李新魁先生主张把庚三和清韵合成一个重纽韵，清韵相当于重纽三等韵。参李新魁《论〈广韵〉音系的三等韵》，《烟台大学学报（哲学社会科学版）》1988 年第 1 期，第 39—51 页。

[17] 徐玉立主编《汉碑全集》（第 2 册），第 484 页，河南美术出版社，2006 年。

[18] 中国简牍集成编辑委员会编《中国简牍集成》（第四册），第 250 页，敦煌文艺出版社，2001 年。

[19] 裘锡圭主编《马王堆汉墓帛书集成（伍）》，第 250 页。

痁。'"楚简"疥(痎)"作"瘖",上博简六《竞公疟》简1:"齐景公疥,且疟,逾岁不已。"[20]《说文》所收"介"声字17个,16个字都是二等字,只有1个"妎"读一等,当可视作例外。《说文》所收"戒"声字4个,唯1个"祴"读一等,二等字也占多数。

"痎"应与"隔"同源,《说文·疒部》:"痎,二日一发疟。"《素问·疟论篇》:"黄帝问曰:'夫痎疟皆生于风,其蓄作有时者何也?'岐伯对曰:'疟之始发也,先起于毫毛,伸欠乃作,寒栗鼓颔,腰脊俱痛,寒去则内外皆热,头痛如破,渴欲冷饮。'……帝曰:'其间日而作者何也?'岐伯曰:'其气之舍深,内薄于阴,阳气独发,阴邪内着,阴与阳争不得出,是以间日而作也。'"可知《素问》所谓"间日而作"即《说文》"二日一发","间日"即"隔日"。"间(閒)"有"隔"义,《战国策·燕策二》:"臣间离齐赵。"吴师道注:"间,隔也。""介"亦训"隔",《易经·兑卦》:"介疾有喜。"王弼注:"介,隔也。"综合起来看,"疥(痎)"上古也应读为二等字。从上文所引《释文》可知,陆德明以为"戒"是古音,后代有人(如梁元帝)将"痎"读为一等之"该",证明至少南朝梁时已有方言将词{疥(痎):"间日疟"}读为一等。"痎"与"隔""疥(瘖)","核"与"槅""榸"构成两组平行的语音关系。

"痎"字《切韵》各本未收,《广韵》"古谐切"归二等皆韵,高丽本《龙龛手鉴》注"音皆"。"痎"宋时有异体字"痎",江户医学影北宋本《千金要方》卷第十二:"或时热如痎疟,咽喉肿塞不下食饮。""痎"声符"皆"为二等字。北宋吴处厚《青箱杂记》:"蜀有亥市,亥音皆,言如痎疟,间日一发也。"可知北宋时蜀方言"亥"字存在二等读音。

"骇"字见于秦印,用为人名"淳于骇",义未详[21]。东汉甘陵相尚博碑:"封畿震骇。"[22]用《说文》本义。"骸"字见于北大汉简,借用为"骇",北大简四《妄稽》简62—63:"外骸(骇)州乡,内骸(骇)里巷。"[23]《周礼·夏官·大仆》:"戒鼓传达于四方。"郑玄注:"故书戒为骇。"《周礼·夏官·大司马》:"及所弊,鼓皆駴。"郑玄注:"疾雷击鼓曰駴。"《释文》:"駴,本亦作骇。"《庄子·外物》:"圣人之所以駴天下。"《淮南子·俶真训》:"圣人之所以骇天下。""骇""骸""駴""戒"皆为二等字。

综上所述,上古痎、骇、骸、核四字以一等的亥字做声符并不是"例外",而是有切实的方言读音依据的。"亥"字在中古通语或多数方言里读为一等,但在某些方言中的确有二等读音,可惜《切韵》系韵书并没有收录,于是便形成了"异等谐声"现象。

(孟跃龙:北京师范大学民俗典籍文字研究中心,100875,北京)

[20] 马承源主编《上海博物馆藏战国楚竹书(六)》,第162、163页,上海古籍出版社,2007年。
[21] 单晓伟《秦文字疏证》,第410页,安徽大学博士学位论文,2010年。
[22] 徐玉立主编《汉碑全集》(第2册),第466页。
[23] 北京大学出土文献研究所编《北京大学藏西汉竹书(肆)》,第71页,上海古籍出版社,2015年。

汉语语音史上的腭化说及《蒙古字韵》中ė的性质*

宋洪民　吴建伟

提要： 腭化是汉语史研究中的重要话题。《蒙古字韵》一书中的ė，龙果夫等学者认为是腭化的标志。但王力认为腭化发生在明代，元代是不可能有腭化的。杨耐思批驳了龙果夫的观点，指出《蒙古字韵》中的ė与声母腭化无关，而是韵母区别的标志。

关键词： 腭化　《蒙古字韵》　ė　韵母区别的标志

一　中古音研究中的腭化说

在中古音的研究史上，有一个人人熟知的现象，那就是反切系联的结果证明《广韵》的见、溪、疑、晓、匣5个声母实际上各为两类。关于这两类声母区别的本质，沙昂克、高本汉建议用腭化和非腭化来解释。该说遭到了陆志韦（1985《三四等与所谓“喻化”》）、李荣（1956）的批评，因为从音位学理论看，这两种k不过是同一个音位的不同的条件变体而已，因此取消j化说是势在必行的。

二　近代音研究中的腭化说

无独有偶，在近代音的研究中，围绕着八思巴字标音也出现了腭化说。1930年，龙果夫在《八思巴字与古官话》中指出，在八思巴字对音中，k组声母在i之前有带ė与不带ė的区别，他把这种现象解释为k组声母有j化与不j化的区别。龙氏此说是受了高本汉的影响的。1936年，赵荫棠的《中原音韵研究》引了明朝的《韵略易通》、元代的《古今韵会举要》等韵书中的材料及元朝吴草庐（吴澄）的观点，来证明声母的

---

* 本研究得到国家社科基金项目“元代八思巴字的推行情况及其与汉语韵书的相互影响研究”（编号：13BYY101）资助。另，匿审专家提出了富有建设性的修改意见，在此谨致谢忱。文中错谬概由作者本人负责。

腭化。

陆志韦首先做出回应，他在《释中原音韵》中反驳了见系声母的腭化说。杨耐思在《八思巴字对音——读龙果夫〈八思巴字与古官话〉后》一文中对龙氏进行了批驳，指出《蒙古字韵》里 ėi、ėiŋ韵有纯舌根声母字，也有所谓 j 化舌根声母字。因此 ė 不能说是区别是否 j 化的标志，j 化说本身已经被证实是错误的〔1〕。与此相应，杨先生认为《字韵》中的合、匣，影、幺，鱼、喻诸母的分立都是由于后接韵母的韵头洪、细造成的，不形成音位上的对立，都应分别两两合并，从而八思巴字拼写中的 35 声母也就减少为 32 个〔2〕。可见，杨先生对元代腭化说是持否定态度的，而且他的合、匣合并做法也表明他不同意元代擦音先行腭化的观点〔3〕。

宁忌浮(1997:27—35)提出 tɕ 类声母从 k 类分化出来的观点，而后又进一步论证了 k 类细音腭化为 tɕ 类声母的看法(宁忌浮 2012)，而且宁先生就是把 ė 当作腭化标记来看待的。王硕荃(2002:74)也认为 ė 是显示腭化的。客观地说，宁、王二先生的看法似乎又回到了龙果夫的老路上去了(当然具体表现不同)。针对这种说法，麦耘(2005)专门进行了反驳，秦晔(2006:66)也对宁说提出了批评。其实只要重读一下杨耐思批驳龙果夫的文章，宁说的缺陷就看得非常明白。而宁先生在其早年著作《中原音韵表稿》中也是认为元代见系声母不腭化的，这与杨耐思《中原音韵音系》、李新魁《〈中原音韵〉音系研究》保持了一致，当时可谓是北音学研究上的共识，但后来在《古今韵会举要》及《蒙古字韵》的研究中，宁先生又认为元代甚至金代已有见系及晓、匣母腭化的现象，改变了他自己当初的看法。当然，这一看法也有王硕荃等支持者。

三 《蒙古字韵》中的 ė 类韵与腭化音类不对应

自龙果夫以来，以八思巴字拼写中的 ė 作为腭化标记的学者不乏其人〔4〕。现在宁忌浮(1997、2012)、王硕荃(2002:74)诸先生又重倡此说。那在八思巴字拼写中 ė 出现于哪些语音条件下呢？看下表：

〔1〕 杨耐思《近代汉语音论》，第 66、185、186 页，商务印书馆，1997 年。

〔2〕 杨耐思《八思巴字汉语译写中的一个特例》，《语言科学》2004 年第 1 期。

〔3〕 宁忌浮《〈古今韵会举要〉及相关韵书》(第 35 页)提出元代擦音先行腭化的观点。

〔4〕 不过，早期的龙果夫是把有 ė 出现的二等与四等韵的牙音声母看作纯舌根声母，而把没有ė的三等韵的牙音声母看作 j 化声母。后来的宁、王诸先生则正好相反，认为有 ė 出现的二等与四等韵的牙音声母首先腭化。但这两种看法的最大共同点是：ė 是区分腭化与否的标志。

	八寒				十萧			
	见	溪	疑	影	见	溪	疑	影
一等	gan 干	k‘an 看	ŋan 岸	·an 安	gaw 高	k‘aw 考	ŋaw 敖	·aw 鏖
二等			jan 颜	jan 殷			jaw 聱齩	jaw 坳
	gėn 间	k‘ėn 悭			gėw 交	k‘ėw 敲		
三等	gen 建		ŋen 言	·ėn 焉	gew 骄		ŋew 鸮	·en 妖
四等	gėn 坚	k‘ėn 牵	jen 妍	jėn 烟	gėw 骁	k‘ėw 窍	jew 尧	jėw 要

由表中可以看到，ė 出现于二等与四等韵中，换言之，见组声母在二、四等韵前其腭化较之三等韵的为快。这在实际语言中能否得到印证呢？回答是否定的。无论是历史文献还是现实方言都不支持这种腭化模式。分析如下：

第一，有关四等韵的研究成果与《蒙古字韵》不符

不少学者据南方方言研究后提出，中古以前的四等韵是没有介音的，其介音是中古之后演化的结果。这已得到了学界的广泛认可。正是在此基础上，杨耐思《近代汉语"京、经"等韵类分合考》一文中对《蒙古字韵》中 ė 的性质做出了如下描述：

> ė 这个字母是八思巴字里的一个特殊的字母……甲类 B 型韵类 ėi，ėue，ėiŋ，ėiw……这里的 ė 不作为代表一个元音而是作为一种区分标志……作为区分标志，这个 ė 是用来标志四等的……四等韵由原来没有后来滋生出来的前腭介音跟三等韵原有的前腭介音还没有类化，彼此还保存着音质上的差别，这个 ė 就是用来显示这种差别的……[5]

在这个意义上说，是三等韵在前，四等韵后来发生了演变，在向三等韵趋同，这才形成了近代汉语中所谓的一二等合流、三四等合流的局面。等到三四等韵真正合流了，才又整体向腭化迈进（当然是细音）。

---

[5] 杨耐思《近代汉语音论》，第 101—102 页，商务印书馆，1997 年。

但《蒙古字韵》的 ė 出现于二等与四等韵中，按照宁忌浮、王硕荃诸先生以 ė 为腭化标记的看法，就可以得出见组声母在二、四等韵前其腭化较之三等韵为快的结论。这就与上文所引杨耐思的说法相左了，杨先生说的是“四等韵由原来没有后来滋生出来的前腭介音跟三等韵原有的前腭介音还没有类化，彼此还保存着音质上的差别，这个 ė 就是用来显示这种差别的”，即在三、四等合流的演变过程中，现阶段四等韵还是落后的，还没有追上三等韵。但宁、王却认为 ė 标志见组声母在二、四等韵前其腭化较之三等韵为快，即在演变过程中，四等韵不但追上了三等韵，而且还超前了，腭化时走在了三等韵前边，由原来的落后变为了先进。两种看法大相径庭，从整个语音史的发展来看，显然杨先生的看法更为合理。

第二，近代文献反映的腭化时间及演变格局与《蒙古字韵》不同

首先是王力在论证中引到的《五方元音》《团音正考》等文献反映的腭化时间比《蒙古字韵》晚不少，再就是其演变格局也与《蒙古字韵》见组声母在二、四等韵前腭化较之三等韵为快不同。另外，清代等韵著作《等韵学》展示的清代语音格局为三、四等见组声母腭化平行发展。范文凤《〈等韵学〉音系研究》发现该书展示的清代语音格局为三、四等见组声母腭化平行发展，与八思巴字拼写呈现的见组声母在二、四等韵前其腭化较之三等韵为快的情况不一致。

第三，韩国文献三、四等见组声母腭化平行发展

韩国文献展示的近代汉语语音格局为三、四等见组声母腭化平行发展。

李得春著作中探讨的韩国文献中，展示的近代汉语语音格局都是三、四等见组声母腭化平行发展，也没有出现腭化进程中三等落后的情形[6]。这同样与八思巴字拼写呈现的见组声母在二、四等韵前其腭化较之三等韵为快的情况不一致。

第四，官话方言三、四等见组声母腭化平行发展

所见官话方言资料呈现的语音格局为三、四等见组声母腭化平行发展。

钱曾怡《钱曾怡汉语方言研究文选》中收录了钱先生研究官话方言的几篇重要文章，如《官话方言》《古知庄章声母在山东方言中的分化及其跟精见组的关系》《方言研究中的几种辩证关系》等，其中涉及牙音腭化问题时，总是以见组细音为一类来论述(由于这些内容为学界熟知，故不再引述。可参上述钱著与钱文)，都没有将三、四等韵分开讨论，即其展示的语音格局为三、四等见组声母腭化平行发展，而绝没有出现腭化进程中三等落后的情形。这就与八思巴字拼写呈现的见组声母在二、四等韵前其腭化较之三

---

〔6〕 李得春《韩文与中国音韵》，第 129—134 页，黑龙江朝鲜民族出版社，1998 年。

等韵为快的情况不一致了。

第五，晋语三、四等腭化平行发展，二等落后

晋语材料展示的语音格局为三、四等见组声母腭化平行发展，二等落后。

下表来自乔全生的《晋方言语音史研究》：

	街	界	解	芥	戒	鞋	蟹	解姓
吉县	꜀kai	kai꜄	꜂kai	kai꜄	kai꜄	꜁	kai꜄	xai꜄
临猗	꜀kai	kai꜄	꜂kai	kai꜄	kai꜄	꜁	kai꜄	xai꜄

规则 1(见溪一等韵字)k，k‘→k，k‘/—i

规则 2(见溪二等韵字)k，k‘→tɕ，tɕ‘/—i

规则 3(晓匣一二等韵字)x→ɕ/—i

规则 1 表示见溪一等韵字在细音前不腭化，规则 2 则表示见溪二等韵字在细音前已腭化，规则 3 表示晓匣母一、二等韵字的声母在细音前均由[x]腭化为[ɕ]。由以上规则可以假设：(1)二等韵字腭化比一等韵字快。(2)三、四等韵字腭化比一、二等韵字快。(3)晓匣母一、二等韵字比见溪母一等韵字快[7]。

这与八思巴字拼写呈现的见组声母在二、四等韵前其腭化较之三等韵为快的情况不一致。非但不一致，简直是尖锐对立，因为不但没有出现腭化进程中三等落后的情形，相反，在《蒙古字韵》拼写中有 ė 似乎该优先腭化的二等韵字反而落后了。

第六，一些南方方言四等不腭化

一些南方方言展示的语音格局为三、四等合流，但四等有白读洪音不腭化，仅三等腭化。如李含茹《苍南蛮话语音研究——论接触引发的方言语音演变》，文中列举的苍南蛮话的例证是：

	三等	四等	三等	四等	四等
例字	名清	瞑青	惊庚三	经青	犬铣
文读	$miŋ^{2}$	—	$tɕiŋ^{1}$	$tɕiŋ^{1}$	$tɕ^{h}ỹ^{3}$
白读	mia^{2}	ma^{2}	$tɕiã^{1}$	$kã^{1}$	$k^{h}aĩ^{3}$

表中呈现的白读音是三等腭化，四等反倒读洪音。这与八思巴字拼写呈现的见组声母在二、四等韵前其腭化较之三等韵为快的情况不一致。而且也是尖锐对立，不但三等韵字在腭化进程中没有落后，相反，落后的却是在《蒙古字韵》拼写中有 ė 似乎该优先腭化的四等韵字。

第七，回鹘文对音资料与《蒙古字韵》不合

回鹘文对音资料显示牙喉音依韵母的洪细分为二类，一、二等韵与三、四等对立。

[7] 乔全生《晋方言语音史研究》第 118 页、121 页，中华书局，2008 年。

与《蒙古字韵》中的 ė 类韵不对应。据聂鸿音(1998)研究,在回鹘文《玄奘传》的对音资料中,汉语的见、溪、疑、晓、匣五个声母在回鹘文中依韵母的洪细分为 q-、k-两类,聂先生认为,这可以引发我们对古汉语声母颚化现象的某些思考。但八思巴字中声母分立的是古汉语的影、喻、疑、匣诸母,见溪晓及精组声母却并未分立(见下表)。

	精	清	见	溪	疑	晓	匣	影	喻
洪	不	不	不	不	疑鱼	不	合	影	鱼疑
细	分	分	分	分	喻	分	匣	幺	喻

声母因所拼韵母洪细的不同而产生的音色差异,亦即不同的音位变体,或可视为预示腭化的标记。这种音位变体的音色差异是汉语固有的,但对这种差异的发现则有赖于操阿尔泰语的非汉语族群。因为这种差异在操汉语的人的听感中是可以忽略不计的,是习焉不察的,但操阿尔泰语的人则因其母语中存在着小舌音 q 组辅音(拼接阳性元音,约略相当于洪音)与舌根音 k 组辅音(拼接阴性元音,约略相当于细音)的区别,所以他们就无形中夸大了汉语牙音声母在洪细两类韵母前所产生的音色差异,从而分别与他们母语中的 q 组辅音(拼接阳性元音,约略相当于洪音)和舌根音 k 组辅音(拼接阴性元音,约略相当于细音)相对应。这就是我们见到的聂先生所说回鹘文对音中的情形。精组声母之所以没有二分,是因为阿尔泰语中没有与其洪细两类相当的辅音类别,即精组声母因所拼韵母的洪细不同而产生的音色差异,在操阿尔泰语的人听来与汉人的听感是一致的,即这种差异可以忽略不计的,也是习焉不察的。

那八思巴字拼写中为何只有匣母二分为合、匣,而晓母与见、溪却没有二分呢?麦耘(2005)仅从蒙古人的听感入手来解释匣母的二分,但对性质相近的晓母与见、溪却没有二分就无法给出圆满的解释。其实,这些要从八思巴字符号的局限性上着眼。匣母二分后,八思巴字母“ꡣ合ɣ”(字母表中称为“霞”)的形体就来源于字母 q(字母表中称为“遐轻呼”)。“霞”母(即《蒙古字韵》中的合母)拼阳性元音维持字母表“霞”的书写形式,拼阴性元音则要变形。阴阳之别在这里基本上呈现为韵母的洪细之别。与小舌擦音合母ɣ相对的拼细音的字母(即《蒙古字韵》中的匣母)就确定用晓母分化派生出的[ꡨħ匣]。那晓母呢?该声母在回鹘式蒙古文中与辅音和谐没有任何联系。因为回鹘式蒙古文中喉擦音无专门字母,与字冠用同一形式表示,可冠于任何元音前,无洪细区别(照那斯图 1999)。于是,到了八思巴字拼写系统中晓母没有因韵母洪细而分为两类。见组声母也因在八思巴字拼写系统中无法找到两套完整的拼写符号(小舌音因与喉音有纠葛,无法完全供牙音使用,且其数量也不够),所以在回鹘式蒙古文阶段,汉语借词中的 g 组声母就即拼细音也拼洪音了,所以见组在八思巴字拼写系统中就没有分化为两套。

第八，龙果夫观点

龙果夫认为，八思巴字拼写系统中不含 ė 的是三等舌根声母 j 化，含 ė 的二、四等是纯舌根声母。这与宁先生等所主张的在类别上正好掉了个个儿（宁、王诸先生认为含 ė 的二、四等舌根音腭化）。这也正好显示了这个问题的复杂性，及将 ė 视为腭化标记的不可靠性。

杨耐思在《八思巴字对音——读龙果夫〈八思巴字与古官话〉后》一文中对龙氏进行了批驳，指出 j 化说是错误的。与此相应，杨先生（1997：66、185、186，2004）认为《字韵》中的合、匣，影、幺，鱼、喻诸母的分立都是由于后接韵母的韵头洪、细造成的，都应分别两两合并。杨先生对元代腭化说是持否定态度的。

下面我们再对上述内容进行一遍梳理，列表如下，看其所谓的“腭化”之间有无对应关系：

	《切韵》高本汉拟音	回鹘—汉对音	北方官话	晋语吉县话	龙果夫	《蒙古字韵》
一等	k	q	k	k	k	k
二等	k	q	tɕ	k	k+ ė	k+ ė
三等	kj	k	tɕ	tɕ	k(j 化)	k
四等	k	k	tɕ	tɕ	k+ ė	k+ ė
性质判断	介音和谐，或许反映了上古至中古的语音状况	音位变体：声母因所拼韵母洪细的不同而产生的音色差异，或可视为预示腭化标记	腭化完成时的常见格局	腭化进程中三四等平行，二等落后的格局	区别韵类标记：三等 j 化，可能先行腭化	区别韵类标记：非腭化标记，亦非预示腭化标记（宁、王认为是腭化标记）

从表上可以看出，中间三项有对应关系，反映了腭化从三、四等延及二等的情形。而前、后两项与之并不对应，第一项“《切韵》高本汉拟音”，反映了介音求和的趋势，或许反映了上古至中古的语音状况；最后一项是《蒙古字韵》中的 ė 类韵，与腭化音类均不对应，我们遵从杨耐思先生的观点，认为 ė 是区别韵类标记，非腭化标记，亦非预示腭化标记。

四 《蒙古字韵》中 ė 的性质及对杨耐思论断的回归与推阐

杨耐思先生在《近代汉语“京、经”等韵类分合考》一文中对 ė 的性质进行了全面论述,认为 ė 是与介音密切相关的区分韵母的标志,而绝不是声母腭化标记。这可以看作是杨耐思先生《八思巴字对音——读龙果夫〈八思巴字与古官话〉后》一文的姊妹篇,是对龙果夫 j 化说批驳的深化。不仅龙氏《蒙古字韵》j 化说可以止矣,而且可以为后来者之鉴。但可惜的是,杨先生的重要观点未得到应有的重视,有些学者依然有意无意地在"赶超"心理的驱使下尽可能将腭化产生时间提前。我们再来重温一下杨先生《近代汉语"京、经"等韵类分合考》一文中对 ė 的性质的论述:

> ė 这个字母是八思巴字里的一个特殊的字母。在八思巴字蒙古语里,它有两个用途:一是跟 o、u 结合构成 ėo、ėu,表示阴性元音……阴性元音的标志。……一是表示比 e 较开的前中元音……在八思巴字汉语里,有可能也跟蒙古语里的情形一样。ė 不止一种用法……甲类 B 型韵类 ėi, ėue, ėiŋ, ėiw……这里的 ė 不作为代表一个元音而是作为一种区分标志,或用以跟别的元音相结合,改变那个元音的音质,才是顺乎情理的。这证明在汉语里也跟在蒙古语里的第一种用法的情形相类似。从 A 型、B 型韵类的三、四等的区别来看,作为区分标志,这个 ė 是用来标志四等的……四等韵由原来没有后来滋生出来的前腭介音跟三等韵原有的前腭介音还没有类化,彼此还保存着音质上的差别,这个 ė 就是用来显示这种差别的……乙类各组在韵母的同一位次上,A 型韵类是 e,B 型韵类是 ė,参照《中原音韵》,如龙果夫指出的那样,这里的 ė 跟 e 一样,代表 ie(或 iɛ)。这是一个复合元音……这可以说是 ė 的另一种用法。ė 和 e 的区别,"牙、喉"音三、四等的对立用甲类各组分韵的同样理由可以作为区分它们的前腭介音的依据的基础……[8]

杨先生说得再清楚不过了,ė 主要是作为区分标志,在三、四等韵的对立中是标志四等韵的,上述的两种用法都是如此,只不过在第二种用法中 ė 是一身兼二职而已,即既作为标志,又代表复合元音。如果要问这种区分的实际语音依据,那就是杨先生说的介音的不同,而绝非声母的区别。当然,这种不同也许不是当下而是源自传统韵书的,因为杨耐思先生(1984,1997:81)还说过,《蒙古字韵》的编者更重视韵书和韵图的分类。另外,杨先生在这里研究的是"京、经"等韵类的三、四等之别,如果我们把眼光再扩大到一、二等的对立中,那 ė 就是用来标志二等韵的。这是对杨先生观点的推阐,但精神上与杨先生是一致的,那就是 ė 绝不是标志声母性质的腭化标记,而是用来标志与一、三等韵分别对立的二、四等韵的。而且这种区分模式贯串《蒙古字韵》八思巴字汉语拼写

[8] 杨耐思《近代汉语音论》,第 101—102 页,商务印书馆,1997 年。

系统的全部整体。

我们认为，这或许是拼写规则的制定者受到了蒙古语元音阴、阳两性对立范畴的影响，他们也许已经悄无声息地将八思巴字母 ė 作为了阴性元音的标志来使用了，因为该字母在八思巴字蒙古语系统中是已经发挥了这一作用的（照那斯图 1999）。我们对《蒙古字韵》的韵母构造与类型做了如下分类，并与蒙古语元音阴、阳两性对立范畴作一大致对应，列表如下[9]：

		元音性质			相应韵部						
		基本元音	准基本元音	派生元音组合							元音阴、阳性的大致对应
a、e类韵母	等第				十五麻	六佳	八寒、九先	十萧	十二覃		
	一二	a			a u̯a	aj u̯aj	an u̯an	aw u̯aw	am		准阳性（基本元音）
	二等牙喉		ė		ė	ėj	ėn	ėw	i̯am[ėm]		准阴性（加阴性标志）
	三	e			e u̯e		en	ew	em		准阳性
	四		ė		u̯ė		ėn u̯ėn	ėw	ėm		准阴性
	四等晓匣						ėen 贤		ėem 险、嫌		
i类韵母	等第				四支	二庚	七真	十一尤	十三侵	附：三阳	
	三庄及一			hi	hi	hiŋ	hin	hiw	him	haŋ	准阳性
	二等牙喉			ėi		ėiŋ				ėŋ	准阴性
	三及四非牙喉	i			i	iŋ	in	iw	im	aŋ	准阳性
	四等重四牙喉			ėi	ėi	ėiŋ	ėin	ėiw	ėim		准阴性

---

[9] 以元音统帅各韵部，为简便起见合口仅列出有对比需要的。另，表中 5 元音命名为基本元音；而 ė 在八思巴字蒙古语系统中为 i 与 e 的变体，而在八思巴字汉语拼写系统中又经常作标志元音的辅助符号，所以称其为准基本元音；派生元音组合则指使用标志元音的辅助符号 h、ė 与基本元音组成的元音组合。

续表

	等第										
u类韵母	等第				五鱼	一东	七真				
	一三	u			u	uŋ	un				准阳性
	二										
	三			ėu	ėu	ėuŋ	ėun				准阴性
	四										
o类韵母	等第				十四歌		八寒、九先			附：三阳	
	一	o			o		on			oŋ	准阳性
	二										
	三			ėo			ėon				准阴性
	四										

从表中我们看到，a、e 类韵母与 i 类韵中是一、二等对立，三、四等对立；u、o 类韵中是一、三等对立。对立的后项其元音可视为阴性，元音的拼写中要有阴性标志 ė。这也就是 ia 在《蒙古字韵》中多拼作单元音 ė，而 ua 则拼作复合元音的原因所在。我们还发现，在这种元音阴、阳性的大致对应中，u、o、i 几类韵部的阴、阳对立形式是标准的，即为：X：ė+X 式，这其实就是杨耐思在《近代汉语“京、经”等韵类分合考》一文中所说的 ė 的第一种用法。但这种模式在 a、e 类韵部遇到了麻烦。因为八思巴字的元音 a 是用零形式来表达的，据拼写规则，只有辅音字母与半元音后才可能出现 a，ė 后绝对不能出现 a。这就使得这一整齐的模式被打破了。于是乎，只好用单元音 ė 来替代复合元音 ie 或 iɛ（四等）、i̯a（二等），这也就是杨耐思在《近代汉语“京、经”等韵类分合考》一文中所说的 ė 的第二种用法。

参考文献

(1)道布《回鹘式蒙古文文献汇编》(蒙古文)，北京：民族出版社，1983 年。
(2)道布《回鹘式蒙古文研究概况》，原载《中国民族古文字研究》，北京：中国社会科学出版社，1984 年/收入《道布文集》，北京：中国社会科学出版社，2005 年。
(3)范文凤《〈等韵学〉音系研究》，厦门大学硕士学位论文，2007 年。
(4)嘎日迪《中古蒙古语研究》，沈阳：辽宁民族出版社，2006 年。
(5)黄公绍、熊忠著，宁忌浮整理《古今韵会举要》，北京：中华书局，2000 年。
(6)忌浮《重读〈论龙果夫《八思巴字和古官话》〉》，载耿振生主编《近代官话语音研究》，北京：语文出版社，2007 年。
(7)李含茹《苍南蛮话语音研究——论接触引发的方言语音演变》，复旦大学硕士学位论文，2009 年。
(8)李荣《切韵音系》，北京：科学出版社，1956 年。
(9)李新魁《〈中原音韵〉音系研究》，郑州：中州书画社，1983 年。
(10)龙果夫《八思巴字与古汉语》，北京：科学出版社，1959 年。

(11)陆志韦《释〈中原音韵〉》,《燕京学报》1946 年第 31 期/收入《陆志韦近代汉语音韵论集》,北京:商务印书馆,1988 年。
(12)陆志韦《陆志韦语言学著作集(二)》,北京:中华书局,1985 年。
(13)罗常培《论龙果夫〈八思巴字和古官话〉》,《中国语文》1959 年 12 月号。
(14)罗常培、蔡美彪编著《八思巴字与元代汉语》(增订本),北京:中国社会科学出版社,2004 年。
(15)马伯乐著、聂鸿音译《唐代长安方言考》,北京:中华书局,2005 年。
(16)麦耘《"〈韵会〉有前腭声母说"商榷》,《语言研究集刊》第 2 辑,上海:上海辞书出版社,2005 年。
(17)聂鸿音《回鹘文〈玄奘传〉中的汉字古音》,《民族语文》1998 年第 6 期。
(18)宁继福《中原音韵表稿》,长春:吉林文史出版社,1985 年。
(19)宁忌浮《古今韵会举要及相关韵书》,北京:中华书局,1997 年。
(20)宁忌浮《重读〈蒙古字韵〉》,《传统中国研究集刊》9、10 合辑,上海:上海古籍出版社,2012 年。
(21)钱曾怡《钱曾怡汉语方言研究文选》,济南:山东大学出版社,2008 年。
(22)秦晔《〈蒙古字韵〉声母及介音的几个问题》,北京大学硕士学位论文,2006 年。
(23)邵荣芬《敦煌俗文学中的别字异文和唐五代西北方音》,《中国语文》1963 年第 3 期。
(24)邵荣芬《汉语语音史讲话》,天津:天津人民出版社,1979 年。
(25)王力《汉语史稿》,北京:中华书局,1980 年。
(26)王力《汉语语音史》,《王力文集》第十卷,济南:山东教育出版社,1987 年。
(27)王硕荃《古今韵会举要辨证》,石家庄:河北教育出版社,2002 年。
(28)杨耐思《中原音韵音系》,北京:中国社会科学出版社,1981 年。
(29)杨耐思《汉语"知、章、庄、日"的八思巴字译音》,《音韵学研究》第 1 辑,北京:中华书局,1984 年。
(30)杨耐思《近代汉语"京、经"等韵类分合考》,《音韵学研究》第 2 辑,北京:中华书局,1986 年。
(31)杨耐思《八思巴字汉语声类考》,载杨耐思《近代汉语音论》,北京:商务印书馆,1997 年。
(32)照那斯图《蒙古文和八思巴字元音字母的字素分析》,《民族语文》1999 年第 3 期。
(33)照那斯图、杨耐思《蒙古字韵校本》,北京:民族出版社,1987 年。
(34)赵荫棠《中原音韵研究》,上海:商务印书馆,1936 年。

(宋洪民:济南大学文学院,250022,山东济南;
吴建伟:东华大学国际文化交流学院,200051,上海)

“从隐含到呈现”补说*

吴吉煌

提要： “隐含”是概念形成时对某些概念要素的融合。“含概”是一个上位概念包含多个下位概念，或一个概括性的概念包含多个具体性的外延。“含概”不同于“隐含”。隐含的概念要素要通过相关概念的比较才能确定。概念中隐含的概念要素不是单一的。依靠汉字的表意构件确定词所指称概念中的隐含要素时需要区别“造意”与“实义”。“隐含动作的工具”“隐含于对象中的动作”“隐含动作的结果”等几类材料不是严格意义上的“隐含”。原词所指称概念泛化而推动的“呈现”和词法推动的“类属要素”“整体要素”呈现，反映了概念系统的结构性调整和概念系统层级的规约化。

关键词： 隐含　呈现　概念要素　含概

王力先生最早提出汉语词汇历史演变中有“由综合变为分析”的现象。他在《古语的死亡残留和转生》中指出：“古语的死亡，大约有四种原因：……第四是由综合变为分析，即由一个字变为几个字，例如由‘渔’变为‘打鱼’，由‘汲’变为‘打水’，由‘驹’变为‘小马’，由‘犊’变为‘小牛’。”[1]此后，蒋绍愚（1989）、杨荣祥（2003，2016）、宋亚云（2006）就“从综合到分析”的相关问题做了进一步的阐发和讨论。

在Talmy词化理论的影响下，胡敕瑞先后发表《从隐含到呈现（上）》《从隐含到呈现（下）》两篇文章，就与“从综合到分析”相关的“从隐含到呈现”演变现象做了深入探讨[2]，认为：“所谓‘从隐含到呈现’，是指一些原本融合在同一形式之中的概念后来被离析出来并分用不同的形式来表达。”[3]或者说：“早先包含在一个词里的语义构成要

---

* 本文是国家社科基金青年项目“两汉方言词与汉语史研究”（编号：15CYY029）的阶段性成果。

〔1〕 王力《古语的死亡、残留和转生》，《王力文集·龙虫并雕斋文集（一）》，第391页，中华书局，2015年。

〔2〕 关于“从隐含到呈现”与“从综合到分析”的关系，蒋绍愚有详细讨论。参见蒋绍愚《汉语历史词汇学概要》，第144—146页，商务印书馆，2015年。

〔3〕 胡敕瑞《从隐含到呈现（下）——词汇变化影响语法变化》，《语言学论丛》第三十八辑，2009年，第99页。

素，到后来会单独呈现，和原先的词构成一个复合词。”[4]胡敕瑞所称的“隐含”是单音词所指称概念中概念要素的融合。从义素分析的角度看，也可称为义素隐含。墙峻峰、车淑娅等将“从隐含到呈现”的演变称为“义素外现”，并做了许多具体研究[5]。本文所讨论的主要是胡敕瑞(2005，2009)讨论的“隐含”及“从隐含到呈现”现象。

一　什么是真正的“隐含”

根据胡敕瑞(2009)的界定，“隐含”是概念形成时对某些概念要素的融合。融合在某一概念中的概念要素是这个概念形成时的必要要素。例如：

沐、浴、澡、漱

《说文·水部》：“沐，濯发也。”

《说文·水部》：“浴，洒身也。”

《说文·水部》：“澡，洒手也。”

《说文·水部》：“漱，荡口也。”

“沐、浴、澡、漱”指称动作概念时，融合了对象要素“发、身、手、口”。

臂、枝

《说文·肉部》：“臂，手上也。”

《说文·木部》：“枝，木别生条也。”

“臂、枝”指称名物概念时，融合了整体要素“手、木”。

简、牍

《说文·竹部》：“简，牒也。”段玉裁注：“简，竹为之；牍，木为之。”

《汉书·周勃传》：“狱吏乃书牍背示之。”颜师古注：“牍，木简也，以书辞也。”

“简、牍”指称名物概念时，融合了材质要素“竹、木”。

从词义的角度看，融合在概念中的概念要素是词义的必然构成要素。在实际的语言使用中，隐含的概念要素(词义要素)不必通过其他的语言形式表达，就必然隐含于单音词中。如：

---

[4] 蒋绍愚《汉语历史词汇学概要》，第142页，商务印书馆，2015年。

[5] 使用“从隐含到呈现”这一表述的还有史文磊(2014)，他指出：“从隐含到呈现”是汉语运动事件各类要素的词化模式所经历的主要演变之一，“相对于近现代汉语而言，上古汉语运动事件要素词化模式的特点之一是隐含性，即语义要素在语言表层结构中没有显性形式记录，只有在具体的语境中，才能获得相关信息”(史文磊《汉语运动事件要素词化类型的历时考察》，第300页，商务印书馆，2014年)。相较而言，史文磊所讲的“隐含”主要指非显性形式(语境)对语义要素的隐含。

《荀子·不苟》:"故新浴者振其衣,新沐者弹其冠,人之情也。"

《魏书·西域传》:"日三澡漱,然后饮食。"

《老子》:"攘无臂,扔无敌。"

《庄子·逍遥游》:"鹪鹩巢于深林,不过一枝。"

在上引文例中,单音词"浴""沐""澡""漱""臂""枝"必然指"洗身""濯发""洗手""漱口""手臂""树枝","身""发""手""口""手""树"等概念要素(词义要素)隐含于单音词中,不需要通过其他语言形式表达。

有另一种情况值得注意,即一个上位概念包含多个下位概念,或者说一个概括性概念包含多个具体性外延。如:

"月",不仅含概"白月/明月",而且含概"圆月""弦月""缺月"等。

"玉",不仅含概"白玉",而且含概"青玉""碧玉""珍玉""宝玉"等。

"羊",不仅含概"白羊",而且含概"乌羊""黄羊""青羊"等[6]。

"箫",不仅含概"长箫",而且含概"短箫""排箫""玉箫""角箫"等。

"月""玉""羊""箫"作为抽象概念,概括了各种不同材质、颜色、性状的同类事物。语言表达中仅仅使用单音词"月""玉""羊""箫",并不必然指称某种材质、颜色、性状的具体事物。我们将这种一个上位概念包含多个下位概念,或者说一个概括性概念包含多个具体性外延的关系称为"含概"。

"含概"和"隐含"不同,"含概"反映的是抽象概念与所涵盖的下位概念之间的关系。这些下位概念的某些概念要素,恰恰是上位概念形成时所忽略的。而上文所说的"隐含",则是概念形成过程中,特意将某些概念要素融合到概念中去。

蒋绍愚(2015)将"从隐含到呈现"的公式概括为"A(⊃B)→A+B(⊃表示隐含)",并且指出:"'从隐含到呈现'的公式中,中古的呈现形式A+B中,A必定和上古的隐含形式A相同(只不过上古是词,中古成为语素)[7],而呈现出来的B的情况比较复杂,有两种不同的情况:(1)B是上古A的语义要素(如'崩→山崩','山'是'崩'的语义要素。'汲→汲水','水'是'汲'的语义要素)……(2)B是上古A的性状,但不是语义构成中的要素,如'象→大象','大'不是'象'的语义构成的要素。'白→雪白','雪'更不是'白'的语义构成的要素,而只是对'白'这种性状的比拟……'从隐含到呈现'中的B,有的是可以替换的,如'破→打破',也可以是'踢破','礼→作礼',也可以是'行礼'。这

[6] 区别于"牂→牂羊""羔→羔羊""羯→羯羊"。

[7] 呈现形式A+B中的A和呈现前A(⊃B)中的A只是形式(书写形式)相同,它们作为语素或词的意义是有区别的,详见后文讨论。

都说明这些 B 不是 A 的语义构成成分。"[8]

从"呈现"后的双音形式来看,如果附着在原单音词上的成分具有绝对稳固、永久必然的"不可让渡性"或"必选性"的话,那么这些"呈现"出来的成分就是原单音词指称概念中所隐含的概念要素。如果附着在原单音词上的成分具有"可让渡性",或者只具有"高可选性"和"优选性"的话,这些双音节结构所指称的概念往往是被原单音词指称的概念包含着的下位概念。例如:

"来",不仅含概"走来",还含概"行来""飞来""奔来"等。

"破",不仅含概"打破",还含概"击破""敲破""攻破"等。

"见",不仅含概"面见",还含概"望见""明见""偏见"等。

"视",不仅含概"远视",还含概"斜视""直视""临视"等。

"牧",不仅含概"牧牛",还含概"牧[illegible]""牧马""牧羊"等。

"逐",不仅含概"逐豕",还含概"逐兔""逐鹿""逐牛"等。

因此,我们认为只有当"B 是上古 A 的语义要素"时,原单音词才存在真正的概念隐含。如果"B 不是 A 的语义构成成分",那么原单音词不是真正的概念隐含,它与所谓的呈现形式之间是一种含概关系。

从意义上看,呈现出来的成分所表达的语义,是原先隐含于原单音词词义中的语义要素。与"隐含"了概念要素的原单音词相比,"呈现"的新的语言成分并没有使复音结构在意义上有所增加,单音词和呈现后的双音形式的意义是对等的。而含概关系中表上位概念的单音词和表下位概念的双音形式的意义不是对等的关系,是上下位关系。例如:

简—竹简:"简"和"竹简"表达的意义是对等的,"竹"是"简"所隐含的概念要素。

简—青简:"简"和"青简"表达的意义不对等,"青简"只是"简"的一种,"青"不是"简"隐含的概念要素。

指—手指:"指"和"手指"表达的意义是对等的,"手"是"指"所隐含的概念要素。

纹—手纹:"纹"和"手纹"表达的意义不对等,"手纹"只是"纹"的一种,"手"不是"纹"隐含的概念要素。

象—大象:"象"和"大象"表达的意义是对等的,"大"是"象"所隐含的概念要素。[9]

雪—大雪:"雪"和"大雪"表达的意义不对等,"大雪"只是"雪"的一种,"大"不

---

〔8〕 蒋绍愚《汉语历史词汇学概要》,第 145—146 页,商务印书馆,2015 年。

〔9〕 俞理明指出,有些单音词加"大"后意义不变,加"大"与不加"大"意义基本没有区别。"'～'和'大～'在语义上没有包容关系,也不构成语义场中的上下位关系。"参见俞理明《语义标记和汉语构词的不对称现象》,《汉语学习》2006 年第 6 期,第 31 页。

是"雪"隐含的概念要素。

综上,"隐含"与"含概"不同,真正的"隐含"是概念形成时对某些概念要素的融合,融合于概念中的概念要素是词义中必然含有的词义要素。

二 概念中"隐含"了什么

融合在某一概念中的概念要素,要通过相关概念的比较才能显现出来。我们说"浴""沐""澡""漱"融合了动作的不同对象,是通过对比这几个词及其指称的概念而确定的。我们说"泪"隐含了修饰成分"眼",是通过"泪"与"涕(洟)""汗""涎"等几个词及其指称概念的对比而确定的。概念"隐含"了什么,往往要通过词汇系统中相关词语的比较才能够确定。如:

与"视"相比较,"见"隐含的是动作的结果,而不是动作的方式(面见)。

与"牍"相比较,"简"隐含的是事物的材质,而不是事物的颜色(青简)。

概念中所"隐含"的概念要素往往不是单一的。有些概念要素的隐含较为显性,有些概念要素的隐含则相对隐性。"隐含"的概念要素,需要通过对构词理据和词源意义稍作考索才能确切把握。如:

"浣"不仅隐含了动作的对象(衣服),而且隐含了动作的工具(用水)。

"沤"不仅隐含了动作的工具(用水),而且隐含了动作的方式(长久)[10]。

"望"不仅隐含了动作的主体(眼睛),而且隐含了动作的方式(远视)。

"眺"不仅隐含了动作的主体(眼睛),而且隐含了动作的方式(斜视)。

"驹",隐含的不仅是"马",还有马的特征"幼小"(小驹、驹子)。

"犊",隐含的不仅是"牛",还有牛的特征"幼小"(小犊、犊子)。

"环",隐含的不仅是"玉",还有环的特征"圆形"(圆环)。

"脉",隐含的不仅是"血",还有脉的特征"支系"(支脉)。

"巅、峰、顶"隐含的不仅是"山、头",还有山、头的位置"顶端"。

"杪、末、梢"隐含的不仅是"木、树",还有木、树的位置"末端"。

"擘",《说文·手部》:"擘,㧑也。从手,辟声。""㧑,裂也。从手,为声。"段玉裁"擘"下注云:"巨擘,谓手大指也。凡大指主开,余四指主合,故谓之巨擘。""擘"用

[10] 与"渍"比较后凸显。

于指称大拇指，不是本义用法，是在本义“分剖、分裂”的基础上引申而来的，其命名的理据不在于“巨”，而在于“分”（“擘分”“擘析”）。

在讨论“动作中的对象从隐含到呈现”的相关问题时，胡敕瑞（2009）指出诸如：钓≥钓鱼、浣≥浣衣、沐≥沐头、浴≥浴身、漱≥漱口、戍≥戍边、禜≥禜灾、御≥御车、耘≥耘草等等一类，“对象却与原形的字形偏旁所指不同，原形的字形偏旁多指示动作所使用的工具，如‘水’为‘浣衣’的工具，‘耒’为‘耘草’的工具”[11]。隐含形式“钓”“浣”“沐”“浴”“漱”“戍”“禜”“御”“耘”等字形偏旁的选择恰恰说明了上古汉语动作概念的生成融合了工具、对象、主体等多种不同的概念要素。

汉字是构意文字，依据它所记录的词的意义来构造形体。我们可以从早期汉字形体的构造探寻它所记录的词的意义，特别是词义所隐含的意义要素，或者说词所指称的概念所隐含的概念要素。

胡敕瑞（2009）在分析谓词性中心成分的修饰成分从隐含到呈现的两类不同现象（A类如：持≥手持、睹≥目睹、烧≥火烧、蹑≥足蹑等，B类如：白≥雪白、黑≥墨黑、红≥血红、黄≥金黄等）时指出：“A类表工具方式的名词多可在原形的字形偏旁中体现出来，B类表性状比喻的名词很难在原形的字形偏旁中体现出来。”他同时加注指出：“这或许有一定的原因，因为‘持’必定要用‘手’，‘蹑’必定要用‘足’，因此只有‘手持’‘足蹑’；但‘白’可以如‘雪’也可以如‘玉’，‘黑’可以如‘墨’也可以如‘乌’，因此既有‘雪白’也有‘玉白’，既有‘墨黑’也有‘乌黑’[12]。汉字偏旁一般表达必选成分，而不表达优选成分，乙$_1$A、B（笔者按：“乙$_1$A、B”指胡敕瑞文中分析的“修饰成分与体词性中心成分融合”的两类现象）偏旁的有无也与这个原因有关。”[13]

这是从汉字，尤其是汉字的表意构件出发看问题。换一个角度来看，造字远在概念形成及其词化之后。表意构件的选择与汉字所记录的词义相关。这种相关关系具有多样性。选择概念或词义中关涉的必要要素作为表意构件，无疑是造字时最常见的方式（如A类）。但是，对于那些意义较为抽象的词，造字时往往需要选取一个具象化的构造方式。这时候概念或词义广泛的关涉要素就都在可选择的范围内，最终选择什么样

---

[11] 胡敕瑞《从隐含到呈现（下）——词汇变化影响语法变化》，《语言学论丛》第三十八辑，2009年，第102页。

[12] 根据上文的讨论，B类“白≥雪白、黑≥墨黑、红≥血红、黄≥金黄”等，并非真正的从隐含到呈现。当然，也不能认为“黑”是从“墨”“乌”中呈现出来的（即墨≥墨黑、乌≥乌黑）。“墨黑”“乌黑”是状中结构，“墨”和“乌”用于修饰“黑”，是指“墨块”和“乌鸦”。而作为隐含原形的“墨”“乌”则是在名物词基础上引申出来的颜色指称义“墨黑色”“乌黑色”。

[13] 胡敕瑞《从隐含到呈现（下）——词汇变化影响语法变化》，《语言学论丛》第三十八辑，2009年，第101页。

的要素作为表意构件，往往与特定时代人们的认识和民族文化密切相关。

为了记录"黑"这一颜色概念，古人造字时最先想到的不是"墨"和"乌"，而是"火所熏之色"（此据《说文》。唐兰先生认为甲骨文"黑"字象人面受墨刑之貌，为墨刑字初文。）。"赤"的构造取象于"大火"（大火燃烧之色），"青"的构造取象于"草木生"（草木生长之色）。而"红""绿""绛"等字的构造则均取象于各种不同颜色的缯帛。可以肯定的是，在古人的概念系统和词义系统中，"黑""赤""青""红""绿""绛"等颜色绝对不仅限于造字时所选取的表意构件所指涉的事物，这些表意构件指涉的事物只是各种颜色的某一典型代表，这些典型代表的选取没有必然性。人们选择某个意象作为汉字构造依据，并不意味着语言中词语的意义仅仅局限于这些具体的物象。

李国英（1996）根据义符与形声字所表词的关系将不同示意功能的义符区分为"同义性义符"（义符与形声字为同义关系）、"类别性义符"（义符是形声字的上位概念）和"标记性义符"（义符是形声字所表词的特征标记）。他指出："第三类标记性义符与形声字的相关很大程度上带有民族文化的特异性。如，'群'以'羊'为义符，'精'以'米'为义符等，都不属必然的、唯一的联系，而是受特殊的文化生活、文化心理所制约，因此，义符与形声字的意义关系有较大的不确定性，它只是类别性义符的一种补充手段。"[14]不能因为"群"和"精"的构造中有"羊"和"米"这样的表意构件，就断定上古汉语中{群}、{精}这两个词所指称的概念中所蕴含的主体要素仅限于"羊"和"米"。

胡敕瑞（2005）在谈到像"山"这样的隐含要素从融合形式"崩"中分离出来形成新的结构"山崩"时，赞同汪维辉、洪波先生的意见："'崩'在上古汉语中并非没有主体出现，《说文》'崩'的释义或许只是为了强调字形。"同样的情况如《说文·鸟部》："鸣，鸟声也。从鸟，从口。"[15]《说文》的本义训释和字形分析贯彻了"形义统一"原则。许慎对许多字的本义训释并非实际语言中词的"实义"，而是与小篆字形构造相统一的具体化、形象化的"造意"。"词义的概括性越强，它所应用的范围越广。但是字形往往只能从它的具体性出发来绘制，所以，如果完全按照字形来解释字义，则字义往往比词义狭小。"[16]

由此可见，造字时表意构件的选择有些只是对抽象概念和词义理据的具象化，有些则是对概念隐含要素的视觉形体呈现。在依靠汉字的偏旁，特别是表意构件确定词所指称概念中的隐含要素时，对"造意"与"实义"的区别、表意构件选择的多样性等问题需要多加注意。

---

〔14〕 李国英《小篆形声字研究》，第 39—40 页，北京师范大学出版社，1996 年。

〔15〕 胡敕瑞《从隐含到呈现（上）——试论中古词汇的一个本质变化》，《语言学论丛》第三十一辑，2005 年，第 19 页。

〔16〕 陆宗达、王宁《训诂与训诂学》，第 44 页，山西教育出版社，1994 年。

三 几种"隐含"现象献疑

(一)关于"隐含动作的工具"

可以说"烧""热""熟""熏"等行为动词隐含了工具要素"火",但不能说工具名词"火"隐含了动作要素"烧"。"烧""热""熟""熏"只是以"火"为工具进行的几种具体动作。除此之外,以"火"为工具进行的动作还可能是"焚""燔""燃""炊""烘""炙""煎""炮""灼"等。

同样,可以说"浸""淹""灌""渍"等行为动词隐含了工具要素"水",但不能说工具名词"水"隐含了动作要素"浸"。除"浸""淹""灌""渍"外,以"水"为工具进行的动作还有"浣""沐""澡""浴""浇""濯"等。

上古汉语使用兼含工具的动词表达工具语义,是较为普遍的。很多单音节动词所指称的概念中就隐含着工具的要素〔17〕。但用兼含动作的名词(如"水、火、手、足"等)表达工具语义,却不是普遍的现象。因为这些名词虽然可以用作行为动作的工具,但它们的概念中并不必然隐含着相应的动作。

基于以上的分析,再来看"鞭""扇""钩""盖"等词例(句例为胡敕瑞(2009)所举):

公子怒,欲鞭之。(《左传·僖公二十三年》)

左拥而右扇之。(《淮南子·人间》)

大燕鰌吾后,劲魏钩吾右。(《荀子·强国》)

满炉而盖之,毋令气出。(《墨子·备穴》)

"鞭""扇""钩""盖"兼有名词和动词两种属性,是动词"鞭""扇""钩""盖"隐含了工具"鞭""扇""钩""盖",不能反过来说名词"鞭""扇""钩""盖"隐含了动词"鞭""扇""钩""盖"。作为名词"鞭""扇""钩""盖",除了可以作为工具进行"鞭""扇""钩""盖"等动作行为外,还可以进行"笞""驱","拂""扬","引""探","藏""覆"等具体动作行为。名词"鞭""扇""钩""盖"指称的概念中并不必然隐含"鞭""扇""钩""盖"等动作要素。

(二)关于"隐含于对象中的动作"

胡敕瑞(2005)列举了许多"对象中的动作'从隐含到呈现'"的例子,如:

---

〔17〕 参见王占华《工具动词及其相关的句法、语义结构》,史有为主编《从语义信息到类型比较》,第129—146页,北京语言文化大学出版社,2001年。

忿≥怀忿

怒≥发怒/生怒

誓≥发誓

问≥发问/启问/致问/行问/作问

言≥发言/陈言/举言/启言/兴言

害≥加害/行害

恨≥抱恨/怀恨

(以上为 2.2.2A 类)

华(花)≥发花/敷华/开花/作花

衣≥着衣

雨≥降雨/下雨

鼓≥击鼓/打鼓

(以上为 2.2.2B 类)

2.2.1AB(动作中的对象"从隐含到呈现")[18]两式呈现的对象和动作之间具有特定联系;而 2.2.2AB(对象中的动作"从隐含到呈现")两式呈现的动作和对象之间并无特定联系。具体表现为:1)同一个隐含形式可以用多个动词来呈现(如"问"即可在其前呈现"发""启""致""行""作"等动词);2)同一个动词也可用来搭配多个对象(如"作"即可在其后加上"礼""护""言""病""花"等对象)。[19]

这两点表现引导我们思考这些"呈现"出来的动词是不是真正"隐含"于原单音词中的。值得注意的是,这些所谓的"呈现"出来的动词大多是汉语发展史上的"泛义动词"。这些动词的语义宽泛,可以与不同的宾语广泛搭配,在不同的语境中表达具体动作意义。"呈现"后的双音结构,并不是对象名词"隐含"动作的"呈现",而是泛义动词按照动宾句法结构模式生成的语言单位。与这些双音动宾结构表达的意义相对等的不是表对象的名词,而是这些名词兼具的动词属性。如,与"击鼓/打鼓"意义对等的不是名词"鼓",而是表"击鼓"义的动词"鼓";与"栽树/种树"意义对等的不是名词"树",而是表"种植"义的动词"树"。也就是说 2.2.2AB 两式"呈现"前的单音词都是动词性的,而不是名词性的。

这样一来 2.2.2 与 2.2.1 是否都可以看作是"动作中的对象'从隐含到呈现'"呢?

---

〔18〕 2.2.1A 类,如"拱≥拱手""汲≥汲水""娶≥娶妻"等;2.2.1B 类,如"漱≥漱口""钓≥钓鱼""沐≥沐头"等。

〔19〕 胡敕瑞《从隐含到呈现(上)——试论中古词汇的一个本质变化》,《语言学论丛》第三十一辑,2005 年,第 11 页。

这两类有没有区别呢？从形式上看，2.2.1类的呈现是A(⊃B)→A+B，2.2.2类的呈现就应该是A(⊃B)→B+A。由于“呈现”后的双音形式都是动宾结构，2.2.1类的呈现形式中A仍然是动词，而2.2.2类的呈现形式中A则是名词。在2.2.2类的呈现形式中，A从动词变成了名词，因此在表达动作意义时，必须在前面加一个动词。2.2.2类不是“隐含于对象中的动作”。这些动作实际上并不隐含在原单音词中。原单音词具有兼类的特性，参与构成双音结构的单音词实际上是名词性的。

衣＝着衣/穿衣，不能说“着”或“穿”这个动作是从“衣(去声)”中呈现出来的。相反，这是“着”和“穿”等动词词义引申后与名词“衣(平声)”的组合。

鼓＝击鼓/打鼓/伐鼓，不能说“击”或“伐”这个动作是从“鼓(去声)”中呈现出来的。相反，这是“击”和“伐”等动词词义引申后与名词“鼓(平声)”的组合。

歌＝唱歌，不能说“唱”这个动作是从“歌”中呈现出来的。相反，这是“唱”的词义引申后与“歌”的组合。[20]

王云路(2010)认为“加损(贬损、诋毁)、加诬(诬陷、诬蔑)、加戮(杀戮)、加害(伤害、杀害)”“行问、行见、行用、行治、行寻、行戮、行劫”这类双音词是“以表示具体语素义的单音词与具有相关含义的抽象性语素结合”而形成的。[21]“加”“行”等“含义不具体，动作性不强，应用十分广泛”的成分是“附加语素”，这些双音词是“附加式动词”[22]。这一分析着重关注了“加”“行”“为”等一系列含义不具体、应用广泛的“泛义动词”在双音构词中的组合能力。不过，将这些双音节词分析为“附加式动词”，仍然是将“泛义动词”后的语素看作是动词性语素。对此，笔者更倾向于参考朱德熙先生在《现代书面汉语里的虚化动词和名动词》一文中对现代书面汉语中类似现象的相关讨论意见，认为“忿”“怒”“誓”“问”“言”“害”“恨”“华(花)”“衣”“雨”“鼓”等兼有动词和名词双重属性。“当它处于虚化动词的宾语的位置上时，体现出来的是它的名词性的一方面。”“虚化动词的作用在于使名词性成分转成谓词性成分。”[23]我们认为，这类双音形式的出现，与“怀”“发”

---

[20] “‘唱歌’和‘作揖’又是另一种情况。‘歌’和‘揖’在古汉语中本是动词，但在现代汉语中都变为名词了，因此在表示动作时，必须在前面另加一个动词。”参见蒋绍愚《古汉语词汇纲要》，第232页，商务印书馆，2005年。

[21] 王云路《中古汉语词汇史》，第130—135页，商务印书馆，2010年。

[22] 同上书，第300—311页。

[23] “虚化动词(WV)指的是只在书面语里出现的少数几个及物动词如‘进行、加以、给予、给以、予以、作’等。这些动词原来的词汇意义已经明显地弱化了，因此在某些句子里把它们去掉并不影响原句的意思。”“我们曾经主张把此类双音节词(如‘调查、研究、帮助、鼓励、考虑、解释、补充’等等)看成是动词里的一个小类，并且称之为名动词(NV)，意思是兼有名词性质的动词。当然这并不是唯一的处理方法，譬如我们也可以把它看成兼属名词和动词两类。”参见朱德熙《现代书面汉语里的虚化动词和名动词》，《北京大学学报(哲社版)》1985年第5期。

"作""行"等动词的泛化(或虚化)关系更为密切。

(三)关于"隐含动作的结果"

胡敕瑞(2009)罗列了"动作与结果融合"的呈现类型:

丁$_1$结果中的行为动作呈现,如:

饱≥食饱

破≥打破[24]

丁$_2$结果中的运动动作呈现,如:

来≥走来

上≥步上

从上文有关"隐含"和"含概"的区别的相关讨论来看,这些例子中"呈现"前后的意义不对等,二者之间是"含概"关系而非"隐含"关系。"饱"作为一个概念所关涉的动作可能是"饮""喝""吃","食"只是在某一个历史时期饮食类动词的代表性用词。"破"作为一个概念,关涉的动作可能是"击""斫""攻","打"只是某一历史时期打击类动作的代表性用词。同样,"来""上"在文献中单独使用,并不必然隐含动作"走""步"。在不同的语境中,"来"可能是"跑来、追来、跟来","上"可能是"追上、跟上、跑上"。这种依赖于语境的动作要素并不是"来""上"所必然隐含的概念要素。

四 "呈现"的动因

关于"从隐含到呈现"的具体原因,胡敕瑞(2005)从字形变化、语音变化、语义变化、汉语自组织四个方面做了详细讨论。下文从词义泛化和词法类推两个方面略作补充。

(一)词义泛化推动"呈现"

并非所有隐含了某些概念要素的单音词都可以在不出现隐含要素的语境里单用。如:

崩—山崩

---

〔24〕 杨荣祥称此类"破(≥斫破)""断(≥剪断)"等词语为"结果自足动词",即"一个动词的语义结构中包含了一个动作和动作造成的结果"。"'结果自足动词'是上古汉语中非常特殊的一类动词,它们既有他动词的功能——可以带对象宾语,又具有自动词的语义特征——表示某种既成状态,不带宾语独立说明主体的达成的状态。"从界定上看,他认为呈现前的单音词"破""断"等是动词。从"隐含"的角度讲,"破""断"等应该是"隐含结果的动作",而非"隐含动作的结果"。参见杨荣祥《上古汉语"词类活用"的本质与产生环境》,《华中国学》2016 年第 1 期,第 37 页。

《诗·小雅·十月之交》:"百川沸腾,山冢崒崩。"

《春秋·成公五年》:"梁山崩。"

《汉书·武帝纪》:"山陵不崩,川谷不塞。"

流—水流

《诗·大雅·常武》:"如山之苞,如川之流。"

《易·坎》:"水流而不盈,行险而不失其信。"

在上古汉语文献中,这些本来隐含了主体要素的动词、形容词也不再仅仅局限于与"山""水"或指称"山""水"的具体名词搭配。如:

《论语·阳货》:"君子三年不为礼,礼必败;三年不为乐,乐必崩。"

《尚书大传》:"武王伐纣,观兵于孟津,有火流于王屋,化为赤乌,三足。"

很多本来隐含了主体的动词在上古时期已经泛化成意义比较宽泛的动词,由下位概念词泛化为上位概念词。当这些动词已经不必然隐含某一特定的动作主体或对象时,出于语言表达精确的需要,必然采取"主体+动作"或"动作+对象"的形式。例如:

鸣—鸟鸣、鹿鸣、马鸣

《诗·小雅·鹿鸣》:"呦呦鹿鸣,食野之苹。"

《荀子·不苟》:"马鸣而马应之。"

骑—骑马、骑日、骑月

《庄子·齐物论》:"乘云气,骑日月,而游乎四海之外。"

启—启户、启关、启口

《周礼·春官·巾车》:"及墓,嘑启关陈车。"

《汉书·贾谊传》:"适启其口,匕首已陷其匈矣。"

陈练军在探讨{鸣叫}概念域的历史演变时指出:"上古'鸣'已发生上位化,少量'鸣'可表示兽类(均非猛兽,如马、牛、羊和鹿等)、昆虫(如蜩、蝉、蟪蛄、蟋蟀)、虾蟆等鸣叫。"[25]再比如,"简"本指"竹简",但是汉代以后,木牍也可以称"简","简"上位化成了"简牍"的总称。这个时候只有用"竹简"才能与"木简"确切地区别开来。值得注意的是,这类因"词义泛化"而推动的"呈现",从形式上看是"A(⊃B)→A+B",不过呈现前后(即"→"左右)的"A"所辖的概念域及词义范围已经发生了变化,呈现后的"A"已经不等同于呈现前的"A"。从这个角度看,"词义泛化"后表意精确的需要,无疑是促使原隐含要素呈现的重要动因。

---

〔25〕 陈练军《概念范畴的动态识解及其历时演变——以{鸣叫}的演变为例》,《古汉语研究》2015年第2期,第42页。

(二)词法类推推动"呈现"

概念要素的呈现是以概念系统,或者说是概念经过词化的词汇系统为背景的。词汇的结构关系对于观察概念要素从隐含到呈现的演变有积极的意义。

克鲁斯(D. A. Cruse)在讨论词汇之间的结构关系时提出了"寄生关系"(endonymy)〔26〕:"当一个词汇项的意义包含在另一个词汇项之中时,这两个词汇项之间具有寄生关系。""意义被包含的词汇项叫'被包含项'(endonym),包含别的词汇项意义的词汇项叫'包含项'(exonym)。"〔27〕所举的例子包括"animal-horse""hand-finger""hand-glove""horse-stable""foot-kick"等("-"前为"被包含项","-"后为"包含项")。克鲁斯指出,"寄生关系"是从"语义封装"(semantic encapsulation)的角度考察词汇之间的关系。书中所举例子的"被包含项"和"包含项"的关系,包括了通常所说的上下位关系、整体部分关系以及工具与动作的关系,等等。"包含项""语义封装"的过程,也就是本文所讨论的"概念隐含"。克鲁斯在书中特别讨论了"被包含项"与"包含项"的两种重要关系类别:上下位关系(superordinate and hyponym)和整体部分关系(holonym and meronym)。

"从隐含到呈现"的角度看,许多名词和动词会将概念中所融合的上位概念要素呈现出来,形成"小名+大名"(或"专名+类名")的结构模式;"部分词"隐含"整体词"的概念要素,在演变的过程中,往往将整体要素呈现出来,形成"整体+部分"的结构模式〔28〕。

从逻辑上讲,绝大多数的名词、动词都归属于某一个上位类,如果这个上位类有单音词指称,那么下位属名可能构成"小名+大名"(或"专名+类名")的复音结构。例如:"脏"是身体内脏的总称,作为上位概念涵盖了"心、肝、脾、肺、肾"等下位概念。"心脏、肝脏、脾脏、肺脏、肾脏"是"小名+大名"(或"专名+类名")的复音结构。更多的名词和动词的例子如:

洛、湘、渭—水:洛水、湘水、渭水

红、白、黑—色:红色、白色、黑色

刀、杯、床—具:刀具、杯具、床具

人、商、军—人:工人、商人、军人

抽、敲、捶、拍、击—打:抽打、敲打、捶打、拍打、击打

---

〔26〕 此依董秀芳译。刘叔新译为"溶入关系",见《语义学和词汇学问题新探》,第190页,天津人民出版社,1993年。李惠译为"内含关系",见《现代汉语"V单+NP"语块研究》,北京语言大学博士学位论文,2008年。

〔27〕 [英]D. A. Cruse *LexicalSemantics*(《词汇语义学》),第31页,世界图书出版公司,2009年。

〔28〕 不能反过来说所有的"整体+部分"结构模式都是单音词隐含形式的呈现。例如:"房门"是"整体+部分"结构,但不能说"门"的概念中隐含了整体要素"房"。再如"宫门/城门/庙门—门""台基/屋基/宅基—基",等等。

督、监、窥、觑、顾—看：督看、监看、窥看、觑看、顾看

望、眄、眙、睇、瞋—视：望视、眄视、眙视、睇视、瞋视

防、戍、卫、御、据　守：防守、戍守、卫守、御守、据守

戍、捍、护、防、拥—卫：戍卫、捍卫、护卫、防卫、拥卫

哺、喂、蓄、补、驯—养：哺养、喂养、蓄养、补养、驯养

这类"小名＋大名"(或"专名＋类名")的复音结构的形成是"类义素"的外化。这种外化显然不是逐一呈现的，而是一种能产性极强的词法模式。其背后反映的是语言使用者在认知世界的基础上对概念的层级化和系列化处理。这些双音结构的产生，使得概念间层级关系和系统性进一步显现。

此外，在"从隐含到呈现"的演变过程中，许多隐含形式将概念中隐含的所属整体要素呈现出来，构成"整体＋部分"的复音结构。例如：

"手"是一个整体概念，指称的范围涵概局部概念"腕""掌""臂""指"等，"手腕、手掌、手臂、手指"是"整体＋部分"的复音结构。

"头"是一个整体概念，指称的范围涵概局部概念"颅""颈""发"等，"头颅、头颈、头发"是"整体＋部分"的复音结构。

其他如："颊—面颊/脸颊""踝—脚踝""跗—足跗(趺)""趾—足趾/脚趾"等。

与因词义泛化促使的"呈现"不同，"小名＋大名"(或"专名＋类名")和"整体＋部分"的"呈现"并不涉及单音节词或语素的意义变化。从语义表达的角度来讲，呈现的"类属"要素和"整体"要素羡余度更高。这类"呈现"可能更多地受到双音化韵律趋向的推动。更强的系列性和规律性也使得这类"呈现"更具词法模式属性。

"从隐含到呈现"，就语音的角度看，是由单音词向复音结构的演变；从词法的角度看，是从综合手段到分析手段的演变。原词所指称概念泛化推动的"呈现"以及词法推动的"类属要素"和"整体要素"呈现，反映了概念系统的结构性调整和概念系统层级的规约化。"从隐含到呈现"的具体过程及原因还有待进一步探讨。

参考文献

(1)董秀芳《汉语的词库与词法》，北京：北京大学出版社，2004 年。

(2)宋亚云《汉语从综合到分析的发展趋势及其原因初探》，《语言学论丛》第三十三辑，北京：商务印书馆，2006 年。

(3)杨荣祥《"大叔完聚"考释——兼论上古汉语动词"聚"的语义句法特征及其演变》，《语言学论丛》第二十八辑，北京：商务印书馆，2003 年。

(吴吉煌：中山大学中文系，510275，广东广州)

论形声字声符比较互证法*

陈晓强

提要： 形声字声符互通指不同声符在一个或多个词源意义下的相通。根据声符互通的系统性及词义运动的规律性，可在不同声符之间建立比较互证关系。运用形声字声符比较互证法，可以清晰地认识：具体词的词源意义及词汇意义，同族词词源意义相通及词汇意义关联的规律，义通关系在不同词族中的表现。形声字声符比较互证法能够成为同源词意义关系比较互证法的有益补充。

关键词： 词源学　形声字声符　比较互证法

先秦时期，汉语词汇派生与汉字形声孳乳经常相伴而行，因此，形声字声符是探求古汉语单音节词词源理据的重要线索，“右文说”的原理即在于此。“右文说”多着眼于某一具体声符揭示词源的功能，摆脱单一声符形体的束缚，我们会进一步发现读音相同或相近的一批声符经常具有相通的词源意义。拙文《论汉语同源词的声符互通现象》[1]曾就此专门论述，在此基础上，本文讨论利用形声字声符互通现象以探求汉语词源意义及词汇意义的方法：形声字声符比较互证法。

比较互证法是前人在训诂实践中经常使用的方法，陆宗达、王宁先生对这一方法做了理论总结[2]，黄易青先生则进一步阐释了这一方法在汉语同源词意义关系研究中的运用[3]。当然，由于方法的科学性，比较互证法在汉语词源研究领域并不仅仅适用于意义关系的研究，孟蓬生先生对同源词语音关系的研究[4]，张博先生对同族词验证方

---

* 本文为教育部人文社科项目“汉语词族与汉字字族关系研究”（编号：18YJA740006）的阶段性成果。

〔1〕 陈晓强《论汉语同源词的声符互通现象》，《民俗典籍文字研究》第五辑，第215—225页，商务印书馆，2008年。

〔2〕 陆宗达、王宁《训诂与训诂学》，第102—133页，山西教育出版社，1994年。

〔3〕 黄易青《同源词意义关系比较互证法》，《古汉语研究》2000年第4期，第65—70页。

〔4〕 孟蓬生《上古汉语同源词语音关系研究》，北京师范大学出版社，2001年。

法的研究[5],都是以比较互证法为基础的。本文想解决的问题是:以前人的研究为基础,探讨声符比较互证法的内在原理和操作程序,并从理论和实例中说明建立声符比较互证法的价值所在。

一　声符比较互证法的原理阐释

(一)声符互通的系统性:互通声符比较互证的理论基础

互通的声符所参构的形声字,相互联系、相互作用,从而形成复杂的声符互通系统。例如,下列互通声符所参构的形声字在词源意义"迷茫、昏暗"义和"蒙覆"义上具有系统对应关系。

表1[6]

声符	迷茫、昏暗义	蒙覆义
每	每晦海悔	䍙
莫	莫暮漠	幕膜摸
無[7]	蕪憮瞴	幠撫
亡巟汒[8]	巟荒芒汒茫盲萌	
矛敄	袤霚霧瞀蓩	髳[illegible]鍪嵍
冥	冥暝瞑覭溟	幎塓[illegible]
昏民	昏民惛怋䫒泯殙緍痻睧	捪抿
免	晚晩	冕鞔
勿忽	昒䀛忽惚	
冃冒	曼	冃冒䁉瑁楣萺
曼	蔓漫	幔䡬槾鏝謾
冡蒙	矇朦濛	冡蒙幏幪醿[illegible]
蔑	蔑䁾	幭瀎

上表各声符,尽管韵母的差别比较大,但声母都为唇音明母。王力先生指出:"有一系列的明母字表示黑暗或有关黑暗的概念。"[9]根据上表声符所形成的整齐对应规律,

〔5〕 张博《汉语同族词的系统性与验证方法》,商务印书馆,2003年。

〔6〕 本文诸表中各词词源意义及义通关系的分析详笔者博士学位论文《汉语词源与汉字形体的关系研究》,北京师范大学,2008年。

〔7〕 为了便于显现声符之间的形体关系,本文所讨论的声符及形声字全部采用繁体。

〔8〕 声符"巟""汒"是"亡"之孳乳或再度孳乳,本文在表格同行类聚具有孳乳关系的声符及它们所参构的形声字。

〔9〕 王力《汉语史稿》,第534页,中华书局,1983年。

我们认为这一组明母声符有可能同源[10]。

从上表横向的角度比较，可看出“迷茫、昏暗”义和“蒙覆”义具有互通关系。义通关系的考察，是汉语词源研究的重中之重、难中之难。意义联系的无处不在，意义运动的千变万化，决定了义通研究的难点不在如何发现义通关系，而在如何克服发现过程中的主观臆测。互通声符所参构的形声字，由于有字形的客观线索和系统的内部制约，无疑是克服义通考察主观之弊的良方。例如，“每”为茫茫草原，“晦”为天色迷茫，“海”为茫茫大海，“悔”为内心迷茫；“罶”为网，其词源意象取蒙覆义。“莫、暮”为天色迷茫，“漠”为茫茫沙漠；“幕”为帷幕，“膜”为隔膜，“摸”为抚摸，“幕、膜、摸”词源意象都取蒙覆义。“蕪”为草色迷茫，“憮”为内心迷茫，“瞴”为眼神迷茫；“幠”为覆盖，“撫”为抚摸。……当互通声符所参构的形声字一遍又一遍地重复证明某种义通关系时，该义通关系主观臆测的成分会大大减少。

从上表纵向的角度比较，可看出很多词义关联的现象。“暮、昏、晚”最初词义相同，都指夕阳西下后的一段时间，后来随着时间点的细化，“暮、昏、晚”的词义才略有分工。“暮、昏、晚”的命名理据何在？只要纵向比较同处在“迷茫、昏暗”义下的“晦、瞑、昒”诸词即可清楚。“晦、瞑、昒”的词义都为天色迷茫、昏暗，在声符互通系统的制约下，“暮、昏、晚”的命名意象也只能是天色迷茫、昏暗。再如，互通声符“莫、無、亡、勿”后来都被用作否定词，学界多从假借或虚化（“黑暗”义向“没有”义的虚化）的角度来解释它们被用作否定词的原因。但是，“莫、無、亡、勿”作为声符在系统中的相通，则很少有学者注意到。我们认为，“莫、無、亡、勿”集体虚化为否定词，和它们在系统中的相互影响是分不开的。

综上所述，根据声符互通的系统，运用声符比较互证法，不仅可以考察一个词或一批词的词源意义，而且可以考察这些词的词汇意义；不仅可以考察词源意义相通的关系，而且可以考察词汇意义相关的关系。相较于以词源意义为考察重点的比较互证法，声符比较互证法增添了词汇意义比较互证的内容。同时，因为有声符形体线索和声符互通系统作保证，运用声符比较互证法得出的结论也会更加可靠。

---

〔10〕 黄易青先生在笔者博士论文答辩时指出：上表中“冥”“免”“曼”与其他声符没有同源关系。谨按：词义的运动轨迹，有“段”的重合，有“线”的重合。同源关系的比较互证，需要以“线”的重合为基础；但是，“段”的重合也能为义通规律的比较互证提供重要线索。上表中“冥”“免”“曼”与其他声符不仅在“迷茫、昏暗”义和“蒙覆”义上相通，还在“僶勉”等义上相通。考虑到本文主旨是论证声符比较互证法，而“段”的重合也是比较互证法的重要内容，因此，上表将“冥”“免”“曼”与其他声符系联在一起，至于它们之间是否具有同源关系，还需要我们进一步考察。

(二)词义运动的规律性:异源声符比较互证的理论基础

词义运动的轨迹是有规律可循的,着眼于同源词意义关系的比较互证法的基本原理即在此。词义运动的规律决定意义相通的规律,它以两种形式存在于词语中:一是同源同流,即同族词的词义依照相同的运动轨迹变化,上表“迷茫、昏暗”义和“蒙覆”义之间的义通关系即为同族词所体现的词义运动轨迹;二是异源同流,即不同族的词依照相同的词义运动轨迹变化,例如沈兼士先生所讨论声符“奄、音、弇”[11]也在“迷茫、昏暗”义和“蒙覆”义之间存在义通关系(详表2)。

表 2

声符	迷茫、昏暗义	蒙覆义
奄	奄晻黤	奄[12]掩罨醃腌淹鞥阉媕諳烇裺
音	暗黯闇窨	罯
弇	黭	弇揜渰鞥

“迷茫、昏暗”义和“蒙覆”义的相通关系出现在另一词族中,由此,通过系统与系统的互证可进一步证明我们所得出的义通关系的客观性。在系统的事实和力量面前,我们有理由进一步思考并深化声符比较互证法在汉语词源研究中的应用。

二　声符比较互证法的方法探求

(一)声符互通系统的考察与构建

系统有层次性,根据需要解决问题的大小,声符互通系统的构建可大可小。构建大的系统,有助于我们对问题的宏观认识;构建小的系统,有助于我们对问题的微观分析。当然,系统的微观分析,离不开对系统的宏观认识。因此,构建小的系统,仍然要以声符互通系统的全面考察为背景。

上文表1所构建的声符互通系统体现“迷茫、昏暗”义与“蒙覆”义的相通,根据研究的需要,我们也可进一步扩大系统的构建。在扩大的系统中,我们又会发现“迷茫、昏暗”义与“僶勉”义、“轻慢”义、“大”义、“小”义的相通:

---

[11] 沈兼士《沈兼士学术论文集》,第148—150页,中华书局,1986年。
[12] 具有多重词源意义的词,在不同词源意义下重出该词。

表 3

声符	迷茫、昏暗义	蒙覆义	僶勉义
昏民	昏民惛㥸顋泯殙緡痻睧	捪抿	昏散敃
莫	莫暮漠	幕膜摸	慔
冥	冥暝瞑覭溟	幎塓摸	冥慏
免	晚晚	冕鞔	勉
矛敄	袤霚霿瞀菽	髳帑鍪嵍	敄務鶩懋
冃冒	曼	冃冒瑁睸棢萺	冒勖

表 4

声符	迷茫、昏暗义	蒙覆义	轻慢义
曼	曼蔓漫	幔鞔槾鏝墁谩	慢嫚
每	每晦海悔	𦋐	侮
蔑	蔑䁾	幭瀎	蔑懱

表 5

声符	迷茫、昏暗义	蒙覆义	大义
每	每晦海悔	𦋐	晦脢鋂
無	蕪憮瞴	幠撫	膴幠廡

表 6

声符	迷茫、昏暗义	蒙覆义	小义
冥	冥暝瞑覭溟	幎塓摸	冥覭溟嫇螟
昏民	昏民惛㥸顋泯殙緡痻睧	捪抿	筤
蔑	蔑	幭	蔑篾櫗蠛穫
冡蒙	蒙朦濛	冡蒙幪幪醵冡	濛蠓騃艨
矛敄	袤霚霿瞀	髳帑鍪嵍	孷楙

以上是对"每、莫、無、亡、敄、冥、昏、民、免、勿、冒、曼、蒙、蔑"等声符互通系统的全面展现。系统的全面构建，是为了让子系统的分析建立在大系统的宏观制约下。因为只有在系统的制约下，分析的结论才能最大可能地接近客观真实。当然，具体运用声符比较互证法时，并不需要费时、费力地对系统进行面面俱到的分析。根据解决问题的不同，从大系统中灵活而有效地解析出相关子系统，是运用声符比较互证法的关键。例如，以上诸表中的声符，都具有"迷茫、昏暗"之意象。那么，这一意象如何形成？从这一意象中产生的词如何分布？要解决这些问题，就需要从宏观系统中解析并细化词源意义为"迷茫、昏暗"义的子系统。由此，便可从微观层面构建出以下声符互通系统。

表 7

声符	草色迷茫	天色迷茫	水色迷茫	眼神迷茫	内心迷茫
茻莫		莫暮	漠〔13〕		慔

〔13〕 根据形声字声符线索，"漠"与"莫"声之"水色迷茫"义相关。《说文》："漠，北方流沙也。一曰清也。"徐灏："流沙者，尘埃冥蒙之地，故谓之沙漠。""漠"之词义与水无关，但其词源意象与水色迷茫有通感关系："海、溟"为水的苍茫无际，"漠"为沙漠的苍茫无际。

续表

亡巟汒	芒茫荒		巟汒	盲萠	〔14〕
每	每	晦	海		悔
無	蕪			瞴	憮
敄	⿱艹敄	霚霧		瞀	
勿忽		昒		�	忽惚
昏		昏		睧	惛顐殙痻
冥		冥、暝	溟	瞑覭	
免		晚		晚	
蒙		朦	濛	矇	

(二)同族系统的比较与互证

在声符互通系统中，横向的形声字之间具有词源意义相通的关系，纵向的形声字之间具有词汇意义相关的关系。在纵横交织中，每个形声字有其固定的位置。因此，对形声字在系统中所处的位置进行比较与互证，是考察具体形声字所记录词的词源意义和词汇意义的有效手段，也是考察词源意义相通规律、词汇意义关联规律的有效手段。

1. 词源意义的相通

(1)词源意义的考察

根据声符互通系统层次的不同，词源意义的相通，既有宏观的相通，又有微观的相通。宏观与微观相对而言，例如，“迷茫、昏暗”义和“蒙覆”义为宏观的相通，则“迷茫、昏暗”义下“草色迷茫”“天色迷茫”“水色迷茫”“眼神迷茫”“内心迷茫”等义为微观的相通。下面以表 7 声符互通系统为背景，通过对“⿱艹敄”词源意义的考察来探讨声符比较互证法的运用。

《说文》：“⿱艹敄，细草丛生也。”“楙，木盛也。”“茂，草木盛皃。”段玉裁《说文解字注》(后文简称《段注》)“⿱艹敄”下：“‘⿱艹敄’与‘茂’音义同。”“⿱艹敄”之显性词义为茂盛，茂盛与草色迷茫的关联并不十分紧密。那么，我们在系统中将“⿱艹敄”归入“草色迷茫”义下是否合理？根

〔14〕 根据形声字声符线索，“忘、忙、慌”可能与“亡”声之“内心迷茫”义相关。“忘、忙、慌”之常用义为忘记、忙乱、慌张，这些意义与“内心迷茫”没有关联。形声字所记录的词汇意义与形声字声符所承载的词源意象没有关联，造成这一现象的原因有二：1. 文字只是记录语言的符号，形声字声符系统与汉语词族系统有关联的地方，也有脱节的地方；2. 词汇意义不断发展变化，导致词源意象与词汇意义的联系越来越疏远。《说文》：“忽，忘也。”汉王符《潜夫论·梦列》：“人对计事，起而行之，尚有不从，况于忘忽杂梦，亦可必乎？”《礼记·祭义》：“于是谕其志意，以其慌惚以与神明交，庶或飨之。”汉枚乘《七发》：“忽兮慌兮，俶兮傥兮，浩瀇瀁兮，慌旷旷兮。”“忘忽”“慌惚”“慌忽”即恍惚、迷茫。《列子·杨朱》：“子产忙然无以应之。”“忙然”即茫然。这些材料说明“忘、忙、慌”的词源意象有可能与“心之迷茫”有关。但“忘忽”“慌惚”“慌忽”是联绵词，“忙然”之“忙”是“茫”之假借，没有足够证据能证明“忘、忙、慌”的词源意象与“心之迷茫”有关。

据系统的提示，我们可以先观察系统中与“莪”同行或同列的词的词源意象所在：①横向的比较互证。《说文》：“霚，地气发，天不应。”《段注》：“霚，今之雾字。”“雾”的特征是天色迷茫。“霚、霿”通用，《说文》：“霿，天气下，地不应曰霿。霿，晦也。”“霿，晦也”，从《说文》训释中也能看出“霿”的特征是天色迷茫。《玉篇》：“瞀，目不明皃。”“瞀”的特征是眼神迷茫。②纵向的比较互证。《说文》：“每，草盛上出也。”“每”为草盛，如《左传·僖公二十八年》：“原田每每，舍其旧而新是谋。”“每、莪”词义同为草盛，二者在系统纵向的词义分布中具有比较互证关系。对“每”进行横向的比较，“晦”为天色迷茫，《说文》：“霿，晦也。”《尔雅》：“霚谓之晦。”则“晦、霿（霚）”也在系统纵向的词义分布中形成对应。由此得出，“每、莪：晦、霿（霚）”在系统词汇意义的分布和词源意义的关联中都形成互证。③词汇意义与词源意义的沟通。“每、莪”的词汇意义为草盛，词源意义为草色迷茫，二者之间的转换，源于视角的变化，“原田每每”，近看则为茂盛，远看则为迷茫。关于视角变化对词义的影响，后文有详论，此不赘述。

（2）义通规律的考察

声符互通系统中形声字的分布，有助于考察义通规律和义通规律的形成。例如，上文表3声符互通系统中大批形声字的比较互证可证明“迷茫、昏暗”义与“僶勉”义相通。

《说文》：“敃，强也。”“敄，冒也。”“勉，强也。”“孜，强也。”“慔，勉也。”“懋，勉也。”“勖，勉也。”王引之《经义述闻·尚书下》：“（冒、勖、懋）三字互通也。”

根据《说文》中的同训、互训、递训和其他相关材料，很容易将这一批词源意义为“僶勉”义的同源词系联起来。这批同源词，在表3声符互通系统中构成纵向的比较互证关系。而在系统的横向比较中，可看出在“僶勉”义下所类聚的形声字的声符，都具有“迷茫、昏暗”义。系统的事实提醒我们：“迷茫、昏暗”义和“僶勉”义相通。《荀子·劝学》：“无冥冥之志者，无昭昭之明；无惽惽之事者，无赫赫之功。”“冥冥”“惽惽”与“昭昭”“赫赫”相对，它们的显性词义为昏暗。但是，昏暗的志向和努力又如何能取得“昭昭之明”和“赫赫之功”？根据“冥、昏”等声符的互通系统，可以看出，“冥冥”“惽惽”应是僶勉义而非昏暗义。那么，“昏暗”与“僶勉”之间的义通关系又是如何形成的呢？天色昏暮之后则万物一片静寞，经过通感的延伸，时空的静寞又会变成内心的静寞。所以，昏暗意象既会与内心的迷茫发生通感，又会与内心的静寞发生通感。而内心的静寞呈现在词义中，则变成内心默默努力的“僶勉”义。“无冥冥之志者，无昭昭之明；无惽惽之事者，无赫赫之功”，正好形象地点明了“僶勉”义与“昏暗”义相通的理据所在。

2. 词汇意义的关联

互通声符系统在纵向上体现词汇意义的关联，而且系统分析越微观，词义间的关联越明显。上文表1“迷茫、昏暗”义下，我们只能感受到各词意义的大致关联，而在表7

中，由于把“迷茫、昏暗”义又分解为“草色迷茫”“天色迷茫”“水色迷茫”“眼神迷茫”“内心迷茫”，则能进一步感受到各词具体所指的关联。刘熙《释名》：“海，晦也，主承秽浊，其水黑如晦也。”以表7声符互通系统为背景，我们认为“海”与“晦”之间的关系应是迷茫义的相通，而非黑暗义的相通，因为与“海”“晦”居于同行的“每”“悔”的意象无法用黑暗来解释。跳出声符“每”的字形局限，我们在表7声符互通系统中能很容易发现“海、晦”与“溟、冥(暝)”之间的比较互证关系：“海”“溟”为大海[15]；“晦”“冥(暝)”为天色昏暗，昏暗义与迷茫义通，如“风雨如晦”即天色迷茫。居于“溟”“冥(暝)”同行的“瞑、覭”的词义特征为眼神迷茫，如《文子·道原》：“古者民童蒙不知东西……行蹎蹎，视瞑瞑，凿井而饮，耕田而食。”这些线索多次证明“海”“溟”“晦”“冥(暝)”等词在迷茫义上的同源关系。由此可看出，利用声符互通系统，将词义相同或相近的词系联在一起，而后进一步横向系联这些词的同源词，就能够得出很多类似“海、晦：溟、冥(暝)”这样的同源词组，而这些同源词组内部的比较互证关系，对深入理解具体词的词源意义和词汇意义有重要作用。

再如，王念孙《广雅疏证》：“涂与覆义相近。故涂谓之镘，亦谓之塓；覆谓之幎，亦谓之幔。幔、幎，语之转耳。”《广雅疏证》此条所系联之词，大多出现在上文表1“冥”声、“曼”声之“蒙覆”义下。借助表1声符互通系统的直观显示，我们能对《广雅疏证》此条有更清晰地理解，而且还能对《广雅疏证》此条的材料进一步扩展。《说文》：“幔，幎也。”“幎，幔也”。“幎、幔”词义相同，指覆盖用的巾幔。《说文》：“塓，涂也。”《广雅·释宫》：“揾，涂也。”《字汇》：“墙壁之饰曰墁。”“墁”亦有涂饰义。《说文》：“槾，杇也。”“镘，铁杇也。”“塓、揾、墁”为涂抹墙壁，“槾、镘”为涂墙工具，它们是动作与工具之间的同源分化。由此，我们可在“幎、幔：塓(揾)、墁(槾、镘)”之间建立比较互证关系。

“槾，杇也。”“杇”为涂墙工具。“圬”为涂墙，如《史记·仲尼弟子列传》：“朽木不可雕也，粪土之墙不可圬也。”裴骃集解引王肃曰：“圬，墁也。”跳出同族声符的限制，我们又可在“墁：槾、镘”与“圬：杇”之间建立比较互证关系。这说明，同样的词义关联会存在于多个词族系统中。因此，随着对声符互通系统纵向分析地不断深入，进行词义关联的比较互证的材料也会越来越丰富。

(三)异族系统的比较与互证

上文表1、表2对“迷茫、昏暗”义和“蒙覆”义的义通关系的论证已初步显示了异族系

---

〔15〕《说文》：“溟，小雨溟溟也。”段注：“《庄子》‘南溟’‘北溟’，其字当是本作‘冥’。”根据《说文》，“溟”的大海义为假借义。根据形声字声符线索，“溟”有大海义是由“冥”声词源意象决定的。张博《汉语同族词的系统性与验证方法》第94页对“晦、海”与“冥、溟”之间的比较互证关系有论述。

统的比较互证法。下面以迷茫义与大义、小义的相通为例，对有关问题做进一步探讨。

迷茫义与大义相通例如："蕪"为草色苍茫，"瞴"为眼神迷茫，"憮"为内心迷茫。"廡"为大屋，《释名·释宫室》："大屋曰廡。""膴"为大块的鱼肉，《礼记·少仪》："祭膴。"郑玄注："膴，大脔。"张舜徽《说文解字约注》"膴"下："凡从'無'声之字，多有广大、丰厚之义。"[16]《诗·小雅·巧言》："无罪无辜，乱如此幠。"《毛传》："幠，大也。"

迷茫义与小义相通例如：《说文》："濛，微雨也。""溟，小雨溟溟也。""濛""溟"的词源意象为"迷茫"，但同时具有"小"的特点。《说文》："蠓，蠛蠓也。"《玉篇》："蠓，小飞虫。"张舜徽《说文解字约注》"蠓"下："小虫谓之蠛蠓，犹小雨谓之溟蒙，皆喻其微末也，义即存于声中。"与"濛"相比，随着词源意义的运动，"蠓"只有"小"的意象而无"迷茫"意象。再如《说文》："螟，虫食谷叶者。"《尔雅》："食苗心，螟。"张舜徽《说文解字约注》"螟"下："虫食谷心者谓之'螟'，言其虫之小也。犹小雨谓之'溟'，小人谓之'嫇'耳。"

迷茫义既与大义相通，又与小义相通。义通关系在同一词族内部出现矛盾，需要我们借助其他词族寻找矛盾存在的根据，并从理论上探讨矛盾存在的原因。

迷茫的视觉意象多为广阔无边，如《说文》："巟，水广也。"广阔无边在人们感觉中与大、远发生联系，如"广"为广大，"旷"为旷远；"蕪"为草色迷茫，"廡"为房屋广大。再如，《说文》："嘏，大远也。"《段注》："大则必远。""嘏"在文献中多为大义，《说文》训"嘏"为"大远"，说明许慎语感中大义与远义的相通以及"嘏"因大而远的意义特征。从"叚"之声符系统观察，"叚"声既有远义，又有大义，如《说文》："遐，远也。""豭，牡豕也。""麚，牡鹿。"雄性之兽，大而有力，故《尔雅·释兽》谓"豭"为"绝有力"。《易·家人》："王假有家。"陆绩注："假，大也。"

广阔、遥远义又与小义通，例如"兆、召、䍃"声符互通[17]，具有遥义和小义。遥义，如《说文》："遥，逍遥也。又，远也"；"迢，迢遰也"（遥远义）；"頫，视也"（远眺义）。小义，如"挑"为小羊，"鮡"为小鱼，"珧"为小蚌，"鼗"为小鼓，"窕"为细小；"轺"为小车，"鞀"为小鼓，"沼"为小池。进一步考察"兆"声，则能看出迷茫义、遥义和小义的相通。《说文》："朓，晦而月见西方谓之朓。""朓"之意象为月色昏暗、天色迷茫。《说文》："窕，深肆极也。""窕"之意象为幽远迷茫、广阔无际。"窕"又有小义，《汉书·五行志》："夫天子省风以作乐，小者不窕。"颜师古注："窕，轻小也。"

迷茫义既能与大义通，又能与小义通，反映了认识的对立统一。认识的对立统一由

〔16〕张舜徽《说文解字约注》，中州书画社，1983年。

〔17〕论证详陈晓强《汉语词源与汉字形体的关系研究》，第222—231页，北京师范大学博士学位论文，2008年。

认识的立足点决定，即对同一事物的认识，可以有不同的立足点。如对草色迷茫的认识，近观即为草盛，远观则为迷茫。而对空间迷茫的认识，如着眼于整体的感觉则为广大，如着眼于视觉中遥远之处的东西则为微小。由此，决定了迷茫义同时与大义和小义的相通。

看似矛盾的义通关系，反映在词义中，则出现“反义共词”现象。例如“邈”“藐”常通用，有迷茫、遥远义，为空间距离大，汉王粲《赠士孙文始》诗：“虽则同域，邈其迥深。”《楚辞·九章·悲回风》：“藐蔓蔓之不可量兮，缥绵绵之不可纡。”又有小、小视义，汉扬雄《太玄·失》：“藐德灵征失。”范望注：“藐，小貌”。《孟子·尽心下》：“说大人，则藐之。”晋左思《咏史》之六：“高眄邈四海，豪右何足陈!”余冠英注：“邈，小。”

词义表面矛盾而源义实质相通，是汉语词源研究中经常遇到的问题。这些问题，仅仅依靠同族词自身的相互论证则容易陷入循环论证的圈子。解决问题的关键，是不断扩大异族之间的比较来寻求义通的互证。

三 结语

形声字声符比较互证法是从同源词意义关系比较互证法中发展出来的方法。形声字声符比较互证法得以建立的理论基础是声符互通的系统性，同源词意义关系比较互证法得以建立的理论基础是词义运动的规律性。由于双方比较对象和理论基础的不同，形声字声符比较互证法在吸收同源词意义关系比较互证法精髓的同时，又可以在一些地方完成同源词意义关系比较互证法无法完成的工作。例如：1. 形声孳乳的线索和声符互通的系统有助于研究结论的客观真实。2. 声符互通系统在横向上体现词源意义的相通，在纵向上体现词汇意义的关联，因此形声字声符比较互证法同时适用于词源意义和词汇意义的研究，而同源词意义关系比较互证法主要适用于词源意义的研究。3. 声符互通系统既能体现义（词义和源义）的关通，又能体现形的关联；声符的互通，既有同族的意义关通，又有异族的形体（声符）关联。由此，声符比较互证法能够在声符假借、词族互通等方面完成同源词意义关系比较互证法难以完成的一些工作。4. 系统是万事万物的根本存在方式，在系统中考察元素是认识元素最有效的方法。声符互通系统为具体形声字所提供的位置，是考释形声字所记录词的词义、源义的有效途径。意义系统也是客观存在的，但构建意义系统的难度远远大于声符互通系统的构建，这无疑影响到同源词意义关系比较互证法对系统的利用。

形声字声符比较互证法尽管能完成一些同源词意义关系比较互证法无法完成的工作，但同源词意义关系比较互证法永远是形声字声符比较互证法的基础。脱离了基础，形声字声符比较互证法必将成为无本之木;另一方面,同源词意义关系比较互证法的运用也非常注重对形声字声符线索的利用。因此,同源词意义关系比较互证法与形声字声符比较互证法的有效结合,才是方法的根本。根据汉语和汉字之间的特殊关系,我们进行汉语词源研究的基本理念一直是:以意义为根本核心,以形体为重要线索。

(陈晓强:兰州大学文学院,730020,甘肃兰州)

纳西东巴文对称型字组研究*

莫　俊

提要： 东巴文字组中两个或多个字符的组合关系呈现出对称性，称为对称型字组。对称型字组的结构可从对称的类型、层次、程度以及字符组合方式来分析；对称型字组的表义类别有方位方向、分开分为、相反相对、相互动作、双数数量、数词组合、事物属性、无义对称；构成手段包括字符的对写、层叠、居中、交错、多写、等数；存在原因有客观对称的借鉴、文字保守的制约、书法艺术的追求、语义提示的需要、书写经济的考虑。

关键词： 东巴文　字组　对称

对称是宇宙万物的外部形状、内部结构和运动方式表现出的普遍特征和规律，对称现象经由人类思维的内化，又能动地运用到人类文化的各个方面。作为文明载体的文字，无论是草创时期的图画和记号，或是成熟时期的意符和音符，都在不同层次上体现出对称性。特别是对于字符象形程度高、字词关系不严密、记录能力欠成熟的表意文字来说，字形所表现出的对称性尤为鲜明，纳西东巴文就属于此类文字。作为"世界上唯一活着的象形文字"，东巴文在字形风貌和记录手段上保留着原始意味，突出表现之一就是文字的对称性。东巴文的对称不仅表现在独体字符的构形中，更广泛存在于字符与字符的组合关系（字组）中，而后者呈现出的对称性更为丰富多样。对称型字组对研究东巴文的性质演变、字词关系和字符组合关系具有重要价值。目前关于东巴文字组的对称性尚未见相关研究涉及，笔者对《纳西东巴古籍译注全集》[1]收录经书中的字组材料进行梳理，从对称型字组的定义、结构、表义类别、构成手段及存在原因等方面展开讨论。

---

* 本文为教育部人文社会科学研究项目"纳西东巴经字组整理及研究"（编号：14YJC740067）的成果之一。

〔1〕《纳西东巴古籍译注全集》是云南社科院东巴文化研究所编纂的大型古籍丛书，由云南人民出版社于1999年出版。全书收录清代至民国时期抄写的不同地域的东巴经书897种凡100卷（册），按经书用途分为祈神类、禳鬼类、丧葬类、占卜类及其他类等五大类别，并采用经书原图、音标标音、汉语对译和意译四者对照的译注模式，是目前收录东巴经典最为完备、最具权威的著作。

一 对称型字组的定义

东巴经中文字并非完全呈线性排列，字序同语序也不是完全一一对应，由多个字符组合构成字组是普遍现象[2]。字组具有较强的语言记录功能，记录的语义类别丰富多样，涉及词、短语、单句和复句多种语段单位。使用字组的情形有二：一是利用字符组合关系反映语义关系，为东巴祭师在念经时做语义提示。经书中凡是包含方位、方向、动作、性状、数量、领属、并列等语义关系的语段，大多用字组来记录，相关语义即隐藏在字组的字符组合关系中。东巴们即是通过对字符组合关系的"会意"来读经。二是利用字符的组合实现经书行文空间的有效布局，组合关系不必与表义相关。字组的存在打破了单纯的文字线性序列，在一定程度上发挥着调节文字书写节奏和秩序的功能。如图1[3]，此页经书共计74个字符，其中22个字符构成6个字组，其余52个字符呈线性排列，字组分析参见表1。

东巴文字组中两个或多个字符在组合关系上呈现出对称性，称为对称型字组。所谓对称性是就文字学范畴而言，包括字符的重合关系和对应关系。重合关系一是指字符本身两部分的对称重合，二是指两个字符之间的对称重合。对应关系是指两个字符虽不能互相对称重合，但互相对应，表现为：位置相对、大小相当、形态相似、字义相类、数量相同等。图1中的对称型字组有4个，其对称关系分析见表1。

表1

字组字形	记录语句	表义类别	记录语段	对称关系
	天地中间的巴格八卦	方位(中间)	短语	字符自身对称
	若罗山上	方位(上面)	短语	字符自身对称
	一对金色的鱼玩着一对金蛋	双数(一对)	单句	字符相互对称
	若罗山上，太阳从左边绕过来。	方位(上面)	单句	无
	若罗山上，太阳从左边出，月亮从右边出。	方位(左右)	复句	字符相互对应
	美丽达吉海里长出一棵(叶子像细发一样的)树。	动作(生长)	单句	无

〔2〕 莫俊《论纳西东巴经书写特点》,《西华大学学报(哲学社会科学版)》2015年第4期。

〔3〕 傅懋勣《纳西族图画文字〈白蝙蝠取经记〉研究》,写本照片第8页,商务印书馆,2012年。

对称型字组在字形上表现为字符的对称，但对称并非随意而为，而是与字组记录功能相关联的。字组使用的频率主要是由表义需求来决定，其次是文字布局的需要。对称型字组的使用同样与表义相关，当经文语段中出现诸如左右、中间、四方、分开、分为、相对、并列、相互、双数等具有对称语义特征的语词时，记录此语段的字符则进行对称排列构成字组，字组的对称关系又能对相关语义进行提示、补充和强调，形成字词关系的双向互动。如果经文中包含对称语义特征的语词较多，那么对称型字组就运用得频繁，反之则运用得少。可参见表 1 中对字组表义类别的分析。

图 1

二　对称型字组的结构

对称型字组的结构可从以下方面分析：对称类型、对称层次、对称程度及字符组合方式。

(一)对称类型

1. 左右对称

字组依据某一中心轴线对折，可实现左右两部分的重合或对应，可分为三种情况：

(1)构成字组的各个字符自身具备字形上的某种对称性，它们按某种方式排列并且中心对齐，整个字组沿中心线对折可实现左右两部分字形的重合。如例【1】【2】【3】：

【1】〔4〕 6-225〔5〕

mɯ^{33} sɿ^{55} ty^{33}

直译：天　三 层

意译：三层天。

---

〔4〕 此序号表示字例在文中出现的先后次序。

〔5〕 本文字例取自《纳西东巴古籍译注全集》，字例右下角“-”前的数字表示册次，“-”后的数字表示页码。

此字组中三个（mɯ^{33}天）都居中并且上下层叠，而这个独体字符本身就具备左右对称性。整个字组沿中心线对折后分为和两部分，二者互相重合。

【2】 24-6

mɯ^{33} tɕər^{21} tshe^{21} ho^{55} ty^{33}

直译：天　上　十　八　层

意译：十八层天上。

字组中（tshe^{21}十）、（ho^{55}八）、（mɯ^{33}天）三个字符本身左右对称，它们在字组中依次竖排且中心对齐，整个字组沿中心线对折后分为和，二者互相重合。

【3】 96-232

ia^{33} ko^{21} tso^{33} khɯ^{33} gə^{33} thv^{33} tshɿ^{21}

直译：家 里　灶　脚　　的　土　鬼

意译：家里灶脚下面的土鬼。

此字组由（ia^{33} ko^{21}家）、（tshɿ^{21}鬼）、（thv^{33}土）、（tso^{33}灶）四个字符组合而成。、、三字居中依次竖排，写在里面并居于的中间，四个字符各自的对称中心线重合。整个字组沿中心线分割为和，二者左右对称。

（2）构成字组的两个字符字形相同，它们相互交错，交错点在字组的对称中心线上，沿中心线对折可实现两部分字形的重合。如例【4】：

【4】 62-132

n̥i^{33} hɯ^{21} dɯ^{33} dʑɿ^{21} be^{33}，da^{21} bɯ^{33} da^{21} tshe^{55} tshe^{55}

直译：鱼 儿　一　对　的　浮 要　鳍 摩　擦

意译：一对鱼儿飘浮着，鳍摩擦着鳍。

此字组由两个（n̥i^{33}鱼）字相互交叉构成，整个字组可从中心线对折实现和的重合。

（3）构成字组的两个、两对或几对字符分别位于字组对称中心线的左右两边，并能据中心线互相重合或对应，如例【5】【6】【7】。在成对对称字符之外若还有其他字符（这些字符有的字形本身具有对称性，有的字形本身不具备对称性），一般都写在字组的对称中心线上，并对齐排列，使字组整体呈现出左右对称性。如例【8】【9】【10】【11】：

【5】 13-91

ka^{33} le^{21}

直译：保 佑

此字组由(ka^{33}le^{21}干粉皮，借音为“保佑”)及其镜像反写的构成，两个字符沿字组中心线对折可相互重合。句中ka^{33}le^{21}虽然只读一次，但写了两次，目的是形成对称。

【6】 2-282

o^{21} ne^{21} tʂhu^{21} tʂu^{55} tʂu^{55}

直译：松石 和 墨玉 相 接

意译：绿松石和墨玉相连接。

此字组由四个字符、、、配成两对相互对称，(o^{21}松石)和(tʂhu^{21}墨玉)二字均用镜像方式重复写了一次，两对字符两两相对，左右对称。另外，句中tʂu^{55} tʂu^{55}(相接)一词的语义是通过和两字拼接构成字组来补充和提示的，故此例又可以看作是由字组和构成的复合字组[6]。

【7】 9-133

sər^{33} dʐʅ^{21} i^{33} dʑy^{21} lv^{33} ha^{55} i^{33} lo^{21}

直译：树 生 各自山 石 在 各自 壑

意译：此山的石生在此山，此壑的石又在此壑。

此字组由(sər^{33}树)、(dʑy^{21}山)、(lv^{33}石)、(lo^{21}壑)四对字符左右相对构成，其中又包含了由和拼接构成的字组。字组中间的字符表示“分开”的意思，整个字组由对称中心线对折后可实现字组左右两部分的重合。

【8】 67-59

bɯ^{33} ʂʅ^{21} dɯ^{33} hua^{55} thv^{21}

直译：栗 黄 一 棚 搭

意译：搭一座黄栗枝的窝棚。

此字组由(ʂʅ^{21}金，借形为“黄”)、(bɯ^{33}黄栗)、三个字符构成。其中和居于字组中心轴线的左右两边，呈镜像式对称。字本身具备左右对称性，写在和的中间。整个字组沿中心线对折，可实现两部分的重合。

【9】 49-208

lu^{55} khɯ^{33} lu^{55} la^{21} nɯ^{33} mɯ^{33} ne^{21} dy^{21} ly^{55} gv^{33} gə^{33} tər^{21}

直译：四 脚 四 手 来 天 与 地 中 央 的 呆鬼

意译：四只脚和四只手产生出天地中央的呆鬼。

---

〔6〕 莫俊《论纳西东巴文的义补》，《中央民族大学学报（哲学社会科学版）》2018年第1期。

此字组对称中心线两边的□(la^{21}手)、和□、□(khɯ^{33}脚)和□两对字符分别形成镜像对称。字组中心线上由□(mɯ^{33}天)、□(tər^{21}呆鬼)、□(dy^{21}地)三字从上至下居中对齐排列,三个字符自身都具备左右对称性。字组整体上可由中心线对折实现两部分的重合。"所谓'四脚四手',并不是八只手脚,只是强调手脚并用或全部手脚而已。"[7]

【10】□ 100-63

uæ^{33} khɯ^{33} dɯ^{33} lv^{21} ,i^{21} khɯ^{33} dɯ^{33} lv^{21}

直译:左 脚 一 抬 右脚 一 抬

意译:左脚抬一次,右脚抬一次。

此字组对称中心线两边的□(uæ^{33}左)和□(i^{21}右)、□(khɯ^{33}脚)和□两对字符分别形成镜像对称。另外的□(dɯ^{33}一)和□(lv^{21}石头,借音为"抬")二字写在字组中心线上,上下排列。其中□字符本身具有左右对称性,而□字符本身不具备左右对称性,但是不影响字组的整体对称性。

【11】□ 49-220

lu^{21} thv^{33} se^{21} thv^{33}

直译:卢神 出 沈神 出

意译:卢神出现,沈神出现。

此字组的对称不表现为字符的重合,而表现为字符的对应,这种对应包括:位置相对、大小相当、形态相似、字义相类、数量相同等。此字组对称中心线两边由□(lu^{21}卢神)和□(se^{21}沈神)二字相对应,□(thv^{33}桶,借音为"出现")居中写在对称中心线上,整个字组同样表现出左右对称性。从字词关系上看,thv^{33}(出现)一词在句中读两次,这里只写一次,通过字符的对称型排列实现文字共用,类似的用字法在东巴经中普遍存在。

2.上下对称

字组整体或局部依据某一中心轴线对折,可实现上下两部分的重合或对应。东巴文对称型字组上下对称的情况并不像左右对称那样普遍。如例【12】【13】:

---

〔7〕 喻遂生《甲骨文的"二牝牡"和东巴经的"四脚手"》,《中国文字学报》第七辑,商务印书馆,2016年。

【12】 23-17

mɯ^{33} ɕy^{33} be^{33} me^{33} mɯ^{33} pha^{33} na^{21}, dy^{21} ɕy^{33} be^{33} me^{33} dy^{21} pha^{3} na^{21}

直译：天 法事 做 的 天 脸 黑 地 法事 做 的 地 脸 黑

意译：给天神做法事天神黑着脸不高兴，给地神做法事地神黑着脸不高兴。

此字组由(mɯ^{33}天)、(ɕy^{33}柏，借音为“法事”)、、(dy^{21}地)四个字符居中排列组成，且四个字符本身字形左右对称性，字组整体左右对称。但从局部上看，其中的和又互相上下对称，在整体左右对称中又包含局部的上下对称，属于两种对称类型的混用。

【13】 49-251

mɯ^{33} na^{21} dy^{21} na^{21}

直译：天 黑 地 黑

意译：黑天和黑地。

此字组由(na^{21}黑)、、(mɯ^{33}天)、(dy^{21}地)四个字符组合，对称类型与例【12】一致。字组整体左右对称，局部又存在和的上下对称。

3. 旋转对称

旋转对称指字组中某个字符依据某一点旋转一定角度后与另一字符重合。如例【14】：

【14】 25-63

mɯ^{33} ne^{21} dy^{21} nɯ^{33} le^{33} gv^{33} lv^{21}

直译：天神 和 地神 由 又 赐 福

意译：天神和地神赐福。

此字组由(gv^{33} lv^{21}赐福)、、(mɯ^{33}天)、(dy^{21}地)、(不读音，表示赐福对象)五个字符组成。其中和的对称属于旋转对称，依据某一点顺时针旋转180度后，可与重合。此字组属于混合对称，其中、、三字呈左右对称，和呈旋转对称。

4. 混合对称

混合对称指字组中字符的对称类型不是单一的，而是包含两种以上的对称类型。如前文例【12】、【13】包括左右对称和上下对称，例【14】包括左右对称和旋转对称。

东巴文对称型字组基本上以左右对称类型为主，上下对称和旋转对称的情况并不常见，这是和纳西人的思维习惯、审美情趣，东巴文的字形风貌，文字记录的语义内容，经书的形制行款等因素相关。

(二)对称层次

1. 字符自身对称

构成对称型字组的几个字符的字形本身具有对称性，它们按某种方式排列并保持各字符的对称中心在一条直线上，沿此中心线对折可实现字组两部分字形的重合。如例【1】、【2】、【3】。

2. 字符相互对称

构成字组的两个字符，它们或相互交错且交错点处在字组的对称中心线上，沿中心线对折可实现两边的重合，如例【4】；或分别位于字组对称中心线的两边，并据中心线互相重合或对应，如例【5】、【6】、【7】。

3. 字组相互对称

字符与字符构成字组后，再由字组与字组进行对称型组合，构成复合式字组，如例【6】，和两字分别拼接构成字组和，再由二者进行对称型组合。再如例【15】：

【15】 5-13

æ33 na21 thər33 thər21 me33

直译：鸡 黑 亲 热 者

意译：黑鸡相亲热。

字组中（æ33 鸡）、分别与（na21 黑）构成字组（黑鸡）和，然后与（thər33 thər21 亲热）拼接构成复合字组。

(三)对称程度

1. 整体对称与局部对称

(1)整体对称是指对称型字组在整体上体现出统一的对称性，构成字组的字符本身或字符之间都表现出和字组一致的对称类型。如例【9】，其中、、三个字符本身都左右对称，、和、分别据中心线左右对称，整个字组的对称性是统一的。

(2)局部对称分两种：一是指在整体统一的对称之中，某些字符的组合又同时呈现出其他的对称类型。如例【12】，整个字组据中心线左右对称，局部的既可以左右对称，也可以上下对称；二是指字组整体上不具备统一的对称性，但具备局部对称性，字组的不同部分具有不同的对称类型。如例【14】，字组据中心线对折不能实现两边完全重合，但局部的是左右对称，是旋转对称。局部对称实际上是一种混合对称，都表现为对称型字组中同时存在两种及以上的对称类型。

2.完全对称与不完全对称

(1)完全对称。对称型字组中,所有字符都能据字组对称中心线实现字符本身的对称或实现与中心线另一边字符的重合。如例【1】、【2】、【3】,三个字组都能据字组中心线实现两边的重合,字组中的所有字符都能据中心线实现左右两部分的重合。再如例【5】、【6】,两个字组中,字组中心线两边的字符都能据中心线实现重合。再如例【16】:

【16】 100-97

ɕy^{55} hər^{21} kv^{55} dʑi^{21} bv^{21}

直译:柏 绿 帐 篷 下

意译:绿柏做的帐篷下面。

字组中(ɕy^{55}柏)和两个字符依据字组对称中心线可实现重合。(hər^{21}松石,借形为“绿”)和(bv^{21}锅,借音为“下面”)两个字符均写在对称中心线上,并依据中心线实现自身字形左右两部分的重合。

(2)不完全对称。对称型字组中,某些字符不能依据字组对称中心线实现字符本身的对称或不能实现与中心线另一边字符的重合。不完全对称只是字组局部的不对称,不影响字组整体的对称性。如例【17】【18】【19】【20】:

【17】 13-156

mɯ^{33} ne^{21} dy^{21} ly^{55} gv^{33} nɯ^{33} dʐʅ^{21} me^{33} i^{33} dər^{33} ɕy^{55} hər^{21} tʂhʅ^{33} dɯ^{33} dzər^{21}

直译:天 和 地 中 央 来 长 的 吉祥 柏 绿 这 一 树

意译:在天和地中央生长的这棵吉祥的绿柏树。

此字组整体表现为左右对称,但其中(i^{33} dər^{33}吉祥)字符的字形据字组中心线不能实现左右两部分重合,而(mɯ^{33}天)、(dy^{21}地)、(四方)、(ɕy^{55}柏树)都能据中心线实现左右两部分重合,属于不完全对称。

【18】 3-308

uæ^{33} nɯ^{33} dər^{33} me^{33} i^{21} nɯ^{33} ʂv^{55}, i^{21} nɯ^{33} dər^{33} me^{33} uæ^{33} nɯ^{33} ʂv^{55}

直译:左 来 错 么 右在 认错 右在 错 么 左 在 认错

意译:左边有错右边来纠正,右边有错左边来纠正。

此字组为左右对称,其中(uæ^{33}左)和(i^{21}右)据字组中心线互相对称,(ʂv^{55}茅草,借音为“认错”)据字组中心线对折后两部分可重合,而(dər^{33}池塘,借音为

“错”)据字组中心线对折后两部分不可重合,整个字组属于不完全对称。

【19】 49-247

la^{33} ba^{21} ʐər^{21} tsho^{33}

直译:虎 啸 豹 跳

此字组和例【11】的对称情况相似,属于字符的对应,这种对应包括:位置相对、大小相当、形态相似、字义相类、数量相同等。对应的字符虽不能据字组中心线互相重合,属于不完全对称,但在视觉上仍有对称的感受。字例中的两个字符(la^{33} ba^{21} 虎啸)和(ʐər^{21} tsho^{33} 豹跳)在字形面貌上极为相似,虽然一个是虎一个是豹,但都属同类,且书写时姿态一致,都呈跳跃状,头都向后转,尾巴卷曲的形态一致,具有鲜明的对称性。

【20】 12-3

uæ^{33} nɯ^{33} bi^{33} thv^{33} tʂhʅ^{33} ȵi^{33} lv^{21} ,i^{21} nɯ^{33} le^{21} tshe^{55} tʂhʅ^{33} ȵi^{33} bu^{33}

直译:左 来 日 出 这 日 暖 右来 月 亮 这 日 亮

意译:左边出太阳,太阳今日暖;右边出月亮,月亮今日明。

此字组整体左右对称,其中(tʂhʅ^{33} 这)、(ȵi^{33} 日)、(thv^{33} 出)三个字符居于字组中心线上,且自身对称。字组中心线左边的(bi^{33} 太阳)、(uæ^{33} 左)、(lv^{21} 石,借音为“暖”)三字同右边的(le^{21} tshe^{55} 月亮)、(i^{21} 右)、(bu^{33} 明亮)三字分别两两对称。其中和、和都不能互相重合,但是两两对应,并不影响整个字组的左右对称性。

(四)字符组合方式

对称型字组中字符组合构成字组的方式有以下几类:

1. 分离式

构成对称型字组的各字符各自分离,笔画线条无接触,各字符根据对称需要来排列位置。如例【1】、【2】、【5】、【10】、【11】、【13】、【16】、【18】、【19】、【20】。

2. 拼接式

构成对称型字组的各字符笔画线条相接,但不交错。如例【6】, 和两字拼接构成字组和,然后和又拼接构成复合字组。再如例【21】【22】:

【21】 24-40

æ^{21} nɯ^{33} æ^{21} ʂər^{33} ʂər^{21}

直译:鸡 与 鸡 毛 黏结

意译：鸡与鸡的毛黏结在一起。

此字组中(æ^{21}鸡)、两个字符由(表示黏结的符号)连接在一起，两只鸡的动作姿态相互对应。

【22】  62-233

kə^{55} dv^{33} he^{33} dʑi^{21}

直译：鹰 翅 寺庙

意译：像鹰翅一样的寺庙。

此字组由(kə^{55} dv^{33}鹰翅)和(he^{33} dʑi^{21}寺庙)拼接组成，两只翅膀分别写在寺庙顶部左右两边形成对称。

3. 交错式

构成对称型字组的字符笔画相互交错，字形相互融合。如例【4】，由和两个字符相互交叉组合而成。再如例【23】：

【23】  100-134

tʂhər^{33} me^{33} dʑi^{33} mu^{21} tʂə^{55}

直译：儿 媳 衣 穿 打扮

意译：儿媳穿衣打扮。

此字组由(tʂhər^{33} me^{33}儿媳)和(dʑi^{33}衣服)二字组合，字符线条相互交错，字形融合。

4. 包含式

构成对称型字组的字符存在包含关系，或某一字符写在另一字符中，或几个字符写在另一字符中，所有字符都居中对齐以形成对称结构。如例【3】，、、三字居中依次竖排，写在里面，属于半包含式。再如例【24】：

【24】  68-6

gv^{33} dʑy^{21} mi^{33} nɯ^{33} kua^{33}

直译：九 山 火 来 烧

意译：大火燃烧着九座山。

此字组为双重包含式复合字组，(gv^{33}九)写在(dʑy^{21}山)之中构成全包含字组(九座山)，然后又写在(mi^{33}火)之中形成双重包含。

5. 复合式

对称型字组同时具有两种及以上的字符组合方式。如例【25】【26】：

【25】 79-99

gu33 mu33 mi33 hy21 tshy55 hy21 gv33 dʑi33 mu21

直译：身 体 火 红 电光 红 衣 裳 穿

意译：身穿火红的电光衣。

字组中，(gu33 mu33 身体)和(gv33 dʑi33 衣裳)二字交错构成字组，(tshy55 电光)、与又相互分离，为交错并分离式字组。

【26】 100-97

mɯ33 tɕər21 i21 pu33 phər21 me33 kv55 dʑi21 bv21

直译：天 上 绸 缎 白 的 帐 篷 下

意译：天上白绸缎做的帐篷下面。

此字组中字符的组合方式为拼接并包含式，其中(i21 pu33 phər21 me33 kv55 dʑi21 白绸缎帐篷)与(mɯ33)二字符相拼接，而(he21)写在其中形成全包含式字组。

三 对称型字组的表义类别

对称型字组的对称结构在一定程度上具有“义补”的作用[8]，能对语义进行提示、补充和强调。对称关系和语义相关联，通过对称能更好地表达相关语义。在东巴文记录的语句中，如果涉及以下几类语义，则经常使用对称型字组来记录。

（一）方位方向

1. 左右。对称中常见一类是左右对称，当语句中涉及“左右”的语义时，经常使用左右式对称型字组记录。如例【27】【28】：

【27】 49-25

uæ33 tɕy21 sɿ55 ho21，i21 tɕy21 sɿ55 ho21 nɯ21

直译：左 边 三 驱 右边 三 驱 来

意译：左边驱三下，右边驱三下。

句中有“左边”“左边”的词义，字组将(uæ33 左)、(i21 右)分别对齐书写，(sɿ55 三)在和的上方各写一次，字组左右对称。

---

〔8〕 莫俊《论纳西东巴文的义补》，《中央民族大学学报（哲学社会科学版）》2018 年第 1 期。

【28】 40-30

dʑy²¹ na⁵⁵ ʐo⁵⁵ lo³³ kv³³ , ȵi³³ me³³ uæ³³ nɯ³³ hɯ⁵⁵ , he³³ me³³ i²¹ nɯ³³ hɯ⁵⁵

直译:居 那 若 罗 上 太 阳 左 从 出 月 亮 右 从 出

意译:居那若罗山上,太阳从左边出来,月亮从右边出来。

此句中有“左”“右”的词义,字组中(ȵi³³ me³³ 太阳)和(he³³ me³³ 月亮)分别写在(居那若罗山)的左边和右边形成对称,同时提示了“左”“右”的词义。

2. 中间。对称是以中心轴线来实现字组两部分的重合,当句中有“中间”的词义时,会使用对称型字组。如例【29】:

【29】 100-136

mɯ³³ ne²¹ dy²¹ ly⁵⁵ gv³³

直译:天 与 地 中 央

意译:天和地的中央。

句中 ly⁵⁵ gv³³(中央)一词假借(ly³³ 矛)和(kv³³ 蛋)记录,并写在整个字组的中间,“中央”的词义得到了提示和强调。

3. 四方。“四方”一词从空间上来讲也具有对称性和均衡性,当句中涉及“四方”一词时,经常使用对称型字组。如例【30】:

【30】 40-42

dʑy²¹ na⁵⁵ ʐo⁵⁵ lo³³ lu⁵⁵ pha³³

直译:居 那 若 罗 四 面

意译:居那若罗山的四方。

字组记录“四方”一词时,将四个抽象符号均匀排列于(居那若罗山)的四个点上,整个字组左右对称。

4. 里面。句中有“里面”的词义时,一般使用包含式字组记录,将几个相邻字符写在另一个中空型字符当中[9],各字符均居中对齐,字符的包含关系又提示和强调了“里面”的语义。如例【3】、【24】。

(二)分开分为

“分开、分为”涉及一个事物分成两个或两个事物相互分离,表示此类语义会使用对

---

〔9〕 邓章应《中空型字符对东巴文字序的影响及演变》,《中央民族大学学报(哲学社会科学版)》2018 年第 5 期。

称型字组。如例【31】【32】【33】:

【31】  50-81

kv^{55} ɯ^{33} so^{33} ɯ^{33} mə^{33} by^{33}

直译:长庚星 启明星 不 分

意译:长庚星和启明星还没有分开。

字组中两个分别表示 kv^{55} ɯ^{33}(长庚星)和 so^{33} ɯ^{33}(启明星),分别写在(by^{33} 表示分开)的两边形成对称。

【32】  88-110

khɯ^{33} tər^{55} ȵi^{33} tɕy^{21} le^{33} gv^{33} se^{21}

直译:捉鸟 套子两 边 又 成 了

意译:捉鸟套子分成了两半。

字组中和(分别表示捉鸟套子的两半)写在((gv^{33} 表示分为)的两边形成对称。

【33】  62-133

khɯ^{33} gu^{33} tʂhʅ^{33} to^{55} se^{21}

直译:狗 离 这 分开 了

意译:狗离开而去。

字组中(khɯ^{33} 狗)、写在((to^{55} 分开)的两边形成对称。另,(gu^{21} 仓库),这里借音为 gu^{33}(离开)。

(三)相反相对

句中有语义相反、相对的两个词时,会用对称型字组来记录。如例【10】、【18】、【20】、【27】、【28】中表方位的“左”和“右”即属于语义相反的情况。另如例【34】【35】:

【34】  62-31

dʑi^{33} phər^{21} dʑi^{33} na^{55}

直译:水 白 水 黑

意译:黑白水(地名)。

此字组中(phər^{21} 白)和(na^{55} 黑)两字字义相反,位置相对,(dʑi^{33})和两字字形呈互为镜像,整个字组左右对称。

【35】  84-81

he²¹ i³³ kɯ²¹ khu⁵⁵ phər²¹ na⁵⁵ lɯ³³ kæ³³ tʂu⁵⁵ mi³³ hy²¹ kv⁵⁵ dʑi²¹ uɔ³³ ko³³ lo²¹ nɯ³³ dʐʅ²¹

直译：恒 依格 空 白 黑 地 相 接 火 红 帐 篷 中 在 坐

意译：恒依格空坐在黑地和白地交界的火红帐篷中。

字组(phər²¹ lɯ³³ 白地)和字组(na⁵⁵ lɯ³³ 黑地)语义相反，分别写在两边。字符(he²¹ i³³ kɯ²¹ khu⁵⁵ 恒依格空)和字组(mi³³ hy²¹ kv⁵⁵ dʑi²¹ 火红帐篷)构成包含式字组写在中间，整个字组左右对称。

(四)相互动作

句中有表示人或物相互动作关系的语义时，一般用对称型字组来记录，如例【4】，表相互摩擦；【15】，表相互亲热；【21】，表相互黏结。再如例【36】【37】：

【36】  73-104

gə²¹ ba²¹ dʐʅ²¹ gue³³

直译：格 巴 商 量

意译：格巴互相商量。

字组中表示人物的(gə²¹ ba²¹ 格巴)和相对而写，表示动作的(dʐʅ²¹ gue³³ 商量)写在中间。

【37】  68-13

ɯ³³ thæ⁵⁵ thæ⁵⁵ nɯ³³ mi³³ dʐʅ³³ tʂhʅ³³ hua³³ hua³³ me³³ dy²¹

直译：牛 斗 架 来 火 燃 这 熊 熊 的 地方

意译：牛斗架时像燃烧着的熊熊烈火一样。

字组中，(mi³³ dʐʅ³³ tʂhʅ³³ hua³³ hua³³ 燃烧着的熊熊烈火)写在上方，(ɯ³³ 牛)和相对而写并且牛角相顶撞，thæ⁵⁵ thæ⁵⁵(斗架)的词义在两个字符的对称关系中得到了补充和提示。

(五)双数数量

句中有表示双数数量的词语，会写出相应数量的字符进行对称排列，以构成对称型字组。如例【4】，句中有数量词 dɯ³³ dʐʅ²¹(一对)，于是写出两条鱼的字符构成交错式字组；【30】，句中有数量词 lu⁵⁵ pha³³(四面)，于是写出四个抽象符号均匀排列于的四个点上。再如例【38】【39】：

【38】 3-243

fv55 dze33 bər21 kho33 mu21 ba33 n̡i33 kv55

直译：海 螺 号 角 吹 好 两 个

意译：两个海螺号角吹得好的人。

句中有数量词 n̡i33 kv55（两个），写出两个表示吹海螺号角的人的字符和，其中（n̡i33 二）写在中间，重复记录了数量词“两个”，属于“有字义补”[10]。

【39】 25-135

lu55 khɯ33 mɯ33 ne21 dy21 ʐv55 gv33 gə33 tʂhʅ21 dʐu55 ʐua21

直译：四 脚 天 和 地 中 间 的 鬼 债 偿还

意译：用（羊的）四只脚（来偿还）天地中间的鬼债。

句中有 lu55 khɯ33（四只脚）的数量短语，于是写出四只羊脚，并对称型排列于字组中心线的两边。

（六）数词组合

句中表示十位以上数量的数词，一般将表示个位的数字同表示十位、百位或千位等的数字进行对称型排列，构成对称型字组来记录。如例【2】，句中的数词“十八”由（十）和（八）居中对齐排列而成。另如例【40】【41】：

【40】 67-152

tshe21 ho55

直译：十 八

此字组将字符（十）插入到字符（八）的中间构成字组，与通行写法有异以便的插入。

【41】 96-83

n̡i33 tsər21 sʅ21 n̡i33

直译：二 十 三 日

句中数量词“二十三”由（n̡i33 tsər21 二十）和（sʅ21 三）对齐构成字组记录。

（七）属性特征

句子中有记录揭示事物属性的语词时，一般将表示属性的字符和表示该类事物的

---

〔10〕 莫俊《论纳西东巴文的义补》，《中央民族大学学报（哲学社会科学版）》2018 年第 1 期。

字符进行对称型组合来记录。如例【42】【43】：

【42】 49-126

phiə^{33} phiə^{21} le^{33} dʑi^{21}

直译： 竹帘 房

意译：竹帘做的房子。

字组中记录属性的(竹帘)和两字符分别写在(房顶)的两边呈垂下状，(dʑi^{21}水，借音为“房”)居中写在房顶下，四个字符呈对称状。

【43】 55-146

ȵi^{33} me^{33} he^{33} me^{33} ba^{55} ba^{33} tʂua^{33}

直译：太 阳 月 亮 花 朵 床

意译：(画有)太阳、月亮和花朵的床。

此例将记录属性的(ba^{55}花)和写在(tʂua^{33}床)的两头，(ȵi^{33} me^{33}太阳)和(he^{33} me^{33}月亮)写在里，整个字组左右对称。

(八)无义对称

对称型字组的字符的对称关系和组合方式同所记录的句义不相关联，称为无义对称。如例【44】【45】：

【44】 100-174

mɯ^{33} ze^{33} tsʰɿ^{33} tsʰɿ^{21}

直译：美 忍 楚 此

意译：美忍楚此(人名)。

字组中，(mɯ^{33}天，借音为“mɯ^{33} ze^{33} tsʰɿ^{33} tsʰɿ^{21}美忍楚此”第一音节)，(tsʰɿ^{33})和(tsʰɿ^{33})分别借音为“mɯ^{33} ze^{33} tsʰɿ^{33} tsʰɿ^{21}美忍楚此”第三、四音节，三个字符虽然都是假借用法，但在组合时仍采用对称型字组，只是对称关系和记录的词义无关联。

【45】 4-98

mɯ^{33} tsʰɿ^{33} tsʰɿ^{33}

直译：天 密 密

意译：天空紧紧密密的。

字组中(tsʰɿ^{33}鬼)和借音为 tsʰɿ^{33} tsʰɿ^{33}(密密)，对称写在(mɯ^{33}天)的下面。和的对称关系和句义无关。此字组与例【44】同形，但记录的不是专有名词，而是一个主谓结构的句子。

四 对称型字组的构成手段

构成手段是指对称型字组用以构成对称的手段，即如何书写字符以及如何排列字符位置以形成对称的方法，有以下几类：

(一)文字对写

1. 同字对写

字组中两个相同字形的字(在句中读两次)在书写时，位置相对，且字形互为镜像。如例【12】、【13】、【21】、【34】、【36】、【44】、【45】。

2. 异字对写

字组中两个不同字形但字义相类或相反的字，书写时位置相互对应。如例【35】中的(白)和(黑)；【11】中的(卢神)和(沈神)；【19】中的(虎)和(豹)；【27】中的(左)和(右)；【28】中的(太阳)和(月亮)。

3. 同部对写

某字符由两个相同部件构成，当与其他字符组合构成对称型字组时，此字符的两个相同部件会拆分开来对称书写。如例【46】：

【46】 4-400

khɯ^{33} ɕi^{21} bi^{33} ɯ^{33}

直译：狗　养 撵 好

意译：养的狗跑得快。

句中 bi^{33}(撵)假借 bi^{33}(树林)的字形来记录，而“树林”的原字应是由和并排写，这里二字分开相对，中间插入(khɯ^{33})和(ɯ^{33})二字，以构成对称型字组。字组中的对称关系属于无义对称，与句义无关。

(二)文字层叠

1. 同字层叠

字组中两个或几个相同的字符(字符本身对称)在书写时，相互层叠，并居中对齐。如例【1】，三个(天)居中并上下层叠。再如例【47】：

【47】 3-81

ka^{33} ga^{21} ʦhɿ^{55} ʦhɿ^{33}

直译：高 嘎 茨 此

意译：高嘎茨此（人名）。

字组中两个（ʦhɿ^{33} 犁铧），借音为人名的第三、四个音节，并上下层叠对齐。

2. 异字层叠

字组中两个或多个不同形字符（字符本身具有对称性）在书写时，相互层叠，并居中对齐。如例【2】、【41】、【3】、【24】、【26】。

（三）文字居中

字组中形成对称的字符排列于字组对称中心线的左右两边，此外若还有其他字符，一般都写在字组对称中心线上，若是多个字符则上下层叠对齐。如例【8】中的；【16】中的和。这些居中的字符有时是记录多个并列语段中的相同语言成分，书写时一般是居中只写一次而不再按其读出的次数来写，这样则可共享文字，具有经济性。如例【10】中的（一）和（抬）；【11】中的（出现）。

（四）文字交错

两个相同字符相互交错，交错点在对称中心线上。如例【4】。

（五）一字多写

字组记录的语句中某词只读一次，但在文字上会写出两个或几个相同字符，以构成对称。如例【5】、【6】、【7】、【8】、【16】、【42】，都是一个字符写了两次构成对称。再如例【48】【49】：

【48】 100-108

sər^{33} ʣɿ^{21} ʥy^{21} ʂər^{55}

直译：树 生 山 满

意译：树木生长满山坡。

字组中，字符（sər^{33} 树）写了三次，分别写在（ʥy^{21} 山）的左右和顶部形成对称。

【49】 49-125

khua^{55} phər^{21} ʦhɿ^{21} ʥi^{21}

直译：木牌 白 鬼 房

意译：白木牌做的鬼房。

字组中，字符(khua^{55}木牌)写了四个，分别写在(tshɿ^{21} dʑi^{21}鬼房)的左右两边，两两相对，形成对称。

（六）字数对等

在对称型字组中互相对称的字符在数量上相等。如例【49】中的(木牌)左右两边各写两个。再如例【50】【51】【52】：

【50】 9-47　【51】 9-208

sɿ^{33}　i^{33} bər^{33} phər^{21} ʐʅ^{21} lv^{33} tɯ^{21}，zɿ^{33}　i^{33} tʂhua^{33} phər^{21} ko^{55}　le^{33} o^{55}，

直译：羊毛 的毡　白　神 座 安　青稞 与米　白　祭米　又 倒

tshɿ^{33} ʂu^{33} phər^{21} me^{33} se^{33} do^{33} lu^{21} lv^{33} phər^{21} me^{33} tshɿ^{55}

犁　铁 白　者　神石　白　的　建

意译：用白羊毛毡子铺神坛，用青稞和白米作祭粮，用白铁犁尖作神石。

例【51】【52】两个字组音义相同，在字形上有异。【50】中的祭粮左右各写三个，【51】中的祭粮左右各写五个，左右数量相等，祭粮的排列形式对称。

【52】 79-76

dʑɿ^{21} na^{55} ʐo^{55} lo^{33} kv^{33} nɯ^{33} mɯ^{33} bu^{33}，mɯ^{33} dɯ^{21} mə^{33} ly^{55} ly^{33}；

直译：居　那　若　罗　顶　由　天　扶　天　大　不　动 摇

khɯ^{33} nɯ^{33} lɯ^{33} ʐər^{21}，lɯ^{33} dɯ^{21} mə^{33} tsɿ^{55} to^{33}

脚　由　地　压　地　大　不　震　动

意译：居那若罗山的山顶扶着天，天大不动摇；居那若罗山的山脚镇住地，地大不震荡。

字组在记录“动摇”和“震动”的词义时，是在(天)的左右各写三条线，在(地)的两头也各写三条线，左右线条数量相等、位置相对。

五　对称型字组的存因

东巴经中字组是东巴文记录语言的基本文字形态，对称型字组作为东巴文字组的特殊类别，广泛存在于经书用字当中，以其独特的文字形态记录语言，其产生存在的原因有：

1. 客观对称的借鉴。文字起源于图画，图画描绘的是客观世界，客观的对称现象广泛存在于原始图画和文字中。当感知的对称通过思维上升为审美理念后，便能动地运用到人类文化创造的各个领域，包括创制文字。纳西先民在认识、改造自然的过程中，

很早就发掘了自然的对称现象和规律，并有意识地运用于东巴文的创制。东巴文无论是独体字符，或是由字符相互组合构成的字组，都蕴含对称特征，造就了东巴文浓厚的原始性和图画性，使其呈现出独特的民族文字魅力。

2. 文字保守的制约。东巴经的宗教性、东巴文用途的局限性及传承的保守性，使文字创制早期所采用的根据对称性来组合字符的记录方式得以巩固和延续，并类化为一种习惯性的文字手段。对称型字组普遍存在于不同时期和地域经书的用字中，某些字组的写法已经定型并被广泛采用。在东巴文传承的保守性与文字发展开放性的冲突中〔11〕，沿用原有对称型字组的同时，又会产生新的字组，并在记录的语段单位、涉及的语义类别、采用的对称形式、字符的组合方式、构成对称的手段上都有所扩展。

3. 书法艺术的追求。东巴经的抄写也可以看作是一种书法艺术创作，讲求书法的笔画美、构形美和章法美。书法首要的审美原则就是对称与平衡，其贯穿于书法笔画线条、字体内空间和章法外空间的三维平面空间构成中〔12〕。对称能带来和谐稳定的视觉和心理感受，是实现书法美的手段之一。从字组构形上看，对称型的文字组合形式，使字组的整体平衡而严谨，实现书法的构形美；从经书页面上看，又起到调节页面文字书写节奏和秩序的作用，使字符的布局活泼而和谐，实现书法的章法美。

4. 语义提示的需要。“东巴经大都没有完全记录语词，没有记录的部分，靠东巴熟记在心，临时补出”〔13〕，这类临时补出的词语往往通过义补的方式记录，采用字组形式来实现。义补涉及的语义就隐含在字符的组合关系和组合方式当中。对称型字组中字符间的对称关系即隐含着某些语义，此类语义通过对称得以提示、补充和强调。另外，对称型字组大都记录一个语段，可帮助读经者快速划分语段，而对称结构又有利于视觉快速地捕捉字符的字形及字符组合中隐含的语义，二者都有助于提示读经。

5. 书写经济的考虑。在东巴经中，对称型字组经常用于记录一些具有共同语词的排比式复句或句群。记录这些共同语词的字符在对称型字组结构中一般都居中书写，且只写一次，不需根据语词读出的次数重复书写多次，在很大程度上节约了文字。另外，对称型字组中几个字符组合写在一起，不仅可以形成严谨方正的文字体势，还可以填补字符之间以及字符本身的空白之处，实现经书页面空间的有效利用。

（莫俊：暨南大学图书馆，510632，广东广州）

〔11〕 莫俊《论纳西东巴文的义补》，《中央民族大学学报（哲学社会科学版）》2018 年第 1 期。

〔12〕 陈明《书法平面构成》，第 187—189 页，合肥工业大学出版社，2015 年。

〔13〕 喻遂生《纳西东巴文同义换读研究》，《云南师范大学学报（哲学社会科学版）》2018 年第 4 期。

东巴文假借字数量研究探论*

甘　露

提要： 东巴文假借字的计量研究有助于对东巴文的构成、使用、发展阶段、文字性质等做出正确的判断，但目前的研究工作还比较薄弱。本文拟以方国瑜《纳西象形文字谱》的分类为纲，以其所收单音节东巴文为字头，增补其他字典和文献中新见的字形，形成《东巴文单音节假借字汇总表》，以此来统计东巴文单音节假借字的情况，并算出假借字的各种比例。

关键词： 东巴文　假借字　数量　研究方法

计量研究是东巴文研究发展的重要方向，东巴文假借字的计量研究可以精细准确地反映东巴文假借字的状况和发展变化，有助于对东巴文的构成、使用、发展阶段、文字性质等做出正确的判断。但东巴文假借字的数量研究目前碰到较大的困难，致使其难有较大的进展，本文拟对东巴文假借字数量研究的路径和方法进行一些探讨，以供学界同行参考。

一　东巴文假借字数量研究的目标和现状

（一）假借字数量研究的目标

就一般的文字研究来说，假借字数量研究的内容至少应该包含以下五个方面：

1. 被借字的数量，即有多少字、有哪些字被用于假借。这些字在总字数中所占的比例。
2. 假借字的数量，即被借字用来记录了多少词、哪些词。
3. 假借字在具体文本中的使用次数和所占的比例。
4. 从造字结构、音近度等角度对假借字的分类统计。

* 本文为国家社科基金一般项目“纳西东巴文异体字研究及语料库建设”（编号：17BYY179）的阶段性成果。感谢匿名审稿专家提出的宝贵修改意见。

5. 不同时代、地域、文体中假借字数量的差异。

以上第1项可称为假借字字头的研究，第3项可称为假借字字频的研究，这两项是假借字数量研究中最重要的内容。

（二）东巴文假借字数量研究的现状

前人关于东巴文假借字数量研究的论述和成果不多，可分为一般论述和具体研究两类。分别举例如下：

1. 一般论述

方国瑜："凡形字，均可做假借字用。"[1]

李霖灿："凡是同音，都可假借，一个象形字除了代表他字源的本意外，他又担负了和他同音的各个词汇之使命。"[2]

傅懋勣将东巴文分作图画文字和象形文字两个阶段，认为"两种文字的共同性"之一是"都大量使用同音假借字或近音假借字"[3]。

裘锡圭："纳西文字中同音或音近假借的现象极多。"[4]

木琛："纳西象形文字在不断发展中形成庞大的假借字系统。……在纳西象形文字的应用中，假借的象声写词法逐步成为主体，在很多东巴经书中，假借字的数量都接近或超过半数。"[5]

2. 具体研究

和志武认为东巴文"常用的假借字约有四五十个"[6]。在《纳西象形文字谱·象形文应用举例》部分，选取了10个经书片段进行字释，统计了9个片段的字数、音节数、假借字数，有的还有假借字的比例，如："以上一百零四字的这段经文，实际代表了二十五句话、一百二十五个音节；……特别是使用了占全文一半多的假借字五十三个。由此看来，同音和近音假借是象形文字记录语言的一种重要方法。""以上一百七十一个字的这段经文，实际代表了三十七句话、一百八十七个音节；……为了便于逐词标音，使用同音和近音假借的字特别多，达一百零五个，约占百分之六十；同时掺用了标音哥巴字十三个。"[7]

喻遂生在东巴文假借字数量研究方面所做的工作主要有两项。一是对傅懋勣所译

[1] 方国瑜《纳西象形文字谱》，第70页，云南人民出版社，1981年。

[2] 李霖灿《么些象形文字字典》，第15页，中央博物院筹备处，1944年。

[3] 傅懋勣《纳西族图画文字和象形文字的区别》，《民族语文》1982年第1期，第9页。

[4] 裘锡圭《纳西象形文字》，《文字改革》1962年第8期，第2页。

[5] 木琛《纳西象形文字》，第20页，云南人民出版社，2003年。

[6] 和志武《论试纳西象形文字的特点》，《和志武纳西学论集》，第171页，民族出版社，2008年。

[7] 方国瑜《纳西象形文字谱》，第539、259页，云南人民出版社，1981年。

释的《白蝙蝠取经记》中的假借字进行了穷尽性的个案研究。列出了该经假借字表，计有被借字 82 字，303 次；借表 126 个词，即 126 个假借字，平均每个被借字借作 1.54 字；并统计了被借字和假借字声母、韵母、声调相同的字数、次数和比例，以字数计该经假借字声母音近度为 96.0%，韵母为 92.9%，声调为 61.9%。从而得出结论：东巴文假借不必完全同音，但对声母韵母音近度要求较高，而对声调放得较宽，假借字的重复率较低〔8〕。二是对若干件主要为田野调查获得的应用性文献进行了字释，统计了假借字的数量和比例，计有：《和即贵东巴致喻遂生信》东巴文 249 字(字频，已去除哥巴文。下同)，假借字 177 字，占 71.08%；文中对该信假借字音近度有详细的分析〔9〕。《白地卖拉舍地契约》东巴文 121 字，假借字 97 字，占 80.17%。《白地买古达阔地契约》东巴文 146 字，假借字 117 字，占 80.14%〔10〕。《祭天细则》东巴文 193 字，假借字 138 字，占 71.50%〔11〕。《和树昆东巴致喻遂生信》东巴文 176 字，假借字 152 字，占 86.36%〔12〕。《塔城人情簿》甲本东巴文 220 字，假借字 140 字，占 63.6%。乙本东巴文 199 字，假借字 120 字，占 60.3%〔13〕。此外还有对 6 件医书、账本、歌本、日记、文书片段假借字的分析和统计〔14〕。

和志武、喻遂生两位先生的研究比较深入细致，有重要的参考意义。但也可以看出，和志武所做的是文献片段的假借字字频的研究，喻遂生所做的有具体文献假借字字头的研究，但主要还是假借字字频的研究。现在学界缺乏的，是对东巴文假借字总的字头及其所占比例的研究。

二　东巴文假借字数量研究的难点

假借字字频的研究相对比较容易。主要体现在：第一，比较容易入手。找一篇文献(或其片段)，鉴别出其中的假借字(含重复字)，除以文献的总字数，即为该文献假借字

〔8〕 喻遂生《纳西东巴形声字假借字音近度研究》，《纳西东巴文研究丛稿》，第 168—170 页，巴蜀书社，2003 年。

〔9〕 喻遂生《一封最新的东巴文书信》，同上书，第 283—306 页。

〔10〕 喻遂生《东巴文白地卖拉舍地契约译释》，《纳西东巴文研究丛稿》第二辑，第 154—169 页，巴蜀书社，2008 年。

〔11〕 喻遂生《东巴文〈祭天细则〉译释》，同上书，第 251—274 页。

〔12〕 喻遂生《俄亚、白地东巴文化调查研究》，第 871 页，中国社会科学出版社，2016 年。

〔13〕 杨亦花、钟耀萍、喻遂生《两本新出的民国东巴文人情账簿》，《中国典籍与文化》2013 年第 1 期，第 133 页。

〔14〕 喻遂生《纳西东巴文应用性文献的语言文字考察》，《纳西东巴文研究丛稿》，第 256—279 页。

的字频比例数。第二，以抽样为主要方法，没有必要把所有的文献都统计一遍，根据研究的要求，找若干文献作为代表即可。东巴文假借字字频的数量研究亦是如此，本文下面的讨论不再包含字频的研究。

假借字字头的研究，特别是假借字字头占总字头数比例的研究，其基础条件是要有总字头数。这对于一些封闭的文字材料来说，问题不大。如甲骨文就是一宗相对封闭的材料，现藏于世界各地的甲骨文基本上都已刊布，虽还有新材料出现，但总体来说新字增加不多。甲骨文单字的总数，长期以来有多位学者进行过穷尽性的研究，孙海波《甲骨文编》收单字 4673 字[15]，沈建华、曹锦炎《甲骨文字形表》收单字 3908 字[16]，李宗焜《甲骨文字编》收单字 4378 字[17]，甲骨文单字总数应在 4000 字左右。通过徐中舒《甲骨文字典》[18]等工具书，我们不难确定其中有多少字用于假借，并进而计算出甲骨文假借字字头所占的比例。

与甲骨文相比较，东巴文计量研究的基础还很薄弱。具体体现在：

1. 文献未全部刊布

据统计，国内外公私收藏的东巴经大约有 3 万册[19]，但现在已刊布的标音译注本不足 1 千册，其主体是《纳西东巴古籍译注全集》897 册，以及李霖灿的《么些经典译注九种》、傅懋勣的《丽江么些文〈古事记〉研究》《纳西族图画文字〈白蝙蝠取经记〉研究》等。

2. 已字释的经书较少

要确定一个东巴文在经书中用的是本义、引申义还是假借义，必须对经书进行逐字的解释，而现在全经字释的经书只有傅懋勣的两种，此外还有《纳西象形文字谱》字释的一些经书片段和喻遂生等译注字释的一些应用性文献。喻遂生主持的国家社科基金重大项目《纳西东巴文献字释合集》选取了 100 种有代表性的东巴文献进行字释，出版后情况应有所改善。

3. 现有的东巴文字典还有待整理

现行的三部东巴文字典，李霖灿《么些象形文字字典》字头 2120 个，洛克《纳西语英语百科辞典》（上卷）字头 3120 个，方国瑜《纳西象形文字谱》字头 1340 个，字头数量差异如此之大，主要是因为所收入的合文性质的字组数量不一。东巴文字组不用于假借，

---

[15] 孙海波《甲骨文编》，中华书局，1965 年。按：该书正编收字 1724 号，附录收字 2949 号，除合文外，共收单字 4673 字。

[16] 沈建华、曹锦炎《甲骨文字形表》，上海辞书出版社，2008 年。按：该书收字 4026 号，减去祖先名合文 113 号、数字合文 5 号，实有有单字 3908 字。

[17] 李宗焜《甲骨文字编》，第 1378 页，中华书局，2012 年。

[18] 徐中舒《甲骨文字典》，四川辞书出版社，1988 年。

[19] 张公瑾《民族古文献概览》，第 165 页，民族出版社，1997 年。

因此字典的字头数不能作为假借字字头比例的计算基数，必须将几部字典所包含的字组鉴别剔除，将剩下的单字综合起来，才能得出比较科学合理的东巴文单字总数。

由此看来，在东巴经全部刊布和进行字释以前，我们要穷尽性地收集、准确地统计东巴文的假借字还不可能。但我们也不能因此就自缚手脚，无所作为，对东巴文这种开放性的材料进行计量研究，还要有新的思路才行。

三　东巴文假借字数量研究路径的设想和尝试

如上文所述，现藏的东巴经没有全部刊布，刊布了的也没有全部进行字释，那么研究东巴文假借字的数量从何入手？我们设想利用现行的几本东巴文字典和其中对于假借字的解释，以及现已刊布释读的东巴经材料，以此来进行研究，并进行了初步的尝试。

（一）对已刊材料和现行字典的代表性的评价

东巴经虽说国内外现藏数万册，但去其重复，也只有1千余种〔20〕。《纳西东巴古籍译注全集》刊布了897种，应该具有相当的代表性了。丽江东巴文化研究所当年译注东巴经，主要采用丽江县图书馆所藏的经书，该馆收藏东巴经4000多册〔21〕，但最终收入《纳西东巴古籍译注全集》的只有897种，也从一个侧面说明未收的应该是重复的经书。

现行的几本东巴文字典的材料来源，洛克说他的《纳西语英语百科辞典》是在查阅了27年间收集的8000多册经书，潜心研究14年的基础上写成的〔22〕；李霖灿在丽江地区游历4年，遍访各地东巴，并收集了1500册经书〔23〕；方国瑜《纳西象形文字谱》的材料是请三位不同教派的东巴书写单字卡片，并请年逾七旬的老东巴校定而形成〔24〕。三位学者都是研究东巴文的大家，以他们对东巴文研究时间之长、态度之严谨、材料之丰富，可以推断字典的收字应该是比较齐全的。

由此看来，以现行的几本东巴文字典作为基础，以《纳西东巴古籍译注全集》所收经书作为基本材料，辅以近年学者田野调查刊布的新材料，来进行东巴文假借字字头的数量研究，应该是科学的，可行的。

---

〔20〕 郭大烈《中国少数民族古籍总目提要 · 纳西族卷》，第2页，中国大百科全书出版社，2003年。

〔21〕 同上书，第3页。

〔22〕 J. F. 洛克《纳西语英语百科辞典》，第29页，意大利罗马东方学研究所出版，1963年。

〔23〕 李霖灿《与骆克博士论么些形字音字之先后》，《么些研究论文集》，第44页，台北“故宫博物院”，1984年。

〔24〕 方国瑜、和志武《纳西象形文字谱》，第3页，云南人民出版社，1981年。

(二)对东巴文字典的字头做必要的整理

1. 排除字组

东巴文字典的字头不等于单字,如方 174[25] dzər^{21} o^{33} 树干,是由 dzər^{21} 树和 o^{33} 骨头两个字构成的合文,树的骨头即树干;方 99 dʑy^{21} khɯ^{33} 山麓,是由 dʑy^{21} 山和 khɯ^{33} 脚两个字构成的合文,山的脚即山麓。喻遂生称这类合文为"字组",他认为在统计字典的单字总数时应将字组排除。据他的研究,《纳西象形文字谱》字头 1340 号,加上异体字和附收字共 2288 个,去除字组、异体字等之后,实际单字总数为 1359 字[26]。据马文丽研究,李霖灿《么些象形文字字典》字头 2120 号,除去字组,单字总数为 1683 字[27]。据李晓亮研究,洛克《纳西语英语百科辞典》上卷字头 3120 个,除去字组,单字总数为 1128 字[28],下卷都是由字组构成的专名。三本字典所立的字头数量悬殊,但单字数却比较一致,殊途同归,可能不是偶然的巧合,这说明东巴文单字总数也许就在 1500 字左右。

2. 排除多音节字

字典中所收的单字并不是都可以用于假借的。东巴文有很多多音节字,如方 24 hər^{33} to^{33} lo^{21} 旋风、方 13 mɯ^{33} hɯ^{55} dʑi^{33} thɯ^{21} 虹、方 34 ȵi^{33} me^{33} tɕi^{21} nɯ^{33} ka^{55} 日晕,根据我们现在掌握的材料,还没有三音节及以上的多音节字用于假借的,因此多音节字可以排除在外。

3. 排除双音节字

东巴文双音节字可以用于假借,但数量不多,分两种情况:

(1)借双音节字表双音节词,如木 122.15 le^{33} dʑi^{21} 梯子,借作 le^{33} dʑi^{33} 裙子。木 121.3 mi^{21} lv^{33} 镜子,借作 mi^{33} lv^{33} 夫妻。这类假借数量不多,被借字有 25 个左右。

(2)借双音节字表单音节词,如《全集》2.63 be^{21} dæ^{33} 勇士,借作 be^{33} 做。《全集》11.98 tho^{33} le^{33} 兔子,借作 le^{33} 又。喻遂生、周寅称这种假借为截取式假借,他们抽

---

[25] 本文所引东巴文字形出自方国瑜、洛克、李霖灿、木琛诸书者,分别简称为"方""洛""李""木",因洛克和木琛字典所收东巴文没有序号,故以该字从上至下的顺序以示区别,如:洛 380.1 表示该出自 380 页从上往下数第 1 个字形。出自《纳西东巴古籍译注全集》者,以《全集》+卷+页码表示,如 2.63 表示第 2 卷第 63 页,下同。其他文献简称见文末"引书简称表"。

[26] 喻遂生《纳西东巴字字和字组的划分及字数的统计》,《纳西东巴文研究丛稿》,第 33 页,巴蜀书社,2003 年。

[27] 马文丽《李霖灿的东巴文化研究》,第 22 页,西南大学硕士学位论文,2013 年。

[28] 李晓亮《洛克〈纳西语英语百科辞典〉研究》,第 46 页,西南大学硕士学位论文,2011 年。

查了《全集》22 卷东巴经，共搜集到 15 个截取式被借字[29]。据此推算，《全集》100 卷可能有 68 个截取式被借字。虽是推算，但离事实应该不会差得太远。双音节假借数量不是很多，为使问题简化，我们暂时将双音节假借排除在外，适当时候再另立一类进行专题研究。

4. 对某些类别的字进行归并或分列

（1）以假借字立目的字，如方 1162 tɕi[55] 小、方 1207 a[21] 亿，归入本字羊毛剪、鸭。

（2）一字或一字之异体在不同类重出的字，如方 574 tshɿ[21] 鬼（人事类）、方 1310 tshɿ[21] 鬼（宗教类），方 290 mæ[33] 尾（飞禽类）、方 346 mæ[33] 尾（走兽类），予以归并。

（3）义借字和原字音义不同，假借情况也不同，如方 143 mi[33] 火、方 1183 hy[21] 红（借火之形），方 136 o[21] 绿松石、方 1185 hər[21] 绿（借绿松石之形），予以分别收录。

（三）编制“东巴文单音节假借字汇总表”

基于以上的认识，我们可以以一本字典的单音节字为基础，再用其他字典和东巴文献材料进行补充，形成“东巴文单音节被借字备用字库”，并进而编制“东巴文单音节假借字汇总表”。

为便于操作，我们选取流传最广、分类比较合理的《纳西象形文字谱》作为基本材料。将该书中的单音节字（包括有单音节一读的字，下同）梳理出来，列为“东巴文单音节假借字汇总表”，把洛克《纳西语英语百科辞典》、李霖灿《么些象形文字字典》、木琛《纳西象形文字·常用字》中标明的假借字，以及我们收集到的各种东巴文献中的假借字，标注到字表的相应字头下，这样就可以看到目前我们所知的东巴文单音节假借字的情况，并算出假借字的各种比例。

我们设计的“东巴文单音节假借字汇总表”共五列：

第一列为“序号”，显示可用作被借字的单音节东巴文的数量。其中共收《纳西象形文字谱》中的单音节东巴文 683 个。类别和顺序悉依《纳西象形文字谱》原书，为便于增补，每类单独编号。根据其他字典和文献补充的字排在每类末尾，并加“补 1、补 2”标明。

第二列为“被借字”，是可能用作被借字的单字字头库，收录各字典和文献的东巴文单音节字，包括形音义及出处。以《纳西象形文字谱》为主，他书与其相同的不重复收录。

第三列为“字典假借字例”，收录三部字典及木琛《纳西象形文字·常用字》中的假借字用例。《纳西象形文字谱》除个别以假借义立目的字外不收字的假借义，因此此列

[29] 喻遂生、周寅《纳西东巴文截取式假借现象探析》，《西南民族大学学报》2015 年 4 期，第 38 页。

没有其用例。

第四列为“文献假借字例”，收录东巴经书及应用性文献中的假借字用例。

第五列为“假借字数”，是对三、四两列假借用例的归纳，标明不同的词及数量。以上各列收录用例时保持原标音不变，归纳假借用例时忽略音系不同带来的语音差异。

（四）“东巴文单音节假借字汇总表”示例

我们编制的“东巴文单音节假借字汇总表”共 100 余页，下面举其中字数较少的第六类虫鱼类以示例。

序号	被借字	字典假借字例	文献假借字例	假借字数
1	方 410 di^{21} 虫		全 44.142　di^{33}变化。 全 68.181　phy^{33} ba^{33} mi^{21} tʂhʅ^{55} di^{33} dua^{33} 丙巴明斥丁端，东巴名。	2 变化/东巴名
2	方 411 dʐər^{21} 惊悸	木 150.10 dʐər^{33} 湿润。新鲜。		2 湿润/新鲜
3	方 416 bæ^{33} 蜜蜂	李 888 mbæ^{33} 跑。	全 44.146　bæ^{33} i^{33} 般依，种族名。	2 跑/种族名
4	方 425 mu^{55} 牛蝇	洛 380.1 mūn^{55} 死的。老的。老人。 李 894 mo^{55} 老。死。够。 木 117.12 mu^{55} 老。硬。死（婉词）。足够。	账 1 mu^{55} 老。 全 44.153　mu^{55} 长老。 全 62.309　bv^{33} mu^{55} la^{33} pu^{21} 补莫剌宝，地名。	7 老/老人/死/硬/够/就是/地名
5	方 429 lɯ^{55} 牛虱	洛 303.1 ɾü^{55} 逃跑。猎神。ɾü^{33} 来。严厉。悲哀。语气词。重的。 李 895 rɯ^{55} 猎神、放逃。 木 77.10 lɯ^{55} 逃脱。猎神。副词都。无实义助词。秧苗。	经 1　rɯ^{55} 下。多。聪明、能干。 经 2　lɯ^{55} 侍从、执事者。mɯ^{33} lɯ^{55} 美利，神名。lɯ^{55} bu^{33} 孙子。 经 3　lɯ^{55}（将要）来。假若。 经 4　rɯ^{55} 就是。 信 2　lɯ^{55} 助词。lɯ^{33} 要。 契 1　lɯ^{33} 土地，地方。lɯ^{55} o^{21} 是这样。 契 3　lɯ^{55} da^{55} kha^{21} 里达卡（地名）。lɯ^{55} 厘（衡量单位）。 契 4　ʂu^{33} lɯ^{55} 舒勒（人名）。 题 1　mɯ^{33} lɯ^{55} du^{21} dz^{21} 木里都子（神名）。	36 逃脱/猎神/（将要）来/严厉/悲哀/语气词/重的/都/无实义助词/秧苗/即将/土地、地方/下/多/聪明、能干/侍从/美利/孙子/假若/

续表

5		lɯ^{33}（将要）来。即将。土地。	题3 lɯ^{21}倒。 题4 ɾɯ^{55}语气词。 跋1 rɯ^{33}一。 书2 la^{33} lɯ^{21}游荡。 全7.6 lɯ^{33}杉树。 全7.32 lɯ^{33}会。 全7.38 lɯ^{33} mɯ^{33}里母，神名。 全7.39 lɯ^{33}逃脱。 全44.153 lɯ^{55}猎神。 全62.309 mɯ^{33} lɯ^{55} sɿ^{33} lo^{21} khua^{33}美利斯罗柯，地名。 全62.310 mɯ^{33} lɯ^{55} i^{33} gv^{33} dy^{21}美利依古敦（丽江），地名。 全76.16 phy^{33} ba^{33} sa^{21} lɯ^{55} ŋa^{33} ua^{33}丙巴刹利熬瓦，东巴名。 全100.61 lɯ^{33}来历。	就是/要、会/是这样/里达卡/厘（衡量单位）/舒勒/木里都子/倒/一/游荡/杉树/里母/美利斯罗柯/美利依古敦/丙巴刹利熬瓦/来历
6	方431 dər^{33}粪虫		全45.175 dər^{33}错误。	1 错误
7	方432 ȵi^{33}鱼	洛456.1 nyi^{55} 空。送。像。使混乱。战胜、击败。输掉。居住。委托、存放。放置。 nyi^{33}卑鄙。胜利之神的敌人。削皮。 nyi^{21}好的、健康。擦、搓。治疗。完美。二。 李927 ȵi^{33}需要。败。 木116.13 ȵi^{55}失败。空虚。 ȵi^{33}需要。署神的一类。 ȵi^{21}可以、能够。病好转。	经1 ȵi^{31}病愈。春天。 经2 ȵi^{33}借。 经4 ȵi^{55}输、败。ȵi^{33}帐。ȵi^{33} gʌ^{33} ty^{33} wɛ^{33}尼各迪韦，人名。 信1 ȵi^{55}寄。 全7.15 ȵi^{33} tʂɿ^{33} tshu^{21} bv^{33}涅支崇补，塔名。 全7.21 ȵi^{33}尼神。 全62.294 ȵi^{21}要。 全62.299 the^{55} ȵi^{33}像……一样。 全68.172 ȵi^{33} uə^{33}尼坞，地狱名。	32 空/送/像/使混乱/战胜/输、败/居住/委托/存放/放置/卑鄙/胜利神的敌人/削皮/健康/擦/治疗/完美/二/需要/空虚/署神的一类/可以、能够/病愈/春天/借/帐/尼各迪韦/寄/塔名/尼神/要/地狱名

续表

8	方 434 py^{55} 蚂蟥			
9	方 436 dv^{33} 海螺		全 44.152 dv^{21} khua^{33} lv^{55} lv^{33} 督夸鲁鲁，人名。 全 75.177 dv^{33} tsɿ^{33} 珍贵。	2 人名/珍贵
10	方 438 piə^{55} 贝	洛 42.2 piu^{55} 变形。 piu^{33} 完成。 李 1453 piʌ^{33} 成、完成、变化。像。蓝色。 木 123.6 piə^{33} 像。变成。	经 3 piə^{33} 块 经 44 piʌ^{33} 变 全 62.313 piə^{24} 成。 全 100.64(1) biə^{21} 躲。	6 块/变形、变化/完成/像/蓝色/躲
11	方 439 pa^{33} 蛙	洛 35.5 pa^{55} 木片。传染。放置。手柄。围猎。 pa^{33} 发芽。乳牙。生育。铁器量词(把)。 pa^{21} 宽。 李 909 pa^{33} 宽。到达。点(酥油)。pɯ^{33} pa^{33} be^{33} 化育。 木 117.1 pa^{21} 宽。牛(藏音)。	经 1 pɯ^{33} pa^{33} 变化、交合。 经 3 pa^{33} 境地。 经 1 pa^{33} 量词件。 信 1 pa^{33} 清醒。 信 2 ha^{33} pa^{21} 汉人。 契 4 ha^{33} pa^{33} ga^{33} 哈巴嘎(户名)。 题 4 sæ^{33} pa^{55} 三坝(地名)。 书 2 pa^{33} 到。 规 1 pa^{21} le^{55} 面饼。 全 7.5 pa^{33} sa^{21} 溃烂。 全 7.8 tʂhu^{55} pa^{33} 天香。 全 7.35 o^{33} bv^{33} la^{21} pa^{55} 佛掌参。 全 14.345 kə^{33} khv^{21} pa^{33} pa^{33} me^{33} 相助者。 全 19.42 iə^{21} pa^{33} 尤巴，鬼名。 全 19.60 pa^{33} ty^{33} lo^{21} n̩i^{55} 巴墩罗涅，东巴名。 全 44.141 pa^{33} 产生。 全 44.145 pa^{21} 宽。 全 44.147 tʂhə^{55} pa^{33} 骤巴，地名。 全 62.295 pa^{33} uə^{33} 巴乌，战神名。 全 76.5 lo^{21} pa^{33} thv^{21} kə^{55} 罗巴图构，神名。 全 76.6 ma^{55} mi^{33} pa^{33} lər^{33} 冒米巴拉，神名。 全 76.9 sər^{33} pa^{33} uə^{33} dʑæ^{21} 司巴伍占，神名。 全 76.57 lo^{21} pa^{33} tɕi^{21} de^{33} 罗鲍敬登，鬼名。 全 76.58 lo^{21} pa^{33} 罗鲍，地名。 全 76.49 nv^{21} uə^{33} pa^{21} lo^{33} ɕə^{24} 奴伍巴洛许，地名。	37 木片/传染/放置/手柄、围猎/发芽/乳牙/生育/量词把、件/宽/到达/点(酥油)/牛/变化、交合/境地/清醒/汉人/哈巴嘎/三坝/面饼/溃烂/天香/佛掌参/相助者/尤巴/巴墩罗涅/骤巴/巴乌/罗巴图构/冒米巴拉/司巴伍占/罗鲍敬登/罗鲍/奴伍巴洛许/寿依郎巴聘/生长/把势

续表

			全 76.49 ʂæ^{24} i^{33} lər^{21} pa^{33} phy^{55} 寿依郎巴聘，地名。 全 87.36 pa^{33} 生长。 全 100.69(2) pa^{33} ʂʅ^{55} 把势。	
12	方 440 ʐʅ^{21} 蛇	李 922 ʐɯ^{31} 打杂的人。神座。 木 116.15 ʐʅ^{21} 神坛。缝。	经 33 ʐʅ^{33} 路。 契 1 dv^{21} ʐʅ^{21} zo^{21} 杜日若(人名)。 跋 2 ʐʅ^{24} pɯ^{33} 日本。 全 87.25 ʐʅ^{21} 死者。 全 68.174 se^{55} ʐʅ^{33} mi^{21} gu^{33} 胜日明恭，东巴名。	8 打杂者/神坛/缝/路/杜日若/日本/死者/东巴名
13	方 444 khv^{55} 吃			
14	方 445 lv^{21} 龙	洛 317.5 lv^{55} 包裹、装入。 lv^{21} 咆哮。举、抬。 李 767 rv^{31} 旧。暖和。 木 112.5 lv^{21} 旧、古。暖和。	跋 1 ru^{21} 旧。	5 包裹、装入/咆哮/举、抬/旧、古/暖
15 补 1	李 898 ze^{33} 蚕蛾		全 62.299 tsho^{21} ze^{33} 大象。	1 大象
16 补 2	李 921 tɕi^{55} 虫名	李 921 tɕi^{55} 口舌是非鬼。 木 150.5 tɕi^{55} 口舌是非鬼。	全 76.15 tɕi^{55} 季鬼。	1 季鬼

从上表可以看出，根据目前所见材料，东巴文虫鱼类单音节字有 16 个，有假借字用例的被借字有 14 个。有的被借字比较活跃，如 11 号“蛙”，被借作 37 个假借字(记录 37 个不同的词)，也有的假借较少，只借作 1 个字。

四　初步的结论

我们从《东巴文单音节假借字汇总表》，可以得出以下的初步数据和结论：

(一)实际用于假借的字的比例

《东巴文单音节假借字汇总表》共收《纳西象形文字谱》中的单音节东巴文 683 个，又据其他字典字表和东巴文献补入 46 个，这样东巴文单音节假借备用字为 729 个。实际被借用于假借的情况，洛克《纳西语英语百科辞典》收录被借字 253 个，李霖灿《么些象形文字字典》收录被借字 165 个，木琛《纳西象形文字》收录被借字 247 个，据其他文献补入的被借字 46 个，四部分材料去除重复共 393 个，占汇总表备用字的 53.9%，此即我们目前所能得出的东巴文单音节被借字的数量和占备用字总字数的比例。

（二）被借字的造字（记词）能力

就东巴文虫鱼类字来说，14 个被借字记录了 142 个词，亦即用作了 142 个假借字。其中一字借作一字的 3 个，占 21.43%；一字借作多字的 11 个，占 78.57%；平均一字借作 10.14 字。有的“活跃字”比较常用，如 pa^{33} 蛙，被借作 37 字，扣除表专名的 14 字，也还有 23 字； 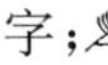 lɯ^{55} 牛虱，被借作 36 字，除去表专名的 8 字，也还有 28 字。有的“惰性字”很少或不用作假借字，今后随着材料的增加，数据可能会有一些改变，但这些字作为“惰性字”可能很难改变。

（三）和甲骨文假借字的初步比较

甲骨文假借字字头的定量研究。李孝定从形音义比较明确的 1225 个甲骨文中，确定 129 个假借字，占 10.53%〔30〕。邹晓丽等从徐中舒主编的《甲骨文字典》所收的 2703 个甲骨文中，清理出假借字 540 个，占 46.5%〔31〕。郑振峰在所考察的 1481 个甲骨文中，确定假借字 1229 个，占 83%〔32〕。邢华考察了 1129 个音义和用法比较明确的甲骨文，确定有假借义的有 753 个，占 66%〔33〕。以上各家因材料范围不同、标准不同、方法不同，结论差异较大。各家中只有邢华列出了每个假借字的例句，其结论比较可信。

如果我们用东巴文假借字字头占总字数比例的 53.9%，与邢华得出的甲骨文假借字字头占总字数比例的 66%相比较，则东巴文假借字字头的比例，略低于甲骨文。但东巴文各类字用于假借的情况是不平衡的，上列虫鱼类东巴文共 16 字，有假借用法的 14 字，占本类总字数的 87.50%，高于甲骨文。

东巴文一字借作多字，其“多”可以达到很大的数目。如 pa^{33} 蛙被借作 37 字， lɯ^{55} 牛虱被借作 36 字。徐中舒《甲骨文字典》共收 2849 字〔34〕，义项 4 个及以上的，只有 80 字。其中 9 项的 1 字（大 1139 页），8 项的 3 字（御 166 页、日 719 页、女 1299 页），

---

〔30〕 李孝定《从六书观点看甲骨文字》，《汉字的起源与演变论丛》，第 20 页，联经出版社，1986 年。

〔31〕 邹晓丽、李彤、冯丽萍《甲骨文字学述要》，第 65 页，岳麓书社，1999 年。

〔32〕 郑振峰《论甲骨卜辞中的假借现象》，《广西师范大学学报》2001 年第 3 期，第 37 页。

〔33〕 邢华《甲骨文假借字分类研究》，第 6 页，西南大学硕士学位论文，2008 年。

〔34〕 该书字头没有编序号，数据为我们实际计数所得。

6 项的 3 字(中 39 页、东 662 页、凡 1450 页),5 项的 22 字,4 项的 51 字。而“大”包含了“大室、大邑商、大采、大食”等义项,“日”包含了“中日、昃日、湄日、日明”等义项,“女”包含了“女”和“母”两字的义项,这些字的实际义项并没有 9 个、8 个这么多。同时,所有甲骨文的义项,都包含了本义、引申义及部分“义不明”的义项。所以,甲骨文一字借作多字的假借,没有超过 10 字的,这是和东巴文很不相同的地方。

(四)东巴文字典字表所收假借义和文献所见假借义的比较

从表中可见,东巴文字典字表所收的假借义,和我们从文献所收集到的假借义互有差异。我们相信,洛克《纳西语英语百科辞典》、李霖灿《么些象形文字字典》、木琛《纳西象形文字・常用字》所收录的假借虽未附书证,但总体上应是可靠的(当然不排除有个别讹误和归纳不当的情况),我们现在在文献中没有见到用例,只是因为阅读面还没有达到。另一方面,我们从文献中收集到的很多假借义不见于既有的字典字表,这更加证明了东巴文献中假借材料的丰富和巨大潜力,以及从原始文献出发进行研究的重要性。

东巴文假借字的数量研究是一项长期的工作,《东巴文单音节假借字汇总表》也是一个开放的表,随着新的东巴文献及研究成果的刊布,随着学界对《纳西东巴古籍译注全集》等已刊文献的深入解读,我们将随时吸收新的材料,对总表进行补充和数据修正,使之日臻丰富完善,更加接近东巴文假借字的全貌。同时,我们想把总表挂在一个合适的网络平台上,供学界使用,并请学人补入新见的材料,相信汇聚众力,集思广益,东巴文假借字的数量研究会取得更大的进展。

引书简称表

简称	全称	简称	全称	简称	全称
经 1	么些族的洪水故事	题 1	和才题词	跋 1	《都萨峨突的故事》跋语
经 2	白蝙蝠取经记	题 2	和志本贺词	跋 2	《哥来秋招魂的故事》跋语
经 3	送情死者	题 3	垦恒贺词	契 1	白地卖拉舍地契约
经 4	都萨峨突的故事	题 4	清华百年贺词	契 2	白地买古达阔地契约
书 1	和泗泉形字音字对照书序	信 1	和即贵致喻遂生信	契 3	宝山卖里达卡地契约
书 2	和华亭日记	信 2	和树昆致喻遂生信	契 4	宝山卖格罗地契约
全	纳西东巴古籍译注全集	规 1	祭天细则	帐 1	塔城人情账簿

(甘露:广州大学人文学院,510006,广东广州)

《出土文献综合研究集刊》即将改版发行

《出土文献综合研究集刊》由西南大学汉语言文献研究所主办，专门刊发有关出土文献的文字研究、语言研究、文献研究、图书评论等最新成果，旨在探赜索隐，推陈出新，鼓励交叉，促进融合。

本刊创办于2014年，一年两辑，前九辑实行轮流执行主编制，分别由李发、邓飞、陈荣杰、王化平担任执行主编。从第十辑开始，实行固定编辑制，改组编辑委员会，新设学术委员会。由孟蓬生担任主编，李发担任常务副主编，胡波担任副主编，王化平任编辑部主任。本刊已收入维普中文期刊服务平台，从第十辑开始，将收入中国知网，并成为人大复印资料来源集刊。

《出土文献综合研究集刊》改版后的第十辑即将公开出版发行。为配合本刊的改版，西南大学汉语言文献研究所所长、主编孟蓬生教授邀请古文字学界泰斗、复旦大学资深教授裘锡圭先生为本刊题词。题词如下：

> 古文字和出土文献研究的第一要义是求真、务实，亟望你们的刊物能办出自己的特色，尽可能刊登有价值的文章。
>
> 裘锡圭
>
> 二〇二〇年一月十八日

本刊同时邀请著名古文字学家、教育部长江学者、复旦大学出土文献与古文字研究中心主任刘钊教授为《出土文献综合研究集刊》封面题签。

出土文献综合研究集刊　刘钊题

本刊前九辑共刊发有关文字考释、词语训诂、语法、历史文化等方面的论文230余篇，主要栏目有：甲骨文研究、金文研究、简牍帛书研究、石刻研究、敦煌吐鲁番文献研究，等。内容丰富，观点新颖，在切磋学术，交流思想，助力今世出土文献之研究，促进中华优秀传统文化之传承方面多有贡献。

从第十辑起，每辑拟刊发文章10篇左右。实行双向匿名审稿，审稿周期不超过两个月。无论来稿采用与否，都将通知作者。论文一经发表，即赠送样书两册，并奉致稿酬。

本刊常年接收稿件。投稿邮箱：ctwxzhyj@163.com。

（《出土文献综合研究集刊》编辑部）

英 文 提 要

The Attention and Contribution of Three Generations of Yu Quyuan, Zhang Taiyan and Sun Shiyang to Traditional Chinese Medicine

Qian Chaochen

Abstract: Teachers and students of the three generations, Yu Yue, Zhang Taiyan and Sun Shiyang, all take traditional Chinese linguistics as their roots and pay attention to traditional Chinese medicine and make important contributions. Yu Yue wrote *Neijing Bianyan*, one of the four great works of traditional Chinese medicine written by Confucian scholars in Qing dynasty. Zhang Taiyan's research on the edition of *Treatise on Febrile Diseases* laid the foundation for later editions. Zhang Taiyan wrote version textual research papers have《伤寒论单论本提辞》,《论伤寒论原本及注家优略》,《金匮余杭经校录》,《覆刻何本金匮玉函经提辞》. Sun Shiyang wrote *Interpretation of Treatise on Febrile Diseases and Interpretation of Synopsis of Golden Chamber*, which are important explanatory works of *Treatise on Febrile Diseases* and *Synopsis of Golden Chamber*.

Keywords: Yu Yue; Zhang Taiyan; Sun Shiyang; critical interpretation of ancient texts; traditional Chinese medicine

The Revelation of Mr. Taiyan's "构造文字之耑在一"

Li Tianfu

Abstract: Mr. Taiyan said "构造文字之耑在一字者指事象形形声会意尽之矣" at the end of *the Theory of Mutually Explanatory or Synonymous Characters and Phonetic Loan Characters*, scholars' punctuation is different, therefore, interpretation is also different. My teacher, Mr. Chen, thought it was "构造文字之耑在一,字者,指事、象形、形声、会意尽之矣". I tried to examine the way of marking the meaning of words in Mr. Taiyan's *the Theory of Mutually Explanatory or Synonymous Characters and*

Phonetic Loan Characters and *Shuowen Jiezi*, and learned that this sentence of Mr. Taiyan not only shows that every word has its unique structure, which cannot be interpreted differently because of different people's consciousness; At the same time, more explained, in terms of each word structure classification, the six categories of Chinese characters can only be one kind, can not have two types at the same time.

Keywords: the theory of mutually explanatory or synonymous characters and phonetic loan characters; meaning marked; pictographic characters are mostly cognitive words; with both the method of echoism and associative compound

Generalization of Chinese Character Component and Interpretation of *Shuowen*

Qi Yuantao, Fu Yu

Abstract: Chinese character component can provide some structure intention when constructing Chinese characters and structure intention generalize in the process of the development of the Chinese characters. The generalization of component structure intention refers to the process that the intention develops from the original one to other related or similar ones. Xu Shen has been realized that phenomenon and express his discovery in various ways in *Shuowen Jiezi*, including: explain component structure intention with the interpretation of radicals, give a specialized explanation in another place, divide Chinese characters into different sets under the same radical. The phenomenon of generalization has a certain universality in the development of Chinese characters, and the interpretation of *Shuowen* has an important value in the accurate understanding of the relationship between Chinese character component and word meaning. In history, Chinese scholars generally have a poor understanding of the phenomenon of generalization; they do not understand the generalization and misinterpret the component structure intention.

Keywords: Chinese character; component; generalization of component structure intention; *Shuowen Jiezi*

An Investigation of the Citations and Quotations of *Chunqiu Zuozhuan Du* in the *Chunqiu Zuozhuan Zhu*

Wang Cheng

Abstract: Zhang Taiyan's *Chunqiu Zuozhuan Du* is an important reference work for Yang Bojun's *Chunqiu Zuozhuan Zhu*. The latter cites a number of entries in the former, including the explicit and implicit citations. Yang makes his own choice in adopting or discarding Zhang's views and materials with a critical eye. This paper conducts a thorough examination of the citations and quotations of Zhang's views and materials in Yang's work and makes analysis of Yang's evaluation criteria for Zhang's views from the perspective of exegesis. Meanwhile, the relevant content of the citations and quotations is further explored, and the interpretations and annotations are discussed to find out the ideas and methods of exegesis behind them.

Keywords: Zhang Taiyan; *Chunqiu Zuozhuan Du*; Yang Bojun; *Chunqiu Zuozhuan Zhu*; citation and quotation

An Investigation on the Relationship between *Notes of Shuowen Jiezi Lectured by Zhang Taiyan* and His Academic Exchange

Zhang Mengmeng

Abstract: *Notes of Shuowen Jiezi Lectured by Zhang Taiyan* (hereinafter referred to as the *Notes*) is a classroom record by Zhu Xizu, Qian Xuantong, Zhou Shuren in Japan from April in 1908 to March in 1909 on *Shuowen Jiezi*. The *Notes* is a concentrated display of both the previous research and comprehensive application of ideas by himself. At the same time, before and after the lecture of *Shuowen*, it is also a frequent period of academic exchanges between Mr. Taiyan and his teachers, friends and students through letters. It is helpful for us to better understand the teaching method, content emphasis, academic viewpoint and material source in notes by combining Mr. Taiyan's academic communication content with the materials seen in notes and reflecting each other. At the same time, it also enlightens us how to inherit and study *Shuowen*.

Keywords: *Notes of Shuowen Jiezi Lectured by Zhang Taiyan*; academic exchanges; academic source and course

Study on Annotation of Ancient Chinese Characters in *Huang Kan's Annotation of Shuowen Jiezi*

Niu Huifang

Abstract: We exhaustively investigate the ancient Chinese characters in *Huang Kan's Annotation of Shuowen Jiezi*, and sum up his practical results of using ancient

Chinese Characters to study *Shuowen Jiezi*. The annotations mainly include characters in Stone Sutra and inscriptions on bronze. The annotations of Characters of Stone Sutra basically reflected the basic features in the research of characters in Stone Sutra at that time, and the inscriptions on bronze put particular emphasis on pictographs ideographs. Through annotating ancient Chinese prose, Huang Jigang combined theory and practice together to confirm *Shuowen Jiezi* and use ancient characters to study *Shuowen Jiezi*.

Keywords: *Huang Kan's Annotation of Shuowen Jiezi*; ancient Chinese characters; annotation

Gain New Insights through Reviewing Old Material, and Greatness Lies in the Capacity: Impression on *Anthology of Baobinglu*

Gao Yong'an

Abstract: The selected papers in *Anthology of Baobinglu* can roughly reflect Mr. He Jiuying's academic achievements and academic path. During his decades of academic career, Mr. He has explored his own theories and methods for the study of Chinese linguistics. He has a profound understanding of the excellent academic traditions in China's history, and has conducted a study on the value of Chinese language, Chinese characters, and Chinese culture. He has unique views on the theory and practice of Chinese linguistics history, Chinese phonology, and the study of the meaning of ancient Chinese words. He has made pioneering contributions in Chinese character culture, Chinese and relative language relations, and Chinese awareness. The purpose of Mr. He's academic research is to promote the study of Chinese languages, linguistics and academics.

Keywords: scattered points and multi-line; Chinese character culture; Hua-Yi language family; Chinese awareness

Semantic Persistence: An Important Cause of Different Semantic Emphases and Collocational Preferences

Zhang Bo

Abstract: Semantic persistence refers to a phenomenon that occurs during the semantic change of a lexical word, in which the original semantic feature stays in the later-derived meaning and regulates the collocational restrictions of the word on its derived meaning. The present study focuses on the phenomenon of semantic persistence in synonyms. We found that semantic persistence can be categorized into three types: the persistence of the original semantic feature, the persistence of the etymological meaning, and the persistence of the compound word formation motivation. The findings prove that semantic persistence is an important cause of why modern synonyms demonstrate different semantic emphases and collocational preferences. The findings also suggest that semantic persistence may play a significant role in modern Chinese synonym discrimination by pinpointing the differences of synonyms on the sememe level, explaining the syntagmatic restrictions of synonyms, and providing a diachronic explanatory parameter for the so-far inadequately discriminated synonyms.

Keywords: synonym; semantic; persistenc; semantic; feature; collocational restriction; word-formation motivation

On Four Principles We Must Stick to in Current Chinese Linguistics Studies

Sun Yuwen

Abstract: In terms of the problems in current Chinese linguistics studies, in this essay we choose four aspects to conduct our discussion, namely the construction of a good study atmosphere, the inheritance of the tradition, the focus on systematic studies and the hard work of material-processing. And further we point out several drawbacks in current studies, make a criticization on some unhealthy tendencies, and make clear where our efforts should go for the future. We hope that this essay will make an active contribution to the healthy and steady development of Chinese linguistics.

Keywords: Chinese linguistics; principles; study atmosphere; tradition; system; materials

On the Custom of Entrusting Names to Buddha in Children-Rearing and Its Origin

Wang Qing

Abstract: In the tradition of children-rearing, entrusting the names to Buddha is a very common practice in China. The practice has also developed into many variations, such as naming the children with the words like Buddha, Samgha, or something related to Buddha, naming the children with vulgar things, entrusting the children to nominal kinships, stealing others' names, etc. The origin of the custom could be traced back to East Han dynasty, almost 1700 years ago. Entrusting children's names to Buddha is actually a practice of hiding the real names, which is much related to the primitive language worship.

Keywords: entrusting names; hiding names; language worship

On the History of Popular Mentality of God's Worship and Morality Mainly Based on the Folktales Collected from Central and Southern Hebei Province of China

Author: R. David Arkush; Translator: Dong Xiaoping

Abstract: This is big issuer that how to recognize the popular mentality especially on the aspect of god worship and morality of China, and controversial topics between China and the West in the scholarly history which needs to be focused on. Why is there a difference? because it has been discussed by using western concept and the method of western religion study even in both China and the West. In fact, China is a unreligious country in which the dominant ideology has been Confucianism, absorbing the Buddhism and Daoism. This is the ideology that created a splendid well-known Chinese historical civilization which is completely different from the western religious world. Of course there is also a god worship in China, but this at most sub-religion lower than the morality system and can not contribute much ideas to the popular mentality. There are two very different ideological and cultural systems in China and the West, and, and the study of Chinese social culture can not be dogmatically instructed by the western theory. Another, the limited research in the past in this aspect is mostly concerned with the Chinese classics which is not enough, but also to pay attention to materials collected from local and lower society such as huge folktales narrited by common people so as to approach the real resource, maybe the most important thought resource directly preserve the ideas of god worship and morality from the Chinese common people. The author is the first western scholar among the American sinologist who makes use of those authoritative folktales of China (mainly came from the central and southern Hebei) to discuss this issue. in this paper he constructed the Chinese morality discourse system by making using of several basic but almost the most important ideas including the thought of cooperation between gods and people, the demonology, the relationship between the gods, people and its social stratification, and the interaction and class struggle between them, and the collective ceremony and cultural heritage in the communities, etc.

Keywords: R. David Arkush; American sinologist; method of study of popular mentality; Chinese folktales, central and southern Hebei Province

Sanskrit Poetry: Sacred and Secular

Author: Pierre-Sylvain Filliozat; Translator: Zhao You

Abstract: Sanskrit poetry is known for its intellectual side, as the work of learned composers called "paṇḍita-s" who have undergone a long process of formation in a specialized school. They are often aiming at showing their mind and speech power. They have elaborated stringent rules of prosody and metrics and a theory of conventions and "tropes" or figurative usages of words, which are more chapters of logical linguistic techniques than an exposition of sensitive poetry. At the same time Sanskrit poetry has a creative, affective, emotive side, whether it depicts nature, human feelings or religious sentiments. This is an essay to illustrate these features of Sanskrit poetry with examples from primary sources.

Keywords: Sanskrit; rhetoric; metaphor; Mahākāvya

On "Europeanized Classical Language" and Its Significance and Value

Diao Yanbin; Ma Yongcao

Abstract: Generally speaking, "Europeanization" is based on the vernacular, in fact, the classical Chinese also has the problem of Europeanization, so there are not only Europeanized vernacular, but also Europeanized vernacular, both refer to the Indo-European language, especially English under the influence of the emergence or development of language patterns. Europeanized classical Chinese sets up "advocating ancient" and "seeking the present" in one body, highlighting heterogeneity and hybridity. It is of great significance and value to establish a knowledge framework of Europeanized classical Chinese and to investigate its internal and external mechanism of formation and development comprehensively and systematically, as well as its position and role in the development of Chinese, especially in the formation of modern Chinese. It tends to be comprehensive and balanced; it is conducive to promoting the study of classical Chinese itself, especially its diachronic development; and it is conducive to promoting and improving the study of Chinese history.

Keywords: Europeanized classical language; history of classical Chinese; history of Chinese language

"庣" In Bronze Inscriptions of the Eastern Zhou Dynasty Should Be a Allogeneic Character of "库": Also on the Issue of Nationality of Several Weapons

Zhao Ping'an

Abstract: The word "庣" in Bronze inscriptions of the Eastern Zhou Dynasty has always been controversial. It is now commonly seen as a borrowed word for "库". Through detailed demonstration, this paper determines that "庣" should be an allogeneic character of "库". At the same time, I made a sparse interpretation of relevant inscriptions, and put forward my own views on the country of several objects and the circulation of the collection of bamboo slips *Zhibang Zhi Dao* by tsinghua university.

Keywords: bronze inscriptions of the Eastern Zhou; 庣; bamboo slips of tsinghua university; allogeneic character; nationality

Supplementary Evidence for [illegible] and [illegible] in *the Enfeoffment of Xu*

Luo Weidong

Abstract: The collection of bamboo slips from the Warring States period in Tsinghua University (V), recorded the group ritual vessels given to Xu by King Zhou, in which include [illegible][illegible]. The arranger explained as 周(雕)匩(匚)(carving square implements). This paper analyzes character's froms and pronunciations of 凡, 盘, interprets [illegible] as "盘". Combining with the shape of bronze 簠, We interprets [illegible] as "簠".

Keywords: Tsinghua bamboo slips; plate (盘); a square grain receptacle name of utensils (簠)

First Reading Bamboo Book of the State of Chu in the Warring States Period in the Collection of Shanghai Museum "艸茅之外(閒)"

Meng Pengsheng

Abstract: In this paper, the newly published on bamboo book of the state of Chu in the warring states period in the collection of Shanghai Museum "艸茅之外(閒)", some of the difficult words are discussed, the meaning of and made interpretation for the general meaning of some verses. The main points are as follows: "艸茅之外，役敢

承行" should be pronounced as "艸茅之閒(间),役敢承行";"喉舌宅塞,安能聪明" should be pronounced as "喉舌杜塞,焉能聪明";"旧(久)立不,昔(措)足安定" should be pronounced as "旧(久)立不蜷,昔(措)足焉定";"敢陈纯辜,不智其若哉" should be pronounced as "敢陈纯固,不知其悔哉";"南有争草" should be pronounced as "南有嘉草".

Keywords: bamboo book of the state of Chu in the warring states period in the collection of Shanghai Museum; 艸茅之外; examination of words and phrases

A Study on the Differences of *the Buddhist Sutra*, between the Stones Carved of the Northern Qi Dynasty and *Taisho Tripitaka*

Liu Zheng; Zheng Zhenfeng

Abstract: We examine the differences between *the Bei Buddhist* carved in Xiangtang Mountain Grottoes and the corresponding chapters of *Taisho Tripitaka*. We summarize 107 differences to see the characteristics of stone-carved and the changes of the handed-down, from the three angles of changing words, using words, borrowing characters, and writing characters. The problems of the handed-down scriptures focused on the transformation and derivation of texts, which resulted in many errors, while the stone carved *Buddhist Sutras* mainly focused on vulgar characters. The stone carved *Buddhist Sutras* shows the true language features of the Northern Qi Dynasty, also helps to find errors and omissions in the text inheritance, it has high research value.

Keywords: the Northern Qi, the stone-carved *Buddhist Sutra*, *Taisho Tripitaka*, *the Bei Buddhist*

Four Cases of Heterogeneous Division of Phonetic Compounds Series in *Shuowen's Zhi* (之) Rhyme

Meng Yuelong

Abstract: In the study of the divsions of antient Chinese, most scholars, in their previous studies, often directly drew the divsions of the middle Chinese to the case in the ancient times, but the rationality of this practice remains to be discussed; some scholars believe that the divisions has little effect on the phonetic compounds series, which we doubt the conclusion. In this paper, the four Zhi (之) Rhyme phonetic compounds series included by *Shuowen* are taken as an example to discuss the formation process of "heterogeneous phonetic compounds". It can be seen that division inconsistency between phonetic compound and its phonetic complement in middle Chinese is due to complicated reasons. Some phonetic compounds used to correspond to its phonetic complement's division, but due to the historical phonetic changes, there appeared a difference in the order between middle and ancient times. Some phonetic compounds have the same division as their phonetic complement in the dialect, but rhyme dictionary in middle times failed to collect those dialect pronunciations, causing another possibility of division inconsistency between a phonetic compound and its phonetic complement.

Keywords: heterogeneous divisions of phonetic compounds series; divisions; ancient Chinese phonetics

On Palatalization of k in the Classical Chinese and ė of *Menggu Ziyun*

Song Hongmin; Wu Jianwei

Abstract: Palatalization is an important proposition in the research on the Classical Chinese. The ė in *Menggu Ziyun* had been regarded by Dragunov as symbol of palatalization, which had begun in Ming Dynasty, not Yuan Dynasty in Wang Li's opinion. In contradicting with Dragunov, Yang Naisi has pointed out that the ė in *Menggu Ziyun* is a symbol of distinguishing between divisions of finals, regardless of palatalization of initials.

Keywords: palatalization; *Menggu Ziyun*; ė; symbol of distinguishing bewteen divisions of finals

An Addition to "from Implying to Presenting"

Wu Jihuang

Abstract: "Implying" means the conflation of some conceptual elements when the concept is formed, while "containing" means a superordinate concept contains multiple subordinate concepts, or a general concept contains multiple concrete extensions. "Containing" is not equal to "implying". The implied conceptual elements can only be determined by comparison of related concepts, and there can be more than one of them in a concept. In order to figure out the implied conceptual elements that the word refers to by observing the ideographic components of Chinese characters, we should distinguish between "the intension of character form shaping and the meaning of the word" in such form. "Tools that implied actions, actions that implied objects, results that implied actions" and so on, are not strictly "implying". The "presenting" promoted by the generalization of the concept that the original word refers to and the "presenting of the generic elements and general elements" promoted by the changing of word formation reflect the structural adjustment of the conceptual system and the regularization of the hierarchy of the conceptual system.

Keywords: implying; presenting; conceptual elements; containing

On the Method of Comparative Cross Motivation of Phonetic Component

Chen Xiaoqiang

Abstract: The intercommunication of phonetic element means different phonetic component can intercommunicate in one or several etymological meaning (s). According to the systematicity of phonetic component intercommunication and the regularities of meaning movements, we can establish a comparative cross motivational relationship among different phonetic component. Using the method of comparative cross Motivation of phonetic component, we can clarify not only the specific words' etymological meanings with the lexicological meanings, the regulations of the cognate communicative etymological meanings and its related lexicological meanings, but also the representation of the communicative relations among those different word families. The method of comparative cross motivation of phonetic component will become a beneficial supplement to the method of comparative cross motivation of the meaning of the cognates.

Keywords: etymon; phonetic component; the method of comparative cross motivation

Study on Symmetrical Character Combination of Naxi Dongba Script

Mo Jun

Abstract: In Dongba script the character combination which presents symmetry call symmetrical characters combination. The structure of symmetrical characters combination is analyzed from some aspects such as symmetrical type, symmetrical hierarchy, symmetrical degree and character combinatorial form. The semantic record category of symmetrical characters combination include position, separate, opposite, mutual, even numbers, numeral combination, attribute of things, semantic irrelevant symmetry. The formation ways of symmetrical characters combination include symmetrically write the same characters, symmetrically write the different characters, stack the same characters, center align the different characters, intersect the same characters, symmetrically write the same component, write the same character several times, center align the characters in common, equal the characters's number of both sides. The causes of the existing of symmetrical characters combination include: borrow from objective symmetry, restricted by the conservatism of Dongba script, pursue artistic beauty of calligraphy, the need for hinting semantics, consider the economy of writing.

Keyword: Dongba script; characters combination; symmetry

On the Methods of the Number of Borrowed Characters in Dongba Script

Gan Lu

Abstract: Qualitative research of Dongba scripture is helpful to the structure of the Dongba scripture, usage and the nature of the text. But the current research work is still weak. Following the order of *Naxi Xiangxing Wenzi Pu* which was written by Fang Guoyu, this paper will form a *Dongba Scripture Single Syllable Word Summary Table*, then analyse the single syllable Dongba borrowed characters, and calculate the proportion of various.

Keywords: Dongba script; borrowed characters; quality of Dongba; methods of study

《民俗典籍文字研究》征稿启事

《民俗典籍文字研究》是教育部国家人文社会科学重点研究基地北京师范大学民俗典籍文字研究中心主办的学术刊物，采取以书代刊的方式，由商务印书馆出版。本刊设立栏目有：中国语言学的自主创新、特别转载、学术思想研究、学术讨论、民俗学、民间文学研究、文献学、语法学、词汇学、文字学、训诂学、音韵学等。从2003年创刊至2011年每年一期，2012年开始增至每年两期，分别于每年6月、12月出版。《民俗典籍文字研究》欢迎海内外专家、学者赐稿。

本刊的口号是："植根民族的土壤，建设自信的学科"。本刊的选稿标准是：原创、科学、严密、有深度、扎实、规范。来稿篇幅一般以10000字以内为宜，选题特殊、内容涉及面广的稿件可不以此为限。

来稿注意事项如下：

1. 稿件请寄打印稿，用A4纸打印，同时请传WORD电子文本至编辑部邮箱。

2. 本刊实行匿名审稿，稿件正文及注释中避免出现影响匿名审稿的行文或注文。

作者姓名、简介（单位、职称、学位、主要研究方向）、准确的通信地址、电话及E-mail地址请另页打印。

3. 正文、注释及参考文献格式见下附"稿件格式要求"。

4. 除特别转载外，本刊只登此前未发表的作品，请勿一稿两投。编辑部在收到来稿的一至三个月内，对不准备采用的稿件，给作者发通知书，稿件一律不退，请自留底稿。三个月之内，对准备采用的稿件，给作者发通知书。一俟正式发表，即寄样书二册并汇稿酬。

5. 来稿请挂号直接寄到编辑部。

编辑部地址：北京师范大学主楼B区101《民俗典籍文字研究》编辑部

邮政编码：100875

电话：010－58806893

电子信箱：bnumindianwen@126.com

附:《民俗典籍文字研究》稿件格式要求

根据商务印书馆要求,特对本刊论文注释等体例统一规定如下:

一、一级标题序数为"一、二……",二级标题为"(一)(二)……",三级标题为"1、2……",四级标题为"(1)(2)……"。

二、注释用当页脚注,全文序号相承。用六角号"〔1〕〔2〕〔3〕……"。

三、注释格式请按以下要求:

(一)中文专著,依次注明作者姓名、书名、页码、出版社、出版时间。如:

王力《同源字典》,第310页,商务印书馆,1982年。

(二)中文论文,依次注明作者姓名、篇名、所载刊物年份及期数或所收文集名称及出版社、出版时间、页码。如:

吕叔湘《疑问·否定·肯定》,《中国语文》1985年第4期,第241页。

罗常培《知彻澄娘音值考》,《史语所集刊》3本1分(1931年),第136页。

(三)中文古籍,属常用性质者,在正文中注明书名及篇名,不必出注。

四、参考文献,依次注明作者(主编)、书名、地名、出版社、出版时间。如:

李方桂《上古音研究》,北京:商务印书馆,1982年。

王念孙《广雅疏证》,上海:上海古籍出版社,1983年。

五、古文字请用扫描方式处理,请勿自造,以便编辑工作。

六、正文前请写200～300字中文提要,以及关键词3～5个。

七、全文后请附论文的英文题目、提要、关键词。

八、稿件一律用简体字。个别讨论中可能引起歧义者,可用繁体再加小括号注出简体。

北京师范大学民俗典籍文字研究中心

《民俗典籍文字研究》编辑部